CHEFS-D'OEUVRE

DU

THÉATRE ESPAGNOL

Traduction nouvelle, avec une Introduction et des Notes,

PAR

M. DAMAS-HINARD.

CALDERON.

1re SÉRIE.

PARIS.

LIBRAIRIE DE CHARLES GOSSELIN,
Éditeur de la Bibliothèque d'Élite,
9, RUE SAINT-GERMAIN-DES-PRÉS.

1845

CHEFS-D'OEUVRE

DU THÉATRE ESPAGNOL.

IMPRIMERIE DE Vᵉ DONDEY-DUPRÉ
46, rue Saint-Louis.

NOTICE SUR CALDERON.

De tous les dramatistes qui ont fondé la gloire du théâtre espagnol, Calderon est aujourd'hui, dans l'Europe lettrée, le plus célèbre, le plus populaire. Voilà pourquoi, voulant donner une traduction des œuvres choisies des principaux dramatistes espagnols, nous commençons par Calderon. Bien qu'il soit l'un des derniers venus dans l'ordre des temps, c'est à lui qu'il appartient de disposer le public français à la connaissance des poètes ses compatriotes.

On sait peu de chose sur la vie de Calderon. Son premier biographe, don Juan de Vera-Tasis y Villaroël, n'a laissé, touchant le grand poète dont il avait eu pourtant l'honneur d'être l'ami, qu'un récit d'une sécheresse extrême, et ce n'est pas sans beaucoup de peines que nous avons pu réunir quelques détails d'un certain intérêt.

Don Pedro Calderon de la Barca naquit à Madrid dans les premiers jours de l'année 1600 (1)[1]. Son père, don Diègue Calderon de la Barca Barreda, secrétaire du conseil des finances, était le dernier rejeton d'une vieille famille noble, originaire du Val de Carriedo, dans la province appelée la Montagne de Burgos (2). Sa mère, dona Maria de Henao y Riaño, descendait d'une noble famille des Pays-Bas de Flandre, établie de temps immémorial en Castille. — Dorothée Calderon de la Barca, sœur de notre poète et religieuse au couvent de Sainte-Claire de Tolède, se plaisait à raconter qu'avant la naissance de son frère, on l'avait entendu gémir à trois reprises différentes dans le sein maternel; et cet événement merveilleux était pour elle le présage du bruit extraordinaire que l'enfant devait faire un jour dans le monde.

Après avoir passé ses premières années dans la maison paternelle, le jeune Calderon fut placé, avant l'âge de neuf ans accomplis, au collège impérial de Madrid, dirigé par les Jésuites. Là, il eut bientôt dépassé tous ses condisciples. Avant

[1] Voyez à la fin de la Notice.

IMPRIMERIE DE Vᵉ DONDEY-DUPRÉ
46, rue Saint-Louis.

NOTICE SUR CALDERON.

De tous les dramatistes qui ont fondé la gloire du théâtre espagnol, Calderon est aujourd'hui, dans l'Europe lettrée, le plus célèbre, le plus populaire. Voilà pourquoi, voulant donner une traduction des œuvres choisies des principaux dramatistes espagnols, nous commençons par Calderon. Bien qu'il soit l'un des derniers venus dans l'ordre des temps, c'est à lui qu'il appartient de disposer le public français à la connaissance des poètes ses compatriotes.

On sait peu de chose sur la vie de Calderon. Son premier biographe, don Juan de Vera-Tasis y Villaroël, n'a laissé, touchant le grand poète dont il avait eu pourtant l'honneur d'être l'ami, qu'un récit d'une sécheresse extrême, et ce n'est pas sans beaucoup de peines que nous avons pu réunir quelques détails d'un certain intérêt.

Don Pedro Calderon de la Barca naquit à Madrid dans les premiers jours de l'année 1600(1)[1]. Son père, don Diègue Calderon de la Barca Barreda, secrétaire du conseil des finances, était le dernier rejeton d'une vieille famille noble, originaire du Val de Carriedo, dans la province appelée la Montagne de Burgos (2). Sa mère, dona Maria de Henao y Riaño, descendait d'une noble famille des Pays-Bas de Flandre, établie de temps immémorial en Castille. — Dorothée Calderon de la Barca, sœur de notre poète et religieuse au couvent de Sainte-Claire de Tolède, se plaisait à raconter qu'avant la naissance de son frère, on l'avait entendu gémir à trois reprises différentes dans le sein maternel; et cet événement merveilleux était pour elle le présage du bruit extraordinaire que l'enfant devait faire un jour dans le monde.

Après avoir passé ses premières années dans la maison paternelle, le jeune Calderon fut placé, avant l'âge de neuf ans accomplis, au collège impérial de Madrid, dirigé par les Jésuites. Là, il eut bientôt dépassé tous ses condisciples. Avant

[1] Voyez à la fin de la Notice.

d'avoir atteint sa quatorzième année, il avait composé une comédie intitulée *le Char du ciel* (el Carro del cielo), qui, malheureusement, ne se retrouve plus parmi ses œuvres.

A cette époque, notre poète fut envoyé à l'université de Salamanque, alors appelée avec raison la Mère des sciences. A cette célèbre école s'étaient formés la plupart des hommes éminens de la génération précédente, Hurtado de Mendoza, Cervantes, etc., etc. Grâce à une facilité prodigieuse, Calderon apprit en se jouant toutes les sciences que l'on enseignait alors à la jeunesse espagnole : mathématiques, géographie, chronologie, histoire politique et sacrée, droit civil et canonique, philosophie, théologie, etc., etc. Ces graves études ne purent absorber tout entier cet esprit souple et vigoureux; et à dix-neuf ans, lorsqu'il acheva ses cours, Calderon avait déjà fait représenter quelques ouvrages dramatiques sur les principaux théâtres de l'Espagne.

Au sortir de l'université, Calderon retourna à Madrid dans sa famille. Son biographe ne dit point comment il employa les années qui suivirent. Il est à croire qu'il fréquenta assidument les théâtres où se jouaient alors les pièces de Lope, et que lui-même il composa de nouvelles comédies : tout cela, un peu, sans doute, malgré les désirs de son père, qui, j'imagine, aurait voulu le faire entrer au conseil des finances.

A vingt-cinq ans, entraîné comme Cervantes, comme Lope, par son inclination guerrière, il se fait *soldat* (c'était un titre que ne dédaignaient point les fils des plus nobles familles (3), et va passer dix années dans le Milanais et en Flandre. On voit par ses comédies qu'il étudia soigneusement et l'Italie et la littérature italienne. Plusieurs de ses pièces pourraient même donner à penser qu'il ne fut pas indifférent aux charmes des dames de Milan et de Parme; et je ne serais pas étonné que, jeune et plein d'ardeur, il ait eu là quelques-unes des aventures qu'il a mises sur le compte de ses *galans*. En même temps il continuait d'écrire pour le théâtre; et Lope, qui alors distribuait la gloire en Espagne comme chez nous Voltaire au XVIIIe siècle, et qui devait bientôt lui laisser le sceptre de la comédie (4), Lope, dans *le Laurier d'Apollon*, publié en 1630, le plaçait déjà au premier rang des poètes.

En 1636 (Lope était mort l'année précédente), Calderon revint en Espagne. Il y était appelé par le roi Philippe IV, qui lui confia la direction de ses fêtes, et il passa plusieurs années à la cour comme intendant des plaisirs dramatiques du roi. Celui-ci, pour prix de ses nouveaux services, lui donna l'habit militaire de Saint-Jacques. Calderon prouva qu'il était digne de cette haute distinction. En 1640, les chevaliers des quatre ordres ayant été appelés à l'armée de Catalogne, commandée par le comte-duc Olivarez, le roi, qui désirait une comédie de son poète favori, voulut le dispenser de la campagne; mais Calderon eut à cœur de satisfaire à toutes ses obligations : il composa rapidement sa comédie, et se hâta d'aller rejoindre l'armée en Catalogne (5).

A la paix il revient à la cour, où le roi lui donne, sur le fonds de l'artillerie, une pension de trente écus par mois somme qui ne laissait pas que d'être assez considérable pour le temps, surtout si l'on songe à l'état de détresse où devaient se trouver en ce moment les finances d'Espagne. Cette faveur, Calderon la reconnaît en travaillant à de nouveaux ouvrages. Quelques années après, lors du mariage du roi avec Marie-Anne d'Autriche sa nièce, on voit le grand poète composer les devises des arcs de triomphe dressés en l'honneur de la princesse.

En 1651, Calderon entra dans les ordres sacrés. Il avait commencé et finissait comme Lope. Les motifs qui le déterminèrent peuvent aisément s'apprécier. Ce fut d'abord, on n'en saurait douter, la dévotion la plus sincère et la plus ardente. Mais, si je ne m'abuse, la situation où se trouvait alors l'Espagne ne dut pas être tout-à-fait étrangère à cette résolution. L'Espagne, si puissante sous Charles-Quint, et même encore sous Philippe II, un demi-siècle auparavant, expiait sa grandeur passée; elle perdait ses plus riches provinces, subissait des revers inouïs (6). On comprend dès lors qu'une âme fière et sensible ait renoncé à servir sous un drapeau humilié, et se soit réfugiée dans la religion et la poésie, qui toutes deux lui montraient la gloire.

Selon l'esprit et les habitudes de ce temps, Calderon, en entrant dans les ordres, n'en eut que plus de loisirs à donner au théâtre. Mais, à présent, ce fut l'Église qui récompensa ses travaux. Nommé d'abord chapelain des Rois nouveaux de Tolède (7), il ne tarda pas à être rappelé par le roi, qui le nomma son chapelain honoraire, en lui laissant les émolumens de sa chapellenie et y ajoutant un bénéfice en Sicile.

Vers 1663, Calderon entra dans la congrégation de Saint-Pierre, composée des prêtres nés à Madrid. Trois ans après il était élu premier chapelain de la congrégation.

Mais, déjà auparavant, Calderon avait reçu un honneur d'un autre genre, qui avait dû exciter bien vivement sa sensibilité. C'était alors l'usage en Espagne de célébrer les grandes fêtes de l'Église par la représentation de pièces allégoriques nommées *Actes sacramentels* (autos sacramentales); chaque ville désignait son auteur, et la commande d'un *auto* était la distinction la plus flatteuse que pût ambitionner un poète. Calderon, chargé quelques années de suite d'écrire les *autos* de Madrid, avait obtenu un succès prodigieux; les villes les plus importantes s'adressèrent à lui pour les *autos;* et pendant trente-sept ans il eut le privilége exclusif de fournir de ces ouvrages Tolède, Séville, Grenade, enfin toutes les capitales de l'ancienne Espagne.

Ainsi s'écoulait cette glorieuse vieillesse, lorsque, le 25 mai 1681, Dieu rappela à lui son poète. Ce jour-là on célébrait la fête de la Pentecôte; toutes les villes d'Espagne avaient représenté solennellement les actes sacramentels de Calderon, et l'on a remarqué qu'il expira vers le soir, à l'heure où les représentations venaient de finir. Les chants avaient cessé!

Dans une ancienne édition de Calderon se trouve un portrait de lui fort remarquable, et dont la vue a excité au plus haut point notre intérêt. Calderon est revêtu du costume ecclésiastique et porte sur la poitrine les insignes de Saint-Jacques et de Calatrava. Ses traits sont grands et beaux, le front d'une ampleur sans égale. Le regard profond et brillant annonce une méditation inspirée. La bouche, du dessin le plus noble, est contractée d'un air sévère. Toute la tête respire je ne sais quelle fierté martiale. On devine sans peine que ce prêtre, ce poète a été soldat, et l'on dirait qu'il s'apprête à commander. Aussi, modifiez quelques détails de ce portrait; à l'habit ecclésiastique substituez une cotte de mailles ou un pourpoint taillardé; que cette barbe blanche tombe largement sur la poitrine, et vous aurez un chevalier, — un héros, — le Cid dans sa vieillesse.

Calderon était d'un naturel généreux et bienfaisant. Les

poètes ses contemporains, qui admiraient son génie, n'aimaient pas moins ses qualités morales. Le connétable de Castille, le duc d'Infantado, le duc d'Albe, le duc de Medina de las Torres, le comte-duc Olivarez, enfin tous les plus grands seigneurs de ce temps recherchaient avec empressement sa société.

Il paraît aussi que notre poète vivait familièrement avec le roi Philippe IV, qui lui-même s'occupait de poésie dramatique (8). Souvent, dit-on, Philippe IV et Calderon, à la mode d'Italie, jouaient ensemble des comédies improvisées. On raconte même à ce propos une anecdote assez curieuse. — Un jour le poète-roi et le roi des poètes improvisaient une comédie dont le sujet était tout simplement la Création du monde. Le roi, comme de raison, représentait le personnage de Dieu; Calderon faisait le rôle d'Adam. C'était au tour de Calderon. Il décrivait le paradis et s'oubliait dans sa description, quand, tout-à-coup, il voit le roi qui bâillait... royalement. Interdit, il s'arrête, et d'un regard inquiet interroge. « Vive moi! (c'est-à-dire, vive Dieu!) réplique aussitôt Philippe IV, je ne croyais pas avoir créé un Adam si bavard! »—Et Calderon de rire, et la comédie de continuer gravement après cette espèce d'intermède.

Cette anecdote, qui à nos yeux ne diminue en rien le grand poète, nous l'avons surtout rapportée comme indication des mœurs et de l'esprit de l'époque. En effet, si l'Espagne a vu s'évanouir au XVIIe siècle son influence politique, du moins elle ne déchut pas dans les lettres et les arts, et cette époque fut bien réellement la seconde partie du *siècle d'or* (9). Le mouvement d'intelligence et d'imagination qui s'était manifesté au XVIe siècle se continua en prenant une nouvelle force. Ce fut comme une inspiration universelle. De tous côtés, à Madrid, à Séville, à Valence, s'élevaient de grands poètes, de grands peintres, de grands musiciens. C'est le temps de Cervantes, de Lope, de Calderon; c'est le temps de Velasquez et de Murillo, c'est le temps de ces maîtres de Valence dont les noms sont peu connus, mais dont les œuvres sont immortelles. Ajoutez à cela un prince spirituel, aimant les arts, cultivant les lettres, et tellement fou de théâtre, qu'il se consolait de la perte de ses provinces en jouant la comedie. Quel moment pour un poète du génie le plus heureux et le plus facile, connaissant le monde, et passionné pour la gloire!

D'après les renseignemens, plus ou moins exacts, fournis par son biographe, Calderon a composé : cent vingt *comédies* ou pièces profanes, quel qu'en soit le dénouement, heureux ou malheureux; cent actes sacramentels ou *autos*, pièces allégoriques, avons-nous dit, qui se jouaient dans les grandes fêtes religieuses ; deux cents louanges divines ou humaines (*loas*, espèce de prologues); cent intermèdes; un poème sur l'entrée en Espagne de la reine Marie-Anne d'Autriche ; un poème sur le déluge universel ; un poème sur les quatre fins dernières de l'homme ; un poème en l'honneur de la peinture; un poème apologétique de la comédie ; et un nombre infini de chansons, de sonnets, de romances, etc., etc. De tous ces ouvrages, il ne reste aujourd'hui que les comédies, au nombre de cent huit, et soixante-douze *autos* précédés de leurs *loas* (10).

Lorsque nous publierons un choix des pièces de Cervantes, dont le grand nom peut marquer la première époque d'un théâtre espagnol vraiment national, nous raconterons les commencemens, les progrès, en un mot l'histoire de ce théâtre. De même, en publiant les œuvres choisies de Lope de Vega, nous aurons l'occasion d'examiner la poétique de cette comédie espagnole dont Lope fut le législateur ingénieux en même temps que le glorieux fondateur. Pour aujourd'hui, nous nous occuperons uniquement de Calderon. Et comme des critiques plus habiles et plus éloquens, MM. Schlegel et de Sismondi l'ont déjà considéré dans ses rapports avec la civilisation de l'Espagne au xviiie siècle, nous nous bornerons à l'étudier sous ses aspects les plus généraux, du point de vue de l'art. Nous allons le décomposer, l'analyser, et nous essayerons d'établir au juste sa valeur dans chacune des parties qui constituent le poète dramatique.

Et d'abord, l'invention. — Sans être aussi prodigieuse que celle de Lope, l'invention de Calderon n'est peut-être pas moins remarquable. Il n'a point produit, comme Lope, quinze cents comédies ; mais, à mon avis, il féconde mieux un sujet.

Ainsi, par exemple, sa comédie intitulée *Ne badinez pas avec l'amour* (No ay burlas con el amor) a inspiré à Molière l'idée générale et plusieurs détails essentiels des Femmes savantes; elle a inspiré à M. Scribe deux de ses plus jolis chefs-d'œuvre (11); et il y aurait encore dans cette pièce une charmante comédie pour qui saurait l'y trouver comme Molière et M. Scribe.

Dans la composition, Calderon procède diversement, suivant que sa pièce est une comédie d'intrigue ou une comédie sérieuse.

Parmi les comédies d'intrigue de notre poète, il en est une intitulée *les Engagemens du hasard*. Ce titre, Calderon aurait pu le donner à toutes ses comédies d'intrigue; car dans toutes c'est le hasard, — un hasard, il est vrai, plein d'esprit et de malice, — qui conduit les événemens. — Un jeune cavalier Espagnol, un *galant* arrivé à l'instant même de Flandre ou d'Italie cherche, la nuit, par les rues de la ville, la demeure d'un ami chez lequel il doit loger. Tout-à-coup une dame se présente à lui, et d'une voix émue: « Seigneur cavalier, s'il y a en vous quelque courtoisie, protégez une femme, etc. » Le cavalier, qui est fort courtois, accompagne chez elle la dame inconnue. Or, il se trouve que cette dame est précisément la sœur de son ami. Or cet ami, ce frère est épris d'une dame, amie de sa sœur, que notre cavalier nouveau débarqué devait épouser. Or il y a un troisième cavalier, adorateur dédaigné de la dame qui courait le soir, je ne me rappelle plus trop pour quel motif, les rues de Madrid. Et de là tous les incidens imaginables : les deux dames voilées qui sont prises l'une pour l'autre; l'un des galans qui se cache en entendant du bruit; l'autre galant qui le rencontre et l'oblige à tirer l'épée, et le frère qui survient. A la fin, quand il y a eu assez de quiproquos et de méprises, tout s'arrange par deux ou trois mariages, sans compter celui du valet bouffon, ou gracioso, avec la suivante. Telle est, en quelque sorte, l'abstraction dramatisée des comédies d'intrigue de Calderon.

Et ceci, ce n'est pas moi seulement qui le dis, c'est Calderon. Oui, Calderon lui-même, dans les allocutions qu'il adresse souvent au public au milieu de ses pièces, a reconnu plus d'une fois que ces incidens romanesques étaient les élémens ordinaires, les ressorts habituels de sa Comédie. Ainsi, dans une de ses pièces, un personnage obligé de se cacher dit au public : « Ceci ressemble à une comédie de don Pedro Calderon, et il doit nécessairement y avoir un cavalier caché ou une dame voilée. » Et ailleurs : « Eh quoi ! dit un valet témoin forcé d'un duel, était-ce donc là ce que nous devions trouver en arrivant à Madrid? — Oui, mon cher, répond un autre, c'est une scène d'un poète grand ami des coups d'épée, etc., etc. » Et ailleurs, pour ses dénouemens : « Qu'est-ce donc? » dit un personnage. A quoi l'autre : « Ce doit être, je parie, une de ces comédies de don Pedro Calderon, dans lesquelles les frères ou les pères arrivent toujours mal à propos. » Voilà bien, ce nous semble, tous les incidens que nous avons signalés comme se représentant d'une manière habituelle dans les comédies de Calderon (12).

Au reste, malgré tous ces incidens, ce mouvement, malgré ces voiles, ces cachettes, ces duels et ces surprises, rien de plus clair que les comédies d'intrigue de Calderon. On a beaucoup parlé, je le sais, de la difficulté qu'il y avait à suivre les pièces espagnoles; et, en effet, cette difficulté doit exister pour une foule de pièces où les auteurs ont mis un nombre excessif de personnages qui passent devant les spectateurs sans qu'on puisse reconnaître ni leur physionomie ni leurs intérêts. Mais il n'en est pas ainsi avec les comédies de notre poète : malgré la richesse et la variété des ornemens, elles sont toutes — comme ces palais arabes qu'on voit encore en Espagne, — d'une architecture légère, aérienne, et, en quelque sorte, transparente.

Mais tandis que le hasard joue un rôle si important dans les comédies d'intrigue de Calderon, son action s'affaiblit, son pouvoir diminue dans les comédies sérieuses. A mesure que la pièce devient plus dramatique, les événemens, les incidens dépendent davantage des caractères, des passions, des intérêts des personnages (13). Il y a là, selon nous, tout à la fois une connaissance profonde des choses humaines, et un profond sentiment de l'art.

Calderon a suivi, en général, la poétique de Lope. Il a cependant un mode d'exposition qui lui est propre. D'habitude Lope expose son sujet en deux ou trois scènes d'action. Chez Calderon, au contraire, l'exposition se fait ordinairement par un récit (quelquefois un peu long). Je préfère, je l'avoue, la méthode de Calderon. Elle est moins vive, moins animée; elle saisit moins le spectateur, mais elle permet davantage au poëte cette progression de mouvement qui me semble surtout nécessaire dans un ouvrage dramatique (14).

Enfin, ce qu'il faut remarquer en parlant de la composition de Calderon, c'est l'art avec lequel il amène une situation inattendue, un coup de théâtre. Cet art merveilleux avait été reconnu des contemporains de Calderon, qui appelaient les beaux effets de scène *des effets à la Calderon* (lances de Calderon). Et en réalité, du point de vue scénique, Calderon est non seulement le premier des dramatistes espagnols, mais, peut-être, des dramatistes de tous les temps et de tous les pays (15).

Venons aux caractères et aux passions.

Dans la plupart de ses comédies, Calderon n'a guère représenté que des caractères généraux. C'est le *galant* qui arrive de Flandre ou d'Italie, ardent, brave, aimable, toujours l'épée à la main et des douceurs à la bouche; la *dame*, spirituelle et passionnée; le *vieillard*, un peu crédule sans doute, mais noble, généreux, et d'un dévouement parfait pour les dames; le *valet bouffon* (gracioso), gourmand, poltron, curieux et bavard; et enfin la *suivante* (criada), qui sert avec une complaisance extrême les amours de sa maîtresse. Tel est le personnel, un peu monotone, des comédies d'intrigue de Calderon.

Mais il ne faut pas croire pour cela que Calderon n'ait jamais peint que des caractères généraux; il a, au contraire, dans la plupart de ses comédies historiques ou sérieuses, des figures caractérisées de la manière la plus individuelle. Tels seraient les divers personnages de *l'Alcade de Zalaméa*, le marquis de Barlançon dans *le Siége de Bréda*, le bandit dans *Louis Perez de Galice*, Eusebio de *la Dévotion à la Croix*, Marianne du *Tétrarque de Jérusalem*, etc., etc. Toutes ces figures ont des traits individuels bien marqués, et quand on les a vues une fois, elles demeurent profondément gravées dans la mémoire.

Il est surtout deux types que Calderon semble avoir affectionnés, et qui méritent une mention spéciale.

Le premier, c'est celui de la femme *muy muger*, comme disent les Espagnols (16), qui revient à peu près et ressemble un peu à ce que nous appelons aujourd'hui *une Lionne*. La femme *muy muger* est une femme passionnée qui, pour arriver à son but, brave tous les obstacles. Ce type, qui, je crois, a servi de modèle à Corneille pour ses *adorables furies*, me semble bien espagnol et du xvie siècle.

Un autre type de Calderon, fort curieux, c'est le héros de quelques-unes de ses comédies sérieuses fondées sur le point d'honneur : noble et généreux, mais, au besoin, rusé, dissimulé, et qui, lorsque son honneur lui semble compromis, sacrifierait impitoyablement le monde entier et lui-même. Ce personnage appartient également à l'Espagne du xvie et du xviie siècle ; et, si je ne me trompe, il dénoterait l'influence du caractère personnel de Philippe II sur le caractère espagnol. Quand je lis *A outrage secret*, ou *le Médecin de son honneur*, et que je vois apparaître au moment solennel le sombre et farouche héros de Calderon, je me rappelle involontairement Philippe II à son lit de mort, disant aux médecins qui hésitent à le saigner : « Eh quoi ! craignez-vous donc d'ôter quelques gouttes de sang à un homme qui en a fait verser tant de flots aux hérétiques ! »

Pourquoi donc Calderon, si habile à peindre des caractères, et qui devait avoir recueilli tant d'observations dans sa vie active et dans ses voyages, n'a-t-il pas caractérisé d'une manière plus individuelle les personnages de ses comédies d'intrigue ? La réponse est toute simple : c'est qu'il ne l'a pas voulu ; et, sans doute, il ne l'a pas voulu parce qu'il l'a jugé inutile. En effet, n'avons-nous pas dit que dans ces comédies de notre auteur c'est le hasard, le hasard seul, qui dirige tout à son gré, et que les acteurs n'ont par eux-mêmes aucune influence sur les événemens ? Dès lors, à quoi eût servi au poète de les mieux caractériser ? N'était-ce pas assez des premiers personnages et des premiers caractères venus pour servir de jouet aux caprices du hasard ?... Puis, le spectateur, lorsqu'il est entraîné par des aventures variées et imprévues, s'intéresse-t-il beaucoup aux peintures caractéristiques ?

De tous les sentimens, celui que notre poète exprime avec le plus d'éloquence c'est l'orgueil, surtout l'orgueil blessé et menaçant. Je ne puis résister au désir de citer un passage d'une de ses pièces les plus curieuses, où ce sentiment me semble admirablement rendu.

Cette pièce, intitulée *les Armes de la beauté*, n'est autre chose que le sujet de Coriolan, sauf les modifications, assez graves, que Calderon a fait subir à l'histoire.

Coriolan, jeune *galant* qui vit à l'époque de la guerre contre les Sabins, a excité parmi le peuple une sédition, à cause que le Sénat a promulgué une loi qui interdit aux dames de porter du fard, des bijoux et d'élégans atours. (Riez si vous voulez ; mais, de grâce, écoutez !) Comme dans la sédition un sénateur a été tué, Coriolan est jugé par les trois ordres réunis, — l'ordre sénatorial, l'ordre équestre, l'ordre populaire, — et condamné à l'exil. On vient lui lire la sentence au moment où il reçoit au milieu du forum les honneurs du triomphe. En vertu de cette sentence, qui prononce aussi la dégradation du coupable, les trois juges suprèmes s'approchent du triomphateur, et l'un lui ôte sa couronne de lauriers, l'autre son épée, le troisième son poignard... Pendant tout ce temps Coriolan demeure immobile, dans un sombre silence. Mais ensuite, lorsque *le rapporteur* (el relator) lui annonce qu'il va être immédiatement conduit par une troupe armée hors du territoire romain, alors il éclate, et regardant d'un œil farouche les monumens qui l'entourent : «Ainsi donc, s'écrie-t-il, ainsi donc, ingrate patrie, tu me rejettes hors de ton sein, et tu me fais conduire au fond des déserts comme une bête féroce. Eh bien ! tremble !... car, comme une bête féroce, quelque jour je reparaîtrai tout-à-coup et je m'élancerai contre mon maître !» Mais il faut lire cela dans Calderon. L'on comprend alors comment les Espagnols ont pu adorer le poète qui exprimait avec tant de puissance le trait distinctif de leur caractère.

Ce qui précède m'amène naturellement à parler de la manière dont Calderon a traité la vérité historique. Dans toutes celles de ses pièces dont le sujet est emprunté soit à la mythologie, soit à l'antiquité grecque ou romaine, notre poète dispose à son gré de la couleur locale, et se joue sans scrupule des faits, des mœurs, du temps. Toujours ses héros, Assuérus ou Alexandre, Scipion ou Coriolan, sont des galans espagnols portant la cape et l'épée, pointilleux sur l'honneur et dévoués aux dames.

En voyant ces inexactitudes de costume, plusieurs critiques se sont récriés contre l'ignorance de Calderon. Calderon, a-t-on dit, pouvait savoir les langues anciennes, mais il ignorait les mœurs des peuples qui les parlaient. Comme si l'on pouvait apprendre une langue ancienne sans apprendre en même temps les mœurs du peuple qui l'a parlée ! comme si, à Salamanque, notre poète n'avait pas étudié tout ce que nous possédons aujourd'hui encore d'historiens latins ! comme si, enfin, un long séjour en Italie, au milieu des chefs-d'œuvre de la statuaire et de la peinture, n'avait pas dû compléter son éducation classique !

Les critiques français qui jadis déclamaient si fort contre l'ignorance et la barbarie de Calderon, ou de Lope, ou de Shakspeare, auraient mieux dû se rappeler notre histoire littéraire. Je ne parlerai pas du moyen âge, où nos romanciers qui célébraient les exploits d'Achille et d'Hector, leur prêtaient naïvement les idées, les mœurs, le costume de l'état social dans lequel les auteurs eux-mêmes vivaient, — comme faisaient les peintres et les sculpteurs contemporains. Je ne parlerai pas, non plus, de ces romans publiés dans la première moitié du XVIIᵉ siècle, dans lesquels on nous représentait, Boileau lui-même l'a dit, Caton galant et Brutus dameret. Mais plus tard, sous Louis XIV, à la plus brillante époque du grand siècle, nos écrivains les plus instruits, les plus parfaits, les plus classiques, ont-ils toujours été fidèles au costume ? Fénélon, quand il décrit la grotte de Calypso tapissée de *rocailles et de coquilles* (17), n'a-t-il pas oublié sa chère antiquité, et ne songe-t-il pas un peu trop aux merveilles de Versailles ? De même Corneille et Racine dans leurs plus beaux ouvrages n'ont-ils pas manqué, volontairement sans doute, le premier à ces mœurs romaines qu'il connaissait si bien, le second à ce génie de la Grèce dont il était tout pénétré ?

C'est que pour plaire à un peuple d'une érudition incomplète, pour l'intéresser, pour agir sur lui, l'écrivain, le poëte, le poëte dramatique surtout, doivent autant que possible lui offrir des peintures qui lui rappellent les hommes ou les choses qu'il connaît et qu'il aime. Or, cela était surtout nécessaire en Espagne au temps de Lope et de Calderon ; car là le peuple malgré les échecs qu'il éprouva sur la fin (échecs qui n'étaient à ses yeux que des accidens passagers, et ne l'inquiétaient pas plus que des accidens de santé n'inquiètent un homme robuste), le peuple, dis-je, était plein du sentiment de son importance, de sa grandeur, de sa gloire ; il croyait à sa destinée, à son avenir, comme il croyait à Dieu, avec une foi entière ; rien dans le passé, rien dans le présent ne lui semblait comparable à lui-même ; et il n'eût jamais toléré sur la scène des idées, des sentimens, des mœurs, un costume qui n'eussent pas été espagnols. Force était donc aux dramatistes de ce pays, lorsqu'ils traitaient un sujet étranger, de sacrifier la vérité historique, et, pourquoi ne l'avouerais-je pas ? aussi nationaux que leurs spectateurs, ils la sacrifiaient résolument.

Heureux, trois fois heureux, les tragiques grecs ! Ils n'étaient point préoccupés par les souvenirs d'un long passé. Pour eux, tout le passé du monde c'était le passé de la Grèce ; tous les héros, c'étaient leurs aïeux ; toutes les traditions, c'était Homère. Ils n'avaient qu'à puiser à ces pures sources, et là ils trouvaient tout ensemble et l'idéal de la poésie et la vérité de l'histoire !

Considéré du point de vue du style et de la forme, Calderon possède toutes les qualités d'un habile écrivain, et, en outre, une rare élévation et une exquise finesse. Mais il a aussi des défauts que nous ne devons pas dissimuler : du bel esprit, une imagination excessive, et enfin de la déclamation. Ces défauts étonnent d'autant plus chez notre poète, que naturellement il avait le goût très-sain. Essayons de les expliquer.

Pour la recherche de l'esprit ce fut, de la part de Calderon, une concession à la mode générale. Il suivit en cela l'exemple de Lope, qui, après avoir combattu le mauvais goût avec une verve de moquerie sans égale, finit par y sacrifier (18).

Pour les comparaisons et les métaphores redoublées de Calderon, dans lesquelles il rappelle un peu trop souvent le soleil et les étoiles, elles tiendraient davantage aux nécessités de sa comédie. D'ordinaire elles sont placées dans la bouche des *galans* qui font la cour à des dames voilées, inconnues.

Or, que voulez-vous que disent ces *galans* en une position si délicate? Ne sont-ils pas forcés, comme Simonide, de se rejeter sur l'éloge de Castor et Pollux, ces astres éclatans?

De même, les déclamations de Calderon s'expliquent, la plupart du temps, par la situation de ses personnages. Ainsi, par exemple, dans *l'Alcade de Zalaméa*, d'ailleurs si admirable, lorsque Isabelle, après l'outrage affreux qu'elle a reçu dans la forêt, se présente sur la scène, seule, les vêtemens déchirés, les cheveux en désordre, au moment où le jour va paraître, elle s'écrie : « Ah! puissé-je ne plus voir la lumière du jour, qui ne servirait qu'à éclairer ma honte!... O vous, fugitives étoiles, ne permettez pas que l'aurore vienne sitôt vous remplacer dans la plaine azurée du ciel; son sourire et ses larmes ne valent point votre paisible clarté; et s'il faut enfin qu'elle paraisse, qu'elle efface son sourire et ne laisse voir que ses larmes!... » Certes, dans la situation où se trouve Isabelle, cela est bien froid, cela est bien faux. Mais comment voulez-vous qu'elle apprenne au public son horrible malheur? Comment voulez-vous qu'elle confie à deux mille spectateurs, dont les regards sont fixés sur elle, ce qu'elle oserait à peine confier à sa mère en se voilant le visage de ses mains?... Dès lors ces déclamations, qui, dans un ouvrage destiné à la lecture, ne seraient pas supportables, on pourrait les expliquer, sinon les justifier, par les exigences de la scène et de l'effet théâtral.

Shakspeare a une manière de procéder à peu près semblable. Chaque fois qu'il fait raconter sur la scène un événement public, il se sert du langage le plus propre à nous en montrer la grandeur, quelle que soit la position sociale du personnage qu'il charge du récit : c'est ainsi qu'on peut voir, au début de Macbeth, avec quelle pompe le soldat raconte la victoire remportée par Macbeth et Banquo sur le roi de Norwège. Le poète aura craint, sans doute, que l'événement ne perdît de son importance s'il était raconté dans le langage habituel au messager, et alors il a élevé le langage du messager à la hauteur de l'événement (19).

Puisque nous sommes sur la diction de Calderon, une remarque à faire, c'est que l'on rencontre fréquemment dans ses comédies certains mots, — *destin*, *fortune*, *étoile*, — qui rappellent la fatalité des anciens et la prédestination des musulmans. Les idées que ces mots représentent ne sont pas, en Espagne, particulières à Calderon; et souvent ses compatriotes, soit comme individus, soit comme nation, ont tenu une conduite qui semblait indiquer la croyance à ces idées. Mais de tous les dramatistes espagnols Calderon est celui qui les a reproduites le plus fréquemment, comme il est celui qui a montré le plus souvent dans ses ouvrages l'action et la puissance de la destinée; et ce détail nous a paru assez important pour que nous ayons dû le signaler à nos lecteurs.

Quant à la versification, Calderon n'est pas toujours exempt d'une certaine manière, et il n'a pas la variété de Lope, qui employait tour à tour, avec la même aisance, tous les rhythmes et tous les mètres. Mais il est supérieur à Lope et à tous les poètes espagnols dans le vers octosyllabique, nommé vers de romance, ou redondilla, qu'il emploie avec un art vraiment magique. Rapides, impétueux, ces vers se précipitent comme un torrent sonore, et l'on se sent entraîné malgré soi par l'harmonie ravissante de cette musique divine dont Lope lui-même était enchanté [20].

Voyant l'admirable finesse avec laquelle Calderon a peint quelquefois les ridicules des hommes, un littérateur fort distingué, M. Martinez de la Rosa, a exprimé le regret que notre poète n'ait pas donné un but moral à ses comédies [21]. Je ne saurais partager ce regret. A chaque peuple son théâtre, à chaque poète son génie. A l'Espagne, à Calderon les grandes aventures, les grands sentimens, la galanterie passionnée. Pour la peinture des vices et des travers sociaux, pour les châtier ou s'en moquer, le pays, le poète — c'étaient la France et Molière.

D'autres écrivains sont allés plus loin. Préoccupés de ces aventures d'amour sur lesquelles Calderon a fondé sa Comédie, ils l'ont accusé de corrompre les mœurs. La critique qui apprécie de la sorte des jeux d'imagination et méconnaît à ce point les priviléges de l'art ne mérite pas une réfutation sérieuse. Calderon, qui semble l'avoir pressentie, l'a réfutée d'avance de la seule manière convenable, par l'intermédiaire d'un de ses personnages qui vient d'être la dupe d'une femme voilée : « Maudites soient, s'écrie-t-il avec malice, — maudites soient les comédies qui ont enseigné ces fourberies, qu'on n'aurait jamais trouvées sans elles! »

> . . . . *Mal hubiesen*
> *Las comedias que enseñaron*
> *Engaños tan aparentes* (22)!

Le seul tort, peut-être, que la morale serait en droit de reprocher à Calderon, c'est d'avoir, dans quelques-unes de ses comédies, glorifié cette susceptibilité du point d'honneur, qui porte parfois ses héros à des actes si condamnables. Et ici encore le poète pourrait ne pas demeurer sans réponse. « Ce n'est pas moi, pourrait-il dire, ce n'est pas moi qui ai créé, développé chez mes compatriotes le sentiment exalté de l'honneur. Avant moi ce sentiment régnait en maître dans leurs cœurs : il était le mobile de leur conduite, la règle de leur vie, leur loi, leur inspiration. Je n'en ai été que l'interprète; et si je n'avais pas su l'exprimer avec chaleur, avec éloquence, non seulement les Espagnols ne m'auraient pas adopté pour leur poète, mais moi-même je n'eusse pas été Espagnol! »

Telle est, à notre jugement, la comédie de Calderon considérée d'une manière générale. Nous nous réservons de compléter notre opinion dans les notices spéciales qui précéderont chaque pièce. Un mot maintenant des *autos*.

Nous avons déjà défini ce qu'était un *auto* : une espèce de drame religieux allégorique. Les personnages les plus ordinaires de ces drames sont la Foi, la Grâce, la Faute, la Nature, le Judaïsme, la Gentilité. Dans ces ouvrages, le poète, en nous montrant la folie de nos passions, en combattant les prétentions et la vanité de la raison humaine, cherche à nous expliquer le mystère de notre destinée.

Les critiques modernes, qui ne sont pas toujours d'accord sur les comédies de Calderon, sont encore plus divisés sur le mérite de ses *autos*. M. Schlegel, chez qui une instruction étendue s'unit à tant d'esprit et d'imagination, les a vantés avec le plus vif enthousiasme. M. de Sismondi, dont la raison est si éclairée, n'en a parlé qu'avec une réserve qui ressemble au dédain. Pour nous, s'il nous est permis d'émettre notre opinion après celle d'écrivains aussi considérables, nous pensons qu'on ne saurait trop admirer ce que les *autos* renferment de beau, de grand, de majestueux, de sublime ; mais qu'aussi l'on peut s'étonner de ce qu'on y rencontre parfois d'étrange et de bizarre. Au reste, malgré l'extrême difficulté de ce travail, nous essayerons de traduire un ou deux *autos*, et l'on en jugera ; car si la poésie perd toujours une partie de son charme dans les meilleures traductions, il n'est pas moins vrai que les beautés sérieuses d'un ouvrage poétique se font jour même dans les traductions les plus imparfaites, — comme on reconnaît un beau tableau à travers la gravure la plus grossière et la plus effacée.

Calderon est le dernier venu des grands dramatistes espagnols. Après lui, après ses disciples, la comédie espagnole disparaît, et sans retour. En voyant ce singulier phénomène, en voyant finir ainsi un théâtre qui pendant un siècle avait brillé d'un si vif éclat, il est impossible de n'en point chercher la cause avec intérêt.

Cette cause, des écrivains de talent et d'esprit ont cru la découvrir dans l'Inquisition. — Tout en détestant autant que personne cette institution funeste, — je le déclare, — je ne la crois point coupable de ce nouveau méfait ; et comme il faut bien prendre garde de laisser calomnier l'Inquisition (le mot est de Voltaire), je ferai deux ou trois observations pour sa défense. D'abord, à quelle époque se rapportent les premiers essais du théâtre espagnol ? Aux dernières années du XVe siècle. Or, c'est précisément à cette époque que s'établit l'Inquisition (23). De même, quelle a été l'époque la plus florissante de la littérature espagnole, et, en particulier, de la comédie ? C'est la seconde moitié du XVIe siècle et la première moitié du XVIIe. Or c'est aussi à cette époque que l'Inquisition posséda le plus de puissance. Enfin, quels sont les plus grands dramatistes espagnols ? C'est Lope, c'est Calderon, Tirso de Molina, Moreto, Solis. Or, Lope appartenait à l'Inquisition ; Montalban, le disciple chéri de Lope, était secrétaire de l'Inquisition ; et quant à Calderon, à Tirso, à Moreto, à Solis, ils étaient prêtres, ce qui veut dire qu'ils tenaient d'assez près à l'Inquisition. — Donc, évidemment, ce n'est pas l'Inquisition qui a tué la comédie espagnole.

Mais alors, dira-t-on, à quelles causes attribuer la fin si

soudaine et si complète de cette comédie? Eh! mon Dieu! à ces causes générales qui déjà auparavant avaient eu tant d'influence sur les lettres et les arts, comme sur la destinée d'autres peuples non moins illustres, non moins glorieux! — Pourquoi, cinquante ans après la conquête macédonienne, n'y a-t-il plus ni grands philosophes, ni grands historiens, ni grands orateurs, ni grands poëtes, ni grands artistes dans cette Athènes naguère si féconde? Pourquoi, à Rome, la décadence des lettres latines commence-t-elle immédiatement dans le siècle qui suit celui d'Auguste? Pourquoi, dès le XVIIe siècle, après Salvator Rosa, n'y a-t-il plus de peinture dans cette Italie qui venait de posséder à la fois tant d'écoles florissantes?... Et si l'on nous demande d'indiquer en outre les causes particulières qui ont eu une action fâcheuse sur la comédie espagnole, nous dirons : d'abord, le bigotisme aveugle du roi Charles II, et ensuite, et surtout, l'avènement de Philippe V au trône d'Espagne.

Car ce qui avait fait la force des poëtes espagnols c'était leur nationalité ardente, leur patriotisme exclusif. Pas plus que leur pays, ils n'avaient jamais subi l'influence étrangère. Mais lorsque le petit-fils de Louis XIV vint régner en Espagne, avec ce prince pénétrèrent dans la péninsule les idées et les mœurs françaises, d'autres vues littéraires, un autre système dramatique; et comme il n'y avait plus de Pyrénées, il n'y eut plus de comédie espagnole.

Mais, chose remarquable! ce théâtre espagnol si original, si national, et qui a fini si promptement, ce théâtre a fécondé tous les théâtres de l'Europe; et Calderon, en particulier, a eu sur la littérature dramatique européenne une influence immense qui jusqu'ici, ce nous semble, n'a pas été suffisamment appréciée. A Calderon se rattachent d'une manière plus ou moins directe, soit pour des sujets d'ouvrages, soit pour le développement de quelque qualité, la plupart des poëtes dramatiques français du XVIIe siècle, et, dans le XVIIIe, Beaumarchais, qui lui a dérobé ses situations les plus piquantes. Dès son vivant, sous la restauration de Charles II, Calderon a défrayé en partie le théâtre anglais. Au XVIIIe siècle il inspirait les poëtes italiens, et entre autres le célèbre Gozzi. Enfin, au commencement de ce siècle, en Allemagne, les écrivains les plus distingués, les poëtes les plus illustres, à la tête desquels il faut nommer Goëthe et Schlegel, l'ont traduit ou imité (24). Quel homme, quel poète que celui dont les inventions ont pu amuser des peuples d'un caractère et d'un génie si différens !

Pour compléter cette notice, il nous resterait à parler de notre traduction, des principes qui nous ont dirigé, du système que nous avons suivi, etc., etc. Mais à quoi bon? quand on aura lu quelques scènes des pièces traduites, ne sera-t-on pas mieux instruit à cet égard qu'on ne pourrait l'être par toutes nos explications? Seulement nous avons un aveu à faire ; c'est que pour ces jeux de mots doubles ou triples que Calderon met parfois dans la bouche de ses *graciosos* comme autant d'énigmes que le poète préparait, je crois, à ses futurs traducteurs, nous avons eu souvent recours aux lumières supérieures de M. Louis Dubeux, de la Bibliothèque royale, l'un de nos premiers philologues, et qui possède tous les divers dialectes de l'Espagne et du Portugal aussi parfaitement qu'il possède, dit-on, les langues de l'antiquité classique et de l'Orient. Grâces à l'érudition et à l'obligeance toujours prêtes de M. Dubeux, les difficultés ont été, ce nous semble, convenablement résolues.

Et, après cette déclaration, je finis comme Calderon finit ses comédies, — en réclamant pour mon travail l'indulgence des lecteurs et en les priant d'en pardonner tous les défauts.

NOTES.

(1) Don Juan de Vera-Tasis, et après lui tous les biographes de Calderon, le font naître le 1er février de l'an 1601 ; c'est une erreur. De l'extrait de l'acte de baptême qui se trouve cité dans l'ouvrage intitulé *Hijos de Madrid*, il résulte incontestablement que Calderon naquit en 1600, et fut baptisé le 14 février suivant. Quant au jour précis de la naissance, il n'est pas indiqué dans l'extrait de l'acte de baptême ; mais doit-on s'en rapporter, sur la date du jour, au biographe qui s'est trompé sur l'année ? Voy. *Hijos de Madrid*, t. IV, p. 218.

(2) Lope de Vega, né à Madrid comme Calderon, était originaire de la même province et de la même vallée de Carriedo.

(3) Dans l'excellente notice qui précède sa belle traduction de *Don Quichotte*, M. L. Viardot a donné la meilleure définition du mot *soldado* (soldat). « Ce mot, dit-il, n'avait pas précisément la même signification qu'aujourd'hui ; c'était comme un premier grade militaire, d'où l'on pouvait immédiatement passer à celui d'enseigne (*alferez*), ou même au rang de capitaine. Aussi n'était pas soldat qui voulait ; il fallait une sorte d'admission, et l'on disait en Espagne : *Asentar plaza de soldado*. »

(4) Dans son Histoire du théâtre espagnol, Cervantes dit en parlant de Lope, qu'il s'était « emparé du sceptre de la comédie. » *Alzóse con la monarquia cómica*.

(5) Don Juan de Vera-Tasis intitule la pièce dont il s'agit ici, *Lutte d'amour et de jalousie* (Certámen de amor y zelos). Le malheur est que Calderon n'a donné ce titre à aucune de ses comédies. La pièce en question ne pourrait-elle pas être celle qui a pour titre, *Combats d'amour et de loyauté* (Duelos de amor y lealtad) ?

(6) L'Espagne perdit l'Artois en 1639, le Portugal en 1640, le Roussillon en 1642. La Catalogne s'était soumise à la France en 1641. La bataille de Rocroy est de 1643, et celle de Lens de 1648.

(7) Henri de Transtamare ne voulant pas que sa cendre fût mêlée à celle des rois dont il n'était pas le descendant légitime, avait fait construire dans la cathédrale de Tolède une chapelle richement dotée, qui devait servir de sépulture à lui et à ses descendans. C'était là ce qu'on appelait la chapelle des *rois nouveaux*.

(8) On attribue à Philippe IV plusieurs comédies, et entre autres celle qui est intitulée *Dar su vida por su dama* (Donner la vie pour sa dame) ; mais rien ne garantit que cette pièce soit en effet d'origine royale. Comme beaucoup d'autres pièces de cette époque, elle fut représentée sous le nom d'*un bel esprit de la capitale* (por un ingenio de esta corte).

(9) Les Espagnols appellent le *siècle d'or* la grande époque de leur littérature. Ce siècle d'or embrasserait l'espace d'un siècle et demi, 1530-1690. Il a à son commencement Boscan, Garcilaso de la Vega, Hurtado de Mendoza, et finit avec Calderon et Solis. Cervantes et Lope de Vega pourraient en marquer le milieu.

(10) Nous avons à faire ici plusieurs observations qui nous ont paru n'être pas sans intérêt, et nous les rangeons sous le même numéro, afin de ne pas multiplier les renvois.

Première observation. De la signification du mot *comédie* en espagnol.

En général, les Espagnols appellent *comédie* (comedia) toute espèce d'ouvrages de théâtre. Vers le milieu du XVe siècle, le marquis de Santillana ayant mis en drame les événemens d'un combat naval qui avait eu lieu, en 1435, près de l'île de Ponza, entre les Génois et les Aragonais, intitula sa pièce, *Petite comédie de Ponza* (Comedieta de Ponza). Plus tard Cervantes, dans son Histoire du théâtre espagnol, dit en parlant de Lope, qu'il s'empara du sceptre de la *monarchie comique* (alzóse con la monarquia cómica). Lope de Vega a intitulé son Art poétique, *Nouvel art de composer des comédies* (Arte nuevo de hacer comedias). Enfin, dans *le Laurier d'A-*

pollon, le même Lope, faisant l'éloge de Cristoval Virues, s'exprime ainsi : « Repose en paix, esprit singulier à qui les poètes *comiques* sont redevables des meilleurs principes de leur art ; tu as composé de belles *tragédies*. »

« *O ingenio singular! en paz reposa*
A quien las musas cómicas debieron
Los mejores principios que tuvieron;
Celebradas tragedias escribiste. »

Ces exemples suffisent pour prouver qu'en Espagne le mot *comédie* sert à désigner, en général, un ouvrage dramatique.

Après tout, la signification très-étendue que les Espagnols donnent au mot *comédie* ne doit pas nous étonner. Nous avons en France une manière de parler tout-à-fait analogue. Pour dire que l'on va au théâtre, ne dit-on pas fort souvent que l'on va à la *comédie*? et d'un bon acteur tragique, ne dit-on pas qu'il est un bon *comédien*?

Deuxième observation. Sur le nombre des comédies de Calderon.

Don Juan de Vera-Tasis attribue à Calderon cent vingt comédies. Bien que le recueil d'Apontes, l'édition la plus complète de Calderon, n'en contienne que cent huit, je ne crois pas qu'il y ait d'exagération dans le chiffre indiqué par Vera-Tasis. D'abord, dans le catalogue que Calderon lui-même a donné de ses ouvrages, il nomme cent onze pièces de théâtre ; puis, dans divers recueils, nous avons trouvé plusieurs pièces qui portent son nom, et qui pourraient bien être de lui en effet ; puis enfin, il est positivement reconnu que Calderon a travaillé à plusieurs ouvrages qui ne portent pas son nom, et l'on indique même quelle y a été sa part de travail. Ainsi, d'après *los Hijos de Madrid*, que nous avons cité plus haut, il a fait la première journée de *Enfermar con el remedio*,—*El privilegio de las mugeres* ; et la troisième journée de *La fingida Arcadia*,—*El pastor fido*, — *Circe y Polifemo*, — *La margarita preciosa*, et *El mejor amigo el muerto*.

Je ne serais pas également d'accord avec don Juan de Vera-Tasis sur le nombre des *autos*. Dans le catalogue dont je viens de parler, Calderon n'en a nommé que soixante-douze. Or, il n'est pas probable qu'il eût oublié le tiers des ouvrages sur lesquels il fondait sa principale gloire, et l'on doit, sur ce point, s'en rapporter à lui plutôt qu'à son biographe.

Troisième observation. Sur la classification des comédies de Calderon.

On peut diviser les comédies de Calderon en trois classes : 1° les comédies d'intrigue; 2° les comédies sérieuses ou historiques 3° les comédies dont le sujet est emprunté à la mythologie ou à l'histoire grecque ou romaine, la plupart composées pour être jouées dans les fêtes de la cour.

Nous croyons qu'on nous saura gré de donner ici les titres de quelques-unes des pièces les plus remarquables de chaque catégorie :

Les Engagemens du hasard.—Maison à deux portes.—Il y a du pis.—Il y a du mieux. —Ne badinez pas avec l'amour.—Il n'est rien tel que de se taire.—A demain.—Maudit soit l'amour.—La l'ame revenant.—Le Faux astrologue.— Pauvreté mère d'industrie. — Le Geôlier qui se garde lui-même, etc., etc.—Le Prince constant.—Le dernier duel en Espagne.— A outrage secret.—L'Alcade de Zalaméa.—Le Médecin de son honneur. — Le Peintre de son déshonneur.—La Dévotion à la Croix. — L'Exaltation de la Croix. —La vie est un songe.—Le Tétrarque de Jérusalem.—Aimer après la mort.—Le schisme d'Angleterre, etc., etc. — Le Laurier d'Apollon. — Le second Scipion.—Les Armes de la beauté. — Echo et Narcisse. — La Merveille des jardins. — La grande Zénobie. — Le Pont de Mantible, etc., etc.

Quatrième observation. Sur l'époque à laquelle les diverses comédies de Calderon ont été composées.

On ignore, en général, la date à laquelle se rapporte la composition des comédies de Calderon. Cependant, il en est quelques-unes auxquelles on peut assigner une date précise, comme, par exemple, la pièce intitulée *les Couleurs de la rose* (la Purpura de la rosa), composée à l'occasion du mariage de l'infante Marie-Thérèse avec Louis XIV. Il en est d'autres dont on pourrait fixer la date d'une manière à peu près positive, ou les plaçant à celle d'une fête, d'une entrée dont elles renferment la description ; telle serait la pièce intitulée. *Méfiez-vous de l'eau qui dort* (Guardate del agua mansa), dans laquelle on lit la description de l'entrée de Marie-Anne d'Autriche. Cette pièce, très-probablement, a dû être composée à l'époque du second mariage de Philippe IV, vers 1649.

Cinquième observation. Sur les ouvrages de Calderon qui n'ont pas été imprimés.

Parmi les ouvrages de Calderon qui n'ont pas été imprimés, ou qui, du moins, n'existent plus aujourd'hui, nous regrettons vivement le poëme sur la peinture, le poëme sur la comédie, les intermèdes, et une pièce composée sur don Quichotte.

Il ne serait pas impossible, selon nous, de retrouver ces ouvrages ; ils doivent exister dans la bibliothèque du collége d'Oviedo, à Salamanque, à laquelle Calderon avait légué ses manuscrits. Il serait digne de l'illustre général qui préside aujourd'hui aux destinées de l'Espagne, d'ordonner des recherches à cet effet. Le duc de la Victoire montrerait ainsi la vérité du proverbe espagnol : *La lance et la plume sont amies.*

(11) *Frontin mari-garçon et le Soprano.*

(12)   *Es comedia de don Pedro*
       Calderon, donde ha de aver
       Por fuerza amante escondido,
       Ó rebozada muger.
                NO AY BURLAS CON EL AMOR. Jorn. 2.

       Es esta la cena, Hernando,
       Que avia de prevenirnos ?
       — Simon, si ; aquesta es la cena
       Y scena de un poeta amigo
       De cuchilladas, etc., etc.
                CADA UNO PARA SI. Jorn. 2.

       Que debe de ser comedia
       Sin duda, esta de don Pedro
       Calderon, que hermano, ó padre
       Siempre vienen a mal tiempo.
                BIEN VENGAS MAS. Jorn. 3.

(13) Pour apprécier la justesse de cette observation, il suffit de lire l'*Alcade de Zalamea.*

(14) On a remarqué que Lope de Vega, dans plusieurs de ses dernières comédies, avait plus volontiers procédé par des récits. N'était-ce pas une concession du vieux dramatiste à la poétique de son jeune rival ?

(15) Déjà au XVIIIe siècle, Linguet, dans son théâtre espagnol, avait exprimé une opinion semblable touchant les situations de Calderon : « C'est surtout, dit-il, dans ce genre de beautés qu'excelle Calderon. Je ne puis me lasser de le dire, ce poëte est, à cet égard, le plus grand génie qui ait jamais existé. » Ces lignes, écrites à une époque où de misérables pédans affectaient de rabaisser les poëtes étrangers qu'ils ne comprenaient pas et ne pouvaient pas comprendre, font honneur au jugement de Linguet et à son indépendance d'esprit ; elles méritent qu'on lui pardonne l'imitation qu'il a donnée de quelques comédies du grand poëte.

(16) Littéralement *muy muger* veut dire *très-femme*, la femme par excellence.

(17) Voy. *Télémaque*, liv. I, au commencement.

(18) Dans la notice qui précédera le théâtre choisi de Lope de Vega, nous parlerons avec détail de l'école de Gongora, les *Cultistes* (écrivains raffinés), et de la guerre que leur fit Lope de Vega.

(19) Il faut remarquer toutefois que, dans le récit dont nous parlons, Shakspeare a caractérisé avec beaucoup de finesse, par des comparaisons et des métaphores d'un goût équivoque, l'éloquence d'un soldat qui veut faire l'orateur.

(20) Dans *le Laurier d'Apollon*, publié en 1630, Lope de Vega disait en parlant de son jeune rival : « Par la beauté de son style et la douceur de sa poésie, il s'est placé au sommet du double mont. »

       . . . En el estilo poetico y dulzura
       Sube del monte á la suprema altura.
                EL LAUREL DE APOLO, silv. VII.

(21) OBRAS LITERARIAS, tomo II, *Apendice sobre la comedia.*—Paris, 1829.

(22) Voyez la pièce intitulée *Bien vengas mal*, jorn. 2.

(23) Un poète espagnol du XVIIe siècle, Ag. de Rojas, dans son ouvrage intitulé *Viage entretenido*, avait déjà fait avant nous la même remarque. - Au temps fortuné, dit-il, où nos glorieux rois, dignes d'éternelle mémoire, Ferdinand et Isabelle (qui règnent maintenant parmi les saints), achevaient de chasser d'Espagne les Morisques de Grenade, dans le temps où l'inquisition s'établit en ce royaume, naquit la comédie. »

> . . . *En la dichosa era*
> *Que aquellos gloriosos reyes,*
> *Dignos de memoria eterna,*
> *Don Fernando é Isabel*
> *(Que ya con los santos reynan),*
> *De echar de España acababan*
> *Todos los Moriscos, que eran*
> *De aquel reino de Granada,*
> *Y entonces se daba en ella*
> *Principio á la inquisition,*
> *Se le dió á nuestra comedia.*

(24) Goëthe a imité de Calderon *Prométhée* et *Pandore*; W. Schlegel a traduit *le Prince constant,*—*la Dévotion à la Croix,*—*l'Écharpe et la fleur,*—*le Pont de Mantible,*—*Le plus grand enchanteur, l'Amour.* Ce sont toutes pièces religieuses ou poétiques.

MAISON A DEUX PORTES

MAISON DIFFICILE A GARDER.

(CASA CON DAS PUERTAS MALA ES DE GUARDAR.)

NOTICE.

Plusieurs comédies de Calderon ont pour titre un proverbe qu'elles semblent destinées à justifier par le dénouement. Le but manifeste que se propose alors l'auteur, ainsi qu'on l'a dit avec raison, contribue à l'intérêt de cette sorte de drames.

Le poète qui a été si bien inspiré en traitant — *La Vie est un songe*, ou — *Défiez-vous des apparences*, devait être tenté par — *Maison à deux portes*, etc., etc. Le choix de ce sujet était heureux, et il l'a traité avec sa supériorité habituelle.

Une critique exacte aurait sans doute quelque droit de reprocher à Calderon de n'avoir pas motivé suffisamment sa comédie; en effet, on ne sait pas trop, au premier abord, pourquoi les deux couples d'amans courent tant d'aventures avant de se marier, lorsqu'il n'y avait pas de plus sérieux obstacle à leur mariage. Mais ce défaut serait, selon nous, bien compensé par tous les mérites divers qui brillent dans cette œuvre de Calderon : dans l'ensemble, par l'originalité, la rapidité et la clarté de l'intrigue; dans le détail, par la verve, l'esprit et la facilité du dialogue, et aussi par l'admirable richesse d'une poésie pleine d'images et d'harmonie, que, malheureusement, le traducteur ne saurait se flatter d'avoir reproduite.

On peut dire en somme que, dans cette comédie comme dans la plupart de ses comédies d'intrigue (ou comédies de cape et d'épée), Calderon n'a peint que des caractères généraux. Depuis Calabazas, le *valet-bouffon*, qui est gourmand, curieux et poltron, jusqu'à Fabio, le *vieillard* ou *père noble*, qui est si prudent et qui tient tant à l'honneur de sa maison, tous ses caractères n'ont rien qui les distingue particulièrement de l'espèce à laquelle ils appartiennent. Cependant, après une étude attentive de notre comédie, il nous paraîtrait que les deux *galans* ne se ressemblent pas complètement l'un à l'autre, et que les deux *dames* ont chacune des traits qui leur sont propres... Peut-être cette différence que nous trouvons dans les caractères des personnages principaux n'est-elle pas essentielle et qu'elle tient seulement à la différence de leur situation... Au reste, nous donnons cette observation pour ce qu'elle vaut, sans y attacher d'autre importance.

On remarquera sûrement, dans la première journée, la scène où don Félix, introduit par Celia auprès de Laura, ne devinant pas que la maîtresse et la suivante sont d'accord, s'excuse tant qu'il peut d'être entré là malgré elles.

Cette scène est, selon nous, d'un excellent comique et d'une finesse charmante. — La scène qui se passe sur le grand chemin entre Fabio et Lelio montre à quel haut degré Calderon possédait le talent d'observation. — La situation de la fin de la troisième journée a été très-habilement imitée par Beaumarchais dans *le Mariage de Figaro*; mais, s'il faut l'avouer, quelque ingénieuse que soit l'imitation, nous préférons, sous le rapport de la vraisemblance et de l'unité, la situation originale.

Jusqu'à ces derniers temps, cette jolie comédie n'avait pas été transportée sur notre théâtre; mais il y a quelques années, deux de nos auteurs les plus habiles, MM. Duvert et Lauzanne, ont eu l'heureuse idée de l'accommoder à notre scène, et en ont donné, sous le titre de *Renaudin de Caen*, une très-spirituelle et très-piquante imitation.

Encore un mot, relativement à la traduction. — Nous prions le lecteur de n'être pas trop choqué d'y rencontrer ces expressions *galant* et *dame*, que nous avons préférées à celles-ci *amant* et *maîtresse*, parce qu'elles nous ont paru mieux rendre la nature des relations qui existent d'ordinaire entre les amans de Calderon. Il y a entre le *galant* et sa *dame* des soins, des hommages, offerts d'une part avec empressement et reçus de l'autre avec plaisir, mais il n'y a pas cette intimité que supposent dans notre langage actuel les mots d'*amant* et de *maîtresse*.

MAISON A DEUX PORTES
MAISON DIFFICILE A GARDER.

PERSONNAGES.

DON FÉLIX.
LISARDO.
FABIO, vieillard.
CALABAZAS, laquais[1].
HERRERA, écuyer.

LAURA, } dames.
MARCELA,
SILVIA, } suivantes.
CELIA,
LELIO, domestique.

La scène se passe à Ocaña[2] et dans les environs.

JOURNÉE PREMIÈRE.

SCÈNE I.

Un chemin dans la campagne. A droite, sur le second plan, un monastère

Entrent MARCELA *et* SILVIA, *avec des mantes et comme cherchant à se cacher. Derrière elles entrent* LISARDO *et* CALABAZAS.

MARCELA, *à Silvia.*

Ils nous suivent, n'est-il pas vrai?

SILVIA.

Oui, madame.

MARCELA.

Eh bien! arrête. (*A Lisardo et à Calabazas.*) Cavaliers, n'avancez pas davantage, et même retirez-vous; car si vous tentiez de savoir qui je suis, vous seriez cause que je ne retournerais pas une autre fois là où nous nous sommes rencontrés. Et si cela ne suffit pas, retirez-vous, car je vous supplie de vous retirer.

LISARDO.

Madame... le soleil obtiendrait difficilement que la fleur de l'héliotrope ne se tournât point vers sa lumière; difficilement l'étoile polaire obtiendrait que l'aimant ne s'avançât point de son côté; et il ne serait pas moins difficile à l'aimant d'obtenir que l'acier ne le poursuivît pas avec ardeur. Si votre éclat égale celui du soleil, mon bonheur est celui de l'héliotrope; si votre indifférence égale celle de l'étoile polaire, mon regret est celui de l'aimant; et si votre rigueur égale celle de l'aimant, mon empressement est celui de l'a-

---

[1] *Calabaza*, en espagnol, signifie citrouille, et, au figuré, une tête sans cervelle.
[2] Il y a eu Espagne deux villes de ce nom, l'une dans la province de Tolède, l'autre dans la province de Grenade. Il s'agit ici de la première.

cier. Ainsi donc, comment puis-je demeurer tranquille, lorsque je vois s'en aller mon soleil, mon étoile polaire et mon aimant, moi qui suis l'héliotrope, et l'aimant, et l'acier?

MARCELA.

Le soleil disparaît chaque soir devant l'héliotrope, et chaque matin l'étoile du nord disparaît devant l'aimant. Et puisqu'il est permis au soleil et à l'étoile du nord de s'absenter, vous ne vous plaindrez pas, vous non plus, de mon absence; vous vous direz, en guise de consolation, seigneur Héliotrope ou seigneur Aimant, qu'il y a la nuit pour le soleil et le jour pour l'étoile du nord. Et maintenant restez ici; car, je vous en préviens, si vous veniez à découvrir mon secret, si vous veniez à savoir qui je suis, je ne reviendrais pas vous voir en ce lieu-ci... Puisque mes folles inquiétudes qui m'ôtent le sommeil m'amènent ici pour vous voir, ayez confiance en moi, croyez-moi; cela importe.

LISARDO.

J'en appelle, madame, de votre prudence à mon désir. Supposé que ce fût une politesse de ne pas vous suivre, ce serait également une sottise; or, considérez ce qui choque davantage d'une sottise ou d'une impolitesse; vous verrez que c'est la sottise, car elle, elle n'a pas d'excuse. Ainsi, madame, souffrez que j'aime mieux être impoli que d'être sot.—Voilà aujourd'hui la sixième matinée que je vous rencontre en ce chemin; il y en a tout autant que je vous y rencontrai pour la première fois à la pointe du jour, vous, nymphe inconnue de ces campagnes, mystérieuse divinité de ce printemps. C'est vous qui, la première, m'avez invité à vous parler, car je n'aurais pas eu cette audace de sitôt, moi étranger dans ce pays. Vous m'avez commandé de me retrouver ici le lendemain, et certes je n'ai pas manqué à ce rendez-vous si plein de charme. Comme, malgré mes prières et mes supplications, vous n'avez jamais consenti à soulever ce voile à travers lequel je vous adore de confiance, ma loyauté s'est soumise. Mais, voyant que mon péril renaît ici tous les jours sans succès, je me résous à devoir à mon obstination ce que votre complaisance me refuse; je me décide à vous suivre, rien ne m'en empêchera; il faut enfin qu'aujourd'hui je vous voie, ou que je voie qui vous êtes.

MARCELA.

Pour aujourd'hui c'est impossible; laissez-moi pour aujourd'hui. En retour, je vous donne ma parole que vous apprendrez avant qu'il soit peu ma demeure, et que vous pourrez m'y venir voir.

CALABAZAS, *à Silvia.*

Et vous, demoiselle suivante de cette noble demoiselle, vous pour qui mon âme court le risque de se damner, dites-moi, y a-t-il aussi quelque motif qui vous engage, vous, à vous couvrir de votre mante?

SILVIA.

Je n'ai pas à vous répondre là-dessus, laquais très-curieux de

ce très-curieux cavalier, et si vous me suivez, soyez assuré que...
CALABAZAS.
Que, — quoi, s'il vous plaît?
SILVIA.
...Que vous me poursuiviez, car celui qui me suit me poursuit [1].
CALABAZAS.
Vive Dieu! je sais maintenant ce qui en est.
SILVIA.
Que savez-vous?
CALABAZAS.
La raison pourquoi vous ne voulez ni l'une ni l'autre soulever votre mante.
SILVIA.
Et quelle est cette raison?
CALABAZAS.
C'est que vous avez toutes deux le plus laid visage du monde.
SILVIA.
Pas si laids que les vôtres, mon bel ami.
CALABAZAS.
Je vous en souhaite... Moi qui suis un Cupidon!
SILVIA.
Non pas! nous sommes un Cupidon à nous deux.
CALABAZAS.
De quelle manière donc, ma déesse?
SILVIA.
Vous, vous êtes la première syllabe de ce mot, et moi les deux dernières.
CALABAZAS.
Ce partage ne me va pas [2].
MARCELA, *à Lisardo*.
Fiez-vous-en à moi; je vous le promets de nouveau.
LISARDO.
Si vous voulez que je croie à une telle promesse, laissez du moins un gage à mon espoir, permettez que je vous voie.
MARCELA.
Eh bien! tenez, regardez.
Elle soulève sa mante.
LISARDO.
Oh! madame, en vérité, c'est une perfidie, une trahison!... Com-

---

[1] Le mot *perseguir*, poursuivre, signifie aussi en espagnol *persécuter*.

[2]   *Cupido somos yo y tù.*
     — *Como? — Io el pido y tu el cu.*
     — *No me esta bien el partido.*

Il y a ici une plaisanterie qu'il est impossible de traduire. Nous craignons fort, malgré nos précautions, de l'avoir rendue grossièrement; et elle a en espagnol beaucoup de grâce, par cela même peut-être qu'elle n'a pas de sens précis. Cependant, à la rigueur, *el pido* signifie la demande.

ment puis-je vous laisser aller à présent, moi qui vous suivais avant de vous avoir vue?

MARCELA.

Soyez tranquille sur mon compte. Vous connaîtrez bientôt ma maison et à quel point je désire vous obliger, je vous en réponds de nouveau.

LISARDO.

Quoique à regret, madame, j'obéis.

MARCELA.

Et moi, je vous laisse avec un cœur reconnaissant. Je m'en vais par cette rue.

LISARDO.

Allez avec Dieu!

MARCELA.

Le ciel vous garde!

Marcela et Silvia sortent.

CALABAZAS, *à* **Lisardo.**

Quoi! seigneur, ne voyez-vous pas que c'est un piége qu'on vous tend? Suivons-la, suivons-la jusqu'à ce que nous sachions au juste quelle est cette rusée de femme.

LISARDO.

Ce serait mal à nous, Calabazas, si elle juge ces précautions nécessaires.

CALABAZAS.

Est-ce bien vous qui parlez ainsi?

LISARDO.

Oui, moi-même.

CALABAZAS.

Vive Dieu! si j'étais que de vous, je la suivrais, allât-elle au fond de l'enfer!

LISARDO.

Imbécile! ce serait la bien récompenser d'avoir consenti à me parler que de lui causer un tel chagrin!

CALABAZAS.

C'était bien la peine de nous lever si matin tous ces jours-ci!

LISARDO.

Trève de plaisanteries!... Dis-moi plutôt, maintenant que nous sommes seuls, voyons à nous deux si nous devinerons quelle peut être cette femme mystérieuse.

CALABAZAS.

Volontiers, monseigneur. Vous, d'abord, qu'en pensez-vous?

LISARDO.

Ma foi! à la distinction de son langage, à l'élégance de sa toilette, je serais assez porté à croire que c'est quelque noble dame, ou folâtre ou fantasque, qui aime à causer secrètement avec les gens dont elle n'est pas connue, et qui m'a choisi à cet effet en ma qualité d'étranger.

CALABAZAS.

J'ai une idée bien meilleure, moi!

LISARDO.

Dis-la donc vite alors.

CALABAZAS.

Eh bien! je dis, — et qu'on me tue si je me trompe, — je dis qu'une femme qui vient faire ainsi la belle parleuse avec un homme dont elle ne veut pas être connue est sans nul doute une laide spirituelle qui cherche à pêcher des cœurs avec son bec.

LISARDO.

Et si je te disais, moi, que je l'ai vue, et qu'elle est belle comme un ange?

CALABAZAS.

Alors je dirais, moi, vive Dieu! puisque vous me pressez, que c'est la Dame-Revenant qui veut recommencer à vivre[1].

LISARDO.

Après tout, n'importe! je saurai demain qui elle est.

CALABAZAS.

Vous croyez donc qu'elle reviendra ici demain?

LISARDO.

Sans doute... Et d'ailleurs, si elle ne vient pas, avec le peu d'espoir qu'elle m'a laissé, je n'aurai rien perdu, ou presque rien.

CALABAZAS.

Vous devriez cependant compter pour quelque chose que nous nous levons encore un jour si matin.

LISARDO.

J'y suis forcé par les affaires qui m'ont conduit ici, indépendamment de ma passion.

CALABAZAS.

Elle doit demeurer près de chez nous. Je l'ai perdue de vue en même temps que j'ai aperçu notre maison.

LISARDO.

Il est déjà tard, sans doute?

CALABAZAS.

Il n'en faut pas douter: je vois d'ici notre hôte qui s'habille.

---

[1] Calderon a composé sous ce titre, la Dame-Revenant (la Dama Duende), une charmante comédie qui a été imitée en français par Hauteroche. Il est possible qu'il ait voulu y faire allusion dans ce passage.

SCÈNE II

Une chambre.

Entrent DON FÉLIX, *qui achève de s'habiller, et* HERRERA ; *puis* LISARDO *et* CALABAZAS.

LISARDO.

Je vous baise les mains, don Félix.

DON FÉLIX.

Que le ciel vous garde, Lisardo !

LISARDO.

Comment ! vous êtes habillé si matin ?

DON FÉLIX.

Oui, j'ai des ennuis qui ne me permettent guère de rester au lit, où je ne trouve aucun repos. Mais vous, qui vous étonnez que je sois levé à cette heure, ne m'avez-vous pas dit hier au soir que vous deviez porter un placet à Aranjuez ? Comment êtes-vous sitôt de retour à Ocaña ?

LISARDO.

Nous jouons au jeu des questions et des réponses, et je réponds à votre question par la rime parfaite. Vous, ce qui vous a fait lever si matin, c'est — vos soucis ; et moi, ce qui me ramène sitôt à Ocaña, c'est — mes soucis.

DON FÉLIX.

Quoi ! arrivé d'hier, et déjà des soucis aujourd'hui !

LISARDO.

Hélas ! oui.

DON FÉLIX.

Eh bien ! pour vous forcer à me confier les vôtres, je vais vous confier les miens. Écoutez.

CALABAZAS, *à Herrera.*

Pendant qu'ils vont se défiler l'un à l'autre un long récit, auriez-vous, Herrera, quelque chose qui pût me servir à déjeuner ?

HERRERA.

Allons dans ma chambre, Calabazas. J'y ai toujours par précaution quelques morceaux de viandes froides. Soyons discrets.

Herrera et Calabazas sortent.

DON FÉLIX.

Vous n'avez pas oublié cet heureux temps de notre vie, alors que nous étions tous deux étudians à Salamanque ; et vous vous rappelez sans doute aussi avec quel dédain, quel mépris j'insultais l'Amour, et ses flèches, et son carquois. Ah ! mon cher, je ne prévoyais pas alors que j'aurais à lutter un jour avec ce petit dieu terrible, qu'il serait mon vainqueur et qu'il se vengerait cruellement. Il a ajusté une flèche sur son arc, m'a visé au cœur et m'a blessé ; car l'amour s'amuse à blesser et ne tue pas. Cela se passa par une belle soirée d'avril. Ce jour-là, comme bien d'autres fois auparavant, je sortis pour chasser, et, tout en marchant, je me trouvai arrivé à la royale maison de plaisance d'Aranjuez, qui est peu éloignée d'Ocaña, et qui est notre Prado et notre Parc[1]. J'y entrai ; cela est facile, lorsque leurs majestés ne s'y tiennent pas. J'entrai dans ses jardins sans même songer que j'allais voir ce que j'avais vu si souvent. Je me dirigeais vers le jardin de l'île... O mon ami ! comme on court aisément au-devant de son malheur ! De même que le papillon se plaît à voltiger au-dessus de la flamme brillante qui doit lui donner la mort, ainsi nous, nous tournons autour du péril avec une joyeuse insouciance... Je continue ; écoutez. Près de la première fontaine, qui est formée d'un rocher massif, il y avait une femme ; elle se tenait sur le gazon verdoyant qui entoure le bassin, véritable anneau d'émeraude auquel l'eau sert de diamant. Elle était si profondément occupée à se mirer dans le bassin, elle était si parfaitement immobile, que je doutai un moment si je n'avais pas devant les yeux une de ces nymphes en argent bruni qui entourent la fontaine comme des sentinelles vigilantes qui la gardent. Au bruit que je fis en écartant le feuillage pour la contempler plus à mon aise, — imprudent que je fus ! — elle sortit de son extase, leva la tête et regarda autour d'elle, un peu troublée. Ciel ! qu'elle était belle ! Je fus tenté de lui dire : « O divinité céleste, ne vous mirez pas ainsi dans l'eau, de peur que vous ne deveniez éprise de vous-même ! » car partout où je vois une fontaine et une nymphe, je pense involontairement à l'aventure de Narcisse ; mais je n'eus pas la force de prononcer une parole, et je tendis les bras de son côté, tout éperdu et tout tremblant. Elle, elle se leva d'un air grave, me tourna le dos, et se mit à courir après une troupe de femmes qui allaient devant elle. Je marchai moi-même à sa suite ; et vraiment, il me semblait que sur le vert gazon les roses naissaient en foule sous ses pas. Je la suivis jusqu'au moment où elle eut rejoint sa compagnie. Je connaissais toutes ces dames, qui habitaient Ocaña ; celle qui causait mon trouble était la seule que je ne connusse pas. Je dis qu'elle causait mon trouble parce que, dès ce premier instant, je sentis au fond de l'âme tout ce que j'y sens aujourd'hui ; dès ce premier instant je l'aimai. Ne me demandez pas comment je pouvais aimer déjà une femme que j'avais à peine entrevue ; je n'en sais rien, mais je l'aimais... Je m'informai d'elle à quelques-unes des dames avec qui elle était ; et j'appris avec plaisir que sa naissance répondait à sa beauté. La raison pour laquelle je ne l'avais pas vue jusque là, c'est que son père l'avait élevée à la cour, et ne s'était retiré que depuis peu à Ocaña. Je ne vous dirai pas que je lui rendis des soins qui furent bien reçus, car un bonheur perdu n'est

---

[1] On sait que le *Prado* est l'une des promenades de Madrid les plus à la mode. Quant au *Parc*, nous pensons que c'était, du temps de Calderon, une promenade qui n'existe plus aujourd'hui, ou à laquelle on aura donné un autre nom.

qu'un malheur plus grand ; mais vous saurez que, touchée enfin de mon attachement, de mes services et de mes prévenances, elle permit que je l'entretinsse une nuit à travers la grille du jardin, où furent seules témoins de ce doux tête-à-tête les étoiles et les fleurs. C'est ainsi que je vécus quelques semaines, le plus fortuné des hommes, jusqu'à ce que la jalousie vînt se jeter à la traverse de mon bonheur... Vous vous imaginez sans doute, mon cher, en m'entendant me plaindre de la jalousie, que c'est moi qui suis jaloux ? Eh bien ! non, vous vous trompez, ce n'est pas moi qui éprouve ce sentiment; c'est moi, au contraire, qui le cause. Voici comme. Il y a une dame à Ocaña, que j'ai courtisée dans le temps, et que j'ai laissée peu à peu quand j'ai eu connu la beauté dont je vous parle. Cette dame, pour se venger, a été faire ses confidences à l'autre, et même elle lui a montré comme donnés récemment quelques gages de tendresse que je lui avais donnés autrefois. Là-dessus, ma dame, prenant une soudaine jalousie, s'est éloignée de moi, et à tel point qu'elle ne veut pas que je la voie, que je lui parle pour m'excuser. Et maintenant, c'est à vous de juger si mes soucis peuvent permettre que je goûte encore le repos et le sommeil. J'ai offensé, sans le vouloir, le plus beau des anges ; et n'est-ce pas un vrai malheur d'avoir offensé, même involontairement, l'ange qu'on aime?

LISARDO.

Rassurez-vous, don Félix; vous prenez la chose beaucoup trop au sérieux, et je vous garantis qu'elle ne tardera pas à s'arranger. Lorsque vous avez prononcé ce mot de jalousie, j'ai eu peur pour vous ; mais puisque c'est vous qui la causez à votre belle, il n'y a pas grand mal, car il est plus facile d'en guérir une autre que de s'en guérir soi-même. Cela surtout est plus facile lorsque ce sentiment n'est point fondé. Que vous dirai-je? je vous porte envie. Je ne sache pas de plaisir plus vif entre les galans et les dames, lorsqu'il y a eu un malentendu, que de faire la paix pour se quereller ou de se quereller pour faire la paix. Ainsi, don Félix, allez, allez voir votre belle. Je vous réponds qu'en cet instant, si vous vous affligez de ce qu'elle s'abuse, elle, malgré sa jalousie, elle désire plus que vous encore d'être désabusée.

Entrent MARCELA et SILVIA. Elles ouvrent une porte qui est couverte d'une tapisserie, et se tiennent entre la tapisserie et la porte.

MARCELA, *bas, à Silvia.*

Laisse-moi, Silvia ; je vais voir mon frère par cette porte qui donne dans son appartement. Quoiqu'il ignore que je suis sortie ce matin de la maison, en le surprenant ainsi, je l'empêcherai de concevoir aucun soupçon.

SILVIA, *de même.*

N'avancez pas, madame.

MARCELA.

Qu'y a-t-il donc?

SILVIA.

Il cause avec notre hôte, et vous savez que mon maître ne veut pas que vous vous rencontriez avec lui.

MARCELA.

Hélas! oui, malheureusement... Eh bien! alors, demeurons ici un moment. Je suis curieuse de savoir ce qu'ils ont à se dire.

LISARDO, *à don Félix*.

En attendant qu'il soit l'heure de vous présenter chez votre belle, voulez-vous, selon nos conventions, que je vous conte mes soucis comme vous m'avez conté les vôtres? Écoutez-moi.

MARCELA.

Écoutons-le, Silvia.

SILVIA.

J'écoute, madame.

LISARDO.

Après que j'eus échangé mon habit d'étudiant contre celui de soldat, ma plume contre une épée, et les travaux paisibles de l'école de Salamanque contre les travaux bruyans de la campagne de Flandre; — après que j'eus obtenu une compagnie, sans autres protecteurs que mes services; la campagne finie, — car cette idée ne me serait point venue auparavant, je demandai un congé et repartis pour l'Espagne. Je voulais solliciter l'honneur d'une de ces croix qui brillent si noblement sur la poitrine d'un homme d'armes. Tel était le but de mon voyage à Madrid. Là, Sa Majesté, — que le ciel la protège et prolonge ses jours, de sorte qu'elle soit le phénix de notre âge! — Sa Majesté remit la lecture de mon placet au temps où elle serait plus tranquille et plus libre, en sa maison de plaisance d'Aranjuez. J'y suivis la cour, et, je l'avoue, plutôt pour mon plaisir que par nécessité; car le roi se sert aujourd'hui de tels ministres qu'avec eux le mérite n'a pas besoin d'appui, parce que chacun d'eux est à tous et à tout. J'arrivai donc à Aranjuez. Vous m'y vîntes visiter à mon hôtellerie. Voyant que j'étais assez mal logé, et qu'il n'y avait pas moyen que je fusse mieux à cause de la foule de gens qui encombrent la ville à cette époque, vous m'avez pressé de vous accompagner à Ocaña. Il m'était malaisé de refuser une aussi aimable invitation. Ocaña, me disiez-vous, n'est qu'à deux lieues d'Aranjuez, et les jours d'audience il vous sera facile d'y aller le matin et d'en revenir le soir. J'ai cédé, j'ai obéi... Votre amitié sait tout cela; mais j'avais besoin de ce préambule pour arriver à une nouvelle d'amour plus merveilleuse peut-être que toutes celles que Cervantes a racontées[1].

---

[1] Calderon ne manque jamais l'occasion de rappeler d'une manière flatteuse le nom de Cervantes.

MARCELA.

Voici que j'entre en scène. Attention, Silvia.

SILVIA.

Je ne perds pas un mot, madame.

DON FÉLIX.

Je suis impatient de vous entendre.

LISARDO.

Un jour donc que je m'étais mis en route avant l'aurore afin d'éviter la chaleur, car le soleil du matin n'est guère supportable en la saison où nous sommes, — arrivé vers un couvent qui touche à la porte d'Ocaña, j'aperçus, entre quelques peupliers, une femme. Sa tournure me charma ; je la saluai poliment. Elle, avant que j'eusse fait vingt pas, m'appela par mon nom. Je m'arrêtai, descendis de mon cheval, le donnai à garder à Calabazas, et j'allai vers elle en lui disant : Heureux l'étranger de qui une noble dame sait le nom! Elle, aussitôt, s'empressa de se couvrir le visage de sa mante et me répondit à demi-voix : Un cavalier espagnol n'est étranger nulle part en ce pays. A cela elle ajouta d'autres complimens, et si flatteurs, que je ne les répéterai pas par modestie ; car, en vérité, je ne sais comment il y a des hommes si vains, si présomptueux, si arrogans, qu'ils puissent se vanter d'avoir été recherchés par des femmes.

MARCELA.

C'est notre aventure qu'il raconte.

SILVIA.

Et il n'omet pas un détail, l'homme modeste!

MARCELA.

Oh! comment l'empêcher de finir? je crains qu'il ne donne des renseignemens qui éveillent les soupçons de don Félix.

DON FÉLIX.

Continuez.

LISARDO.

Quand nous eûmes ainsi causé quelque temps, le visage toujours recouvert de sa mante, elle me congédia en me défendant de chercher à savoir qui elle était et de la suivre, me promettant d'ailleurs qu'elle me viendrait parler le jour suivant au même endroit. Six jours de suite j'ai revu, parmi les peupliers, cette femme. A la fin, ennuyé de toutes ses précautions, j'ai résolu de la suivre aujourd'hui quand elle retournerait à Ocaña. Mais il ne m'a pas été possible d'effectuer ce dessein. A peine m'a-t-elle eu quitté, qu'elle s'est retournée de mon côté, et que, m'apercevant, elle n'a jamais voulu passer outre au détour de cette rue.

DON FÉLIX.

De cette rue, dites-vous?

LISARDO.

Oui ; et j'imagine qu'elle y demeure, car, dès qu'elle y a été entrée, je l'ai perdue de vue à l'instant.

JOURNÉE I, SCÈNE II.

DON FÉLIX.

Vous l'avez donc laissée aller seule?

LISARDO.

Oui, sans doute. Elle l'a exigé avec instance, en me disant que ma poursuite mettrait en péril sa vie, son honneur.

DON FÉLIX.

oilà une étrange femme!

LISARDO.

Bien étrange vraiment!

MARCELA.

Je suis sur les épines.

SILVIA.

Ces hommes sont tous d'une indiscrétion.....

DON FÉLIX.

Et vous ne savez pas qui elle est? Vous ne l'avez pas vue?

LISARDO.

Si fait. Je ne l'aurais pas laissée échapper autrement. Ç'a été ma condition.

DON FÉLIX.

Achevez donc alors. Dépeignez-la-moi.

LISARDO.

Ah! mon ami, qu'elle est belle!

MARCELA.

Je tremble, Sylvia.

Entre CELIA avec sa mante.

CELIA.

Seigneur don Félix, une femme voudrait vous parler en secret.

DON FÉLIX.

Cela est aisé.

MARCELA.

Grâces à Dieu! elle arrive à propos. Elle est un ange pour moi.

LISARDO.

Ce n'est pas, je vois, le moment que j'achève mon histoire.

DON FÉLIX.

Tantôt, si vous voulez. Permettez, pour Dieu! qu'à cette heure je parle à cette femme. C'est la suivante de ma dame.

LISARDO.

Que je meure si ma prédiction n'est pas près de s'accomplir! Un tiers vous gênerait; adieu, à tantôt.

Il sort.

DON FÉLIX.

Quel motif t'amène, Celia?

CELIA.

Ne vous étonnez pas que je ne sois pas venue plus tôt. Il me faut bien du courage pour venir ; si ma maîtresse le savait, elle me tuerait assurément.

DON FÉLIX.

Elle est donc bien irritée contre moi ?

CELIA.

Impossible qu'une femme le soit davantage contre un homme. — Comme elle m'a envoyée par ici en commission, je n'ai pu m'empêcher d'entrer pour vous voir et vous parler un moment.

DON FÉLIX.

Et que fait ta belle maîtresse ?

CELIA.

Hélas ! du matin au soir et du soir au matin elle ne fait que se plaindre de votre ingratitude, de votre perfidie.

DON FÉLIX.

Que Dieu m'abandonne si je l'ai jamais offensée !

CELIA.

Que ne vous expliquez-vous avec elle ?

DON FÉLIX.

Elle refuse de m'écouter.

CELIA.

Si vous étiez un homme discret et si vous me promettiez de vous taire, je me risquerais à vous conduire en un lieu où vous la trouveriez.

DON FÉLIX.

Ah ! Celia, je serai muet comme un marbre, et rien n'égalera ma reconnaissance.

CELIA.

Eh bien ! suivez-moi. Si mon maître sort, je vous ferai signe et laisserai la porte ouverte. Vous entrerez vite, et je vous introduirai chez elle.

DON FÉLIX.

Tu me rends la vie, Celia.

CELIA.

Voici l'heure favorable. Ne tardons plus, suivez-moi.

DON FÉLIX.

Partons, j'ai hâte d'arriver.

CELIA, *à part*.

Ah ! le pauvre innocent !... Et comme il est aisé de conduire un amant chez sa dame !

Don Félix et Célia sortent.

MARCELA.

Je respire enfin, Celia. Je l'ai échappé belle.

SILVIA.

Vous ne l'avez pas échappé encore, madame. Ces messieurs se retrouveront et l'histoire s'achèvera.

MARCELA.
Non pas; j'y mettrai ordre auparavant.
SILVIA.
De quelle manière?
MARCELA.
En lui écrivant de me garder le secret jusqu'à ce qu'il m'ait vue, et ce ne sera pas plus tard que ce soir.
SILVIA.
Quoi! vous lui déclareriez qui vous êtes?
MARCELA.
Jésus! Jésus! que le ciel me garde!
SILVIA.
Que ferez-vous donc alors?
MARCELA.
Il me vient une idée. — Laura est la dame de mon frère...
SILVIA.
Oui, madame.
MARCELA.
Laura est mon amie...
SILVIA.
Oui, madame.
MARCELA.
Laura sait ce que c'est que l'amour; je me confierai à Laura.
SILVIA.
Et après?
MARCELA.
Après?... Viens, Silvia; mon frère pourrait rentrer et nous entendre. — Viens dans ma chambre, que je te communique mon projet. Tu l'approuveras, j'en suis sûre.

Marcela et Silvia sortent.

SCÈNE III.
Une chambre.
Entrent FABIO et LAURA.

FABIO.
Qu'as-tu donc, ma chère fille?... Depuis quelques jours tu ne fais que soupirer et pleurer. D'où te vient ce chagrin?
LAURA.
Je l'ignore, seigneur. — Si je connaissais la cause de mon mal, il me serait plus facile d'y remédier; mais j'en vois les effets, sans en connaître la cause... C'est une sorte de mélancolie qui m'est venue, je crois, sans sujet, sans motif.
FABIO.
Je ne sais que te dire, mon enfant. Soigne-toi, prends garde...

Je suis obligé de sortir un moment, et je te quitte à regret... Allons, ne sois pas si triste ; autrement j'en mourrai.

Il sort.

LAURA.

O ciel ! je ne la connais que trop la cause de mon mal : — la jalousie !... C'est elle qui a ainsi attristé ma vie, c'est elle qui m'enlève le repos et le sommeil, elle qui me déchire et me tourmente !... Oh ! si j'avais pu prévoir auparavant quelle était son inconstance, comme j'aurais repoussé ses hommages au lieu de lui donner une aussi haute place dans mon cœur !... Mais, hélas ! je ne savais rien alors des choses d'amour ; je ne savais pas qu'un amant qu'on favorise est un amant qui vous oublie... Maintenant il en aime une autre, et moi — je meurs !

Entre CELIA ; elle quitte sa mante.

CELIA.

Madame !

LAURA.

Qu'y a-t-il, Celia ?

CELIA.

Vivez, madame, vivez.

LAURA.

Que je vive, Celia ?

CELIA.

Je l'ai vu.

LAURA.

Qui ? don Félix ?

CELIA.

Oui, madame, lui-même.

LAURA.

Que tu es folle !... Pourquoi cela ?

CELIA.

Parce que nous en étions convenues ensemble, — que je le verrais.

LAURA.

Et qu'a-t-il dit ?

CELIA.

Vraiment, madame, sans me flatter, je me suis acquittée de mon rôle à merveille. — Écoutez-moi avec toute votre attention. — Mais je n'ai pas besoin de vous le recommander. — Je suis entrée chez lui et lui ai dit que, passant par hasard dans la rue, je n'avais pas voulu passer si près de lui sans le voir. — Alors avec un soupir qui aurait attendri un cœur de bronze, ému et troublé, il s'est informé de vous bien dévotement. Moi, j'ai parlé de votre colère contre lui, en ajoutant que, si vous appreniez que je fusse allé le voir, vous me tueriez. Sur ce il s'est plaint de votre sévérité inflexible. Moi, comme si cela fût venu de moi seule, je lui ai demandé pourquoi il ne venait pas essayer de vous apaiser. Il m'a répondu qu'il n'osait pas, que vous refusiez de l'entendre. Moi, je lui ai répliqué qu'il n'avait qu'à venir, et que je l'introduirais auprès de vous à mes risques et périls, sous la condition toutefois qu'il ne dirait jamais que je lui eusse rendu ce service. Il m'a promis le secret, le plus profond secret; je l'ai emmené avec moi, et il est là qui attend, en face de la porte, le signal. Puisque le seigneur votre père est parti, je l'appelle.

LAURA.

Que tu es folle, Celia !

Celia sort.

LAURA.

Après tout, je suis curieuse de voir de quelle manière il s'excusera. La femme qui se montre le plus irritée est, dans le fond du cœur, toujours disposée au pardon. Et si don Félix ne m'abuse pas comme je veux, je l'aiderai moi-même à m'abuser.

Entrent DON FÉLIX et CELIA.

CELIA, *bas, à don Félix.*

Le seigneur Fabio, mon maître, est sorti. — C'est le meilleur moment pour parler à ma maîtresse.

DON FÉLIX, *de même.*

Je te dois la vie et le bonheur.

CELIA, *de même.*

Il ne faut pas que vous ayez l'air d'avoir été introduit ici par moi. Au contraire, il faut que vous paraissiez être entré malgré moi. (*Haut.*) Qu'est ceci, seigneur don Félix?... Quoi! malgré mes instances et mes prières...

DON FÉLIX.

Modère-toi, Celia.

CELIA.

Vous n'avez pas craint de pénétrer...

DON FÉLIX.

De grâce, Celia !

CELIA.

Jusqu'ici. — Oh! quelle audace !

LAURA.

D'où vient donc tout ce bruit ?

CELIA.

Ce bruit, madame, vient de ce que le seigneur don Félix a pénétré jusqu'ici sans considérer que si par hasard le seigneur Fabio rentrait...

LAURA, *à don Félix.*

Quoi! c'est vous ?

DON FÉLIX.

Oui, madame.

LAURA.

Voilà, seigneur cavalier, une audace étonnante. Comment! vous osez entrer de la sorte dans ma maison, dans mon appartement?

DON FÉLIX.

Hélas! madame, celui qui désire mourir ne craint plus rien. Et si ma mort pouvait me venger de vos mépris, je voudrais mourir à vos yeux pour être heureux du moins par ma mort.

LAURA.

Celia!

CELIA.

Que vous plaît-il?

LAURA.

La faute en est à toi.

CELIA.

A moi, madame?

LAURA.

Si tu avais fermé la porte...

CELIA.

Je l'ai fermée, madame.

DON FÉLIX.

Oui, madame, ce n'est point Celia que vous devez quereller; elle n'a aucun reproche à se faire; elle ne m'a point aidé à vous voir. C'est moi seul qui suis coupable, ainsi c'est moi seul que vous devez punir... Mais non; vous la grondez parce que vous êtes injuste par goût et par habitude, et que vous ne tenez pas à être plus équitable envers elle qu'envers moi.

LAURA.

En effet, vous avez raison; je suis naturellement et par plaisir d'une injustice sans égale. Car vous n'avez pas écrit à Nice, n'est-ce pas? car vous n'avez pas été chez elle, n'est-ce pas encore? car elle, de son côté, elle n'a pas été chez vous, n'est-il pas vrai? — Oh! oui, je suis la plus injuste des femmes, et vous, le plus innocent des hommes!... Oui, je suis inconstante, légère, volage. Mais si je suis volage, légère, inconstante, pourquoi me cherchez-vous? que me voulez-vous?

DON FÉLIX.

Je veux seulement vous persuader que vous vous trompez, que vous avez conçu à tort de la jalousie.

LAURA.

Moi de la jalousie, don Félix?

DON FÉLIX.

Oui, Laura, et...

LAURA.

Qui vous a dit que j'eusse de la jalousie?

DON FÉLIX.

Votre conduite envers moi.

LAURA.

Ma conduite envers vous?

DON FÉLIX.
Eh! oui, Laura.

LAURA.
Comment cela?

DON FÉLIX.
Voici comment : Ou vous avez de la jalousie, ou non. Si c'est non, pourquoi, Laura, feignez-vous une colère que vous ne ressentez pas? Si c'est oui, pourquoi ne voulez-vous pas que je m'explique, puisque aucune personne jalouse ne se refuse à une explication? Ainsi, soit pour que je m'excuse, soit pour vous satisfaire, si vous avez de la jalousie, daignez m'entendre, ou me parler, si vous n'en avez pas.

LAURA.
Vous n'auriez pas trop mal raisonné, don Félix, si, de ce qu'une femme est mécontente, il s'ensuivait nécessairement qu'elle est jalouse; mais si l'un n'entraîne pas l'autre, car je puis avoir du mécontentement sans avoir de la jalousie, alors je n'ai pas à vous entendre, et vous, vous n'avez pas à me parler.

DON FÉLIX.
Eh bien! vive Dieu! ou mécontente ou jalouse, il faudra que vous m'écoutiez avant que je prenne congé de vous.

LAURA.
Vous en irez-vous après, si je vous écoute?

DON FÉLIX.
Oui, je m'en irai.

LAURA.
Eh bien! parlez, et ensuite allez-vous-en.

DON FÉLIX.
Je n'essaierai point, Laura, de nier que j'aie aimé Nice...

LAURA.
Arrêtez, de grâce. Si vous n'avez pas autre chose à me dire, ce n'est pas la peine de continuer. Je m'attendais à mille protestations courtoises, vraies ou fausses, car il est des chagrins qui se plaisent à être consolés même par le mensonge; je m'attendais à mille assurances d'une fidélité sans bornes, d'un attachement absolu, exclusif, inaltérable, et vous me jetez au visage que vous avez aimé Nice! Vous ne sentez donc pas qu'en croyant m'apaiser, vous m'offensez encore?

DON FÉLIX.
Pourquoi ne m'avez-vous pas laissé finir?

LAURA.
Comment! vous pensez pouvoir vous excuser?

DON FÉLIX.
Oui, sans doute.

LAURA, *à part.*
Que l'amour le permette!

DON FÉLIX.

Écoutez-moi donc.

LAURA.

Vous en irez-vous après?

DON FÉLIX.

Oui.

LAURA.

Eh bien! parlez, et ensuite allez-vous-en.

DON FÉLIX.

Ce serait une folie à moi de vous nier que j'aie autrefois aimé Nice; mais ce serait une plus grande folie à vous d'aller vous imaginer que l'amour que j'ai eu pour Nice ait ressemblé le moins du monde à celui que Laura m'inspire. Non, ce n'était pas cela de l'amour; ce n'était que l'apprentissage de l'amour. J'ai appris seulement, j'ai étudié auprès de Nice comment je devais aimer Laura.

LAURA.

La science d'aimer ne s'apprend pas et ne demande pas d'étude. L'amour, pour être savant, n'a pas besoin d'aller à l'Université; il s'instruit assez par lui-même, il sait de lui-même tout ce qu'il doit savoir; il ne peut que perdre à vouloir se rendre plus habile; et par là ceux qui ont le plus d'expérience d'amour sont toujours les moins capables d'aimer.

DON FÉLIX.

Je me suis mal exprimé, Laura.

LAURA.

Au contraire, fort bien, don Félix.

DON FÉLIX.

Souffrez que je choisisse un autre exemple.

LAURA.

Non pas, c'est inutile.

DON FÉLIX.

Un seul mot, je vous supplie.

LAURA.

Vous en irez-vous après?

DON FÉLIX.

Oui.

LAURA.

Eh bien! parlez, et ensuite allez-vous-en.

DON FÉLIX.

Supposez, Laura, un homme né aveugle; il entend parler du soleil, de son éclat, de son rayonnement; et l'admirant sur la foi d'autrui, il cherche à se le représenter en idée. Par une belle nuit il recouvre soudainement la vue; il regarde le ciel, et la première chose qu'il aperçoit, c'est une étoile scintillante. Étonné, il se dit : Voilà sans doute le soleil! qu'il est magnifique le soleil! c'était bien ainsi que je me figurais le soleil!... Mais, tandis qu'il s'abandonne à cette admiration insensée, voici que le véritable soleil paraît à l'horizon; aussitôt, dédaigneusement il détourne les yeux de dessus cette étoile qui l'avait charmé d'abord, et, ravi, il contemple avec respect et joie le nouvel astre qui se lève. Ainsi de moi, Laura. Long-temps, comme un autre aveugle, j'ai vécu dans une ignorance profonde de l'amour, et je tâchais d'imaginer ce que l'amour pouvait être. Un instant Nice a trompé mon cœur; mais, hélas! bientôt je vous ai vue, et j'ai connu dès lors que vous seule, Laura, vous étiez le soleil, — le vrai soleil d'amour!

LAURA.

Vous ne dites pas ce que vous pensez, seigneur.

DON FÉLIX.

Si fait, je vous assure.

LAURA.

Non pas; car, tout au contraire, votre soleil ç'a été Nice, et je ne suis, moi, que son étoile. La preuve en est que vous êtes venu pendant la nuit sous mes fenêtres, tandis que vous alliez de jour chez elle, et qu'on ne voit une étoile que la nuit, tandis qu'on voit de jour le soleil.

DON FÉLIX.

Vive Dieu! Laura, je vous le répète, vous vous trompez. Le ciel me frappe de la foudre si j'ai eu un rendez-vous avec elle depuis que vous demeurez à Ocaña!... D'ailleurs, pour ne pas croire ce qu'elle dit de moi, ne devrait-il pas vous suffire de songer que c'est elle qui le dit? N'est-ce pas, chez une femme, un manque de fierté qui la rend indigne de foi, que d'aller conter sa peine à celle qui cause sa jalousie?

LAURA.

Je sais, à n'en pas douter, qu'elle m'a dit la vérité.

DON FÉLIX.

A quoi le savez-vous?

LAURA.

A ma douleur.

DON FÉLIX.

Quelle douleur?

LAURA.

La douleur qui s'est emparée de moi après que Nice m'a eu fait sa confidence; et vous savez, don Félix, que le cœur est un astrologue qui devine toujours la vérité.

DON FÉLIX.

Vous avouez donc du moins que vous avez de la jalousie?

LAURA.

Il n'est pas étonnant que j'avoue, puisque vous me mettez à la torture.

DON FÉLIX.

Écoutez, Laura.

LAURA.

Qu'avez-vous à ajouter encore?

CELIA, *criant*.

Monseigneur!... monseigneur!... le voici qui arrive!

LAURA, *à don Félix*.

Allez-vous-en par la porte de cette chambre qui a une issue sur la rue.

DON FÉLIX.

Je pars; mais comment nous quittons-nous?

LAURA.

Comme vous voudrez.

DON FÉLIX.

Sans colère de votre part?

LAURA.

Revenez me voir cette nuit; je désire vous voir pour causer de Nice avec vous.

DON FÉLIX.

Ah! Laura, combien vous vous abusez!

LAURA.

Ah! combien vous m'affligez, don Félix!

CELIA.

Ah! qu'il est bon d'habiter une maison qui a deux portes!

JOURNÉE DEUXIÈME.

SCÈNE I.

Une chambre.

Entrent d'un côté **LAURA** et **CELIA** et, de l'autre, **MARCELA** avec sa mante et l'écuyer **HERRERA**.

LAURA.

Sois la bienvenue, Marcela.

MARCELA.

Que je suis heureuse de te trouver chez toi, ma chère!

LAURA.

C'est moi au contraire qui le suis, puisque je reçois ta visite.

MARCELA.

Loin de là; quand tu sauras de quoi il s'agit, tu ne seras pas, je crois, trop contente.

LAURA.

Je ne serai pas contente, au moins, que je ne sache ce qui t'amène. — Approche des siéges, Celia. Nous serons mieux ici, plus tranquilles que dans la salle de réception.

HERRERA.

A quelle heure faudra-t-il revenir chercher madame?

MARCELA.

A la nuit tombante, Herrera ; ce sera assez tôt.

HERRERA.

Le serein est bien dangereux à cette heure-là. Mais, n'importe... puisque vous le voulez...

Il sort.

MARCELA.

Tu es mon amie, belle Laura, et, de plus, tu es noble et spirituelle. Je ne puis me confier mieux qu'à une femme qui a de l'amitié pour moi, et, en outre, de la noblesse et de l'esprit.

LAURA.

Voilà des précautions oratoires bien extraordinaires. Tu excites ma curiosité!...

MARCELA.

Sommes-nous seules?

LAURA.

Oui. Laisse-nous un moment, Celia.

MARCELA.

Celia peut rester. Je demandais si personne...

LAURA.

Non, il n'y a personne près d'ici. Commence, de grâce.

MARCELA.

Écoute-moi, Laura, avec attention. — Mon frère, don Félix, a amené ces jours-ci à la maison un noble cavalier dont il est l'ami depuis long-temps, et qu'il a retrouvé récemment à Aranjuez. Il est probable que mon frère se sera promptement repenti d'avoir offert cette hospitalité dont il n'avait pas prévu les inconvéniens ; car, à peine arrivé avec son hôte, il exige que je leur cède à tous deux mon appartement, et que, retirée au fond de la maison, je vive là de telle sorte que son ami ignore à jamais ma présence et même que j'existe. Sans doute mon frère a cru parer ainsi aux bavardages d'Ocaña, où l'on le blâmerait d'avoir logé chez lui un hôte aussi jeune quand il a une sœur à marier... Je ne dois pas oublier de te dire que la porte qui communique de son appartement actuel au mien, mon frère a eu le soin de la faire recouvrir d'une tapisserie, en guise de portière, afin que son ami ne vienne pas à soupçonner que la maison a un autre logement. Mais en voilà assez sur don Félix, qui s'imagine empêcher ainsi que son ami me voie et me parle ; en voilà assez sur son ami, qui mange et dort à la maison sans se douter qu'une femme y habite ; venons à moi. Toutes ces précautions que prend mon frère m'ont offensée, irritée ; il n'y a rien qui excite la femme la plus soumise et la plus résignée comme le manque de confiance ; cela même a causé souvent plus d'une imprudence fatale à l'honneur. Ainsi, quand on veut absolument oublier une chose, le tourment qu'on se donne pour l'oublier vous la rappelle ; ainsi, quand on cherche à s'endormir, bon gré mal gré, les efforts qu'on fait pour s'endormir chassent plus loin le sommeil; ainsi, quand on trouve dans un livre quelques lignes effacées, par cela seul qu'elles sont effacées, on est d'autant plus curieux de les lire. De même cette précaution de mon frère, Laura, a éveillé en moi un vif désir de voir si notre hôte était aussi distingué d'esprit que de figure, ce à quoi je n'aurais pas songé peut-être sans la défense de mon frère. Les hommes ont pour eux les majorats ; nous, la curiosité de la première femme a été notre partage. Donc, afin de pouvoir lui parler plus à mon aise sans qu'il sût qui lui parlait, un matin, de bonne heure, je suis sortie et je me suis rendue, en compagnie de Silvia, vers ce bouquet de peupliers qui est sur la route d'Aranjuez, près du couvent. Il devait passer par là. Il est venu en effet, je l'ai appelé, et nous avons causé ensemble. Depuis, nous nous sommes revus là deux ou trois fois... Tu t'imagines d'après cela, Laura, que j'ai quelque secret penchant pour ce noble cavalier ; cela est possible, mais ce n'est pas là ce qui m'inquiète ; ce qui m'inquiète, le voici. Ce matin, tandis que je me tenais entre la porte et la tapisserie dont je te parlais tout-à-l'heure, j'ai entendu que notre hôte racontait en détail à mon frère notre aventure. Heureusement que Celia, — je puis le dire devant elle, — est venue les interrompre. Mais je n'en suis pas quitte pour ce premier péril. Notre hôte peut d'un moment à l'autre achever sa confidence, et mon frère, à qui il a déjà dit mes craintes d'être reconnue et ma disparition subite près de la maison, et à qui il a promis de me dépeindre, pourrait aisément me deviner. C'est pourquoi, Laura, il est essentiel, tu le vois, que je parle à ce jeune homme, afin de prévenir une indiscrétion qui me perdrait. A cet effet, je lui ai dépêché Silvia avec un billet de moi, où je lui dis qu'il me vienne voir dans cette maison, où je demeure.

LAURA.

Tu agis un peu légèrement avec moi, ce me semble.

MARCELA.

Pardonne-le-moi, je t'en prie, ma bonne Laura.

LAURA.

Non, vraiment, cela n'est pas bien ; tu abuses un peu des droits de l'amitié. Avant d'écrire à ce jeune homme pour lui donner rendez-vous ici, tu aurais dû réfléchir que cela compromet ma renommée.

MARCELA.

J'ai bien réfléchi à tout, et je t'assure que tu n'as rien à craindre. Ce n'est pas moi qui aurais voulu t'exposer à rien de fâcheux, même pour mon amour, même pour mon honneur.

LAURA.

Cependant ce jeune homme, en venant ici...

MARCELA.

Je te comprends; écoute. Ta maison a deux portes; j'ai recommandé à Silvia de l'amener par la porte qui donne sur l'autre rue. De cette façon, ce jeune homme, en venant ici, lui qui est étranger à Ocaña, ne saura pas qu'il vient dans ta maison, et ainsi tu ne risques rien.

LAURA.

Je risque qu'il prenne des informations, qu'il soit instruit demain de ce qu'il ignore aujourd'hui, et qu'il ne pense que c'est moi qu'il aura vue.

MARCELA.

Sois tranquille, je me suis vêtue exprès; j'ôterai ma mante et je recevrai sa visite comme si j'étais dans ma maison.

LAURA.

Fort bien. Mais mon père... s'il rentrait et qu'il rencontrât ici un homme?...

MARCELA.

Eh! mon Dieu! Laura, il n'est pas sûr que ton père rentre de sitôt; et s'il rencontre ici un homme causant avec moi... Allons, Laura, ma bonne Laura, je t'en prie, rends-moi cet éminent service; je l'attends de ton amitié.

LAURA, *à part*.

Il m'est impossible de lui dire l'inconvénient que je redoute le plus; c'est que don Félix n'arrive, ne les surprenne l'un et l'autre, et qu'il ne pense que je favorise une liaison entre sa sœur et son ami.

Entre CELIA avec sa mante.

SILVIA, *à Marcela*.

J'ai parcouru vingt fois Ocaña en tous sens avant de pouvoir le trouver.

MARCELA.

Et à la fin tu l'as trouvé?

SILVIA.

Oui, madame. Je lui ai remis votre billet; il l'a lu rapidement, a marché derrière moi, et il fait sentinelle en ce moment à la porte que vous m'avez dite.

MARCELA.

Tu vois, Laura, il n'y a plus moyen de t'en défendre.

LAURA.

Je te sers à contre-cœur.

MARCELA.

Ote-moi, Celia, cette mante; et toi, Silvia, va le chercher. (*Silvia ort.*) Pour toi, Laura, je n'ose pas te prier de demeurer.

LAURA.

Non, Marcela; de toute façon j'aime mieux te laisser seule. Te

blier une chose, le tourment qu'on se donne pour l'oublier vous la rappelle ; ainsi, quand on cherche à s'endormir, bon gré mal gré, les efforts qu'on fait pour s'endormir chassent plus loin le sommeil ; ainsi, quand on trouve dans un livre quelques lignes effacées, par cela seul qu'elles sont effacées, on est d'autant plus curieux de les lire. De même cette précaution de mon frère, Laura, a éveillé en moi un vif désir de voir si notre hôte était aussi distingué d'esprit que de figure, ce à quoi je n'aurais pas songé peut-être sans la défense de mon frère. Les hommes ont pour eux les majorats ; nous, la curiosité de la première femme a été notre partage. Donc, afin de pouvoir lui parler plus à mon aise sans qu'il sût qui lui parlait, un matin, de bonne heure, je suis sortie et je me suis rendue, en compagnie de Silvia, vers ce bouquet de peupliers qui est sur la route d'Aranjuez, près du couvent. Il devait passer par là. Il est venu en effet, je l'ai appelé, et nous avons causé ensemble. Depuis, nous nous sommes revus là deux ou trois fois... Tu t'imagines d'après cela, Laura, que j'ai quelque secret penchant pour ce noble cavalier ; cela est possible, mais ce n'est pas là ce qui m'inquiète ; ce qui m'inquiète, le voici. Ce matin, tandis que je me tenais entre la porte et la tapisserie dont je te parlais tout-à-l'heure, j'ai entendu que notre hôte racontait en détail à mon frère notre aventure. Heureusement que Celia, — je puis le dire devant elle, — est venue les interrompre. Mais je n'en suis pas quitte pour ce premier péril. Notre hôte peut d'un moment à l'autre achever sa confidence, et mon frère, à qui il a déjà dit mes craintes d'être reconnue et ma disparition subite près de la maison, et à qui il a promis de me dépeindre, pourrait aisément me deviner. C'est pourquoi, Laura, il est essentiel, tu le vois, que je parle à ce jeune homme, afin de prévenir une indiscrétion qui me perdrait. A cet effet, je lui ai dépêché Silvia avec un billet de moi, où je lui dis qu'il me vienne voir dans cette maison, où je demeure.

LAURA.

Tu agis un peu légèrement avec moi, ce me semble.

MARCELA.

Pardonne-le-moi, je t'en prie, ma bonne Laura.

LAURA.

Non, vraiment, cela n'est pas bien ; tu abuses un peu des droits de l'amitié. Avant d'écrire à ce jeune homme pour lui donner rendez-vous ici, tu aurais dû réfléchir que cela compromet ma renommée.

MARCELA.

J'ai bien réfléchi à tout, et je t'assure que tu n'as rien à craindre. Ce n'est pas moi qui aurais voulu t'exposer à rien de fâcheux, même pour mon amour, même pour mon honneur.

LAURA.

Cependant ce jeune homme, en venant ici...

MARCELA.

Je te comprends; écoute. Ta maison a deux portes; j'ai recommandé à Silvia de l'amener par la porte qui donne sur l'autre rue. De cette façon, ce jeune homme, en venant ici, lui qui est étranger à Ocaña, ne saura pas qu'il vient dans ta maison, et ainsi tu ne risques rien.

LAURA.

Je risque qu'il prenne des informations, qu'il soit instruit demain de ce qu'il ignore aujourd'hui, et qu'il ne pense que c'est moi qu'il aura vue.

MARCELA.

Sois tranquille, je me suis vêtue exprès; j'ôterai ma mante et je recevrai sa visite comme si j'étais dans ma maison.

LAURA.

Fort bien. Mais mon père... s'il rentrait et qu'il rencontrât ici un homme?...

MARCELA.

Eh! mon Dieu! Laura, il n'est pas sûr que ton père rentre de sitôt; et s'il rencontre ici un homme causant avec moi... Allons, Laura, ma bonne Laura, je t'en prie, rends-moi cet éminent service; je l'attends de ton amitié.

LAURA, *à part.*

Il m'est impossible de lui dire l'inconvénient que je redoute le plus; c'est que don Félix n'arrive, ne les surprenne l'un et l'autre, et qu'il ne pense que je favorise une liaison entre sa sœur et son ami.

Entre CELIA avec sa mante.

SILVIA, *à Marcela.*

J'ai parcouru vingt fois Ocaña en tous sens avant de pouvoir le trouver.

MARCELA.

Et à la fin tu l'as trouvé?

SILVIA.

Oui, madame. Je lui ai remis votre billet; il l'a lu rapidement, a marché derrière moi, et il fait sentinelle en ce moment à la porte que vous m'avez dite.

MARCELA.

Tu vois, Laura, il n'y a plus moyen de t'en défendre.

LAURA.

Je te sers à contre-cœur.

MARCELA.

Ote-moi, Celia, cette mante; et toi, Silvia, va le chercher. (*Silvia sort.*) Pour toi, Laura, je n'ose pas te prier de demeurer.

LAURA.

Non, Marcela; de toute façon j'aime mieux te laisser seule. Te voilà maîtresse de ma maison; je te la recommande. (*A part.*) On est obligé d'en passer par bien des choses qui déplaisent quand on a une folle pour amie.

Elle sort avec Celia.

Entre SILVIA, *conduisant* LISARDO.

SILVIA.

Vous êtes ici, seigneur, dans la maison de la dame voilée... que vous voyez maintenant le visage découvert.

LISARDO.

Quel bonheur est le mien!

MARCELA.

Vous étiez, seigneur cavalier, bien éloigné de croire que mon caprice ou mon inquiétude vous irait chercher.

LISARDO.

J'avoue, madame, que je n'espérais guère une si haute fortune et mes vœux n'eussent osé y prétendre. Le bonheur et le manque de confiance se rencontrent quelquefois par hasard réunis.

MARCELA.

Ne vous flattez pas trop encore, seigneur cavalier.

LISARDO.

Il est vrai, madame, que je ne puis me réjouir jusqu'à ce que vous daigniez m'apprendre le motif...

MARCELA.

Quoiqu'il n'eût pas été impossible, seigneur cavalier, que je vous eusse engagé aujourd'hui à venir me trouver chez moi seulement pour avoir le plaisir de causer avec vous, cependant, je vous le confesse, je n'aurais pas pris cette licence si je n'avais eu à me plaindre de vous à vous-même sans retard.

LISARDO.

Vous, madame, vous avez à vous plaindre de moi?

MARCELA.

Oui, et sur un sujet important.

LISARDO.

Sur un sujet important, madame? Vous me causez une surprise...

MARCELA.

Qui va cesser dans un moment.

LISARDO.

Veuillez vous expliquer, madame. Si je suis coupable envers vous, instruisez-moi de ma faute, afin que je n'y retombe plus... Je serais désolé de vous offenser de nouveau en quoi que ce fût, bien que, certes, mon intention n'y soit pour rien.

MARCELA.

N'avez-vous pas ce matin commencé de raconter notre aventure à quelqu'un?... à un cavalier de cette ville, que l'on nomme don Félix?... et n'avez-vous pas été empêché d'achever votre récit par l'arrivée d'une suivante?

LISARDO.

Je vous entends, madame.

MARCELA.

Cela est-il vrai?

LISARDO.

Parfaitement vrai.

MARCELA.

Et... que dites-vous?

LISARDO.

Je dis, madame, que je ne chercherai pas à m'excuser, quoique cela me fût facile; car, madame, auprès d'une femme qui est si bien au fait de ce qui me concerne dans un pays où je suis étranger, — d'une femme qui se cache à ce point d'un homme avec lequel je suis ami, — d'une femme qui tient dans la maison de cet homme une suivante qui lui rapporte mes discours, — je n'ai plus qu'à me taire et à me retirer; car, madame, avant d'être votre galant, j'étais l'ami de don Félix. Souffrez que je m'éloigne.

MARCELA.

Un moment, s'il vous plaît, de grâce.

LISARDO.

J'obéis, madame. (*A part.*) Maudit soit l'homme qui trahit l'amitié!

MARCELA.

Je m'aperçois, seigneur cavalier, qu'aux détails que je vous donne vous soupçonnez que je suis la dame de don Félix. Eh bien! vous êtes dans l'erreur. Vous me croirez, si vous croyez à quelque chose : non seulement je ne suis pas, mais il est impossible que je sois jamais sa dame.

LISARDO.

Alors, madame, qui vous aurait appris mon nom? qui vous aurait si bien mise au courant de mes affaires? Par qui avez-vous su si bien à point ce que nous avons dit dans sa chambre nous deux?

MARCELA.

Pour lever tous vos doutes, qu'il suffise de vous répondre que je suis l'amie d'une noble et belle dame qu'il aime. Tout-à-l'heure elle m'a parlé de lui, et de vous par occasion, et m'a fait part de ce qu'elle tenait de don Félix. Car, bien que votre ami soit un digne cavalier, vous savez qu'il n'y a de secret bien gardé que le secret qu'on ne sait pas... — Et maintenant je vous prie de ne pas lui achever votre histoire; qu'il n'ait pas de vous sur mon compte de nouveaux renseignemens; qu'il ignore que nous nous sommes vus et que vous connaissez ma maison. — Car, s'il faut vous le dire, la moindre indiscrétion de votre part expose mon honneur, ou, tout au moins, ma vie.

LISARDO.

Tous mes doutes sont dissipés, madame, soyez-en certaine: mais il me vient une autre crainte qui me tourmente plus encore. Car enfin, si vous n'êtes pas...

Entre CELIA.

CELIA, *bas, à Marcela.*

Madame?

MARCELA, *bas, à Celia.*

Qu'y a-t-il, Celia?

CELIA, *de même.*

C'est mon maître qui arrive par le corridor.

MARCELA, *de même.*

Il ne me manquait plus que cela! Pourra-t-on sortir?

CELIA, *de même.*

Non, madame; mon maître vient par la même porte par laquelle ce cavalier est entré, et il ne convient pas qu'il soit instruit que nous avons à la maison une autre porte. — Le voici qui entre.

MARCELA, *à Lisardo.*

Vous devinez, seigneur cavalier?...

LISARDO.

Oui, madame; que ferai-je?

CELIA.

Il faut que vous vous cachiez dans cette chambre.

MARCELA.

Vite, vite! car si l'on vous voyait...

LISARDO.

Vive Dieu! je suis perdu.

Il se cache dans une pièce voisine.

Entre LAURA.

MARCELA, *à part.*

Que de reproches elle a droit de me faire!

LAURA.

Tu vois, Marcela, tu m'as mise dans une jolie position!

MARCELA.

Qui aurait pu prévoir que ton père serait sitôt de retour?

Entre FABIO.

FABIO.

Qu'est ceci, Celia? Depuis quand a-t-on pris l'habitude de laisser cette porte ouverte?

LAURA.

C'est que, seigneur, Marcela est venue me voir; et comme cette porte est près d'une maison où elle était, j'ai commandé qu'on l'ouvrît. Vous l'eussiez trouvée fermée autrement. — Voici mon amie.

FABIO.

Pardonnez, belle Marcela; comme il est déjà nuit, je ne vous voyais pas. — Apporte-nous de la lumière, Celia.

CELIA.

J'y cours, monseigneur.

Elle sort.

LAURA, *à part.*

Tout mon cœur est troublé !

FABIO, *à Marcela.*

Quel heureux motif a valu aujourd'hui à ma fille votre visite ?

MARCELA.

J'ai entendu parler de la tristesse de Laura, et je me suis empressée de venir la voir, afin d'essayer d'adoucir sa peine.

LAURA.

De quoi je lui suis bien obligée, certainement, car on reçoit quelquefois des visites dont on se serait fort bien passé.

FABIO, *à Laura.*

Allons, tu vas mieux, ce me semble. (*A Marcela.*) C'est à vous, madame, qu'elle le doit. — (*Appelant.*) Holà, des flambeaux !

Entre CELIA.

CELIA.

Les voici, monseigneur.

Elle pose les flambeaux sur un buffet.

Entre HERRERA.

HERRERA, *à Marcela.*

Il est huit heures et demie, madame, l'heure de nous retirer à la maison. Vous m'avez commandé de vous venir chercher à la nuit tombante.

MARCELA, *bas, à Laura.*

Il me peine, ma chère, de te laisser au milieu de ces ennuis.

LAURA, *bas, à Marcela.*

Je reste pour payer la faute d'autrui.

MARCELA, *de même.*

J'espère que cela finira heureusement.

LAURA, *de même.*

Je le souhaite.

HERRERA.

Eh bien ! madame, vous m'avez commandé de venir vous chercher à la nuit tombante.

FABIO.

Permettez, madame, que je vous accompagne.

MARCELA.

Il est inutile, seigneur, que vous vous dérangiez. Restez avec Dieu.

LAURA, *bas, à Marcela.*

Il vaut mieux que tu laisses aller mon père avec toi, pour que ce cavalier puisse sortir.

MARCELA.

En vérité, seigneur, je crains que cela ne vous gêne, et je n'ose accepter votre offre.

FABIO.

Nullement, madame; je tiens à aller avec vous.

MARCELA.

Puisque vous voulez absolument m'accorder cet honneur, il serait peu gracieux à moi de me refuser à une telle courtoisie.

FABIO.

Veuillez me donner votre main.

MARCELA.

Vous êtes trop galant. Volontiers.

Sortent Fabio, Marcela, Herrera et Silvia.

LAURA.

Ah ! Celia, dis-moi; dis-moi, y a-t-il une situation plus cruelle que la mienne?... Personne ne croirait que l'homme que je tiens ici renfermé m'est inconnu. Et lui, s'il me voit, ne pensera-t-il pas qu'il a été trompé, et que Marcela n'est pas la maîtresse de la maison?

CELIA.

Il est facile de parer à tout cela, grâces à l'absence de mon maître. Retirez-vous un moment. Je ferai sortir de là ce cavalier, et il ne s'en ira pas détrompé, puisqu'il s'en ira sans voir ni vous ni Marcela.

LAURA.

Tu as raison, je te laisse; ouvre-lui au plus tôt. — Mais non, il me semble que j'ai entendu du bruit dans la salle voisine.

CELIA.

Autre embarras!

Entre DON FÉLIX.

DON FÉLIX.

Ah ! Laura!

LAURA.

Quoi! vous!... Déjà! don Félix!

DON FÉLIX.

Oui, Laura. A peine le jour a-t-il commencé à disparaître, que j'ai accouru me poster dans votre rue. Un vif désir rend impatient. J'ai vu ma sœur sortir d'ici accompagnée de votre père, et je me suis enhardi à entrer; car notre raccommodement m'inspire tant de joie, que je n'ai pas voulu tarder un moment à vous voir radoucie à mon égard.

LAURA.

Vous avez eu tort, don Félix. A peine m'avez-vous délivrée d'un chagrin, que vous m'en donnez un autre. (*A part.*) Je ne sais que lui dire, et n'ai pas la force de parler. (*Haut.*) Pourquoi avez-vous pénétré ici imprudemment, sans considérer que d'un moment à l'autre mon père peut rentrer?

DON FÉLIX.

J'ai voulu seulement vous dire, Laura, que j'attends dans la rue qu'il soit l'heure de vous parler, pour qu'après vous ne me disiez pas que je viens d'une autre maison lorsque je viens vous voir. Ainsi je retourne à mon poste.

LAURA.

Oui, retournez-y, et au plus tôt. Quand mon père sera rentré et retiré dans son appartement, nous pourrons causer à notre aise. Je suis troublée... Je crois qu'il soupçonne notre amour... Tous ces jours-ci il n'a fait qu'aller et venir, et même tout-à-l'heure il a pris la clef de cette porte. (*A part.*) Il fallait bien mentir pour assurer la sortie de ce cavalier qui est là.

DON FÉLIX.

Afin de dissiper vos craintes, je m'en vais. — Je serai dans la rue.

FABIO, *du dehors*.

Holà! qu'on m'éclaire!

LAURA.

Ciel! voici mon père!

CELIA.

Oui, madame, c'est lui!

Celia prend un flambeau et sort.

DON FÉLIX.

Eh bien! Laura?

LAURA.

Quand je vous le disais!

DON FÉLIX.

Puisque votre père a pris la clef de cette porte, je n'ai plus par où sortir. Ainsi je vais me cacher dans cette pièce.

Il ouvre la porte de la pièce voisine où est Lisardo. Laura l'empêche d'y entrer.

LAURA.

Non! n'entrez pas par là, don Félix.

DON FÉLIX.

Pourquoi?

LAURA.

Parce que mon père passe toujours une partie de la nuit à écrire dans cette chambre.

DON FÉLIX.

Vive Dieu! cela n'est pas. Vous avez un autre motif pour m'empêcher d'entrer; et ce motif, je le sais. J'ai vu là, là-dedans, en entr'ouvrant la porte, à travers l'obscurité, — un homme!

LAURA.

Vous vous trompez, don Félix.

DON FÉLIX.

J'en suis certain, madame; il y a là un homme et cet homme, je veux le voir.

LAURA.

En vérité, vous êtes dans l'erreur.

DON FÉLIX.

Laissez-moi voir alors.

LAURA.

De grâce, don Félix, voici mon père qui entre.

DON FÉLIX, *à part.*

Malheureux que je suis! quelle horrible position! Si je fais du bruit, j'apprends à Fabio son outrage; si je me tais, je souffre le mien.

Entre FABIO.

FABIO.

Vous ici, don Félix, à cette heure?

LAURA, *bas, à don Félix.*

Songez, pour Dieu! à votre conduite. Vous êtes cavalier, ménagez l'honneur d'une femme.

DON FÉLIX, *bas, à Laura.*

Vous me connaissez et n'avez rien à craindre. (*Haut.*) Je venais chercher ma sœur. On m'a dit qu'elle était chez vous.

FABIO.

Je viens de la laisser à sa porte. Je lui ai servi d'écuyer.

LAURA.

C'est, mon père, ce que je répondais au seigneur don Félix.

DON FÉLIX.

Dieu vous garde, seigneur, pour l'insigne honneur que vous avez fait à ma sœur!

FABIO.

J'ai été moi-même trop honoré... Elle vous attend chez vous.

DON FÉLIX.

Je vais la rejoindre. (*A part.*) Je ne sais que résoudre... Rester ici, sottise; me retirer en y laissant un homme, folie; troubler la maison pour cet homme, indignité; l'attendre dans la rue, impossible; il a deux portes, et je suis seul. Oh! que n'ai-je amené avec moi Lisardo, ce véritable ami!... Mais j'ai un moyen de tout savoir. (*Haut.*) Demeurez avec Dieu!

FABIO.

Qu'il vous protége également!

LAURA.

Je lui adresse le même souhait.

DON FÉLIX, *à part.*

Vive Dieu! nous verrons aujourd'hui s'il est vrai que la fortune aide à l'audace.

Il sort précipitamment.

FABIO.

Celia, éclaire vite à don Félix.

JOURNÉE II, SCÈNE I.

CELIA.

Il est déjà bien loin.

Elle sort après avoir pris un flambeau.

FABIO, *prenant l'autre flambeau.*

Viens avec moi, Laura; j'ai à te parler seul à seul.

LAURA, *à part.*

Ciel! qu'a-t-il donc à me dire? Comment tout cela finira-t-il?

FABIO, *faisant mine d'aller vers la chambre où est Lisardo.*

Viens par ici.

LAURA, *à part.*

Jésus! Jésus!

FABIO, *allant d'un autre côté.*

Non, allons par là, plutôt.

LAURA.

O mon Dieu!... je suis sauvée... au moins pour le moment.

Fabio et Laura sortent.

Entre CELIA, un flambeau à la main.

CELIA.

Don Félix a disparu en un moment, sans attendre que je descendisse pour lui éclairer. Je devine son intention. Il veut se trouver le plus tôt possible à la porte de l'autre rue. Mais avant qu'il y soit, ce cavalier sera parti. Il n'y a pas à balancer. Mon maître est dans sa chambre avec madame... (*Ouvrant la porte.*) Eh! cavalier! seigneur cavalier!

Entre LISARDO.

LISARDO.

Eh bien?

CELIA.

Vous nous avez causé ici bien de l'embarras.

LISARDO.

Je sais ce que je vous dois. Quoique je n'aie pas entendu tout fort clairement, parce que les voix m'arrivaient affaiblies, j'ai cependant compris que la maison était fort agitée.

CELIA.

Allons, partons.

LISARDO.

Partons.

CELIA, *à part.*

Qu'il sorte une fois de la maison, et après, qu'on se batte, qu'on s'égorge dans la rue, j'en suis d'avance consolée.

Elle éteint le flambeau. — *Sortent Lisardo et Celia.*

Entre DON FÉLIX.

DON FÉLIX [1].

Avant qu'elle ne fût descendue pour m'éclairer, j'ai pu me cacher

[1] Comme il n'est pas possible que don Félix entre par la porte de la chambre où Li-

dans un recoin de l'escalier, enveloppé de mon manteau. Que ce temps m'a paru long! chaque minute était un siècle!... On n'aura pas eu le loisir de renvoyer cet homme, et je doute qu'on s'y hasarde en pensant que je suis dans la rue... Feignons que je suis un valet de la maison, que je suis au fait de l'aventure : amenons-le avec moi jusqu'à la rue, et là... que ma fureur et ma jalousie!... (*Il s'approche de la porte de la chambre où était Lisardo.*) C'est bien là la porte de la chambre où il était... Pourquoi donc l'a-t-on ouverte?... (*Appelant à demi-voix.*) Holà! seigneur cavalier, suivez-moi; n'ayez pas peur. (*A part.*) Il ne répond pas. (*Appelant.*) Seigneur cavalier!... (*Avec colère.*) Vous ne voulez pas répondre!... Vive Dieu! vous m'obligez par votre silence à vous aller chercher!

Il entre dans la pièce voisine.

Entre LAURA avec un flambeau.

LAURA.

J'ai eu bien peur... Heureusement que ce n'était rien. Je croyais que mon père m'allait interroger sur la présence de don Félix; et c'était pour me dire qu'il partait demain matin pour la campagne... pour affaires.— Mais qu'est devenue Celia?... Où es-tu donc Celia?... Ils sont tous partis et m'ont laissée seule dans mon danger... Personne ne paraît... Hélas! que faire?... Don Félix doit être dans la rue tandis que ce cavalier est caché là. N'importe, il faut qu'il parte; il le faut avant tout. Je suis celle que je suis. (*Elle s'approche de la porte.*) Ça, cavalier, il est temps que vous partiez. Ne soyez pas étonné de me voir...

Entre DON FÉLIX.

DON FÉLIX.

Ah! comment puis-je ne pas être étonné de vous voir, Laura?

LAURA.

Qu'entends-je?

DON FÉLIX

C'est moi.

LAURA.

Don Félix!

DON FÉLIX.

Lui-même.

LAURA.

O ciel!

DON FÉLIX.

O la plus légère des femmes, la plus perfide, la plus fausse!

sardo était caché, ni par la porte de l'appartement où Fabio et Laura viennent d'entrer, il faut nécessairement qu'il entre par une troisième porte, par où sont sortis Lisardo et Celia; il faut, de plus, qu'il n'entre qu'un moment après leur sortie, parce que, sans cela, il les aurait rencontrés. Cette faute contre la loi du théâtre, qui ne veut pas que la scène reste vide, se retrouve fréquemment dans les dramatistes français qui appartiennent à la première moitié du dix-septième siècle, sans excepter le grand Corneille.

LAURA.

Qu'est-ce que cela signifie?

DON FÉLIX.

Cela signifie qu'il y a un homme à cette heure que vous avez abusé long-temps, et qui est complètement désabusé... Cela signifie que cet homme renonce à vous pour jamais.

LAURA.

Je me meurs!

DON FÉLIX.

Adieu.

LAURA.

Don Félix!

DON FÉLIX.

Adieu.

Il marche dans la chambre, elle le suit.

LAURA.

Mon bien! ma vie! mon seigneur!

DON FÉLIX.

Mon mal, ma perte et ma honte, que me voulez-vous?

LAURA.

Je veux ne vous aimer plus[1].

DON FÉLIX.

Et moi, je vous crois, parce que vous le dites; car ce que vous dites, je dois le croire. Car vous n'avez pas caché un homme là, dans cette chambre, n'est-il pas vrai? Et vous ne m'avez pas affirmé que la porte de ce côté était fermée? Et tout-à-l'heure vous n'avez point parlé à moi en pensant parler à cet homme!... Oui, je vous crois, bien que je l'aie vu de mes yeux... Mais non, je n'ai rien vu... Malheur à moi d'être plus clairvoyant pour votre honneur que vous-même!... Adieu, Laura! adieu, Laura!

LAURA.

Un moment, de grâce, arrêtez!... Avant de partir, écoutez-moi.

---

[1]
Mi mal, mi muerte, mi ofensa,
Que me quieres! — Que te quiero?
Te quiero no mas...

Il y a ici un jeu de mots sur le mot *querer*, qui signifie en même temps, en espagnol, *aimer* et *vouloir*. La double signification de ce verbe a inspiré au poète Villegas le dénouement d'une petite pièce de vers pleine de charme que connaissent toutes les personnes qui se sont occupées de littérature espagnole. Le poète raconte qu'il a vu un oiseau se plaindre de ce qu'un laboureur avait dérobé le nid où l'oiseau avait laissé sa compagne. Il suivait le laboureur en voltigeant de branche en branche, et il semblait lui dire:

« *Dame, rustico fiero,*
Mi dulce compania. »
I que le respondia
El rustico: « *No quiero.* »

« Rends-moi, homme cruel, ma compagne chérie. » Et cet homme lui **répondait:** « **Je** ne veux pas (ou je n'aime pas). »

DON FÉLIX.

Quoi ! prétendriez-vous vous excuser ?

LAURA.

Oui, je le prétends.

DON FÉLIX.

J'ai donc mal vu, moi ?

LAURA.

Qu'avez-vous vu ?

DON FÉLIX.

Un homme qui était là dans votre chambre.

Entre CELIA.

LAURA.

C'était peut-être quelque domestique.

CELIA, *sans voir don Félix*.

Il est dans la rue, madame !

DON FÉLIX.

Eh bien !... c'était peut-être quelque domestique ?

CELIA.

Comment ! le seigneur don Félix encore ici !

LAURA.

Hélas ! toutes les apparences m'accusent... Il faut que j'aie bien du malheur, puisque je suis innocente.

DON FÉLIX.

Sans doute, c'est moi qui suis coupable !

LAURA.

Je vous estime et je vous aime tant, don Félix, malgré votre sévérité, que je ne vous dirai pas ce qui m'absout, de peur de vous affliger...

DON FÉLIX.

Voilà une merveilleuse délicatesse !... C'est ainsi qu'on se défend quand on n'a rien à répondre. Enfin, Laura, adieu.

LAURA.

Considérez, je vous prie...

DON FÉLIX.

Lâchez-moi !

LAURA.

Vous ne vous en irez pas ainsi, don Félix.

DON FÉLIX.

Vive Dieu ! si vous me retenez, je pousse un cri tel que je réveille votre père et que je lui dis qui vous êtes.

LAURA.

Don Félix, votre langage est bien cruel.

DON FÉLIX.

Ne m'obligez pas à perdre le respect que je dois à votre beauté : la jalousie tue le respect. — Adieu !

Il sort.

LAURA.

Arrête-le, Celia.

CELIA.

Je m'en garderais bien.

LAURA.

Je le retrouverai et je lui parlerai. Ah! Marcela, que de tourmens tu me causes!

Laura et Célia sortent.

SCÈNE II.

Une chambre dans la maison de don Félix.

Entrent LISARDO *et* CALABAZAS.

LISARDO.

Quelle journée!

CALABAZAS.

Qu'avez-vous donc, seigneur?... D'où et comment venez-vous à cette heure?

LISARDO.

Je n'en sais rien.

CALABAZAS.

Après être sorti sans moi, — ce qui ne s'est jamais vu avec un laquais homme de bien, — vous rentrez à la maison comme un foudre au moment où le jour va paraître, et, par-dessus le marché, pâle, grondeur et furieux.

LISARDO.

Ne m'assomme point, de grâce, et surtout ne t'avise pas de plaisanter; je ne suis pas d'humeur à goûter le sel de tes plaisanteries. — Fais plutôt nos malles. Il faut que je parte aujourd'hui, ce matin... Mais non, va voir auparavant si je puis parler à don Félix.

CALABAZAS.

A don Félix, dites-vous?

LISARDO.

Oui, à don Félix.

CALABAZAS.

C'est qu'il n'est pas à la maison. Je crois même, malgré l'heure très-avancée, qu'il n'est pas rentré se coucher.

LISARDO.

Il est heureux, lui! il sera allé célébrer son raccommodement avec sa dame... Et moi!... Ah! Calabazas, si tu savais tout ce qui m'arrive!

CALABAZAS.

Il ne tient qu'à vous, monseigneur, que je le sache.

LISARDO.

Afin que tu me laisses tranquille, écoute. — Mais à condition que tu me feras grâce de tes conseils.

CALABAZAS.

La condition est dure; mais enfin, puisque vous le voulez, j'y souscris. Tant pis pour vous!

LISARDO.

La dame mystérieuse m'ayant invité par un billet à me rendre chez elle, j'y suis allé. Sa suivante est venue me prendre à la porte; nous avons traversé un jardin; et enfin, dans une chambre, j'ai trouvé cette dame, plus belle, plus charmante que jamais. Dès l'abord, elle a commencé à m'adresser quelques reproches sur je ne sais plus quoi, lorsque son père a frappé à la porte. On m'a mis aussitôt dans une pièce voisine. J'étais là depuis une heure environ, lorsque après quelques conversations que j'ai entendues d'une manière confuse, un homme a entr'ouvert la porte. Je me suis couvert de mon manteau et j'ai porté la main sur mon épée. Presque au même instant, une femme s'est approchée devant cet homme, et la porte entr'ouverte s'est refermée. Tout cela s'est fait si vite que je n'ai pas eu le temps de voir le visage de cet homme. Un moment après, une autre suivante, qui m'a paru assez troublée, est venue me tirer de là secrètement, et m'a reconduit secrètement jusqu'à la rue, en ne cessant de me prier de ne parler de rien à don Félix... Et maintenant, me voilà inquiet, irrésolu, et ne sachant que faire. Car si cette dame est sa maîtresse, comme je le soupçonne, et que je lui taise mon aventure, c'est bien mal récompenser son amitié, son hospitalité; d'autre part, si je la lui confie, et que cette dame ne soit point sa maîtresse, comme cela est possible enfin, je trahis alors lâchement une femme dont je suis aimé et que j'aime. Ainsi, ne pouvant ni me taire ni parler sans risque, le mieux est, ce me semble, d'éviter ces deux périls, de partir. Je n'ai que ce moyen de ne pas offenser don Félix par mon silence, et cette dame par une indiscrétion. En conséquence, prépare nos effets pour le départ; je veux m'en aller avant le jour, quoique je laisse à Ocaña et mon cœur et mon âme.

CALABAZAS.

Sur ma foi! c'est une résolution qui vous fait honneur.

LISARDO.

Puisque tu l'approuves, Calabazas, je te donne l'habit que tu convoitais ce matin du coin de l'œil.

CALABAZAS.

A moi, monseigneur, votre habit?

LISARDO.

Oui, Calabazas.

CALABAZAS.

Je vous baise les mains et les pieds, seigneur. Et cela, ce n'est pas tant parce que vous me donnez l'étoffe d'un habit, quoique ce soit déjà un beau cadeau, que parce que vous me donnez l'habit tout fait. Pendant que celui ou celle qui doit me remettre vos effets, se lève, écoutez ce qu'on épargne à avoir un habit tout fait. (*Il parle jusqu'à la fin de la scène, en changeant de voix à chaque instant.*) «Seigneur tailleur, combien faut-il d'aunes de drap pour moi? — Sept et trois quarts. — Votre voisin Quiñones n'en demande que six et demie. — Eh bien! qu'il s'en charge! mais si ça va bien, je m'engage à m'arracher la barbe. — Combien de taffetas? — Huit. — Ce sera assez de sept. — C'est impossible à moins de sept et demie. — Et de toile de Rouen? — Quatre. — Oh! non. — S'il en manque un doigt, il n'y aura pas moyen. — Et de la soie? — Deux onces. — Et de la laine? — Trente. — Et du boucassin pour les devans? — Une demi-aune. — Et de l'Anjou? — Pareillement. — Et des boutons? — Trente douzaines. — Quoi! trente douzaines! — Eh! mon Dieu! il n'y aura qu'à les compter... Pour les rubans, les poches et le fil, je trouverai ce qu'il me faut à la maison... Permettez, s'il vous plaît, que je prenne mesure. Les pieds bien joints, la mine droite, le bras tendu. — En vérité, seigneur tailleur, on dirait que vous me voulez faire danser la danse des Matassins[1]. — Comme cette culotte aura de la grâce! — Écoutez bien : le pourpoint large des épaules, tombant un peu sur le haut des bras, et bien arrondi de la ceinture. — Nous avions oublié la frise pour les basques. — Vous la fournirez; j'aime mieux cela. — Ah! vous avez oublié encore les entre-doublures. — Vous les prendrez sur ce vieux manteau. — Je vais les couper à l'instant. — Ah ça, quand m'apporterez-vous tout cela? — Demain matin, à neuf heures précises. — Sans faute, au moins! — Comptez sur moi. — C'est bien.» Nous voilà au lendemain, à une heure de l'après-midi, et, comme de raison, le tailleur n'est pas venu. «Oh! que ce tailleur se fait attendre!» L'on frappe! c'est lui! — «Seigneur tailleur, vous m'avez retenu tout le jour à la maison. — Je n'ai pas pu venir plus tôt. J'ai achevé des jupons de dessous pour une femme, qui avaient au moins cent lés. Je croyais que je n'en finirais plus... Ah! seigneur cavalier, cet ouvrage est bien sec. — Trempez-le... Essayons... Cette culotte m'est étroite. — Ça n'y fait rien; c'est du drap; ça s'élargira. — Ce pourpoint m'est large. — Ça n'y fait rien; c'est du drap; ça se rétrécira. — A merveille! il paraît que le drap s'élargit et se rétrécit à la volonté du tailleur... Ce manteau est court. — Il descend plus bas que la jarretière, et on ne les porte pas longs aujourd'hui. — Combien vous dois-je? — Eh! pas grand'chose; presque rien. — Voyons toujours. — Vingt pour la culotte; vingt pour le pourpoint et les manches;

---

[1] La danse des Matassins, en espagnol *Matachines*, était une danse bouffonne exécutée par des acteurs grotesquement masqués. Le Matassin, ou *Mattaccino*, appartient à la farce italienne comme Trivelin et Scaramouche. Nous ne connaissons pas de comédie espagnole où ce personnage joue un rôle. Molière a mis une danse de Matassins dans le ballet de *M. de Pourceaugnac*, et même ce sont eux que le poète a chargés d'exécuter sur le héros de sa pièce cette ordonnance dont l'exécution était alors confiée aux garçons apothicaires.

dix pour le manteau ; trente pour les boutonnières, et... — Et mille autres impertinences telles, que celui qui me donne un habit tout fait, qu'il m'aille bien ou mal, me donne un vrai bijou. Et là-dessus je cours plier les vôtres avec reconnaissance.

Il sort.

LISARDO.

Quelles folies !... Plût à Dieu que j'eusse sa gaieté, au lieu de sentir si vivement tous ces ennuis !... Au diable la femme, la femme mystérieuse, avec sa mante et ses précautions, et ses confidences, à travers lesquelles il m'est impossible de démêler la vérité !

Entre CALABAZAS.

CALABAZAS.

Je viens de dire à une suivante de préparer nos effets, parce que nous partons aujourd'hui même pour l'Irlande[1].

LISARDO.

Tu aurais pu ajouter que ce sont les artifices d'une femme qui m'exilent d'Ocaña avant le temps.

CALABAZAS.

Si vous y tenez, monseigneur, j'y retourne.

LISARDO.

Demeure ici, imbécile.

Entrent MARCELA *et* SILVIA ; *elles s'arrêtent à la porte. Marcela a sa mante.*

SILVIA, *bas, à Marcela.*

Songez, madame, à quoi vous vous exposez.

MARCELA, *bas, à Silvia.*

Ne me dis rien ; car je ne suis pas disposée à rien entendre. — Il s'en va, dis-tu, aujourd'hui ?

SILVIA, *de même.*

Oui, madame.

MARCELA, *de même.*

Pourquoi donc t'étonner de la résolution que m'inspire l'amour ? Sans doute que Laura lui a déclaré qui je suis, et il me fuit.

SILVIA, *de même.*

Que prétendez-vous, alors ?

MARCELA, *de même.*

Lui parler avec franchise. Mon frère, qui n'est pas encore rentré à cette heure, ne reviendra pas probablement de la journée. Toi, Silvia, attends à cette première porte.

Silvia sort.

---

[1] On comprend que ceci n'est qu'une plaisanterie de Calabazas. Quand il dit : Nous partons pour l'Irlande, c'est comme s'il disait : Nous partons pour la Cochinchine. Cependant il est juste de rappeler que les relations commerciales entre l'ancienne Irlande et l'ancienne Espagne sont le fait le mieux prouvé de l'histoire irlandaise. A l'époque où Calderon écrivait, il restait aux deux pays la sympathie religieuse.

LISARDO, *à Calabazas.*

Va voir si don Félix est de retour.

CALABAZAS.

Don Félix? non; mais voici la dame mystérieuse.

LISARDO.

Que dis-tu?

CALABAZAS.

La dame-revenant.

LISARDO.

Où est-elle?

MARCELA.

Me voici.

LISARDO.

Quoi, madame!...

MARCELA.

Il me semble, seigneur cavalier, qu'il n'est pas galant à vous de partir ainsi d'Ocaña sans prendre congé d'une femme qui vous aime.

LISARDO.

Comment! vous avez déjà appris mon départ?

MARCELA.

Une mauvaise nouvelle court et vole.

CALABAZAS, *à part.*

Vive Dieu! elle a commerce avec le diable. C'est peut-être Catalina d'Acosta qui va cherchant sa statue[1]?

MARCELA.

Enfin, vous partez?

LISARDO.

Oui, je pars, je vous fuis.

MARCELA, *à part.*

Que lui dirai-je? (*Haut.*) Je présume de là que vous savez maintenant qui je suis. Si c'est à cause de cela que vous vous éloignez, que Dieu vous accompagne! mais vous devez savoir aussi maintenant qu'il ne m'était pas possible d'agir autrement que j'ai agi.

LISARDO.

Je ne vous comprends pas, madame. Je ne sais de vous, c'est la vérité pure, que ce que vous m'en avez appris vous-même, et c'est pour cela que je m'en vais; c'est votre manque de confiance qui me chasse.

---

[1] *Si es Catalina de Acosta*
Que anda buscando su estatua?

Il devait y avoir en Espagne quelque légende populaire bien terrible sur cette Catalina d'Acosta, qui sans doute avait fait un pacte avec le diable ; nous regrettons de ne savoir sur elle que ce que Calderon nous en apprend. Cette tradition serait, selon nous, de la fin du seizième siècle ou du commencement du dix-septième. Nous oserions affirmer qu'il n'est point parlé de Catalina d'Acosta dans aucun des recueils de romances espagnoles (*romanceros*) publiés vers le milieu du seizième.

CALABAZAS, *de la porte.*

Eh! tst! tst!... le seigneur don Félix!

MARCELA.

Ah! malheureuse!

LISARDO.

Ne craignez rien, madame, vous êtes avec moi.

MARCELA.

Eh bien! puisque ainsi mes disgrâces se succèdent l'une à l'autre, et que je n'ai plus rien à ménager, sachez qui je suis...

CALABAZAS.

Il entre dans la salle.

MARCELA.

Je ne puis achever... Ma vie est en vos mains; je la confie à votre honneur. — Je me cache.

Elle se cache dans un cabinet.

LISARDO.

O cieux! délivrez-moi de ces doutes mortels!... Il faut qu'elle soit sa maîtresse, puisqu'elle le craint tant.

Entre DON FÉLIX.

DON FÉLIX.

Lisardo?

LISARDO.

Qu'avez-vous, don Félix?

DON FÉLIX.

J'ai un chagrin affreux, et je viens chercher auprès de vous des consolations et des conseils.

LISARDO.

Mais... moi, don Félix...

DON FÉLIX.

J'ai besoin d'un ami tel que vous.

LISARDO.

Laisse-nous, Calabazas.

CALABAZAS.

Je vais tout préparer.

Il sort.

LISARDO.

En apprenant que vous n'étiez pas rentré chez vous de la nuit, je m'étais imaginé que vous célébriez votre raccommodement avec votre dame; et voilà que vous revenez, dites-vous, avec un sujet de tristesse!

DON FÉLIX.

Oui, un malheur en amène toujours un autre. — Ah! mon ami, que vous aviez raison hier, quand, lorsque je vous parlais de la jalousie, vous me disiez qu'il est bien moins douloureux de la causer chez un autre que d'en sentir soi-même les effets! Aujourd'hui, cette jalousie que naguère j'inspirais, je l'éprouve. Ah! mon ami, quelle horrible torture que la jalousie!

LISARDO.
Comment vous est-elle donc venue?
DON FÉLIX.
Ce récit vous sera peu agréable.
LISARDO, *à part*.
Vive Dieu! il aura suivi cette dame, et c'est d'elle et de moi qu'il est jaloux.
MARCELA, *à part*.
Que le ciel ait pitié de moi!
DON FÉLIX.
Hier, je me présentai bien humblement chez ma belle ennemie, et à force de prières, de flatteries et de protestations, je parvins à l'apaiser. Mais le soir, hélas! lorsque, joyeux et content, je retournais chez elle avec l'espoir d'être enfin dédommagé de tant de peines, des circonstances qu'il serait trop long de vous dire m'ayant forcé d'entr'ouvrir la porte d'une chambre, je vis là, à travers l'obscurité, —un homme!
LISARDO, *à part*.
Vive le ciel! il m'est arrivé à moi cette nuit tout le contraire.
MARCELA, *à part*.
Jésus! Jésus!
DON FÉLIX.
Malheur à moi! Au risque d'attirer son père et de compromettre son honneur, je devais cent fois tuer cet homme... Quoi qu'il en soit, j'eus le loisir de me cacher, et je restai là quelque temps dans la pensée de le rejoindre et de voir qui il était.
LISARDO.
Le savez-vous à cette heure?
DON FÉLIX.
Mon Dieu! non. Une suivante l'avait tiré de cette chambre. Je suis sorti presque aussitôt; mais je n'ai pu rien trouver... J'ai fait sentinelle toute la matinée dans la rue jusqu'à midi, mais en vain. —Y a-t-il au monde, dites, un homme plus malheureux que moi? Je suis jaloux et ne sais pas de qui.
LISARDO, *à part*.
Mes craintes ne me trompaient pas. Cette dame était sa maîtresse, et l'homme caché, c'était moi. Je n'avais que trop bien deviné. Mais, supposé qu'il ignore que c'est moi qu'il a vu et que sa dame est ici, que mon absence mette fin à tout cela. Lorsque je serai éloigné, il lui sera impossible de connaître les torts de cette femme et ma trahison involontaire.
DON FÉLIX.
A quoi songez-vous donc, que vous ne me répondez pas? Vous avez l'air tout étonné!
LISARDO.
Je le suis encore plus que vous ne pensez.

DON FÉLIX.

Que ferai-je, dites-moi?

LISARDO.

Je ne vois qu'un remède.

DON FÉLIX.

Lequel?

LISARDO.

Oublier...

DON FÉLIX.

Ah! le puis-je?

Entre CALABAZAS.

CALABAZAS, *à don Félix.*

Seigneur, il y a là dehors une dame qui demande à vous parler.

DON FÉLIX.

C'est elle, sans doute; je n'ai rien à lui dire.

LISARDO.

Voyez d'abord si c'est elle.

Entre LAURA, couverte de sa mante.

DON FÉLIX.

Est-ce que je ne la connais pas?... Elle vient, j'en suis sûr, pour me persuader que je suis dans l'erreur.

LISARDO, *à part.*

Si cette dame est la maîtresse de don Félix, chez laquelle il m'a trouvé, quelle est donc cette autre dame?

LAURA.

Seigneur Lisardo, je vous prie, comme cavalier, de vouloir bien me laisser avec don Félix: j'ai à lui parler.

DON FÉLIX.

Qui vous a dit, madame, que don Félix consent à vous parler?

LAURA, *à Lisardo.*

Laissez-nous seuls toujours.

LISARDO.

Vous allez être par moi obéie. (*A part.*) Je ne puis faire sortir l'autre dame; tenons-nous aux aguets... D'ailleurs, il n'y a rien à craindre, puisque ma dame mystérieuse n'est pas sa dame.

Lisardo et Calabazas sortent.

LAURA.

Maintenant que nous sommes seuls, don Félix, et que je puis dire tout haut le motif qui m'amène, écoutez-moi.

DON FÉLIX.

A quoi bon? je sais ce que vous voulez me dire;—que ç'a été un rêve, une illusion, que j'ai été abusé en tout ce que j'ai vu et entendu. Si c'est là le motif qui vous amène, vous n'avez rien à me dire, madame, et moi je ne veux rien savoir.

LAURA.

Et si ce n'était pas ce que vous supposiez ? si même c'était quelque chose de tout différent ?

DON FÉLIX.

Je ne vous comprends pas.

LAURA.

Écoutez-moi, et vous me comprendrez.

DON FÉLIX.

Vous en irez-vous après, si je vous écoute ?

LAURA.

Oui.

DON FÉLIX.

Eh bien ! parlez.

MARCELA, *à part*

Attention, ici. Que j'ai peur !

LAURA.

Je n'essayerai pas de vous nier qu'il y eût un homme dans la chambre.

DON FÉLIX.

J'attendais de vous une protestation d'attachement, de fidélité, d'amour, des paroles consolantes et de tendres assurances ; et au lieu de cela, vous avouez votre injure ! Comment ne sentez-vous donc pas qu'en me la rappelant vous la renouvelez ?

LAURA.

Si vous ne m'écoutez pas jusqu'à la fin

DON FÉLIX.

Qu'avez-vous à me dire encore ?

LAURA.

Une chose qui vous rassurera.

DON FÉLIX.

Vous en irez-vous après, si je vous écoute ?

LAURA.

Oui.

DON FÉLIX.

Eh bien ! parlez.

MARCELA, *à part.*

Je tremble !

LAURA.

Vous nier qu'il y eût un homme dans la chambre et que Celia lui en ait ouvert la porte, ce serait infâme et cruel, parce que ce serait une cruauté, une infamie, que de nier en face à un homme ce dont il ne peut douter. Mais pareillement, de votre part, penser que j'aie ainsi manqué à mon amour, à mon honneur, c'est une injuste cruauté ; car mon honneur et mon amour sont dans mon cœur aussi purs que le soleil.

3.

DON FÉLIX.

Alors, quel était cet homme?

LAURA.

Je ne puis vous le dire.

DON FÉLIX.

Pourquoi?

LAURA.

Parce que je l'ignore.

DON FÉLIX.

Que faisait-il là, caché?

LAURA.

Je l'ignore également.

DON FÉLIX.

Où est donc votre excuse?

LAURA.

Dans mon ignorance.

DON FÉLIX.

Fort bien! Votre faute, je la sais; et votre excuse, je l'ignore. Comment donc voulez-vous que ce que je sais efface en mon esprit ce que je ne sais pas? Laura, Laura, vous n'avez point d'excuse.

LAURA.

Ne me pressez pas, don Félix; quoique je puisse la dire, vous, vous ne devez pas l'apprendre.

DON FÉLIX.

Vous m'avez déjà dit cela, et, je crois, dans les mêmes termes. — Vive Dieu! c'était assez d'une fois. Déclarez-moi enfin la vérité.

MARCELA, à part.

Hélas! que ferai-je?... Pour s'excuser il faut qu'elle me perde.

DON FÉLIX.

Dites-moi enfin la vérité, je l'aime mieux que mon incertitude.

LAURA.

Vous le voulez absolument, don Félix?

DON FÉLIX.

Je l'exige... Je vous en prie...

LAURA.

Je vous la dirai.

MARCELA, à part.

Non, elle ne la dira pas; je l'en empêcherai. Amour, qui me donnes de l'audace, donne-moi aussi le succès!

Marcela, le visage couvert de sa mante, traverse la chambre, et sort en faisant un geste de menace à don Félix. Il veut la suivre, Laura le retient.

DON FÉLIX.

Quelle est donc cette femme?

LAURA.

Vous jouez la surprise à merveille.

DON FÉLIX.
Laissez-moi la suivre, que je la reconnaisse.

LAURA.
Oui, j'entends! Vous voudriez l'apaiser, en lui disant que vous m'avez laissée pour courir après elle; mais cela ne sera pas.

DON FÉLIX.
Laura, ma bien-aimée, que le ciel m'abandonne si je sais quelle est cette femme!

LAURA.
Moi, si, je le sais, et je vous le dirai.... C'était Nice! Je l'ai bien reconnue à sa taille et à sa démarche.

DON FÉLIX.
Je vous assure que ce n'était point Nice.

LAURA.
Qui était-ce, alors?

DON FÉLIX.
Je l'ignore.

LAURA.
Fort bien! — Votre faute, je la sais; et votre excuse, je l'ignore. Comment donc voulez-vous que ce que je sais efface en mon esprit ce que je ne sais pas? — Adieu, don Félix.

DON FÉLIX.
Si ce que vous voyez ne suffit pas à vous désabuser, comment, Laura, voulez-vous que je croie ce que vous refusez de croire?

LAURA.
Parce que, moi, je dis la vérité, et que je suis celle que je suis.

DON FÉLIX.
Et moi de même. — Et j'ai vu chez vous un homme.

LAURA.
Et moi, chez vous, une femme.

DON FÉLIX.
Je ne sais qui c'était.

LAURA.
Ni moi non plus.

DON FÉLIX.
Si fait, Laura, vous le saviez, puisque vous alliez me le dire.

LAURA.
Je m'en irai sans vous le dire, à présent. Je serais bien bonne, vraiment, de m'expliquer avec un homme tel que vous.

DON FÉLIX.
Mais songez, Laura...

LAURA.
Lâchez-moi, don Félix.

DON FÉLIX.
Eh bien! allez-vous-en; car c'est trop affreux de prier quand on a à se plaindre.

LAURA.

Eh bien! vous, demeurez; car il y a de quoi se désespérer de trouver perfides ceux vers lesquels on venait avec amitié.

DON FÉLIX.

Pour moi, je n'ai pas de reproches à me faire.

LAURA.

Si nous en sommes là-dessus, ni moi.

DON FÉLIX.

Cependant j'ai vu un homme chez vous.

LAURA.

Et moi, chez vous, une femme.

DON FÉLIX.

Vive Dieu! si c'est là de l'amour!...

LAURA.

Si c'est là de l'amour, grand Dieu!

DON FÉLIX *et* LAURA, *ensemble.*

Que le feu du ciel tombe sur l'amour [1]! Amen, amen!

JOURNÉE TROISIÈME.

SCÈNE I.

La maison de don Félix. Une chambre.

Entrent MARCELA et SILVIA.

SILVIA.

Vous avez montré là beaucoup d'audace.

MARCELA.

Lorsque, écoutant Laura, je me suis vue perdue, et qu'elle allait raconter ce qui s'était passé chez elle, j'ai pris soudain la résolution de couper court à son récit; de là mon action si téméraire. Il est des circonstances où il faut risquer quelque chose, et même où il faut jouer le tout pour le tout.

SILVIA.

Vous avez raison, d'autant mieux que cela vous a réussi.

MARCELA.

Ce qui m'encouragea le plus, ce fut de voir que Lisardo attendait dehors ce qu'il adviendrait de sa dame enfermée. Je songeai d'ailleurs qu'au besoin, si j'étais découverte, j'aurais en lui quelqu'un pour me défendre. Enfin le succès a passé mon espoir; car non seulement j'ai pu rentrer chez moi sans que don Félix m'ait reconnue

---

[1] Ces mots sont la traduction du proverbe espagnol : *Fuego de Dios en el querer bien*, textuellement cité par Calderon.

et sans rendre nécessaire l'intervention de Lisardo, mais, grâces à la jalousie que ma présence a causée, Laura n'a point achevé son récit, et maintenant je n'ai plus rien à craindre.

SILVIA.

Vous avez été heureuse, madame, d'en être quitte à si bon marché; il n'y aura rien à regretter si cela vous sert de leçon.

MARCELA.

Es-tu folle, Silvia, de penser qu'un péril évité serve jamais de leçon pour l'avenir? Pour moi, le bonheur avec lequel je me suis tirée de celui-là m'enhardit; je ne songe plus à cette heure qu'aux moyens de me retrouver avec Lisardo.

SILVIA, *à voix basse.*

Silence, madame!... Écoutez!... j'entends du bruit.

Entre DON FÉLIX.

DON FÉLIX.

Marcela?

MARCELA.

Quel motif extraordinaire vous amène dans mon appartement?

DON FÉLIX.

Je viens vous confier mes peines, et réclamer de vous une véritable preuve d'amitié, un service auquel j'attache le plus grand prix.

MARCELA.

De quoi s'agit-il?

DON FÉLIX.

Cette nuit, un moment après que vous avez eu quitté Laura, je suis entré dans sa maison, et j'ai vu là... — Ah! malheureux!

MARCELA.

Dites, qu'est-ce donc que vous avez vu?

DON FÉLIX.

Un homme.

MARCELA.

Un homme!

DON FÉLIX.

Oui.

MARCELA.

Quelle abomination!

DON FÉLIX.

Ce n'est pas tout, Marcela.

MARCELA.

Eh! quoi encore?

DON FÉLIX.

Ce matin elle est venue ici dans le but de s'excuser, et lorsqu'elle allait d'un mot peut-être m'apaiser, il est sorti du cabinet — une femme.

MARCELA.

Une femme! vraiment?

DON FÉLIX.

Oui.

MARCELA.

Quelle horreur!

DON FÉLIX.

Cette femme devait être ici avec Lisardo. Je lui en ai parlé. Lui, en homme discret et délicat, craignant d'avoir manqué par là aux égards qu'il doit à ma maison, il prétend qu'il ignorait la chose. Quoi qu'il en soit, — et d'ailleurs personne ne peut le dire, — Laura, jalouse, ne veut recevoir de moi ni explications ni excuses. Moi, de mon côté, pour ne pas lui montrer mon chagrin, je ne veux pas la voir; mais je désirerais être tenu au courant de toute sa conduite, et même, autant que possible, de ses moindres pensées. A cet effet, à force de me tourmenter l'esprit, j'ai imaginé une ruse.

MARCELA.

Et quelle est-elle?

DON FÉLIX.

Elle exige votre concours. Vous me le prêterez, n'est-il pas vrai?

MARCELA.

Voyons d'abord de quoi il s'agit.

DON FÉLIX.

C'est que, ma sœur, vous feigniez que nous avons eu ensemble une grande querelle; qu'à la suite nous nous sommes brouillés; et qu'en attendant que cela s'arrange, vous avez à cœur de demeurer chez elle. Elle ne vous refusera pas, j'en suis certain. Et vous, une fois là, vous tâcherez, soit par ses confidences, soit par vos propres observations, de découvrir quel est cet homme; — puis vous m'en informerez en secret.

MARCELA.

Il y aurait beaucoup de choses à dire à l'encontre de ce dessein, et...

DON FÉLIX.

Ne le repoussez pas, je vous prie.

MARCELA.

Pour vous prouver tout mon attachement, j'irai chez elle dès aujourd'hui.

DON FÉLIX.

Aujourd'hui? non, cela ne se peut; car, soit qu'elle ait voulu par là me braver, soit qu'elle ait voulu dissimuler ses ennuis, elle est sortie ce matin pour aller à la mer d'Antigola[1].

MARCELA.

Eh bien! j'irai demain. Êtes-vous content?

---

[1] La mer d'Antigola est un lac d'une assez médiocre étendue, à une demi-lieue d'Aranjuez, sur la route d'Ocaña.

DON FÉLIX.
Vous me rendez la vie, ma sœur. Elle est à vous désormais.

Il sort.

MARCELA.
N'est-ce pas une véritable bonne fortune qu'il soit venu me demander cela ? Je ne pouvais rien souhaiter davantage... Mais vois qui est entré là sans appeler.

SILVIA.
Madame, c'est Laura, suivie de Celia.

Entrent LAURA *et* CELIA, *en habits de promenade, — chapeau et manteau court.*

MARCELA.
Quoi ! ma chère Laura, à cette heure ?

LAURA.
Ne t'en étonne point, ma bonne amie. Un chagrin affreux me conduit vers toi.

MARCELA.
Toi, Laura, du chagrin ?

LAURA.
Oui ; et de même que tu t'es adressée à moi hier, je viens solliciter aujourd'hui ton assistance.

CELIA.
Apprenez par là, mesdames, la différence qu'il y a entre hier et aujourd'hui.

LAURA.
Tu ne sais pas, ma chère Marcela, que don Félix a vu cet homme que tu avais laissé caché dans ma maison.

MARCELA, *jouant la surprise.*
Jésus !

LAURA.
Il importe peu de te dire quand et comment ; il suffit que cela soit un malheur, pour qu'il n'ait pas tardé à me frapper. Ce matin, impatiente de m'en expliquer avec lui, sans considérer le soin de ma réputation, je suis venue le voir. Je suis entrée dans sa chambre ; mais, au moment où j'allais lui donner une excuse qui n'durait compromis aucune de nous deux, une femme qu'il tenait enfermée dans son cabinet, et qui sans doute était Nice...

MARCELA.
Nice, dis-tu ?

LAURA.
Oui, je l'ai bien reconnue...

MARCELA.
Je te crois.

LAURA.
Est sortie pour m'inspirer autant de jalousie qu'il en avait lui-même.

MARCELA.

Ah! ma chère, quelle femme!... Et qu'a fait alors don Félix?

LAURA.

Il a voulu la suivre, mais je l'en ai empêché; puis, au lieu de lui donner des explications, je lui ai reproché sa conduite, et nous nous sommes querellés.

MARCELA.

Je suis aussi fâchée que toi contre lui.

LAURA.

Après cela, pour ne pas lui montrer que j'eusse du chagrin, pour lui laisser croire au contraire que j'étais contente, — hélas! Marcela, quel tourment cela est que de feindre une joie qu'on n'a pas! — après, je suis partie avec quelques-unes de nos amies pour la mer d'Antigola. Nous y sommes arrivées vers le milieu du jour. Là, bientôt, nous avons été témoins d'un spectacle charmant. D'abord j'ai vu la reine, — que puisse-t-elle vivre des siècles, cette belle fleur de France transplantée en Castille[1]! — la reine descendre de son carrosse sur le rivage. Puis elle est montée dans une frégate magnifiquement pavoisée, et, suivie de plusieurs barques qui portaient ses dames, aussi brillantes que les nymphes de Diane, elle a navigué à travers ce petit océan, qui paraissait se gonfler sous elle, orgueilleux d'un tel honneur. Puis je l'ai vue de loin aborder à l'île du Pavillon, laquelle était toute couverte de fleurs aux couleurs variées, et où l'attendait une musique enchanteresse qui s'est mise à sonner à son approche. Eh bien! te l'avouerai-je, Marcela? tout cela n'a point égayé mon cœur; il était toujours aussi inquiet, aussi triste, aussi cruellement déchiré par la jalousie: tandis que j'admirais la reine, je songeais à don Félix.

MARCELA.

Pauvre Laura!

LAURA.

Tu me plains donc?

MARCELA.

Oui, sans doute.

LAURA.

Prouve-le-moi, prouve-moi ton amitié.

MARCELA.

De quelle façon? parle.

LAURA.

Écoute. Je ne veux point parler à don Félix, car ce serait une action lâche et indigne que de lui donner à connaître que je suis jalouse; mais j'ai imaginé une ruse qui me satisfera, et pour le succès de laquelle tu peux m'être d'un grand secours. Je soupçonne que

---

[1] Comme l'action de la pièce se passe sous le règne de Philippe IV, il suit de là que la reine dont il est ici question est la reine Élisabeth, fille de Henri IV, femme très-aimable, dit-on, et qui fut adorée des Espagnols.

Nice habite en secret son appartement; je voudrais m'en assurer; et, pour cela, il faut que tu me permettes de l'épier cette nuit par cette porte qui correspond chez lui, et qu'il a masquée, dis-tu, d'une tapisserie. Si tu me demandes comment je pourrai m'absenter de la maison, je te dirai que mon père est parti ce matin pour la campagne, et qu'il ne reviendra pas de quatre ou cinq jours. Ainsi, je puis sans péril profiter deux ou trois nuits de ton hospitalité, et tu m'accorderas, chère amie, cette grâce, à laquelle j'attache un si haut prix.

MARCELA.

Je ne saurais te refuser, Laura, d'autant que tu t'adresses à mon obligeance avec des raisons que j'ai invoquées naguère auprès de toi. Il n'y a qu'un seul obstacle; mais si tu le lèves, établis-toi ici aussitôt que tu voudras; cette maison est la tienne.

LAURA.

Cet obstacle, quel est-il?

MARCELA.

Mon frère, qui est aussi affligé que toi, — peu importe que je le trahisse, nous devrions toujours, nous autres femmes, nous liguer contre les hommes, — mon frère est venu me demander tout-à-l'heure que je feignisse d'être mal avec lui, et que, sous ce prétexte, j'allasse te demander l'hospitalité pour quelques jours, afin de lui servir de surveillante auprès de toi. Si donc je n'allais pas chez toi, pour te faire ici les honneurs de la maison, il pourrait dire...

LAURA.

Cet obstacle n'en est pas un; au contraire, je suis ravie... Tout s'arrange pour le mieux... Va, va vite chez moi... Lorsqu'il te saura à la maison, il aura moins de sujet de soupçonner que je sois chez lui.

MARCELA.

Tu as raison; mon absence assure le succès de ta ruse.

LAURA.

Comment nous conduirons-nous?

MARCELA,

Rien de plus aisé. — Donne-moi ma mante, Silvia. Tu diras à don Félix que je suis allée chez Laura, et que j'y suis allée de nuit, afin qu'il ajoute plus de foi à mon récit. (*Bas à Silvia, pendant qu'elle met sa mante.*) Tu chercheras Lisardo, et tu lui commanderas de ma part de venir me trouver là-bas ce soir, sans faute. (*Haut.*) Viens avec moi, Celia; toi, Silvia, reste ici pour servir Laura. (*A Laura.*) Nous changeons de suivante, n'est-ce pas, en même temps que de maison?

LAURA.

Quoi! déjà?

MARCELA.

Il n'est pas besoin de tant de réflexions. En ces sortes de choses, plus on agit promptement, mieux on réussit.

LAURA.

Souviens-toi, Marcela, que tu vas dans ma maison.

MARCELA.

Et toi, Laura, n'oublie pas que je te laisse dans la mienne.

SILVIA, *à Celia*.

Que dis-tu de tout ceci ?

CELIA.

Le dénouement sera — deux mariages, ou le couvent.

Marcela et Celia sortent par une porte; Laura et Silvia par une autre.

SCÈNE II.

Un jardin.

Entrent LISARDO et CALABAZAS.

LISARDO.

Quel est ce papier que tu tiens là ?

CALABAZAS.

C'est ce que ce doit être. C'est le compte exact et raisonnable de ce que vous me devez depuis que je suis à votre service.

LISARDO.

A quel propos me le présentes-tu en ce moment ?

CALABAZAS.

A propos de ce que je veux dès ce moment quitter votre service.

LISARDO.

Pour quel motif donc ?

CALABAZAS.

Pour le motif que depuis quelques jours vous êtes devenu avec moi d'une discrétion qui m'offense.

LISARDO.

Que veux-tu dire par là ?

CALABAZAS.

Je veux dire que vous êtes fort dissipé.

LISARDO.

Dis plutôt fort affligé.

CALABAZAS.

Non, monseigneur, fort dissipé, et, de plus, fort discret. Jamais il n'y a eu de maître qui l'ait été plus que vous. On croirait vraiment que Calabazas n'est pas capable de garder un secret fidèlement. Vous vous promenez sans moi, vous demeurez ici sans moi; vous allez et venez toujours sans moi; nous avons l'air aussi mal ensemble que l'argent et l'amour. S'il vient quelque femme voilée : — Sors d'ici! si vous allez la voir : — Attends-moi! il ne convient pas que tu m'accompagnes... Cela ne peut durer, j'ai assez de cette vie. La mère qui m'a engendré serait déshonorée si j'y tenais. C'est pourquoi je veux sans retard me chercher un maître plus humain. Il ne me sera pas difficile d'en trouver un. Oui, ma foi, j'aimerais mieux servir un luthérien, ou un solliciteur de la cour, ou un bel-esprit à prétentions, ou un poète faisant des comédies d'intrigues, — de telle sorte que nous soyons tous dans la maison, maîtres et valets, des Calabazas[1]; — oui, j'aimerais mieux cela que de servir un maître tel que vous.

LISARDO.

De quoi donc as-tu à te plaindre avec moi?

CALABAZAS.

Je vous l'ai dit, de n'avoir pas votre confiance.

LISARDO.

Hélas! mon cher Calabazas, les aventures qui me sont arrivées depuis quelques jours ont été tellement publiques qu'il était bien inutile que je te les contasse. D'ailleurs, toi-même, n'as-tu pas vu quand j'ai parlé dans la campagne à une femme voilée? n'as-tu pas vu aussi quand une suivante m'a remis un billet de sa part, pour me rendre chez elle? n'as-tu pas vu ce matin, lorsqu'elle est venue me trouver ici, peu d'instans avant l'arrivée de don Félix? Il m'est bien impossible, avec la meilleure volonté, de t'apprendre autre chose que ce que tu as vu.

CALABAZAS.

C'est une fameuse intrigante, toujours!

LISARDO.

Je me demande si je rêve ou si tout cela est bien vrai. Impatient et irrité, je donnerais je ne sais quoi pour apprendre enfin quelle peut être cette femme. Lorsque je soupçonnais qu'elle était la maîtresse de don Félix, j'avais du moins en moi un sentiment de loyauté qui modérait la curiosité qu'elle m'inspire; mais depuis que j'ai été détrompé sur ce point, j'éprouve le plus vif désir de savoir qui elle est, puisque je n'ai plus dès lors les mêmes ménagemens à garder.

CALABAZAS.

Vous y tenez beaucoup?

LISARDO.

On ne peut plus.

CALABAZAS.

Je pourrais vous le dire, moi.

LISARDO.

Toi?

CALABAZAS.

Moi.

LISARDO.

Dis-le donc.

[1] Calabazas joue ici sur son nom, dont nous avons dit plus haut la double signification.

CALABAZAS.

Oui, je sais qui elle est.

LISARDO.

Eh bien! vive Dieu! parle.

CALABAZAS.

D'abord, c'est une femme qui aime à se promener dans la campagne le matin. Puis c'est une femme qui aime que les hommes aillent la trouver chez elle. Puis c'est une femme qui aime à aller trouver les hommes chez eux... Et ensuite, au total, sur mon âme, je sais très-bien qui elle est.

LISARDO.

Dis-le donc enfin.

CALABAZAS.

Entre nous, au moins?

LISARDO.

Soit! mais dis!

CALABAZAS.

C'est...

LISARDO.

Eh bien?

CALABAZAS.

Une donzelle[1]!

LISARDO.

Imbécile!

Entre SILVIA.

CALABAZAS.

D'où donc est tombée cette femme?

SILVIA.

Seigneur Lisardo, j'aurais un mot à vous dire.

LISARDO.

Que me voulez-vous?

SILVIA, *bas, à Lisardo.*

Une dame dont vous connaissez la maison vous prie que vous alliez ce soir chez elle. Vous frapperez trois coups à la fenêtre. N'y manquez pas. Adieu.

Elle sort.

CALABAZAS.

Holà! mystérieuse suivante d'une belle mystérieuse, un moment! écoutez!

LISARDO.

Arrête! Où vas-tu?

CALABAZAS.

Laissez. Je veux seulement lui donner deux ou trois soufflets pour qu'elle les porte à sa maîtresse.

[1] *Es alguna dueña.* Dueña ou dueñge s'emploie habituellement pour désigner une gouvernante ou une vieille fille; mais quelquefois aussi ce mot signifie une femme de mauvaise vie; ce que les Latins appelaient *meretrix.*

LISARDO.
En vérité, tu es fou.
CALABAZAS.
C'est que je n'aime pas les donzelles qui tombent ici comme des nues.
LISARDO.
Finis, Calabazas; écoute. Comme je n'ai rien de caché pour toi, je te dirai qu'on m'attend ce soir où je suis allé déjà hier. Voici la nuit qui commence, j'y vais. Attends-moi ici.
CALABAZAS.
Que je vous attende?
LISARDO.
Oui.
CALABAZAS.
Non pas, monseigneur. Il faudrait pour cela que je fusse un triple Juif. Vous ne pouvez pas aller seul dans une maison où l'on vous a enfermé, où il y a un père qui veille, et, de plus, un galant qui ne dort pas.
LISARDO.
Il faut que j'y aille seul, te dis-je.

Entre DON FÉLIX.

DON FÉLIX.
N'est-ce pas vous, Lisardo?
LISARDO.
Oui, c'est moi.
DON FÉLIX.
Eh bien! quoi de nouveau?
LISARDO.
Je ne puis vous taire plus long-temps tout ce qui m'arrive à Ocaña. Êtes-vous libre pour le moment?
DON FÉLIX.
Oui, et pour toute la nuit.
LISARDO.
Il faut que je vous conte mon embarras. Si je ne l'ai pas fait jusqu'ici, c'est que certaines considérations m'ont imposé silence; mais, à présent, je sais que je puis vous confier sans crainte tout le secret de mon amour. Venez, partons. Pour ne pas perdre de temps, je vous conterai, tout en marchant, une étrange aventure.
DON FÉLIX.
Partons. Je suis charmé d'avance... Il n'est rien de tel qu'une confidence amoureuse pour alléger une peine d'amour.
CALABAZAS, *à Lisardo*.
Et moi, monseigneur?
LISARDO.
Attends ici notre retour.

Don Félix et Lisardo sortent.

CALABAZAS.

Oui! patience! Que je reste ici, moi, tranquille, sans rien voir ni rien entendre, lorsqu'il n'y a pas d'autre plaisir, et même souvent d'autre profit dans le service que d'écouter pour savoir et de savoir pour dire!... Il se cache de moi!... Mais, foi de Calabazas! cela ne sera pas. Par la même raison qu'il se méfie de moi, moi j'ai plus d'envie de le suivre... Marchons derrière eux, bien enveloppé dans mon manteau. Car si je n'éclaircis pas mes doutes, si j'ignore ce qu'il fait, à quoi bon suis-je son domestique?

Il sort.

SCÈNE III.

Un chemin dans la campagne.

Entrent FABIO et LELIO.

LELIO.

Reposez-vous un peu ici, monseigneur... nous arriverons toujours assez tôt... Nous ne sommes pas loin d'Ocaña maintenant.

FABIO.

Tu as raison, Lelio. (*Il s'assied.*) Je n'en peux plus. Je croyais, en descendant de cheval et en marchant un peu, que cet exercice me ferait du bien ; loin de là!... Je t'avoue que jamais de la vie je ne me suis senti aussi fatigué, aussi brisé. C'est qu'aussi ma chute a été rude.

LELIO.

Ma foi! monseigneur, c'est encore un bonheur, dans ce malheur, que nous ne nous soyons pas trouvés plus loin d'Ocaña quand cette maudite jument a trébuché. Si nous eussions été déjà à deux ou trois lieues, j'aurais été bien embarrassé, puisque, pour revenir d'une lieue, en comptant le temps que nous nous sommes arrêtés à l'auberge, nous avons mis toute la journée... Un peu de courage, monseigneur, et vous arriverez bientôt à la maison, où nous pourrons plus facilement vous donner les soins que votre état exige.

FABIO.

C'est à cette jambe surtout que je sens une douleur !... C'est elle qui a porté tout le poids... Ah! Lelio.

LELIO.

Voudriez-vous remonter à cheval, monseigneur?

FABIO.

Non, Lelio; je crois qu'il vaut mieux que je continue d'aller à pied comme je pourrai. Je crains de laisser engourdir ma jambe.

LELIO.

Vous avez raison, mon cher maître; mais, d'autre part, je considère que la nuit s'avance; que si nous arrivons trop tard à la maison, tout le monde sera couché, et qu'il n'y aura pas moyen de vous donner les soins nécessaires.

FABIO.

Très-bien, très-bien, Lelio. Tu as autant de prévoyance que d'attachement. — Va donc détacher la jument, et partons. Toutefois, j'ai une espèce de pressentiment qui me dit que je ne devrais pas être si pressé de rentrer à la maison... J'ai peur d'effrayer Laura. Elle m'aime tant, la pauvre enfant, que je ne sais pas trop comment elle supportera de me voir revenir ainsi équipé.

LELIO.

Je ne doute pas non plus qu'elle n'en éprouve un vif chagrin; ma maîtresse vous est si dévouée!

FABIO.

Je suis sûr, Lelio, qu'elle est déjà couchée à cette heure.

LELIO.

Certainement, monseigneur.

FABIO.

Il m'en coûte beaucoup d'avoir à la réveiller; mais il n'y a pas moyen de faire autrement... Puis nous prendrons des précautions... Je frapperai à la principale porte. Comme c'est la plus éloignée de son appartement, il se pourra qu'elle n'entende pas de bruit.

LELIO.

Occupez-vous d'abord de votre santé, monseigneur; c'est à quoi ma maîtresse tient le plus.

FABIO.

Tu ne dois pas t'étonner, Lelio, ou tu dois t'étonner moins qu'un autre, que je sois aussi bon ménager de son repos. Tu connais ma tendresse pour elle. Je suis, avec mes cheveux blancs, amoureux de sa sagesse comme tous nos jeunes gens le sont de sa beauté. — Partons, Lelio.

Fabio et Lelio sortent.

SCÈNE IV.

Une rue d'Ocaña, la nuit.

Entrent LISARDO et DON FÉLIX.

DON FÉLIX.

En vérité, votre aventure m'a fort réjoui. Je n'en connais pas de plus curieuse.

LISARDO.

Voilà l'essentiel, don Félix. J'ai passé sous silence mille petits détails, de peur de vous ennuyer. — Et maintenant, adieu. On m'attend; c'est l'heure.

DON FÉLIX.

Un moment, s'il vous plaît. Vous me dites que vous allez voir une dame dans la maison de laquelle vous avez été déjà en péril, et vous me dites de vous laisser! ce sont deux choses qui ne vont pas ensemble, mon cher. Je ne suis pas de ces amis qui se contentent du rôle commode de confident. Ce n'est pas par des paroles, selon moi, c'est par des actes que l'amitié se prouve... Allez à vos amours, à la bonne heure; mais souffrez que moi, pendant ce temps, je me tienne en sentinelle dans la rue jusqu'au jour.

LISARDO.

Ce serait mal à moi, don Félix, de me refuser à ce témoignage d'amitié.

Entre CALABAZAS; il fait les mines d'un homme qui cherche à voir sans être vu.

CALABAZAS, *à part*.

Si je pouvais voir ce qu'ils disent comme je vois où ils vont, je verrais en même temps et où ils vont et ce qu'ils disent. — Approchons.

LISARDO.

N'avez-vous rien entendu?

DON FÉLIX.

C'est un homme, si je ne me trompe, qui s'en vient derrière nous.

LISARDO.

Dégainons. — Qui va là?

DON FÉLIX.

Qui va là?

CALABAZAS.

Personne à présent; car je ne vais pas, puisque je m'arrête.

DON FÉLIX.

Qui êtes-vous?

CALABAZAS.

Un homme de bien.

LISARDO.

En ce cas, passez.

CALABAZAS.

Et si je ne veux point passer, moi?

DON FÉLIX.

Alors, flamberge au vent!

LISARDO.

Tuons-le.

CALABAZAS.

Non, monseigneur, ne me tuez pas, au nom du ciel! Je suis Calabazas.

DON FÉLIX.

Qui es-tu?

CALABAZAS.

Calabazas.

LISARDO.

Qu'est-ce que cela signifie?

JOURNÉE III, SCÈNE IV.

CALABAZAS.

Je voulais voir seulement où vous alliez. Comme vous n'avez pas voulu me le dire...

DON FÉLIX.

Rouons-le de coups. (*Ils le battent.*) Vive Dieu !

CALABAZAS.

Aïe ! aïe !

LISARDO.

Insolent !

CALABAZAS.

De grâce !...

DON FÉLIX.

Impertinent !

CALABAZAS.

Assez, assez, messeigneurs !

LISARDO.

Laissons-le, de peur de faire du bruit. (*A Calabazas.*) Tu me payeras cela plus tard ; nous réglerons notre compte. (*A don Félix.*) La maison en question n'est pas loin.

DON FÉLIX.

Quoi ! Lisardo, la dame que vous venez voir demeure près d'ici ?

LISARDO.

Oui, mon cher.

DON FÉLIX.

Et elle est belle, dites-vous ?

LISARDO.

Fort belle.

DON FÉLIX.

Elle a son père avec elle ?

LISARDO.

Oui.

DON FÉLIX.

C'est là qu'on vous a renfermé dans une chambre ?

LISARDO.

Oui.

DON FÉLIX.

C'est avec elle que vous étiez lorsqu'est entrée la femme qui me cherchait ?

LISARDO.

Oui.

DON FÉLIX.

Où est donc sa maison ?

LISARDO.

Tenez, la voilà.

DON FÉLIX.

Celle-là, dites-vous ?

LISARDO.

Celle-là même.

DON FÉLIX.

Prenez garde! comme la nuit est très-obscure, plus obscure qu'à l'ordinaire, puisqu'il n'y a pas de lune... il peut se faire que vous vous trompiez.

LISARDO.

Je ne me trompe nullement. Voici la fenêtre à laquelle je dois frapper, et l'on m'ouvrira cette porte.

CALABAZAS, *à part.*

Bon! je sais la maison.

DON FÉLIX, *à part.*

La fenêtre! la porte!... Hélas! que le ciel me protége!... C'est la maison de Laura, cette maison deux fois perfide.

LISARDO.

Retirez-vous un peu, que je fasse le signal.

Il fait le signal.

DON FÉLIX.

Vous me disiez, je crois, tout à l'heure, si j'ai bien entendu, que la dame qui vous attend est la même qui était cachée ce matin dans le cabinet?

LISARDO.

C'est juste.

DON FÉLIX.

Et que l'autre qui est venue...

LISARDO.

Silence! on ouvre la fenêtre.

CELIA paraît à la fenêtre.

CELIA.

Tst! tst!

LISARDO.

On m'appelle.

CELIA, *à voix basse.*

Est-ce vous, Lisardo?

LISARDO.

Oui, c'est moi.

DON FÉLIX, *à part.*

C'est la voix de Celia.

CELIA.

Un moment!... Je vais ouvrir.

Célia se retire.

LISARDO.

C'est la suivante qui vient de me parler; elle me disait qu'elle venait m'ouvrir.

DON FÉLIX.

Avant qu'elle vous ouvre, un mot.

JOURNÉE III, SCÈNE IV.

CELIA, *ouvrant la porte.*

Tst! tst!

LISARDO.

Adieu.

DON FÉLIX.

Cette dame de ce matin...

LISARDO.

Adieu.

DON FÉLIX.

Dites-moi auparavant. Cette dame...

CELIA.

Entrez donc vite.

LISARDO, *à don Félix.*

Nous causerons plus tard.

Il sort. — Au moment où Lisardo entre dans la maison, don Félix se précipite pour le suivre; Celia referme la porte promptement.

DON FÉLIX.

Et pour m'achever, Celia m'a donné sur le visage avec la porte!

CALABAZAS, *à part.*

Quoiqu'une porte soit de bois, on n'est pas déshonoré pour en recevoir un coup sur le visage, pourvu qu'elle ait une serrure. Le fer sauve l'honneur.

DON FÉLIX.

Quelle suite d'aventures étranges!... et quelle incertitude cruelle que la mienne!... — Il vient chercher dans la maison de Laura la dame qui est sortie ce matin de ma chambre lorsque Laura y est entrée... Ce n'est donc pas elle!... — Mais alors quelle est-elle?... — O insensé! pourquoi ai-je dit à Marcela de ne venir ici que demain? elle m'aurait instruit de tout. — Mais tandis que je suis là à rêver, mon infamie s'accomplit. — Il serait pourtant facile de savoir la vérité... C'est Laura, ou ce n'est pas Laura. Si ce n'est pas elle, qu'ai-je à perdre à sortir de cette anxiété mortelle? et si c'est elle, qu'ai-je à perdre encore, puisqu'en la perdant je perds le bonheur et la vie?... Jetons à bas cette porte! — Mais non; j'ai donné ma parole à Lisardo; je lui ai promis de veiller sur lui, et je pourrais... — Eh! qu'importe l'amitié, la loyauté, l'honneur!... Quand la jalousie commande, il n'y a plus rien au cœur d'un homme; il n'y a plus ni amitié, ni loyauté, ni honneur!...

Il frappe à grands coups contre la porte comme pour la renverser. En même temps on entend dans le lointain frapper contre une autre porte.

CALABAZAS.

Que faites-vous là, seigneur?

DON FÉLIX.

Il faut que je la tue.

CALABAZAS.

Modérez-vous, si c'est possible.

DON FÉLIX.

Que signifient donc ces coups là-bas?

CALABAZAS.

Il n'y a pas là de quoi vous étonner. C'est sans doute un autre cavalier qui est devant une autre porte qui lui a inspiré une autre rage, et il la frappe comme vous frappez celle-ci.

FABIO, *dans l'éloignement.*

Ouvre ici, Celia! ouvrez ici, Laura!

CELIA, *de la maison.*

C'est mon maître, ô ciel!

DON FÉLIX.

C'est le seigneur Fabio.

FABIO, *de la maison.*

Quoi! j'arrive ici pour être témoin de mon déshonneur!

On entend un cliquetis d'épées.

CALABAZAS.

Vive Dieu! on en est déjà venu aux épées par là-bas.

DON FÉLIX.

Maudite soit la porte!

Il s'éloigne.

Entrent LISARDO et MARCELA.

LISARDO.

Ne craignez rien, madame. Quoique l'on frappe à cette porte, celui qui frappe est un homme sûr.

MARCELA.

Conduisez-moi, Lisardo, je vous suis. Une fois chez vous, je serai tranquille.

LISARDO.

Venez, madame, et ne vous cachez pas d'un homme qui m'accompagne. C'est un de mes amis.

MARCELA, *bas, à Lisardo.*

Serait-ce don Félix?

LISARDO.

Oui.

MARCELA, *de même.*

Mais songez que don Félix...

LISARDO.

Eh! madame, ce n'est pas le moment de prendre tant de précautions. Je vous réponds de lui. — Don Félix?

DON FÉLIX.

Qui va là?

LISARDO.

Moi, Lisardo.

DON FÉLIX.

Que se passe-t-il donc?

LISARDO.

Tandis que je causais avec cette dame, son père est arrivé du dehors. Il a frappé. Voyant qu'on tardait à lui ouvrir, il a jeté la porte à bas. Entré dans la chambre, il a tiré l'épée. Le flambeau s'étant éteint, j'ai pu délivrer ma dame. Comme vous connaissez mieux que moi les rues d'Ocaña, veuillez l'emmener, je vous prie. J'empêcherai, cependant, que personne ne vous suive. A cet effet Calabazas restera avec moi.

CALABAZAS, *à part.*

Je resterai s'il n'y a pas de danger.

DON FÉLIX.

Il vaudrait mieux peut-être qu'il l'accompagnât et que nous demeurassions nous deux.

LISARDO.

Ce serait la laisser aller seule. Le premier devoir, en pareille circonstance, est de sauver la dame. Ainsi, don Félix, chargez-vous d'elle et la mettez en sûreté.

DON FÉLIX.

Vous avez raison. (*A Marcela.*) Prenez mon bras, madame. (*A part.*) Enfin, Laura, te voilà en mon pouvoir!

MARCELA, *à part.*

Hélas! je me meurs.

DON FÉLIX, *à part.*

Mon cœur palpite.

MARCELA, *à part.*

Que je tremble!

DON FÉLIX.

Venez, madame; bien que vous ne le méritiez pas, je vous sauverai; car je suis celui que je suis.

MARCELA, *à part.*

Y eut-il jamais une femme aussi infortunée?

DON FÉLIX, *à part.*

Y eut-il jamais un homme plus malheureux?

Don Félix et Marcela sortent.

LISARDO.

Ne t'éloigne pas, Calabazas.

Entre FABIO, tenant d'une main un flambeau et de l'autre une épée. LELIO et plusieurs autres valets le suivent l'épée nue.

FABIO.

Oui, les forces me manquent, mais non les forces de l'honneur. J'en ai assez pour la vengeance.

LISARDO.

Arrêtez! on ne passe pas par ici.

FABIO.

Mon épée s'ouvrira un passage à travers votre cœur.

Ils se battent tous.

CALABAZAS.

Ah! malheureux Calabazas, qui t'inspira la fantaisie d'espionner?

LISARDO, à part.

Maintenant que don Félix est éloigné, je puis quitter la partie. Le courage et l'honneur le permettent. — On me reconnaîtrait.

Il sort.

FABIO.

Attends, lâche, attends-moi !

CALABAZAS.

Qui eût jamais dit que mon maître dût m'abandonner en pareille occasion ?

LELIO, *rencontrant Calabazas.*

En voici un qui est resté !

FABIO.

Qu'attends-tu, Lelio ? Tue-le !

CALABAZAS.

Au nom de Dieu, arrêtez !

FABIO.

Qui êtes-vous ?

CALABAZAS.

Je suis seulement, si ma crainte ne m'abuse, un curieux mal avisé [1].

FABIO.

Donnez-nous votre épée.

CALABAZAS.

La voici, mon épée, seigneur ; et si ce n'est pas assez, voici encore ma dague ; et si ce n'est pas assez, je vous donnerai encore mon manteau, et mon chapeau, et mon pourpoint, et mes culottes.

FABIO.

Ne seriez-vous pas le valet de celui qui a outragé ma maison ?

CALABAZAS.

Oui, seigneur; mon maître est un outrage-maison insupportable [2].

FABIO.

Qui est-il ? et comment se nomme-t-il ?

CALABAZAS.

Il se nomme Lisardo ; il est militaire et ami de don Félix.

FABIO.

Pour ne pas commencer mes vengeances par la moindre, je te laisse la vie.

CALABAZAS.

Merci, monseigneur.

Il sort.

---

[1] Nous serions fort trompé si, dans ce passage, Calderon ne faisait pas allusion à une nouvelle que Cervantes a insérée dans le Don Quichotte, et qui a pour titre : *le Curieux malavisé* (el Curioso impertinente).

[2] Nous avons traduit mot à mot :
*Es un agravia casas
Que no se puede sufrir.*

FABIO.

Maintenant, avec ces instructions, allons trouver don Félix... Malédiction sur la maison à deux portes, puisqu'elle garde si mal l'honneur!... (*Aux valets.*) Suivez-moi!

Ils sortent.

SCÈNE V.

Une chambre.

Entrent DON FÉLIX et MARCELA, qu'il tient par la main; et par une autre porte entrent LAURA et SILVIA.

DON FÉLIX.

Holà! qu'on apporte ici un flambeau!

HERRERA, *du dehors*.

Tout à l'heure! j'y vais! Il n'est pas facile de trouver de la lumière quand on n'y voit pas.

LAURA, *bas, à Silvia*.

Ils sont dans cette chambre. Écoutons-les.

DON FÉLIX, *à Marcela*.

Ah! ça, maintenant, ingrate, maintenant, du moins, vous ne pouvez plus me nier...

LAURA, *bas, à Silvia*.

Il parle à une femme.

DON FÉLIX.

Non, vous ne pouvez plus me nier que vous soyez légère, inconstante, volage, trompeuse et perfide; vous ne me nierez pas face à face que j'aie raison d'être jaloux!

MARCELA, *à part*.

Si je dis un mot, je suis perdue.

DON FÉLIX.

C'est donc pour cela que vous êtes venue me voir ce matin?

LAURA, *bas, à Silvia*.

Ce doit être la femme voilée, puisqu'il lui dit qu'elle est venue le voir ce matin.

DON FÉLIX.

Vous êtes en mon pouvoir, à cette heure, et n'avez point d'excuse! O maudit soit le temps où je vous ai aimée!... Maudites soient toutes mes peines et mes incertitudes!..... Maudite soit la funeste crédulité de mon amour.

LAURA, *bas, à Silvia*.

Entends-tu? il avoue qu'il l'a aimée. Que puis-je attendre encore?

SILVIA, *bas, à Laura*.

Où allez-vous, madame?

LAURA, *de même*.

Je ne sais. — Ah! Silvia! en quel trouble je suis! — Je vais l'écouter de plus près.

DON FÉLIX, *appelant.*

Un flambeau donc! vive Dieu! un flambeau!

HERRERA, *du dehors.*

On y va!

MARCELA, *à part.*

Que deviendrai-je alors?

DON FÉLIX.

Vous ne dites rien? — Mais non, vous êtes convaincue et n'avez rien à dire... — Le flambeau!

Don Félix lâche la main de Marcela, elle s'éloigne. Laura s'approche et se place entre Marcela et don Félix.

MARCELA, *à part.*

Oh! si je pouvais trouver la porte, je serais sauvée!

DON FÉLIX, *saisissant Laura par la main.*

Arrêtez! ne fuyez pas!.... D'ailleurs vous n'avez pas besoin de fuir; toute la vengeance que je veux, c'est que vous sachiez que je suis instruit.

LAURA, *à part.*

Il me prend pour l'autre. Taisons-nous jusqu'à ce qu'on apporte de la lumière; il verra alors que c'est moi.

MARCELA, *à part.*

Enfin, malgré mon trouble, j'ai trouvé la porte de mon appartement; qu'il me serve de refuge!

SILVIA, *bas, à Marcela.*

Êtes-vous Laura?

MARCELA, *bas, à Silvia.*

Non, je suis Marcela. Mais toi, tu es Silvia?

SILVIA, *de même.*

Oui, madame. Qu'est-ce ceci?

MARCELA, *de même.*

Mille accidens fâcheux... Viens, je te les dirai. Viens vite, Silvia, et fermons cette porte.

Elles sortent et ferment la porte sur elles.

Entre HERRERA d'un autre côté avec un flambeau.

HERRERA.

Voici le flambeau.

DON FÉLIX.

Bien. Va-t'en, et veille au-dehors.

Herrera sort; don Félix va fermer la porte derrière lui.

LAURA, *à part.*

Il sera bien surpris quand il me verra.

DON FÉLIX, *revenant.*

Eh bien! Laura, vous voyez devant vous le seul homme qui jamais ait veillé sur le rendez-vous de son rival.

LAURA, *à part.*

Il n'est pas plus embarrassé à ma vue que s'il était innocent.

JOURNÉE III, SCÈNE V.

DON FÉLIX.

Oui, je suis le seul au monde qui ait amené un autre galant vers sa dame. — Mes paroles vous offensent, n'est-ce pas?

LAURA.

La défaite n'est pas mauvaise... vous jouez votre rôle dans la perfection, comme un homme habitué à feindre. Convaincu par ma présence que vous m'avez prise pour une autre amenée ici par vous, vous continuez avec moi hardiment les plaintes que vous aviez entamées avec elle.

DON FÉLIX.

C'est un peu fort, madame!... Il ne manquait plus que cela!... Comment! vous prétendriez me faire accroire que je parlais avec une autre femme tout à l'heure, moi?

LAURA.

Oui, don Félix; parce qu'il en est ainsi.

DON FÉLIX.

Où est donc alors cette femme avec laquelle je parlais?

LAURA.

Si une maison à deux portes est difficile à garder, une chambre à deux portes ne l'est pas moins.

DON FÉLIX.

Que voulez-vous dire par là?

LAURA.

Qu'elle est sortie.

DON FÉLIX.

Qui donc?

LAURA.

L'autre femme.

DON FÉLIX.

Pour Dieu! Laura, éloignez-vous, laissez-moi. Vous me feriez perdre la raison. — Quoi! je ne vous ai pas conduite ici?... Votre père n'était pas dehors?... et Lisardo... Je ne puis achever.

LAURA.

Vous vous trompez, don Félix. J'ai passé la nuit ici, cachée dans la chambre de votre sœur, dans le but de vous épier. Elle, pendant ce temps...

DON FÉLIX,

Il faut que cela s'éclaircisse. (*Appelant.*) Marcela! ma sœur!

MARCELA, *à part.*

Il importe de feindre. (*Haut.*) Que me voulez-vous?

Entre MARCELA.

DON FÉLIX.

Dites-moi; Laura a-t-elle passé cette nuit avec vous?

MARCELA.

Si Laura a passé la nuit avec moi?.... Mais non.... Je devais aller demain chez elle ; mais qu'elle dût venir ici, il n'en a pas été question.

LAURA, *à Marcela.*

Eh quoi !... je ne suis pas venue vous voir cette après-dînée, et il n'a pas été convenu entre nous que je m'établirais ici à votre place, et que vous...

MARCELA.

Je ne me rappelle rien de tout cela.

DON FÉLIX.

Vous voyez, Laura, le mauvais succès de votre ruse. Aussi, comment voulez-vous persuader que ma sœur ait passé la nuit avec vous, lorsqu'elle était bien tranquille dans sa chambre ?

LAURA.

C'est bien mal à vous, Marcela, de mentir de la sorte.

MARCELA, *bas, à Laura.*

Il faut d'abord songer à soi.

LAURA.

Eh bien ! puisque j'y suis forcée, puisqu'on m'accuse injustement, je dirai la vérité. Écoutez-moi, don Félix.

On frappe en dehors.

SILVIA.

On frappe à la porte !

LISARDO, *du dehors.*

Ouvrez, don Félix !

DON FÉLIX.

Vous n'avez pas besoin de parler, Laura ; voici votre galant !

LAURA, *à part.*

Mon cœur renaît à l'espérance !

MARCELA, *à part.*

Que ne puis-je avertir Lisardo !

Entre LISARDO.

LISARDO.

J'ai tardé un peu, don Félix, afin de m'assurer qu'on ne me suivait pas. — Où avez-vous mis cette dame ?

DON FÉLIX.

Elle est ici devant vous. Mais avant qu'elle vous soit rendue par moi, vous m'arracherez l'âme !

LISARDO.

Je n'aurais pas cru, jusqu'à cette heure, qu'un noble cavalier s'avisât de trahir son ami, en ayant l'air de lui prêter secours. — Je vous demande de nouveau la dame que je vous ai confiée.

DON FÉLIX, *montrant Laura.*

N'est-ce pas celle-ci ?

LISARDO.

Non.

DON FÉLIX, *à part.*

Quelle audace!

LISARDO.

Pourquoi supposer cela, don Félix? Expliquez-vous clairement.

LAURA.

C'est moi qui vais vous tirer d'embarras. (*Montrant Marcela.*) Dites, Lisardo, n'est-ce point là celle que vous cherchez?

LISARDO.

Oui, c'est elle! — Pourquoi la dérobez-vous à mes yeux?

MARCELA, *à part.*

Ah! malheureuse!

LAURA, *à don Félix.*

Vous voyez si elle était dans sa chambre bien tranquille.... — Il faut d'abord songer à soi, Marcela.

MARCELA, *à part.*

Jésus! Jésus!

DON FÉLIX.

Quelle honte pour moi!... Ce poignard me délivrera d'une indigne sœur.

MARCELA.

Défendez-moi, Lisardo.

LISARDO, *se mettant devant Marcela.*

Oui, je défendrai la sœur de don Félix contre son frère même.

DON FÉLIX.

C'est donc sur vous que je me vengerai.

LISARDO.

Vous savez qui je suis, et si je peux abandonner une femme qui est en péril et que j'aime.

DON FÉLIX.

Vous savez également qui je suis, et si je puis permettre de s'occuper d'elle à quelqu'un qui ne serait pas son époux.

LISARDO.

Si c'est là votre condition, me voici prêt à vous satisfaire.

Entre FABIO, suivi de ses gens.

FABIO.

C'est ici la maison; entrez!

DON FÉLIX.

Qui vous amène?

FABIO.

L'honneur, don Félix!

CALABAZAS, *à part.*

Quelle jolie danse se prépare!

FABIO.

Où est un certain Lisardo, votre ami?

LISARDO.

C'est moi, qui ne crains pas de me montrer à personne à visage découvert.

CALABAZAS, *à part*.

Il ne craint pas de montrer le visage; mais il montre aussi le dos quelquefois.

FABIO.

Ah! traître!

LISARDO.

Modérez-vous, seigneur.

FABIO.

Avancez!

DON FÉLIX.

Un moment, seigneur Fabio; votre colère vous abuse. C'est moi qui, en votre absence, ai gardé ici votre fille comme celui qui veut être son époux.

FABIO.

Je n'ai plus rien à dire, si Laura se marie avec vous.

DON FÉLIX.

Afin que vous n'en doutiez pas, seigneur, — voici ma main, Laura. — Et puisque c'est parce que votre maison et la mienne ont deux portes que sont arrivées toutes ces aventures, ici finit la comédie de la maison à deux portes.

FIN DE LA MAISON A DEUX PORTES.

LE MÉDECIN DE SON HONNEUR.

(EL MEDICO DE SU HONRA.)

NOTICE.

On serait tenté de croire que M. Schlegel avait en vue *le Médecin de son honneur* (*el Medico de su honra*), lorsque, dans son éloquente apologie de Calderon, il écrivait ces lignes remarquables : « Je ne saurais trouver une plus parfaite image de la délicatesse avec laquelle Calderon représente le sentiment de l'honneur, que la tradition fabuleuse sur l'hermine, qui, dit-on, met tant de prix à la blancheur de sa fourrure, que, plutôt que de la souiller, elle se livre elle-même à la mort quand elle est poursuivie par les chasseurs.» Cette comparaison, si ingénieuse et si exquise, devient d'une justesse frappante si on l'applique au *Médecin de son honneur*, qui se venge en quelque sorte à l'avance d'un outrage qu'il redoute.

A quelle source Calderon a-t-il puisé le sujet de sa pièce? nous l'ignorons. Tout ce que nous pouvons dire à cet égard, c'est qu'il est à peu près impossible qu'il l'ait emprunté à aucune tradition étrangère; et quant à celles des traditions nationales que nous connaissons, nous n'y avons rien trouvé qui ait pu inspirer au poëte l'idée première de son drame.

Au point de vue de l'art, *le Médecin de son honneur* est, selon nous, l'un des chefs-d'œuvre de Calderon. Ce n'est pas qu'on ne pût y blâmer avec justice, comme dans les autres comédies de notre poëte, un certain abus de l'esprit et de l'imagination, des comparaisons redoublées, des métaphores déplacées, des hyperboles plus que castillanes; mais que de beautés rachètent ces défauts! Même en laissant de côté l'ensemble de la composition, qui révèle un si grand génie, que l'on en étudie les diverses parties avec soin, et l'on verra comme elles sont heureusement inventées, curieuses, originales. — Dans la première journée c'est l'exposition, qui, par parenthèse, a été imitée tant de fois. Dans la seconde journée, c'est la scène, imitée aussi par Beaumarchais, où don Gutierre, cherchant dans sa maison un homme qui s'y est clandestinement introduit, saisit, à travers l'obscurité, son propre valet, qu'il prend pour cet homme et qui pousse des cris, tandis que doña Mencia s'abandonne à la terreur, s'imaginant que c'est son amant qui a été découvert par son mari; puis, le monologue où don Gutierre s'ingénie à expliquer de la manière la plus favorable les incidens qui ont alarmé sa jalousie; puis, cet entretien nocturne entre don Gutierre et sa femme, où celle-ci, croyant parler à son amant, décèle peu à peu à son mari le trouble de son cœur. Mais ce qui nous semble vraiment admirable, c'est la troisième journée tout entière. Dès lors, pas un instant de langueur, de répit; une situation intéressante succède à une autre; l'action marche avec une entraînante rapidité jusqu'à la scène qui termine la pièce si énergiquement. Nous nous contenterons d'appeler l'attention du lecteur sur ces deux scènes, que sépare la catastrophe, où un musicien mystérieux chante une romance composée sur le départ de l'Infant. Shakspeare lui-même n'a pas, à notre avis, un effet qui soit en même temps plus poétique et plus dramatique.

On a dit et répété que Calderon ne peint jamais que des caractères généraux;

ici cela n'est vrai que pour les personnages secondaires. Ainsi l'Infant, c'est le jeune homme qui aime, peu scrupuleux, décidé, hardi; don Diègue, c'est le vieillard réservé et prudent; don Arias, c'est le cavalier espagnol, ardent, brave, dévoué à son prince; Jacinthe, c'est la duègne ou la suivante toujours prête à favoriser les amours de sa maîtresse. Mais les personnages principaux, quoiqu'ils manquent peut-être de nuances (car le talent caractéristique ne peut pas s'exercer à loisir dans un drame d'intrigue et de passion), sont à notre avis bien individualisés. Ainsi doña Léonor, qui préfère la vertu à la réputation, qui est subtile et dévote, qui déteste mais estime l'homme qui l'a quittée, n'est pas un caractère général. — Doña Mencia non plus; elle est faible et coupable, mais honnête au fond. Cette jalousie, véritable ou feinte, qu'elle témoigne à son mari un moment après la sortie de l'Infant, annonce chez Calderon une connaissance profonde du cœur féminin. — Le rôle de don Gutierre abonde en traits caractéristiques. Nous n'en citerons qu'un seul : c'est que, malgré sa loyauté, don Gutierre a, sur un simple soupçon, abandonné la femme à laquelle il avait promis sa main. — Enfin le roi don Pèdre, frère de Henri de Transtamarre, qu'en France nous avons surnommé le Cruel et auquel les Espagnols ont donné le surnom de Justicier, nous apparaît ici plein d'une grandeur et d'une vigueur qui ne sont qu'à lui, avec sa sévérité presque féroce et son terrible amour de la justice. Calderon avait sans doute une secrète prédilection pour ce prince; car dans plusieurs de ses comédies il lui fait jouer un très-beau rôle; il l'y représente toujours comme une sorte de Destin espagnol qui récompense ou châtie les autres personnages de la pièce, en les jugeant du point de vue de l'honneur. — Quant au *Gracioso*, cette fois il s'harmonise on ne peut mieux avec le reste de l'ouvrage. Il n'appartenait qu'à un artiste de génie d'imaginer ce contraste entre le bouffon et le roi don Pèdre, et de rendre le premier plus sérieux et plus triste à mesure que le drame tourne au tragique.

Bien que l'action se passe vers le milieu du quatorzième siècle, les mœurs du *Médecin de son honneur* sont en général les mœurs espagnoles du dix-septième. Remarquons, cependant, que si les rois d'Espagne, au moyen âge, n'avaient qu'un pouvoir politique très-limité, ils avaient, dans leurs rapports civils ou privés avec leurs vassaux, un pouvoir à peu près sans bornes; les chroniques et les vieilles romances espagnoles sont là pour l'attester.

Encore un mot. Avant Calderon, un poëte de la génération précédente, un contemporain de Cervantes et de Lope, le célèbre Tirso de Molina avait traité sous le titre du Jaloux prudent (*el Zeloso prudente*) un sujet qui a quelque analogie avec le Médecin de son honneur. Calderon ne s'est point fait scrupule de lui emprunter plusieurs détails de sa pièce, et, en particulier, le monologue de don Gutierre, scène troisième de la seconde journée. Mais, sans méconnaître le haut mérite de Tirso, qui a la gloire d'avoir créé le type de don Juan, Calderon, en lui faisant cet emprunt, aurait pu dire comme Molière en semblable circonstance : « Je prends mon bien où je le trouve. »

LE MÉDECIN DE SON HONNEUR.

PERSONNAGES.

LE ROI DON PÈDRE.
L'INFANT DON HENRI.
DON GUTIERRE.
DON ARIAS, cavalier.
DON DIÈGUE.
DOÑA LÉONOR.
DOÑA MENCIA.
JACINTHE, esclave.

INÈS, suivante.
THÉODORA, suivante.
COQUIN, gracioso ou valet bouffon.
UN CHIRURGIEN.
SOLDATS.
MUSICIENS.
CORTÈGE OU SUITE.

La scène se passe à Séville et dans les environs.

JOURNÉE PREMIÈRE.

SCÈNE I.

Un grand chemin ; on aperçoit, sur le côté, un château.

L'INFANT DON HENRI entre, il vient de tomber de cheval ; bientôt après entrent LE ROI DON PÈDRE, DON DIÈGUE et DON ARIAS ; ils sont tous en habit de voyage.

L'INFANT.

Jésus ! Jésus !

DON DIÈGUE.

Que le ciel vous protége !

LE ROI.

Qu'y a-t-il ?

DON ARIAS.

Le cheval est tombé et il a jeté à terre l'infant.

LE ROI.

Si c'est de cette façon qu'il salue les tours de Séville, il n'aurait jamais dû venir à Séville, il n'aurait jamais dû laisser la Castille. — Henri ! mon frère !

DON DIÈGUE.

Seigneur !

LE ROI.

Commence-t-il à revenir un peu à lui ?

DON ARIAS.

Hélas ! sire, il ne donne aucun signe de vie. Voyez sa pâleur ; son pouls a cessé de battre. Quelle disgrâce !

DON DIÈGUE.

Quelle douleur !

LE ROI.

Allez à ce château qui est sur le bord du chemin, don Arias; peut-être quelques instans de repos suffiront-ils à remettre l'infant. Restez avec lui, vous autres, et que l'on me donne, à moi, un cheval; il faut que je poursuive ma route. Cet accident m'a assez long-temps retardé. J'ai hâte d'arriver à Séville; j'attendrai là de vos nouvelles.

Il sort.

DON ARIAS.

Voilà une nouvelle preuve de son caractère insensible et dur. Vive Dieu! comment peut-on ainsi laisser un frère qui se débat dans les bras de la mort?

DON DIÈGUE.

Taisez-vous, don Arias! Songez que si les murs ont des oreilles, quelquefois aussi les arbres ont des yeux! Croyez-moi, taisez-vous.

DON ARIAS.

Vous, brave don Diègue, veuillez vous rendre à ce château; dites que l'infant, mon seigneur, est tombé, et que... Mais non, il vaut mieux que nous l'y transportions, afin qu'il ait plus tôt les soins que son état exige.

DON DIÈGUE.

C'est bien dit.

DON ARIAS.

Oh! que l'infant puisse-t-il revenir à la vie! Je ne demande rien de plus à la destinée.

Ils sortent en portant l'Infant.

SCÈNE II.

Un salon.

Entrent DOÑA MENCIA et JACINTHE.

DOÑA MENCIA.

Je les ai vus de la terrasse, mais je n'ai pu distinguer qui ils sont. Jacinthe, il sera arrivé là quelque malheur. Un brillant cavalier venait sur un cheval si léger et si rapide qu'on eût dit un oiseau qui volait, d'autant que les plumes colorées de son panache semblaient flotter au gré du vent. Bref, le cheval qui courait a trébuché, et son maître a été violemment renversé.

JACINTHE.

Regardez, madame! les voici qui entrent.

DOÑA MENCIA.

Qui donc?

JACINTHE.

Sans doute les seigneurs que vous avez vus de la terrasse.

Entrent DON DIÈGUE *et* DON ARIAS, *qui portent l'Infant et le déposent dans un fauteuil.*

DON DIÈGUE.

Tout ce qui appartient au sang royal a de tels priviléges dans les maisons de nobles, que nous nous sommes crus autorisés à entrer chez vous ainsi librement.

DOÑA MENCIA.

Ciel! que vois-je?

DON DIÈGUE.

L'infant don Henri, frère du roi don Pèdre; il est tombé de cheval à votre porte, et nous craignons bien que cette chute ne lui soit funeste.

DOÑA MENCIA, *à part*.

Que Dieu me protége!

DON ARIAS.

Dites-nous, madame, je vous prie, en quel appartement, en quelle chambre nous pourrions placer le prince en attendant qu'il reprenne ses sens. — Mais à qui parlé-je? Est-ce bien vous, madame?

DOÑA MENCIA.

Ah! don Arias!

DON ARIAS.

Sur mon âme! je crois que c'est un songe que tout ce que je vois et entends... L'infant don Henri, plus épris que jamais, revenait à Séville; faut-il qu'il vous retrouve de cette manière malheureuse!... N'est-ce qu'un songe, ou bien est-ce une réalité?

DOÑA MENCIA.

C'est la réalité! Plût à Dieu que ce ne fût qu'un songe!

DON ARIAS.

Donc que faites-vous ici?

DOÑA MENCIA.

Vous le saurez plus tard. A présent, c'est de votre maître que nous devons l'un et l'autre nous occuper.

DON ARIAS.

Qui eût dit que vous le retrouveriez en ce triste état?

DOÑA MENCIA.

Silence, don Arias! cela importe.

DON ARIAS.

Et en quoi?

DOÑA MENCIA.

Mon honneur en dépend. — Entrez dans la pièce voisine, où se trouve un lit de camp recouvert d'un tapis de Turquie, et sur lequel l'infant sera plus commodément pour se reposer. — Jacinthe, sors de l'armoire ce qui est nécessaire, de l'eau et des essences. Prends ce que tu trouveras de plus convenable à un si noble usage.

Jacinthe *sort.*

DON ARIAS, *à don Diègue.*

Et nous, laissons ici l'infant, et allons aider à cette esclave.

Ils sortent.

DOÑA MENCIA.

Enfin ils partent! me voici seule! Oh! que ne puis-je, grand Dieu, m'abandonner à tous les sentimens qui m'agitent sans que mon honneur ait à se plaindre! Oh! que ne puis-je parler, pleurer, gémir en liberté!... Mais non. Pourquoi cette faiblesse? Non, non! je suis celle que je suis[1]!... Que le vent emporte et dissipe au plus tôt les paroles insensées qui ont échappé à mon délire! Loin de me décourager moi-même de la sorte, je dois me réjouir au contraire de ce qu'une occasion m'est donnée de connaître enfin ce que je vaux; car de même que l'or s'éprouve dans le feu de même la vertu s'éprouve dans les crises. Mon honneur sortira de celle-ci plus pur et plus brillant!... Pitié, pitié, grand Dieu!... je n'ai pas la force de me contenir davantage. — Don Henri! mon seigneur!

L'INFANT.

Qui m'appelle?

DOÑA MENCIA.

O bonheur! il a parlé.

L'INFANT.

Que le ciel me protége!

DOÑA MENCIA.

Quoi! votre altesse revient à la vie!

L'INFANT.

Où suis-je?

DOÑA MENCIA.

Dans une maison où il y a quelqu'un qui s'intéresse à votre sort.

L'INFANT.

En croirai-je mes yeux? Que ce bonheur, pour être à moi, ne s'évanouisse pas dans les airs... Je ne sais ce que je dis; j'ai besoin de me consulter pour voir si je rêve éveillé ou si je parle en dormant. Mais s'il est vrai que je dorme en ce moment, fasse le ciel que je ne me réveille plus! et s'il est vrai que je sois éveillé, fasse le ciel que je ne me rendorme jamais! — Où suis-je donc?

DOÑA MENCIA.

Que votre altesse, monseigneur, ne s'inquiète pas de la sorte; qu'elle s'occupe seulement du soin que réclament ses souffrances. — Revenez, revenez à la vie, et ensuite vous apprendrez de moi où vous êtes.

---

[1] *Io soy quien soy.* Je suis celui (ou celle) que je suis. Cette locution, qui est familière aux personnes qui se sont occupées des anciennes chroniques et des vieilles poésies espagnoles, se retrouve assez fréquemment dans les comédies de Calderon. Elle exprime on ne peut mieux, selon nous, cet orgueil tout castillan qui empêche un Espagnol de mal faire, ne serait-ce que par un sentiment de haute estime pour lui-même. C'est pour cela que nous avons cru devoir la reproduire littéralement, quelque étrange qu'elle puisse paraître à des lecteurs français.

JOURNÉE I, SCÈNE II.

L'INFANT.

Non, je ne désire plus rien savoir, puisque je vis et que je vous contemple. Je ne souhaiterais pas un plus grand bonheur, alors même que je serais en ce moment dans le séjour des morts. Peut-être suis-je dans le séjour de la gloire, car je me trouve près du plus beau des anges... Et ainsi, non, je ne désire pas savoir quelle suite d'aventures m'a conduit en ces lieux et vous y a conduite également. Je sais que je suis où vous êtes, et je suis content... Et ainsi, vous, vous n'avez rien à me dire, et moi je n'ai rien à entendre de vous.

DOÑA MENCIA.

Le temps dévoilera bien des choses. — A cette heure, dites-moi, comment se trouve votre altesse?

L'INFANT.

Oh! très-bien! tellement bien que je ne me suis jamais trouvé mieux. Seulement, je sens un reste de douleur à ce pied.

DOÑA MENCIA.

Votre chute a été terrible; mais avec un peu de repos, j'espère que vous ne tarderez point à vous remettre. — On prépare un lit à votre intention. — Vous me pardonnerez, je vous prie, l'extrême simplicité du logement, quoique je n'aie pas besoin d'excuse. Il m'était impossible de prévoir que j'aurais à vous recevoir aujourd'hui.

L'INFANT.

Vous parlez tout-à-fait comme une haute et noble dame, Mencia. — Êtes-vous la maîtresse de cette maison?

DOÑA MENCIA.

Non, seigneur; mais je suis liée intimement avec quelqu'un qui en est le maître.

L'INFANT.

Et qui est-ce?

DOÑA MENCIA.

Un illustre cavalier, Gutierre Alfonso de Solis, mon époux et votre serviteur.

L'INFANT, *se levant*.

Votre époux!

DOÑA MENCIA.

Oui, seigneur.

L'INFANT.

Ah!

DOÑA MENCIA.

Mais ne vous levez pas, rasseyez-vous; vous ne pouvez point vous tenir debout, seigneur.

L'INFANT.

Si fait, si fait, je le puis.

DOÑA MENCIA.

Mais votre pied?

L'INFANT.

Je n'y sens plus rien.

Entre DON ARIAS.

DON ARIAS.

Permettez, monseigneur, que j'embrasse vos genoux. Combien je suis charmé de cette heureuse fortune! Votre salut nous rend la vie à tous.

Entre DON DIÈGUE.

DON DIÈGUE.

Maintenant votre altesse peut se retirer dans cette chambre, on y a tout disposé pour le mieux.

L'INFANT.

Non, je veux partir. Don Arias, donne-moi un cheval; donne-moi un cheval, don Diègue. Quittons ces lieux promptement.

DON ARIAS.

Que dites-vous?

L'INFANT.

Que l'on me donne un cheval.

DON DIÈGUE.

Mais, seigneur...

DON ARIAS.

Considérez, je vous prie.

L'INFANT.

Ah! vous ignorez l'un et l'autre ce qui se passe dans mon cœur, vous ignorez tout ce qu'il souffre. (*A doña Mencia.*) Pourquoi le ciel n'a-t-il pas voulu que je fusse brisé dans cette chute! Je n'éprouverais pas ces tourmens, cette rage; je ne vous aurais pas vue pour apprendre de vous que vous appartenez à un autre; je ne serais pas en proie à la plus horrible jalousie. Ah! doña Mencia, devais-je m'attendre à une telle conduite de votre part?

DOÑA MENCIA.

Mais, seigneur, en vérité, celui qui entendrait votre altesse, ses plaintes, ses mépris, ses injures, n'aurait pas de peine à concevoir des pensées défavorables à mon honneur. Cependant je n'ai nul reproche à me faire; et quand vous m'accusez, il m'est facile de vous répondre. Votre altesse, libérale de ses désirs, généreuse de ses goûts, prodigue de ses affections, jeta les yeux sur moi; distinction glorieuse, je l'avoue; mais elle peut aussi se souvenir que, durant plusieurs années, je n'ai pas cessé un moment de résister à ses hommages et à ses séductions; car si je n'étais pas d'un rang à être son épouse, j'étais aussi d'un rang à n'être pas sa maîtresse; et c'est pourquoi je me suis mariée à un autre. — Maintenant que je me suis disculpée sur ce point, permettez, seigneur, que je vous supplie en grâce et humblement de ne pas vous remettre sitôt en chemin; il y a trop de péril pour vous à partir.

L'INFANT.
Il y a moins de péril pour moi à partir qu'à rester.

Entrent DON GUTIERRE et COQUIN.

DON GUTIERRE.
Je baise les pieds de votre altesse. — J'ai appris avec douleur le fâcheux accident qui vous était arrivé, et je me suis empressé d'accourir ; je suis heureux de voir que la renommée cette fois encore s'est trompée. Daignez, monseigneur, honorer quelques instans ce logis de votre présence. Il est bien peu digne de vous, sans doute ; mais la plus pauvre demeure devient un brillant palais dès qu'elle est habitée par un roi.

L'INFANT.
Je vous remercie des sentimens que vous m'exprimez, Gutierre Alfonso de Solis ; je m'efforcerai de ne pas les oublier.

DON GUTIERRE.
Vous me comblez, seigneur.

L'INFANT.
Cependant, quelque charme qu'ait pour moi votre hospitalité, je ne puis m'arrêter ici davantage... Les plus graves motifs m'en empêchent... Il y a une chose qui m'inquiète... et jusqu'à ce que je sois éclairci... ou désabusé, chaque instant me durera des siècles. Il vaut mieux que je m'éloigne.

DON GUTIERRE.
Quoi ! seigneur, votre altesse aurait d'assez puissans motifs pour aventurer ainsi une santé à laquelle se rattachent tant d'espérances !

L'INFANT.
Il convient que j'arrive aujourd'hui à Séville.

DON GUTIERRE.
Je crains de paraître indiscret en insistant auprès de votre altesse ; mais ma loyauté, mon dévouement...

L'INFANT.
Et si je vous confiais le motif de mon départ, que diriez-vous ?

DON GUTIERRE.
Je ne le demande pas à votre altesse. Loin de là, seigneur, il me semble que ce serait mal à moi d'essayer de pénétrer dans votre cœur.

L'INFANT.
Non, Gutierre, je puis l'ouvrir devant vous. Écoutez donc : J'ai eu autrefois un ami que je regardais comme un autre moi-même...

DON GUTIERRE.
Son sort était digne d'envie.

L'INFANT.
Eh bien ! cet ami, que je chargeai de mes intérêts auprès d'une dame que j'aimais passionnément, me trahit pendant une absence que je fis. Qu'en pensez-vous ?

DON GUTIERRE.

Je pense que c'était un ami perfide et qui aurait mérité mille tortures.

L'INFANT.

Il laissa un autre cavalier rendre des soins à cette dame, et même il servit le nouveau prétendant auprès d'elle. Ce fut bien mal, n'est-ce pas ?

DON GUTIERRE.

Je ne sache point une pire trahison.

L'INFANT.

Et moi qui ai été ainsi trompé, ainsi trahi ; moi qui suis plus épris que jamais de l'infidèle, dites, voulez-vous que je sois tranquille au milieu de tant d'ennuis ? voulez-vous que je goûte le repos au milieu de tant de peines?

DON GUTIERRE.

Non, certes, seigneur ; je conçois votre inquiétude.

L'INFANT.

Depuis ce malheur tout me pèse, et le ciel et la terre, et la nature et les hommes. Partout où je suis, je ne songe qu'à la jalousie qui m'obsède... La cause de mes chagrins m'est sans cesse tellement présente, qu'ici même je la vois devant mes yeux ; de sorte qu'en m'éloignant j'imagine que je pourrai la laisser ici.

DOÑA MENCIA.

On dit, monseigneur, que le premier conseil appartient à la femme. Ainsi, que votre altesse me pardonne si j'ose la conseiller. Pour ce qui est de votre ami, attendez qu'il se disculpe ; il y a des espèces de fautes que l'on commet sans être coupable. Quant à la dame, si elle a changé à votre égard, qui sait? il peut se faire que ce ne soit point chez elle inconstance ou légèreté, et qu'elle ait été contrainte. Voyez-la, écoutez-la, et je suis assurée que vous reconnaîtrez bientôt son innocence.

L'INFANT.

Cela est bien difficile.

DON DIÈGUE, *à l'Infant.*

D'après votre ordre, monseigneur, le cheval est prêt et vous attend.

DON GUTIERRE.

Si c'est le même qui vous a renversé, ne vous y fiez plus, monseigneur. J'ai à votre disposition une jument qui est presque digne d'un aussi noble cavalier. Elle est jeune, belle, douce et vive ; elle a le pied le plus sûr et un galop délicieux. — Que votre altesse ne me refuse pas !

L'INFANT.

Vous me donnez envie de l'essayer, votre jument.

JOURNÉE I, SCÈNE II.

COQUIN, *s'approchant.*

Holà! Dieu me pardonne! vous parliez de la jument, monseigneur, et j'accours.

DON GUTIERRE.

Retire-toi, imbécile.

L'INFANT.

Et pourquoi? — Son humeur me plaît.

COQUIN.

On a parlé de la jument; c'est comme si l'on avait parlé de moi, et j'ai dû entrer en scène. Je prends fait et cause pour elle.

L'INFANT.

Qui es-tu, mon garçon?

COQUIN.

Ma foi! cela n'est pas si difficile à deviner. — Je suis... je suis... je suis enfin, — de mon nom Coquin, fils de Coquin, écuyer et pourvoyeur de la jument. Je suis chargé de sa pitance; je lui rogne chaque matin la moitié de sa portion. Et maintenant, seigneur, comme c'est aujourd'hui votre fête, je vous fais mon compliment.

L'INFANT.

Comment! c'est ma fête aujourd'hui?

COQUIN.

Oui, monseigneur; n'êtes-vous pas tombé? Ne dit-on pas ordinairement : Tel saint tombe un tel jour?... Eh bien, moi, je dirai désormais : Tel jour est tombée la saint infant don Henri.

GUTIERRE.

Seigneur, si votre altesse, malgré mes instances, est toujours résolue à partir, il me semble qu'il vaut mieux peut-être qu'elle n'attende pas davantage. Voilà que le jour disparaît peu à peu, et la nuit aura pris bientôt sa place.

L'INFANT.

Vous avez raison, il faut que je parte. Le ciel vous garde, belle Mencia! Je profiterai du conseil que vous m'avez donné, je chercherai cette dame, et j'apprendrai d'elle sa justification. (*A part.*) Quel dépit, d'être obligé de se taire ou de parler à mots couverts, lorsqu'on aurait à dire tant de choses! (*Haut.*) Je vous salue, don Gutierre. Adieu de nouveau, belle Mencia.

L'Infant se retire, suivi de don Arias et de don Diègue.

DON GUTIERRE, *à Coquin.*

Et toi, va-t'en, s'il te plaît.

COQUIN.

Certes, oui, je vais voir partir ma jument. Pauvre bête! pourvu qu'on nous la rende; ce serait là une perte!

Il sort.

DON GUTIERRE, *à doña Mencia.*

Chère maîtresse de mon âme, malgré toute la joie que j'aurais à rester près de vous, je vous demande, au contraire, de me permettre d'aller baiser les pieds au roi mon seigneur qui arrive de Castille. C'est le devoir de tout chevalier d'aller lui donner la bienvenue, et je puis y manquer moins qu'un autre. Adieu donc, ma chère âme.

DOÑA MENCIA.

Don Gutierre! pourquoi cherchez-vous à m'affliger?

DON GUTIERRE.

Moi! je cherche à vous affliger!

DOÑA MENCIA.

Cette visite dont vous parlez n'est qu'un prétexte; ce n'est pas là la véritable raison qui vous appelle à Séville.

DON GUTIERRE.

Je vous jure sur vos yeux qu'il n'y en a point d'autre.

DOÑA MENCIA.

Si fait, et je la connais.

DON GUTIERRE.

Et laquelle?

DOÑA MENCIA.

Je n'en puis douter, c'est doña Léonor que vous allez voir.

DON GUTIERRE.

Que dites-vous? doña Léonor?

DOÑA MENCIA.

Oui, cette doña Léonor que vous avez tant aimée.

DON GUTIERRE.

Laissons cela. Ne prononcez pas même son nom; il me déplaît, je le déteste.

DOÑA MENCIA.

Vous êtes ainsi faits, vous autres hommes. Un jour l'amour le plus dévoué, le plus ardent, le lendemain l'oubli; un jour une passion que rien n'arrête, le lendemain la lassitude, l'indifférence ou la haine.

DON GUTIERRE.

Oui, elle me plaisait, je la trouvais belle avant que de vous connaître; mais depuis que je vous ai vue, je m'étonne qu'elle ait pu fixer ma pensée un seul instant. Ainsi le voyageur, la nuit, regarde une étoile qui brille dans le ciel; mais quand le soleil a paru, il détourne les yeux avec dédain de cette étoile qui l'a charmé.

DOÑA MENCIA.

Voilà une comparaison beaucoup trop flatteuse pour moi.

DON GUTIERRE.

Enfin, m'accordez-vous la permission que je vous demande?

DOÑA MENCIA.

Il paraît que vous tenez beaucoup à aller à Séville?

DON GUTIERRE.

Si je ne consultais que mon cœur, j'aimerais bien mieux demeurer auprès de vous; mais mon devoir m'appelle auprès du roi.

DOÑA MENCIA.

Alors, partez.

DON GUTIERRE.

Adieu, doña Mencia.

DOÑA MENCIA.

Adieu, don Gutierre.

Il sort

JACINTHE.

Vous êtes bien triste, madame.

DOÑA MENCIA.

Ah! Jacinthe, qui ne le serait à ma place?

JACINTHE.

Les événemens de la journée paraissent vous avoir laissé une inquiétude, un trouble...

DOÑA MENCIA.

Et ce n'est pas sans raison. Si tu savais!...

JACINTHE.

Qu'y a-t-il donc, madame?

DOÑA MENCIA.

Non, rien.

JACINTHE.

Confiez-vous à moi, de grâce!

DOÑA MENCIA.

Tu veux que je te confie ma vie et mon honneur!

JACINTHE.

Vous le pouvez, madame.

DOÑA MENCIA.

Eh bien! écoute.

JACINTHE.

Dites.

DOÑA MENCIA.

Tu n'ignores pas que je suis née à Séville. — C'est là que don Henri, — je te parle de l'infant, — c'est là que don Henri me rendit des soins en secret pendant plusieurs années. Il fut obligé de s'éloigner. Alors don Gutierre se présenta, et mon père, abusant de son autorité, me contraignit à l'épouser. — Maintenant, que te dirai-je? L'infant est de retour; il m'aime, et moi j'ai de l'honneur. — Ah! Jacinthe!...

JACINTHE.

Eh! madame, ne vous chagrinez pas pour si peu. Vous connaissez ce proverbe castillan : — Il y a remède à tout, fors à la mort.

Doña Mencia et Jacinthe sortent.

SCÈNE III.

La galerie du palais, à Séville.

Entrent DOÑA LÉONOR *et* INÈS.

INÈS.

Voilà que le roi sort pour se rendre à la chapelle ; attendez-le sur son passage, et jetez-vous à ses pieds.

DOÑA LÉONOR.

Je ne demanderai plus rien au ciel si j'obtiens réparation et vengeance.

UN HUISSIER.

Place ! place ! place au roi !

LE ROI *paraît, et il est aussitôt entouré d'une foule de solliciteurs qui tiennent chacun un placet à la main.*

UN SOLDAT.

Que votre majesté daigne lire ceci.

LE ROI.

Très-bien ; soyez tranquille.

UN AUTRE SOLDAT.

Sire, que votre altesse prenne connaissance de ce papier.

LE ROI.

C'est bien ; on le lira.

UN AUTRE SOLDAT.

Sire !... sire !...

LE ROI.

Que me voulez-vous ?

LE MÊME SOLDAT.

Sire, je suis un soldat de votre armée, qui...

LE ROI.

Donnez le placet.

LE MÊME SOLDAT.

C'est que je suis si troublé...

LE ROI.

Et de quoi ?

LE MÊME SOLDAT.

De vous voir, sire.

LE ROI.

Que demandez-vous ?

LE MÊME SOLDAT.

Il y a vingt ans que je sers ; je voudrais de l'avancement.

LE ROI.

Ce n'était pas la peine de vous troubler. — Je vous donne une compagnie.

LE MÊME SOLDAT.

Ah ! sire, mille grâces !...

UN MENDIANT.

Sire, je suis un pauvre vieux sans ressource ; faites-moi l'aumône, je vous prie.

LE ROI, *lui donnant sa bourse.*

Tenez.

LE MENDIANT.

Quoi ! sire, pour moi tout cela !

LE ROI.

Sans doute.

LE MENDIANT.

Et le diamant qui ferme cette bourse, pour moi aussi ?

LE ROI.

Il est donné.

DOÑA LÉONOR.

Sire, je me jette à vos pieds !... Sire, je viens toute éplorée, au nom de mon honneur, vous demander justice ; et si vous me la refusez, d'avance j'en appelle à Dieu.

LE ROI.

Remettez-vous, madame, et levez-vous.

DOÑA LÉONOR.

Souffrez, sire, que je reste dans cette posture suppliante.

LE ROI.

Levez-vous, madame, et attendez que nous soyons seuls. — (*Il la relève. Aux solliciteurs.*) Sortez tous. (*Tous les solliciteurs se retirent.*) Maintenant, madame, parlez ; car si vous venez réellement de la part de votre honneur, c'eût été une chose indigne que les plaintes de l'honneur eussent été proférées en public. On ne saurait garder trop de ménagemens ni prendre trop de précautions quand il s'agit de l'honneur de la beauté. Parlez, madame.

DOÑA LÉONOR.

Puissant roi don Pèdre, que le monde appelle le Justicier ! soleil brillant de la Castille, dont les rayons illuminent cet hémisphère ! vrai Jupiter espagnol, dont l'épée redoutable frappe au loin les Maures épouvantés ! vous voyez devant vous l'infortunée Léonor, que l'Andalousie avait surnommée Léonor la Belle. Hélas ! si tant est que j'aie autrefois mérité ce surnom, je n'ai connu des priviléges de la beauté que le chagrin et le malheur. Il y a quelques années, je fus distinguée par un cavalier de ce pays. Il m'aima ; je crus du moins qu'il m'aimait, à le voir rôder nuit et jour dans ma rue, autour de ma maison. Pour moi, sire, vous l'avouerai-je ? quoique je fisse en public l'indifférente et la dédaigneuse, je me sentis intérieurement touchée de tous ses témoignages de tendresse ; puis vint la reconnaissance, et puis l'amour. Cependant je continuai de le traiter comme par le passé. A la fin, ce cavalier m'ayant donné sa parole qu'il m'épouserait, — que de femmes ont été trompées par ce moyen ! — je consentis à le recevoir en ma maison. — N'allez pas croire, sire, que j'aie jamais eu quelque faiblesse qui ne fût pas digne de ma fierté; je n'ai pas oublié ce que je me devais; mais le monde nous juge d'après les apparences, et il aurait mieux valu pour moi que j'eusse perdu l'honneur en secret et que je l'eusse conservé devant le monde. J'ai demandé justice, mais je suis pauvre; j'ai porté plainte, mais il est puissant. Enfin ce cavalier s'est marié avec une autre, et aujourd'hui qu'il n'est plus possible que je recouvre par le mariage mon honneur, roi don Pèdre, je viens vous supplier d'ordonner qu'il soit tenu de payer ma pension dans un couvent. Ce cavalier, c'est don Gutierre Alfonso de Solis.

LE ROI.

Madame, je sens vivement vos ennuis, et comme homme et comme roi. Puisque don Gutierre est marié, il ne pourra, j'en conviens, complètement satisfaire à votre honneur; mais je vous rendrai justice de telle sorte, que tout s'arrange pour le mieux. — Toutefois, j'écouterai ce que de son côté il me dira pour sa défense; car aussi bien il faut entendre un accusé. — Fiez-vous à moi, Léonor; je me charge de votre cause. Je ne veux point que vous puissiez dire une autre fois que vos droits ont été méconnus parce que vous êtes pauvre et qu'il est riche, et cela en un temps où, moi, je suis roi de Castille. — Mais j'aperçois là-bas don Gutierre qui s'avance vers nous. S'il vous voyait avec moi, il se douterait que vous m'avez instruit. — Cachez-vous derrière cette tapisserie; vous vous montrerez quand il en sera temps.

DOÑA LÉONOR.

Je m'empresse de vous obéir.

Léonor se cache.

Entre COQUIN.

COQUIN, *à part.*

En courant de chambre en chambre, à l'ombre de mon maître qui est resté là-bas, j'arrive jusqu'ici. Que le ciel me protége! voilà le roi, et il m'a vu. Heureusement que le balcon n'est pas très-élevé au-dessus du sol; vingt coudées seulement.... Et alors, s'il plaît à sa majesté de ne pas vouloir que je sorte par où je suis entré, moyennant une jambe ou deux, j'en suis quitte.

LE ROI.

Qui êtes-vous?

COQUIN.

Moi, sire!

LE ROI.

Vous?

COQUIN, *à part.*

Que le ciel me protége encore, et qu'il m'inspire ma réponse! (*Haut.*) Ma foi! sire, je suis tout ce qu'il plaira à votre majesté que je sois, sans rien ajouter ni retrancher; — car, pas plus tard qu'hier, un homme de très-haute sagesse et de beaucoup d'esprit m'a conseillé de ne prétendre jamais être autre chose que ce que vous voudriez que je fusse, et je me suis promis de profiter de la leçon. C'est pourquoi j'ai été ce qu'ordonnera votre fantaisie, je serai ce que commandera votre caprice, et je suis ce qu'ordonne et commande votre bon plaisir. Et c'est pourquoi encore, avec votre autorisation toute royale, je m'en irai d'un pas mesuré par où je suis venu en mesurant mon pas.

LE ROI.

Vous n'avez pas répondu à ma question; je vous ai demandé qui vous êtes.

COQUIN.

Et moi, sire, j'aurais répondu à la teneur de la demande, si je n'avais craint qu'en vous disant qui je suis vous ne m'eussiez renvoyé par le balcon; car j'ai pénétré ici sans ordres ni raison, et j'exerce un office dont vous n'avez aucun besoin.

LE ROI.

Et quel est votre office?

COQUIN.

Je suis courrier à pied et à cheval; je porte toutes les nouvelles, les mauvaises et les bonnes; je me mêle de tous les intérêts, des grands et des petits. Je dis du bien et dis du mal; je mange lentement et m'endors vite. Je sers pour mon plaisir le seigneur don Gutierre Alfonso. Enfin, tel que vous me voyez, je suis majordome de la gaieté, gentilhomme de la joie et valet de chambre du plaisir. Je porte sa livrée, et je crains qu'on ne me reconnaisse à cause d'elle. Je dis : Je crains, parce qu'avec un roi qui ne rit pas, un homme aimable qui aime à rire doit avoir peur à chaque instant de recevoir la bastonnade sur ce que renferme son pourpoint.

LE ROI.

Je devine enfin ce que vous êtes. Vous êtes un garçon chargé du rire en titre d'office.

COQUIN.

Oui, sire; et pour qu'il ne vous reste plus de doute, j'use de mon droit. (*Il se couvre.*) C'est le droit du bouffon dans le palais.

LE ROI.

A merveille!... — Maintenant que je sais qui vous êtes, faisons un arrangement entre nous deux.

COQUIN.

Et lequel?

LE ROI.

Vous faites profession de faire rire, n'est-il pas vrai?

COQUIN.

Cela est vrai; tant que je peux.

LE ROI.

Eh bien! chaque fois que vous me ferez rire, je vous donnerai cent écus; mais si d'ici à un mois vous ne m'avez pas fait rire, on vous arrachera les dents.

COQUIN.

A moi, sire?

LE ROI.

A vous-même.

COQUIN.

Diable! c'est un contrat illicite et frauduleux que vous me proposez, et dans lequel, si je l'accepte, je risque évidemment d'être lésé.

LE ROI.

Comment donc?

COQUIN.

Cela est clair. D'une part, quand un homme rit, on dit de lui qu'il montre ses dents, — et moi je rirai sans montrer les miennes. Puis, d'autre part, on rapporte que vous êtes si sévère que vous montrez les dents à tout le monde, et à moi seul vous voulez qu'on les arrache; mais n'importe. Je consens, c'est convenu. J'en passe par où vous voulez, afin que vous me laissiez passer mon chemin. Ainsi, à moi vos écus, si je gagne, et si je perds, à vous mes dents. D'ailleurs, j'ai un mois, et d'ici là je trouverai bien quelque chose qui vous aille; car je ne veux pas que la vieillesse arrive en poste dans ma bouche. Mais aujourd'hui, je vois qu'il n'y a pas à mordre sur vous, et je prends congé de votre altesse pour aller réfléchir à ma gaieté. Adieu, sire, au revoir.

Il sort.

Entrent L'INFANT, DON GUTIERRE, DON DIEGUE et DON ARIAS.

L'INFANT.

Que votre majesté me donne la main.

LE ROI.

Soyez le bien venu, Henri. Comment vous trouvez-vous?

L'INFANT.

Très-bien, sire; j'ai eu plus de peur que de mal.

DON GUTIERRE.

Sire, s'il m'était permis, à moi chétif et humble, de prétendre à une faveur si haute, je demanderais à votre majesté de baiser votre main royale. Il y avait bien long-temps que l'Andalousie n'avait été honorée de votre présence glorieuse.

LE ROI.

Trève de complimens, don Gutierre Alfonso!

DON GUTIERRE.

D'où vient le ton sévère de votre majesté?

LE ROI.

J'ai entendu parler de vous.

DON GUTIERRE.

Par mes ennemis, sans doute?

JOURNÉE I, SCÈNE III.

LE ROI.

Connaissez-vous, dites-moi, doña Léonor, une dame principale de Séville?

DON GUTIERRE.

Oui, sire; c'est une dame renommée pour sa beauté, et de l'une des meilleures maisons de ce pays.

LE ROI.

N'êtes-vous pas son obligé? N'avez-vous pas à vous reprocher à son égard quelque déloyale ingratitude?

DON GUTIERRE.

Sire, je vous répondrai avec sincérité; car l'homme de bien ne ment jamais, et surtout devant un roi. J'ai rendu des soins à cette dame autrefois, et je l'aurais épousée si, avec le temps, une résolution différente ne me fût venue. Je l'ai visitée dans sa maison publiquement; quand j'ai vu que mes hommages n'étaient pas bien accueillis, j'ai changé de sentiment. Alors, libre de cet amour, j'ai épousé à Séville doña Mencia de Acuña, dame d'une naissance illustre, avec laquelle j'habite une maison de plaisance hors de Séville. Doña Léonor mal conseillée, car le dépit ne conseille jamais bien les femmes, a essayé de s'opposer à mon mariage; mais les juges les plus rigoureux n'ont rien trouvé contre moi. — Elle prétend aujourd'hui qu'il y a eu de la faveur, comme si la faveur eût pu manquer à une femme jeune et belle. C'est sans doute sous ce prétexte qu'elle espère votre appui. Pour moi, sire, je me prosterne à vos pieds en implorant votre justice, et si vous me jugez coupable, je vous remets mon épée et ma tête.

LE ROI.

Quel si grand motif avez-vous eu pour délaisser ainsi cette dame?

DON GUTIERRE.

Ce n'est pas chose nouvelle que de voir un homme léger, volage, inconstant; cela se voit tous les jours.

LE ROI.

Oui; mais ce qu'on ne voit pas tous les jours, c'est un homme qui passe d'un extrême à l'autre, d'une tendresse empressée à un brusque abandon. Il faut pour agir ainsi des motifs bien puissans.

DON GUTIERRE.

Sire, je vous supplie de ne me point presser. Je suis un homme qui perdrais la vie plutôt que de prononcer contre une femme, en son absence, une seule parole qui l'accuse.

LE ROI.

Donc vous avez eu alors quelque motif pour la laisser?

DON GUTIERRE.

Oui, sire, je l'avoue; mais croyez bien que, s'il le fallait révéler aujourd'hui pour ma décharge, alors même qu'il irait de ma fortune et de ma vie, comme je viens de vous le dire, amant fidèle de son honneur, je ne le révélerais pas.

LE ROI.

Eh bien! je veux le savoir, moi!

DON GUTIERRE.

Sire...

LE ROI.

Je suis curieux!

DON GUTIERRE.

Considérez, je vous supplie...

LE ROI.

Ne me répliquez plus, si vous ne voulez pas m'irriter, ou, par l'âme de mon père...

DON GUTIERRE.

Sire, sire, ne jurez pas!... Il vaut mieux que je cesse d'être celui que je suis que de vous irriter.

LE ROI, *à part*.

C'est ce que je voulais. S'il me trompe, Léonor l'entendra; et s'il me dit la vérité, Léonor connaîtra que je la sais. (*Haut.*) Parlez donc!

DON GUTIERRE.

C'est contre mon gré, sire. — Une nuit, étant entré chez elle, j'entendis du bruit dans une pièce; j'y allai, mais au moment même où j'ouvrais la porte, je distinguai à travers l'obscurité le corps d'un homme qui se précipitait du balcon. Je descendis après lui, et je me mis à sa poursuite. Que vous dirai-je? Il s'échappa sans que j'eusse pu le reconnaître. Après cela, quoique doña Léonor se soit expliquée avec moi, et quoique je n'aie jamais cru entièrement à un véritable outrage, cela en fut assez pour que je renonçasse à l'épouser; car, à mon avis, l'amour et l'honneur sont deux passions de l'âme qui font cause commune, et s'enchantent ou s'irritent l'une l'autre; et, par conséquent, ce qui offense l'amour offense aussi l'honneur.

DON ARIAS, *à part*.

Que le ciel me soit en aide! C'est lui!

Entre DOÑA LÉONOR.

DOÑA LÉONOR.

Que votre majesté me pardonne; je ne puis point ne pas paraître en entendant exprimer des soupçons aussi injurieux.

LE ROI, *à part*.

Vive Dieu! don Gutierre me trompait; autrement Léonor n'aurait point paru.

DOÑA LÉONOR.

En entendant traiter ainsi mon honneur, c'eût été à moi une grande lâcheté que de ne pas répondre, et je répondrai. — Quoi! don Arias, c'est vous!

DON ARIAS.

Calmez-vous, de grâce, madame.

DOÑA LÉONOR.

C'est vous, don Arias, et vous vous taisez!

DON ARIAS.

Un moment, madame, et vous serez satisfaite. — Sire, que votre majesté me permette de dire quelques mots; c'est à moi qu'il appartient de défendre l'honneur de cette dame. Cette même nuit dont il est question, une femme avec laquelle je me serais marié, si depuis la Parque cruelle n'eût tranché le fil de ses jours, était allée rendre visite à doña Léonor. Moi, je suivis ses pas, et j'entrai dans la maison de doña Léonor sans qu'elle pût s'y opposer. Alors arriva don Gutierre. Aussitôt doña Léonor, éperdue, m'ordonna de me retirer dans une pièce voisine. J'obéis... maudit soit celui (quoique je ne veuille pas me maudire) qui écoute les vaines craintes d'une femme! J'entendis bientôt la voix de don Gutierre et les pas qui approchaient. Je m'imaginai qu'il était le mari de la maîtresse de la maison, et je pris la fuite. Je ne devais pas moins à l'honneur compromis d'une dame. Mais puisque aujourd'hui je vois que don Gutierre n'était pas le mari de doña Léonor, et qu'elle n'a pas manqué à ce qu'elle est, que votre majesté m'accorde le champ où je défende une si juste, si noble et si belle cause. La loi le concède aux chevaliers.

DON GUTIERRE.

Je me présenterai. En quel lieu? à quelle heure?

DON ARIAS, *mettant la main sur son épée.*

Marchons!

DON GUTIERRE, *de même.*

Je vous suis!

LE ROI.

Comment! vous mettez la main sur vos épées en ma présence! Vous avez donc oublié tout respect? Il y a donc de la fierté là où je suis? (*Il appelle.*) Holà! hommes d'armes! (*Entrent des soldats.*) Qu'on les emmène prisonniers, et qu'on les mette à la Tour! — Remerciez-moi l'un et l'autre de ce que je ne vous châtie pas autrement.

Il sort.

DON ARIAS.

Si Léonor a perdu par moi sa renommée, elle la retrouvera par moi aussi. On ne m'accusera pas d'avoir mal défendu l'honneur d'une dame.

DON GUTIERRE.

Ce qui m'afflige, ce n'est pas de voir le roi si sévère et si cruel; ce qui m'afflige, c'est de ne pas te voir aujourd'hui, ô Mencia!

Don Arias et don Gutierre sortent, emmenés par les soldats.

L'INFANT, *à part.*

Voilà don Gutierre prisonnier! Cette nuit, parti sous le prétexte d'une chasse, je verrai celle que j'aime. (*Haut.*) Viens avec moi, don Diègue. (*A part.*) Je serai vainqueur ou je périrai.

L'Infant et don Diègue sortent.

DOÑA LÉONOR, *seule*.

Grands dieux, je me meurs! — Ingrat, perfide et traître, sans loi et sans foi, daigne le ciel me venger de l'injure que tu as faite à mon honneur! Puisses-tu souffrir les mêmes maux que je souffre, et mourir pareillement déshonoré! — Hélas! hélas!... amen! amen!

JOURNÉE DEUXIÈME.

SCÈNE I.

Un jardin ; il est nuit.
L'INFANT et JACINTHE entrent en marchant à tâtons.

JACINTHE.

Doucement! Pas de bruit!

L'INFANT.

A peine si je pose le pied sur le sol, à peine si je respire.

JACINTHE.

Vous voici au jardin. Et comme don Gutierre est en prison et que la nuit vous favorise de ses ténèbres, n'en doutez pas, monseigneur, vous obtiendrez tout ce que votre altesse désire. Ce sera là une douce victoire.

L'INFANT.

Jacinthe, si la liberté que je t'ai promise te semble une trop faible récompense pour un si grand service, demande davantage et tu l'auras. Je te dois plus que la vie, je te dois la joie et le bonheur de mon âme.

JACINTHE.

C'est ici que ma maîtresse a coutumé de venir. Elle passe d'ordinaire une partie de la nuit sous ce berceau.

L'INFANT.

Tais-toi, tais-toi ; je crains que le vent ne nous écoute, et que l'écho ne trahisse nos paroles.

JACINTHE.

Je vous laisse ; moi, afin que mon absence ne réveille aucun soupçon, je vais de ce côté.

Elle sort.

L'INFANT.

Amour, amour, protége-moi! Que ce feuillage épais me cache à tous les yeux! — Je ne suis pas le premier dont le feuillage des bois

JOURNÉE II, SCÈNE I.

ait favorisé les amours. C'est ainsi qu'autrefois le chasseur Actéon contempla les charmes de Diane.

Il s'éloigne.

Entrent DOÑA MENCIA, JACINTHE et THÉODORA.

DOÑA MENCIA, *appelant.*

Silvia! Jacinthe! Théodora!

JACINTHE.

Que voulez-vous, madame?

DOÑA MENCIA.

Apportez moi des flambeaux. — Mais non, venez toutes. Essayons de faire diversion à l'ennui qui m'accable. Don Gutierre ne rentre pas, Théodora!

THÉODORA.

Plaît-il, madame?

DOÑA MENCIA.

Chante-moi quelque chose afin de dissiper ma tristesse.

THÉODORA.

Voulez-vous une romance?

DOÑA MENCIA.

Ce que tu voudras; cela m'est égal.

Elle s'étend sur une chaise longue et s'endort.

THÉODORA.

Voyons si ma guitare est d'accord.

Elle accorde sa guitare.

JACINTHE.

Ne chante pas, Théodora. Vois, déjà la fatigue l'a plongée dans le sommeil. Gardons-nous de la réveiller.

THÉODORA.

Pourtant ma guitare allait bien.

JACINTHE.

Ce sera pour une meilleure occasion. Retirons-nous. (*A part.*) Oh! combien de fois le plus brillant honneur a été terni par l'entremise d'une servante [1]!

Jacinthe, Théodora et Silvia sortent.

Entre L'INFANT.

L'INFANT.

Elle est seule! Je ne puis désormais douter de mon bonheur; l'heure et le lieu m'en empêchent. Elle dort. (*Il appelle à voix basse.*) Mencia! belle Mencia! adorable Mencia!

DOÑA MENCIA, *se réveillant.*

Dieu me protége!

---

[1] *O criadas, — y quantas honras ilustres se han perdido por vosotras!* Tous les peintres des mœurs espagnoles ont remarqué l'intervention empressée des duègnes et des servantes dans les amours de leurs maîtresses. Cervantes en a parlé en plusieurs endroits de ses ouvrages. Voyez, dans ses Nouvelles instructives (*Novelas ejemplares*), le Jaloux d'Estramadure (*el Zeloso Estremeño*).

L'INFANT.

N'ayez pas peur.

DOÑA MENCIA.

Qui est là ?

L'INFANT.

C'est moi, madame.

DOÑA MENCIA.

Que prétendez-vous? — Quelle audace!

L'INFANT.

Une audace qui se comprend et s'excuse après tant d'années de regrets et de douleurs.

DOÑA MENCIA.

Quoi! seigneur...

L'INFANT.

Ne vous troublez pas.

DOÑA MENCIA.

Vous avez osé...

L'INFANT.

Calmez-vous.

DOÑA MENCIA.

Pénétrer ainsi...

L'INFANT.

Remettez-vous.

DOÑA MENCIA.

Dans ma maison. — Et vous n'avez pas craint de détruire la réputation d'une femme, d'offenser un vassal généreux et illustre?

L'INFANT.

J'ai suivi votre conseil. Vous m'avez conseillé tantôt d'écouter la justification de cette dame, et je suis venu ici afin de voir ce que vous me direz pour excuser votre inconstance.

DOÑA MENCIA.

Hélas! oui, la faute en est à moi. Mais si j'ai parlé de me justifier, que votre altesse le sache, j'obéissais alors à la voix de l'honneur. — Mais je ne pensais pas... je ne voulais pas vous revoir à cette heure, en ce lieu.

L'INFANT.

Croyez-vous donc, madame, que j'ignore les égards que je dois à votre nom et à votre vertu? J'ai quitté Séville sous le prétexte d'une chasse; mais je ne songeais pas à m'attaquer aux oiseaux de l'air. C'est à vous que j'en voulais, ô ma blanche tourterelle[1] !

DOÑA MENCIA.

Oui, seigneur, vous n'avez que trop raison de me comparer à cet

---

[1] Le traducteur s'empresse de déclarer ici, à l'honneur de Calderon, qu'il n'est point question de tourterelle chez le grand dramatiste. Il dit : *garza*, subst. fém., qui signifie *héron*. On nous pardonnera de n'avoir pas traduit plus fidèlement.

oiseau timide. On raconte que quand il est poursuivi par les faucons royaux et qu'il fuit devant eux à tire d'aile, un secret instinct lui désigne celui qui parmi eux lui donnera la mort, et qu'alors, en le voyant s'approcher, il frémit, il frissonne et tremble. De même moi, seigneur, en vous voyant, je suis saisie d'effroi et d'épouvante, parce que j'ai un secret pressentiment que c'est vous, vous, seigneur, qui me tuerez!

L'INFANT.

Ne vous abandonnez pas à ces craintes, madame.

DOÑA MENCIA.

Au nom du ciel! laissez-moi.

L'INFANT.

Je suis venu pour vous parler. Cette occasion, souhaitée si longtemps, elle ne m'échappera pas par ma faute.

DOÑA MENCIA.

Et le ciel le souffrirait! — Je vais crier.

L'INFANT.

Vous vous perdriez vous-même.

DOÑA MENCIA.

De grâce, éloignez-vous!

L'INFANT.

Ne me l'ordonnez pas, je vous en conjure, — doña Mencia!

DOÑA MENCIA.

Par pitié, don Henri!

DON GUTIERRE, *du dehors.*

Tiens l'étrier, Coquin, et frappe à cette porte.

DOÑA MENCIA.

O ciel! grand Dieu! — Mes pressentimens ne me trompaient pas; la fin de mes jours est venue. Voilà don Gutierre!

L'INFANT.

Malheureux que je suis!

DOÑA MENCIA.

Hélas! que deviendrai-je s'il vous trouve avec moi?

L'INFANT.

Que faire?

DOÑA MENCIA.

Cachez-vous.

L'INFANT.

Moi, me cacher!

DOÑA MENCIA.

C'est bien le moins que vous deviez à l'honneur d'une femme. — Vous ne pouvez plus sortir. Mes servantes, sans savoir ce qu'elles faisaient, ont ouvert et refermé la porte. Vous ne pouvez plus sortir maintenant.

L'INFANT.

Commandez, j'obéis.

DOÑA MENCIA.

Retirez-vous dans ce cabinet qui donne dans ma chambre.

L'INFANT.

Je n'ai jamais su jusqu'à présent ce que c'était que la crainte. Oh! comme un mari offensé doit être redoutable!

Il se cache.

DOÑA MENCIA.

Si une femme innocente éprouve mes terreurs, Dieu puissant, comme une femme coupable doit trembler!

SCÈNE II.

Une chambre.

Entrent DOÑA MENCIA, DON GUTIERRE et COQUIN.

DON GUTIERRE.

O mon bien, ma chère vie! laisse-moi te presser mille et mille fois contre mon sein.

DOÑA MENCIA.

Je ne m'attendais pas, seigneur, à... Je me réjouis, seigneur...

DON GUTIERRE.

Tu ne diras pas que je ne suis pas venu te voir.

DOÑA MENCIA.

C'est une véritable surprise d'un amant constant et fidèle.

DON GUTIERRE.

Bien que je sois ton époux, je n'ai pas cessé de t'aimer comme un amant. Non, mon bien, ma chère vie, c'est toujours la même tendresse et la même adoration.

DOÑA MENCIA.

Vos bontés me confondent.

DON GUTIERRE.

Heureusement pour moi que l'alcayde à la garde duquel on m'a confié est mon parent et mon ami. Sans lui je gémirais loin de toi dans ma prison. Quelle reconnaissance je lui dois! il m'a permis de te voir!

DOÑA MENCIA.

Je suis également son obligée; en vous accordant la liberté, c'est une grâce qu'il m'a faite.

DON GUTIERRE.

Oh! redis-moi encore ces paroles charmantes qui me consolent de mes peines.

DOÑA MENCIA.

Je disais, seigneur, que je suis plus que vous encore obligée à l'alcayde... parce que je vous vois.

DON GUTIERRE.

O ma vie! ô mon âme!

COQUIN.

Ma foi, madame, vous ne risquez rien de bien caresser aujourd'hui le pauvre prisonnier et de lui laisser baiser votre main tant qu'il voudra; car je ne sais pas trop s'il peut se promettre longtemps ces douceurs.

DOÑA MENCIA.

Que dis-tu là?

DON GUTIERRE.

Des folies.

COQUIN.

Non pas, monseigneur, ce ne sont pas des folies que je dis là. Mais, madame, ne vous inquiétez pas par avance. Je suis très-bien avec le roi; il m'aime à la rage, et je vous garantis qu'il sera indulgent envers le maître en faveur de l'écuyer.

DON GUTIERRE.

Tais-toi, mauvais plaisant.

COQUIN.

Je n'ai plus qu'un mot à dire; c'est que, madame, nous avons tant galopé, galopé pour arriver ici de bonne heure, que mon maître doit avoir faim, et si vous lui donnez quelque chose, je profiterai de l'occasion.

DOÑA MENCIA, *à don Gutierre.*

Il me sera difficile de vous bien traiter, car je ne vous attendais pas, et vous m'avez prise au dépourvu. Néanmoins je vais préparer le souper.

DON GUTIERRE.

Appelez une esclave.

DOÑA MENCIA.

Je suis la vôtre, moi, monseigneur, et je cours vous servir. (*A part.*) Sauvons par un coup hardi, s'il est possible, mon honneur. Que le ciel me soit en aide!

Elle sort.

DON GUTIERRE.

Toi, Coquin, ne t'éloigne pas, fais trêve un peu à tes extravagances, et songe qu'il faut que nous soyons de retour à la prison avant le jour. Il ne tardera pas à paraître. Tu peux rester ici avec moi.

COQUIN.

Je songe, au contraire, à vous conseiller une ruse, une ruse de guerre, la ruse la plus curieuse, la plus étonnante que jamais l'imagination des hommes ait inventée. Votre vie en dépend. C'est là une ruse, une excellente ruse!

DON GUTIERRE.

Et quelle est-elle, voyons?

COQUIN.

Elle a pour but de vous faire sortir de prison sain et sauf.

DON GUTIERRE.

Et comment?

COQUIN.

Par un moyen a moi connu.

DON GUTIERRE.

Et quel moyen?

COQUIN.

C'est de ne pas y retourner.

DON GUTIERRE.

Finis, misérable.

COQUIN.

Il n'y a pas de misérable qui tienne. Il est évident que, comme vous êtes sorti sain et sauf de prison, si vous n'y retournez pas, vous en serez sorti sain et sauf.

DON GUTIERRE.

Vive Dieu! sot vilain, tu mériterais mille morts. Quoi! tu me conseilles une action aussi honteuse, sans considérer ce que je dois à la confiance de l'alcayde! tu veux que je manque à ma parole! tu veux que je sois cause qu'il ait trahi la sienne! — Non, j'irai, j'irai me remettre entre ses mains, et au plus tôt.

COQUIN.

Je vois que vous ne connaissez pas l'humeur du roi.

DON GUTIERRE.

Il n'importe.

COQUIN.

Quant à moi qui la connais, monseigneur, et qui ne trouve pas de honte à ne pas retourner à la prison, et qui n'ai pas donné ma parole, et pour qui personne n'a donné la sienne, — vous approuverez, je l'espère, que je ne vous accompagne pas cette fois et que je vous laisse aller tout seul.

DON GUTIERRE.

Comment! tu ne reviendrais pas! tu m'abandonnerais!

COQUIN.

Vous n'avez pas besoin d'écuyer en prison, je pense.

DON GUTIERRE.

Et que dirait-on de toi, malheureux?

COQUIN.

Je me moque des discours! — Voulez-vous, par hasard, que je me laisse mourir par vaine gloire? pour soutenir ma réputation? pour que l'on vante ma fidélité quand je ne serai plus là pour jouir de ces éloges? Fi donc! — Si l'on vivait deux fois de suite, monseigneur, je ferais volontiers pour vous le sacrifice de ma première vie, je vous le jure; mais comme on ne vit qu'une fois, et qu'après en voilà pour des siècles, je tiens bon, et je vivrai ma vie jusqu'à la fin. Ainsi soit-il!

Entre DOÑA MENCIA.

DOÑA MENCIA.

Seigneur! seigneur! au secours!

DON GUTIERRE.

Dieu me protége! Qu'est-il arrivé? qu'y a-t-il?

DOÑA MENCIA.

Un homme...

DON GUTIERRE.

Un homme!... un homme, dites-vous? où est-il, cet homme?

DOÑA MENCIA.

Je l'ai trouvé caché dans mon appartement... Il était debout... enveloppé dans son manteau jusqu'aux yeux... Je n'ose plus y retourner...

DON GUTIERRE.

Quoi!... un homme! un homme ici! Je ne sais quelle secrète épouvante a saisi mon cœur. — Vous l'avez vu, cet homme?...

DOÑA MENCIA.

Je l'ai vu, seigneur.

DON GUTIERRE.

Et moi je vais le voir. (*A Coquin.*) Prends ce flambeau.

COQUIN.

Moi, seigneur?

DON GUTIERRE.

Prends, te dis-je.

COQUIN.

Mais, seigneur, peut-être qu'il n'y a personne.

DON GUTIERRE.

Ne crains rien, puisque tu viens avec moi.

DOÑA MENCIA.

Ne pressez point ce vilain lâche. Tirez votre épée, je marche devant vous. (*Elle prend le flambeau et le laisse exprès tomber à terre.*) O mon Dieu! le flambeau m'est échappé!

DON GUTIERRE.

Il ne manquait plus que cela!

Entrent L'INFANT et JACINTHE, qui traversent la chambre.

DON GUTIERRE.

Mais j'irai sans lumière.

Il sort.

L'INFANT.

Où me mènes-tu, Jacinthe?

JACINTHE.

Suivez-moi sans peur; je connais bien la maison.

L'Infant et Jacinthe sortent.

COQUIN, *à part*.

Où irai-je, moi?

DON GUTIERRE, *rentrant, à part.*

Il me semble avoir entendu un homme.

COQUIN, *à part.*

Si je me cachais dans l'armoire?

DON GUTIERRE, *rencontrant Coquin.*

Holà! je le tiens!

Il le prend au collet.

COQUIN.

Mais, monseigneur...

DON GUTIERRE.

Ne bougez pas!

COQUIN.

Vous vous trompez, monseigneur!

DON GUTIERRE.

Vive Dieu! je ne te lâche pas que je ne sache qui tu es!... et ensuite je t'étrangle.

COQUIN.

En vérité, c'est moi, je vous jure!

DOÑA MENCIA, *à part.*

Dieu puissant! Jésus! Jésus! c'est l'infant qu'il a rencontré! — Quelle horrible position!...

DON GUTIERRE, *criant.*

Eh bien! un flambeau! la lumière!

Entre JACINTHE, *un flambeau à la main.*

JACINTHE.

La voilà! la voilà!... Un peu de patience!...

DON GUTIERRE.

Avance donc!

JACINTHE.

Il faut voir quel est cet homme.

COQUIN.

Eh! seigneur, c'est moi!

DON GUTIERRE.

Quelle mauvaise plaisanterie!

COQUIN.

Je vous le disais bien, monseigneur, que c'était moi.

DON GUTIERRE.

J'entendais bien que tu me parlais; mais j'en croyais tenir un autre. (*A part.*) Il y a là-dessous, ô mon âme! quelque profond mystère.

DOÑA MENCIA, *bas, à Jacinthe.*

Eh bien! est-il parti?

JACINTHE, *de même.*

Oui, madame.

JOURNÉE II, SCÈNE II.

DOÑA MENCIA, *à don Gutierre.*

Voilà le résultat de votre absence. Les voleurs auront su que vous étiez dehors, — et cela les aura encouragés.

DON GUTIERRE.

Je vais visiter la maison. (*A part.*) Mais je tremble de découvrir la vérité; il y a là-dessous quelque horrible mystère.

Il sort.

JACINTHE.

Ç'a été bien hardi à vous, madame, de vous décider à cette action.

DOÑA MENCIA.

J'y ai trouvé mon salut.

JACINTHE.

Comment avez-vous pu vous y décider?

DOÑA MENCIA.

Par la raison que si je n'eusse rien dit et que don Gutierre se fût aperçu de quelque chose, — il aurait pu croire que j'étais la complice de l'infant; et puis je n'avais que ce moyen de le sauver. — Tu vois, le ciel m'a protégée.

Entre DON GUTIERRE; il tient un poignard à la main et le regarde avec attention.

DON GUTIERRE, *à part.*

Ce poignard si riche n'est pas l'arme d'un homme obscur. (*Il le cache sous son manteau.*) O ma chère Mencia! vous avez été abusée par une vaine illusion. J'ai visité toute la maison du haut en bas, et je n'ai pas même aperçu l'ombre d'un homme. (*A part.*) Hélas! je cherche à me tromper moi-même, car ce poignard soulève en mon sein mille soupçons, mille terreurs. Mais le moment n'est pas venu encore. (*Haut.*) Mencia, mon cher bien, ma chère épouse, voici le jour qui commence à paraître à l'horizon; il faut que je parte. Je regrette vivement d'être obligé de te laisser, — de te laisser ainsi toute émue, après cette aventure; mais il le faut.

DOÑA MENCIA.

Vous ne m'embrassez pas, monseigneur?

DON GUTIERRE.

Je ne l'aurais pas oublié, ma chère vie.

Il va pour l'embrasser, et il montre, sans le vouloir, sa main qui tient le poignard.

DOÑA MENCIA, *effrayée.*

Ah! seigneur. — Quoi! vous voulez me tuer! Grâce, je vous prie! Je ne vous ai point offensé!... Grâce! grâce, monseigneur!

DON GUTIERRE.

Pourquoi ce trouble, Mencia? — Remettez-vous, mon bien, mon épouse, ma vie, mon âme!

DOÑA MENCIA.

C'est que, monseigneur, en vous voyant armé de ce poignard, je me suis imaginée que vous m'en portiez un coup, et que je tombais ici blessée, et que je mourais baignée dans mon sang.

DON GUTIERRE.

Moi, vous frapper! — Au moment de visiter la maison j'ai tiré ce poignard de son fourreau.

DOÑA MENCIA.

Quelle folle idée j'avais là!

DON GUTIERRE.

Oui, une idée bien folle, en effet.

DOÑA MENCIA.

Je ne vous ai jamais offensé, n'est-il pas vrai?

DON GUTIERRE.

Non, certes, jamais. — (*A part.*) Comme elle s'excuse mal avec tout son esprit!

DOÑA MENCIA.

C'était sans doute ma tristesse qui m'offrait ces noires images.

DON GUTIERRE.

Il faut la chasser au plus vite.

DOÑA MENCIA.

Est-ce que vous partez, seigneur?

DON GUTIERRE.

Je devrais être déjà loin.

DOÑA MENCIA.

Reviendrez-vous bientôt?

DON GUTIERRE.

Si je puis, ce soir.

DOÑA MENCIA.

Que le ciel vous accompagne!

DON GUTIERRE.

Adieu, Mencia!

DOÑA MENCIA, *à part.*

Les forces m'abandonnent!

DON GUTIERRE, *à part.*

O mon honneur! mon honneur! nous avons de quoi causer beaucoup tous deux seul à seul!

SCÈNE III.

La place du palais.

Entrent LE ROI et DON DIÈGUE; ils sont enveloppés dans un manteau de couleur et ils tiennent une épée à la main.

LE ROI.

Tenez cette épée, don Diègue.

DON DIÈGUE.

Vous rentrez bien tard, sire.

LE ROI.

J'ai couru toute la nuit à travers les rues de la ville. On parle beaucoup des incidens, des aventures qui se passent la nuit à Séville. J'ai voulu voir les choses par moi-même, afin de mieux savoir ce qu'il convient de faire pour mettre l'ordre ici.

DON DIÈGUE.

Je ne puis que vous approuver, car un roi doit être un argus veillant toujours sur son royaume. Les deux yeux que l'on a peints sur votre sceptre sont l'emblème de votre vigilance. Mais qu'a vu votre majesté?

LE ROI.

J'ai vu des galans cachés, des dames voilées, des musiciens, des bals, des fêtes, — et bien d'autres choses curieuses. J'ai vu aussi un nombre infini de bravaches. Mais il n'y a rien qui m'ennuie comme de voir de ces bravaches qui, dit-on, forment ici une espèce de corporation. Pour que ces dignes seigneurs ne me reprochent pas un jour de leur avoir refusé ma protection, j'ai eu la fantaisie de les examiner, et j'ai mis seul à l'épreuve, dans une rue, une troupe de bravaches[1].

DON DIÈGUE.

Votre majesté s'est bien exposée.

LE ROI.

Nullement, don Diègue; au contraire, ce n'a été qu'un jeu.

DON DIÈGUE.

Cependant ces bravaches sont, dit-on, redoutables.

LE ROI.

N'en croyez rien. Dès qu'ils m'ont vu marcher sur eux avec une épée, ils ont pris la fuite; plus d'un en fuyant a laissé tomber à terre son diplôme.

DON DIÈGUE.

Quel diplôme?

LE ROI.

Son diplôme de bravache.

Entre COQUIN.

COQUIN.

Je n'ai pas voulu accompagner mon maître à la Tour. J'ai préféré rester dehors afin de savoir fidèlement ce que l'on dit de sa prison. — Mais j'aperçois le roi, ce me semble.

LE ROI.

C'est vous, Coquin?

COQUIN.

Oui, sire.

LE ROI.

Comment va?

COQUIN.

Je vous ferai la réponse des étudians.

---

[1] Voyez, sur les bravaches de Séville, la nouvelle de Cervantes citée plus haut.

LE ROI.
Quelle réponse ?

COQUIN.
De corpore, bene; mais *de pecuniis, male*[1].

LE ROI.
Alors dites-nous quelque chose. Vous n'avez pas oublié que j'ai toujours cent écus à votre service.

COQUIN.
Que voulez-vous que je vous dise ? que je suis en train de ruminer une comédie où vous pourriez jouer le principal rôle, parce qu'ell sera intitulée : *Le Roi des écus.*

LE ROI.
Mauvais.

COQUIN.
Eh bien ! voici un conte. J'ai rencontré ce matin un chapon, lequel portait soigneusement suspendu au cou un sachet qui contenait les titres de noblesse de sa chaponnerie. Je me suis approché de lui avec le respect que l'on doit à un chapon, et...

LE ROI.
Assez, vilain drôle.

COQUIN.
Eh bien ! sire, là, sans détour, riez, je vous en prie. Je ne vous demande pas un château, une maison ; je ne vous demande pas des prés, des champs, des vignes ; je vous demande seulement de rire une fois par jour quand je vous parle. Riez, sire, de grâce.

LE ROI.
Je rirai dans un mois.

COQUIN.
Avant cela, j'espère. Mais pour aujourd'hui tous mes efforts sont inutiles. Le rire ne dépend pas de la gaieté du conteur, il dépend de la bonne humeur de l'auditoire.

Entre L'INFANT.

L'INFANT.
Daignez me donner la main, sire.

LE ROI.
Comment vous trouvez-vous, infant ?

L'INFANT.
Je me trouve bien, sire, puisque votre majesté est contente. — J'aurais une grâce à solliciter.

LE ROI.
Je devine de quoi il s'agit. Don Arias est votre confident, et don Gutierre vous a donné dernièrement l'hospitalité. En votre considération je leur pardonne à tous deux pour cette fois. Ce que j'en fais

---

[1] Bien quant à la santé, mais mal quant à l'argent. — Ces mots latins se trouvant dans l'original, nous avons cru devoir les conserver.

est pour vous seul, don Henri. — Allez à la Tour, don Diègue, et dites de ma part à l'alcayde qu'il délivre les prisonniers.

DON DIÈGUE.

J'y vais de ce pas, sire.

Il sort.

LE ROI.

Adieu, infant; remerciez-moi.

L'INFANT.

Ah! sire, quelle reconnaissance!... (*Le roi sort.*) Insensé que je suis d'avoir si mal exprimé mon désir! Je voulais seulement la grâce de don Arias, et j'obtiens malgré moi celle de don Gutierre. — O ciel! donne-moi la patience de supporter ce contre-temps! — (*Apercevant Coquin.*) Comment, Coquin, tu étais là?

COQUIN.

Plût à Dieu que j'eusse été en Flandre!

L'INFANT.

M'aurais-tu entendu, par hasard?

COQUIN.

Non pas, je songeais à mes affaires et au roi.

L'INFANT.

Pourquoi songes-tu au roi?

COQUIN.

Parce que le roi est le plus prodigieux de tous les animaux.

L'INFANT.

Qu'est-ce que cela signifie?

COQUIN.

Cela signifie que de tous les animaux il n'y a que le roi qui manque à la destination de la nature. — Voyez plutôt : le lion rugit, le taureau mugit, l'âne brait, le cheval hennit, l'oiseau chante, le chien aboie, le chat miaule, le loup hurle, le cochon grogne, l'homme doit rire, et le roi ne rit jamais. Il serait plus facile, hélas! de m'arracher mes grosses dents que de lui arracher de la bouche un sourire.

Il sort.

Entrent DON GUTIERRE et DON ARIAS, conduits par DON DIEGUE.

DON DIÈGUE.

Voici les prisonniers, seigneur.

DON GUTIERRE.

Recevez mes remerciemens, illustre infant de Castille.

DON ARIAS.

Et les miens, monseigneur, que je mets à vos pieds avec mon dévouement.

L'INFANT.

C'est le roi que vous devez l'un et l'autre en remercier; je n'ai eu d'autre mérite que de lui demander votre grâce.

DON GUTIERRE.
Nous ne pouvions souhaiter une protection plus puissante.

DON ARIAS.
Non, certes.

DON GUTIERRE, *à part.*
Ciel! que vois-je? — Dieu! comme son épée ressemble à ce poignard!

L'INFANT.
Donnez-vous la main l'un à l'autre.

DON ARIAS.
Voici la mienne.

L'INFANT.
Et vous, don Gutierre?

DON GUTIERRE.
Que commandez-vous, seigneur?

L'INFANT.
Votre main à don Arias.

DON GUTIERRE.
La voici.

L'INFANT.
Vous êtes tous deux de nobles cavaliers. Il faut que vous soyez amis tous deux. Et celui qui trouvera que cela n'est pas bien, qu'il me le dise! — Il m'aura pour ennemi.

DON GUTIERRE.
Ce n'est pas moi, seigneur, qui m'exposerai volontiers au malheur de vous avoir pour ennemi. — Je souhaiterais, au contraire, que votre altesse fût convaincue de la sincérité de mon respectueux attachement, et je prie le ciel de permettre que je ne vous rencontre jamais en un tel lieu et à une telle heure que je risque de vous combattre sans avoir eu le loisir de reconnaître qui vous êtes. Car, seigneur, ce serait un grand chagrin pour moi, oui, un grand chagrin! Vous n'en doutez pas, seigneur.

L'INFANT, *à part.*
Ces paroles renferment de vagues soupçons. (*Haut.*) Venez avec moi, don Arias, j'ai à vous parler.

DON ARIAS.
Je vous suis, seigneur.

L'INFANT.
Adieu, don Gutierre.

DON GUTIERRE.
Je salue votre altesse et la remercie de nouveau.

L'Infant et don Arias sortent.

DON GUTIERRE, *seul.*
L'infant ne m'a rien répondu. Il aura compris, sans doute, qu'il n'avait rien à me répondre. — Je suis seul à présent, je puis me plaindre; mais, hélas! je ne puis me consoler. — Ah! Dieu, com-

ment osé-je rappeler à mon souvenir tant d'ennuis qui m'accablent, tant de peines qui m'assiégent, tant d'outrages qui me tuent ! — Maintenant, mon honneur, vous permettrez qu'un infortuné pleure dans une aussi cruelle situation. — Pleurez, mes yeux, pleurez sans honte !... — Maintenant, mon honneur, maintenant il est temps de montrer que vous savez mener de front la valeur et la prudence. Cessons de nous plaindre, parce que l'on se distrait de ses peines en se plaignant, et que j'ai besoin d'examiner sincèrement et froidement ma position. Voyons ce qui en est. — Je ne veux pas m'abuser, grand Dieu! non, je ne veux pas m'abuser; mais peut-être mon imagination effarouchée s'est-elle forgé des chimères, des monstres que la réflexion dissipera. — Je suis arrivé la nuit à ma maison... Très-bien! mais on m'a ouvert la porte aussitôt, et ma femme était calme et tranquille. — Il y avait un homme chez moi... Oui! mais elle m'en a prévenu elle-même; elle m'en a averti la première. — Le flambeau s'est éteint !... Oui! mais cela arrive tous les jours... Il n'y a rien là de si extraordinaire, de si merveilleux, un flambeau qui s'éteint! — J'ai trouvé un poignard dans une chambre !... Oui! mais j'ai des amis qui peuvent avoir perdu chez moi un poignard depuis long-temps, des domestiques à qui ce poignard pourrait, à la rigueur, appartenir, qu'ils l'aient trouvé ou volé. — Mais ce poignard s'appareille avec l'épée de l'infant... Oui! voilà ma douleur !... Et pourquoi encore? Ce poignard n'a rien en soi de si précieux qui oblige à croire qu'il soit celui de l'infant de Castille. Ou le même ouvrier qui a fabriqué son épée peut avoir fabriqué deux poignards semblables... ou lui-même enfin peut avoir donné son poignard à quelqu'un ! — Eh bien! allons plus loin. Supposons que ce poignard soit celui de l'infant, que l'infant soit venu dans ma maison, qu'il ait perdu cette arme dans la chambre de ma femme, le soir, la nuit !... Eh bien! est-ce que Mencia est nécessairement coupable pour cela ?... est-ce que l'infant ne peut pas s'être introduit seul chez moi, ou avoir séduit quelque servante ?... — Oh! que je me félicite d'avoir trouvé à tout une excuse! Ainsi, finissons ces discours, puisque la conclusion en est sans cesse que ma femme est celle qu'elle est, et que moi je suis celui que je suis. Rien n'est capable d'altérer la pureté de son innocence; un nuage passe devant le soleil, le soleil n'est point souillé pour cela. — O mon honneur! j'ai beau me rassurer, vous êtes en péril; chaque instant peut vous être funeste, à chaque instant vous risquez de périr. Il faut donc que je veille sur vous, mon honneur! Et puisque dans les maladies graves les premiers accidens sont les plus dangereux, et qu'on y doit porter remède au plus tôt, voici ce que le médecin de son honneur dit et ordonne : — D'abord que l'on veillera sur la maison, de peur qu'une seconde fois la contagion n'y pénètre. — Ensuite, que l'on observera la diète du silence, pour qu'il n'y ait point de paroles d'impatience prononcées. — Ensuite, que l'on emploiera auprès de cette femme les soins, les assiduités, les flatteries, les caresses et l'amour; car les reproches, les mépris, les injures, loin de guérir cette femme souffrante, augmenteraient son mal. — En conséquence, cette nuit j'irai secrètement à ma maison, j'y entrerai secrètement, je verrai en secret où en est la maladie; et je dissimulerai, s'il est possible, ma peine, ma douleur, mon offense, mon délire et ma jalousie... Ma jalousie, ai-je dit !... Je suis fou ! — Pourquoi un pareil mot est-il tombé de mes lèvres ? Il serait capable de me tuer, comme on raconte de la couleuvre que souvent elle a péri de son propre venin ! — De la jalousie! de la jalousie!... Non! non!... hélas! hélas!... quand un mari infortuné a laissé naître dans sa poitrine cet ulcère redoutable, — alors il n'y a plus qu'un seul remède pour celui qui veut être le médecin de son honneur. Partons !

Il sort.

SCÈNE IV.

Une promenade.

Entrent DON ARIAS et DOÑA LÉONOR.

DON ARIAS.

Ne pensez point, belle Léonor, que mon absence m'ait fait oublier la dette sacrée que j'ai contractée envers votre réputation. Loin de là, votre débiteur se présente à vous, non pas pour s'acquitter, car il serait trop présomptueux à lui de penser qu'il puisse satisfaire à une pareille obligation, mais pour vous dire qu'il n'a cessé de reconnaître qu'il est et qu'il sera toujours votre débiteur.

DOÑA LÉONOR.

C'est moi, seigneur don Arias, qui suis et qui serai toujours votre obligée : vous n'en douteriez plus si nous réglions nos comptes. Il est vrai que vous m'avez enlevé un amant qui devait être mon époux; mais, qui sait ? peut-être que par l'événement vous avez amélioré mon sort; car il vaut mieux encore pour une femme vivre, comme je vis, sans renommée, que de vivre sous la loi d'un époux qui l'abhorre. Quoi qu'il en soit, je ne me plaindrai jamais de vous; je ne me plains que de moi et de mon étoile.

DON ARIAS.

Je vous en supplie, belle Léonor, ne m'excusez pas; c'est m'ôter toute espérance. Oui, permettez qu'ici je vous le déclare; je vous aime, et mon ambition ne prétend à rien moins qu'à réparer le tort que je vous ai causé. Puisque j'ai été la cause de vos peines et que vous avez perdu un époux par ma faute, je désire vivement que vous consentiez à retrouver en moi un époux.

DOÑA LÉONOR.

Seigneur don Arias, j'estime ainsi que je le dois une offre aussi flatteuse, et j'en conserverai le souvenir précieusement ; mais souffrez que je vous dise avec sincérité qu'il m'est impossible de l'agréer, quelque glorieuse qu'elle me soit. Car si c'est à cause de vous que j'ai été délaissée par don Gutierre, et qu'il me vît maintenant vous donner ma main, n'aurait-il pas, sur les apparences, quelque droit de penser qu'il m'a abandonnée avec justice? ne serait-il pas excusé par tout le monde? ne dirait-on pas qu'il a eu raison dans ses mépris? Non, seigneur, j'estime si fort le droit de me plaindre justement, que je ne veux pas que rien excuse celui dont je me plains; je ne veux pas que l'on croie qu'il a bien agi, celui qui s'est mal conduit à mon égard.

DON ARIAS.

C'est une frivole et subtile réponse que cela, belle Léonor. Alors même que cette union viendrait à vous convaincre d'une ancienne liaison avec moi, elle la légitimerait en même temps. Il est bien plus triste pour vous que l'homme qui a cru à votre offense n'en voie pas la réparation.

DOÑA LÉONOR.

Ces conseils, don Arias, ne sont pas d'un amant prudent et sage. Ce qui a été offense autrefois ne cesserait pas d'être une offense, et votre renommée, à vous aussi, souffrirait d'une telle conduite.

DON ARIAS.

Comme je sais quelle est la noblesse de votre cœur, je serai toujours satisfait d'avoir eu l'occasion de vous parler. — J'ai connu en ma vie un amant à moitié fou, scrupuleux au dernier point, et jaloux comme on ne l'est pas, qui aurait mérité d'être puni par le ciel dans son mariage. Don Gutierre le connaît mieux que moi encore; don Gutierre qui, après s'être si fort effarouché pour avoir rencontré un homme dans la maison de sa maîtresse, ne s'effarouche pas aujourd'hui en voyant ce qui se passe dans sa propre maison,

DOÑA LÉONOR.

Seigneur don Arias, il m'est impossible de vous écouter davantage; car en ce que vous dites, ou vous êtes trompé vous-même, ou vous cherchez à me tromper. Don Gutierre est un tel cavalier, que, dans quelques circonstances qu'il se trouve, il saura toujours agir et parler comme il le doit; un tel cavalier, que jamais il ne souffrira d'injures de personne, non pas même d'un infant de Castille. Si vous avez pensé qu'avec cela vous flatteriez mon ressentiment, vous avez mal pensé, don Arias. Vous l'avouerai-je? vous avez beaucoup perdu dans mon esprit; car si vous eussiez été vraiment noble, vive Dieu! vous n'auriez pas ainsi parlé de votre ennemi. — Pour moi, bien que don Gutierre m'ait publiquement outragée, et que je sois toujours prête à le tuer de ma main, loin de dire de lui le moindre mal, il est un homme, je le déclare, plein de loyauté et d'honneur. Sachez cela, don Arias.

Elle sort.

DON ARIAS, *seul*.

Voilà une femme qui a de dignes sentimens, et qui m'a donné une bonne leçon. J'en profiterai. Je vais de ce pas trouver l'infant, et je le prierai de se choisir un autre confident pour ses amours. — Le jour disparaît, ne tardons pas. Non, quoi qu'il puisse m'en coûter, et dussé-je périr, non, je ne l'accompagnerai pas à la maison de don Gutierre.

Il sort.

SCÈNE V.

Un jardin.—La nuit.

Entre DON GUTIERRE.

DON GUTIERRE.

Me voici arrivé chez moi sans que l'on m'ait aperçu. Je n'ai pas averti Mencia que le roi m'avait accordé ma liberté; elle m'aurait attendu, elle aurait pris ses précautions — J'aime la nuit, et son silence, et ses ténèbres; je l'aime malgré l'effroi secret qu'elle m'inspire; je l'aime comme le tombeau de la vie humaine! — Puisque je me suis appelé le médecin de mon honneur, il faut que de lui je prenne soin. — C'est la même heure à laquelle il a eu déjà une crise hier au soir; voyons si les mêmes symptômes se représenteront aujourd'hui. — Que l'honneur m'inspire, lui pour qui je veille! J'ai franchi le mur de clôture du jardin pour qu'on ignore ma présence. — O Dieu! quelle folie c'est à l'homme de vouloir connaître son malheur! — On dit qu'il est impossible à un infortuné de retenir ses pleurs. — Celui qui a dit cela en a menti, trois fois menti! Je suis le plus infortuné des hommes, et cependant je ne pleure pas.— Voilà le pavillon où elle a coutume de se tenir au commencement de la nuit. Marchons sans bruit; rien ne doit trahir le pas des soupçons jaloux. (*Une décoration s'enlève et l'on voit Mencia endormie.*) Ah! Mencia, adorable Mencia, quels tourmens, quels affreux tourmens tu causes à mon amour! — Retirons-nous pour cette fois; mon honneur va bien, il ne court aucun hasard pour aujourd'hui. — Mais quoi! pas une femme de chambre, pas une servante, pas une esclave auprès d'elle!... Si elle attendait quelqu'un! — O pensée injuste! ô crainte misérable! ô infâme soupçon!... — Restons ici cependant. Il m'est impossible de m'éloigner. Je suis curieux de voir où en est la maladie. Éteignons ce flambeau. (*Il éteint le flambeau.*) Allons près d'elle à travers une double obscurité, privé de la lumière de ce flambeau et de la lumière de ma raison... (*Il s'approche.*) C'est son voile que je touche!... Quelle suave odeur elle exhale!... (*Il l'appelle et la réveille.*) Mencia! ma chère Mencia!

DOÑA MENCIA.

Ah! mon Dieu! qu'est-ce donc?

DON GUTIERRE.

Ne criez pas.

DOÑA MENCIA

Qui êtes-vous?

JOURNÉE II, SCÈNE V.

DON GUTIERRE.

Mon bien chéri, c'est moi; ne me reconnaissez-vous pas?

DOÑA MENCIA.

Si fait, monseigneur, car un autre que vous n'aurait pas eu cette hardiesse.

DON GUTIERRE, *à part.*

Elle m'a reconnu.

DOÑA MENCIA.

Un autre que vous ne serait pas venu ainsi me surprendre impunément.

DON GUTIERRE, *à part.*

Agréables paroles!

DOÑA MENCIA.

Un autre que vous qui se serait présenté à moi de la sorte aurait été déchiré par mes mains.

DON GUTIERRE, *à part.*

Oh! qu'il est doux d'entendre ces menaces, — ces menaces qui me rassurent! (*Haut.*) Je suis trop heureux, Mencia, — pourvu que votre émotion se dissipe.

DOÑA MENCIA.

Hélas! je tremble.

DON GUTIERRE.

Non, calmez-vous.

DOÑA MENCIA.

Savez-vous qu'il est bien mal au moins d'être venue — à votre altesse!

DON GUTIERRE, *à part.*

Votre altesse! O ciel! qu'ai-je entendu? — Elle n'était pas avec moi! elle était avec l'infant! O douleur!

DOÑA MENCIA.

Voulez-vous m'exposer au même péril une seconde fois.

DON GUTIERRE, *à part.*

Dieu puissant!

DOÑA MENCIA.

Pensez-vous que chaque nuit vous pourrez vous cacher?...

DON GUTIERRE, *à part.*

Jésus! Jésus!

DOÑA MENCIA.

Et qu'en éteignant le flambeau vous pourrez sortir en présence de don Gutierre?

DON GUTIERRE, *à part.*

O jalousie! tue-moi!

DOÑA MENCIA.

Votre altesse est bien imprudente, bien cruelle.

DON GUTIERRE, *à part.*

Qui suis-je donc, puisque je n'ai pas la force de mourir et que je la laisse vivre! — Elle ne s'est pas étonnée que l'infant fût venu la trouver seule, — au jardin, — la nuit ; — elle ne l'a pas renvoyé, elle ne l'a pas repoussé! Non, elle a craint seulement d'être obligée une seconde fois de l'aider à se cacher! — Oh! comment me venger d'un tel outrage?

DOÑA MENCIA.

Seigneur, retirez-vous promptement.

DON GUTIERRE, *à part*.

Il est bien temps, grand Dieu!

DOÑA MENCIA.

Que votre altesse ne se présente plus ici.

DON GUTIERRE, *à part*.

Elle l'engage à revenir!

DOÑA MENCIA.

Considérez que don Gutierre va arriver.

DON GUTIERRE, *à part*.

Y a-t-il un homme au monde qui pût se contenir! — Oui, si c'était pour attendre une occasion favorable à sa vengeance.

DOÑA MENCIA.

Mais, monseigneur, je vous le répète, don Gutierre va rentrer.

DON GUTIERRE.

Soyez tranquille, adorable Mencia; je l'ai laissé occupé ailleurs d'une affaire importante; et pendant que je m'entretiens avec vous, un ami veille sur moi. — Il ne viendra pas, j'en suis certain.

Entre JACINTHE.

JACINTHE, *à part*.

Il m'a semblé que l'on parlait de ce côté. Qui cela peut-il être?

DOÑA MENCIA.

J'ai entendu quelqu'un.

DON GUTIERRE.

Que ferai-je, madame?

DOÑA MENCIA.

Éloignez-vous, cachez-vous; mais pas dans ma chambre... Dans quelque coin du jardin.

DON GUTIERRE.

J'obéis, madame.

Il sort.

DOÑA MENCIA.

Eh bien?

JACINTHE.

Plaît-il, madame?

DOÑA MENCIA.

L'air, qui se précipitait à travers ce feuillage, a éteint la lumière. Apporte-moi vite un flambeau.

Jacinthe sort.

JOURNÉE II, SCÈNE V.

DON GUTIERRE, *rentrant, à part.*

Si je reste là, caché, on pourra m'y découvrir, et Mencia verrait bien que j'ai tout entendu. — Et pour qu'elle ne m'offense pas deux fois en même temps, l'une par sa conduite, l'autre par la pensée qu'elle aurait que je la connais et m'y prête, je vais la tromper encore. (*A haute voix.*) Holà! holà!... Eh bien! que fait-on ici?

DOÑA MENCIA.

Ah! c'est lui! — don Gutierre!

DON GUTIERRE.

Comment! on n'a pas encore allumé à cette heure?

JACINTHE, *entrant avec un flambeau.*

Voici, monseigneur!

DON GUTIERRE.

Ma chère Mencia!

DOÑA MENCIA.

O mon époux bien-aimé!

DON GUTIERRE, *à part.*

Quelle hypocrisie!

DOÑA MENCIA.

Par où donc êtes-vous entré, monseigneur?

DON GUTIERRE.

J'ai toujours sur moi une clef qui ouvre la poterne. — Mais de quoi vous occupiez-vous là, ma bien-aimée, toute seule?

DOÑA MENCIA.

J'arrive au jardin. L'air, comme je passais près de la fontaine, a éteint mon flambeau.

DON GUTIERRE.

Je ne m'étonne pas, madame, que l'air ait éteint votre flambeau. Il est si vif, si froid, que si vous vous fussiez endormie en ce lieu il aurait pu éteindre votre honneur.

DOÑA MENCIA.

Je cherche à vous comprendre, et, malgré mes efforts, je ne vous comprends pas.

DON GUTIERRE.

Voici une chose digne de remarque : quand un souffle a éteint un flambeau, un autre souffle le rallume. Mais il n'en est pas ainsi de la vie, il n'en est pas ainsi de l'honneur. La vie! l'honneur! hélas!... — une fois éteints ne se rallument plus. C'est pour toujours!

DOÑA MENCIA.

Évidemment, seigneur, vous donnez à vos paroles un double sens qu'il m'est impossible de saisir. Auriez-vous, par hasard, de la jalousie?

DON GUTIERRE.

Moi, de la jalousie! moi!... Savez-vous ce que c'est que la jalousie? Quant à moi, je ne le sais pas; et si je le savais!...

DOÑA MENCIA.

Ah ! seigneur !

DON GUTIERRE.

Ne craignez rien. — Qu'est-ce que la jalousie ? une illusion, une idée, une folie. — Pour moi, si j'aimais une femme et que j'en fusse jaloux, alors même que ce serait une servante, une esclave, je lui déchirerais la poitrine, j'en tirerais son cœur, puis je le couperais, puis je le mangerais !... Et ensuite, je boirais son sang goutte à goutte avec volupté, avec délices.

DOÑA MENCIA.

Seigneur ! seigneur ! vous m'effrayez !

DON GUTIERRE.

Qu'ai-je dit ? — O mon bien, ma joie, mon ciel, ma gloire, ô mon épouse bien-aimée, ô ma chère Mencia, pardonne-moi, je t'en supplie, ces discours insensés ! Je te jure par tes beaux yeux, que je te respecte, que je t'adore, que ma vie est à toi, dépend de toi ; j'avais perdu la raison.

DOÑA MENCIA.

Vous m'avez bien effrayée.

DON GUTIERRE, *à part, après un moment de silence.*

Point de faiblesse. Puisque je m'appelle *le médecin de mon honneur*, j'ensevelirai mon déshonneur dans les entrailles de la terre !

JOURNÉE TROISIÈME.

SCÈNE I.

La galerie du palais.

Entrent DON GUTIERRE, LE ROI et des Soldats.

DON GUTIERRE.

Roi don Pèdre, je voudrais vous parler sans témoins.

LE ROI, *aux soldats.*

Allez-vous-en tous ! (*Les soldats sortent.*) Maintenant, parlez.

DON GUTIERRE.

Eh bien ! Atlas castillan qui soutenez sur vos épaules robustes le fardeau pesant de ce globe, je viens mettre à vos pieds ma vie, si toutefois on peut appeler de ce nom une existence toute remplie d'ennuis et de misères. Ne vous étonnez point de ce que je pleure : on dit que l'amour et l'honneur donnent souvent à un homme le triste droit de verser des larmes, et moi j'ai de l'honneur et de l'amour L'honneur, je l'ai toujours conservé soigneusement comme noble et bien né ; l'amour, je n'y ai pas renoncé en épousant celle que j'aimais. Hélas ! je croyais ne les perdre jamais ni l'un ni l'autre.

et voilà qu'un nuage a passé qui a terni la splendeur de mon épouse et l'éclat de ma loyauté. Je ne sais comment vous raconter ma peine : je suis si troublé, et surtout lorsque je pense que celui contre lequel j'implore la rigueur de votre justice est votre frère don Henri ; non pas, sire, que je souhaite du mal à un prince de votre sang, mais afin qu'il apprenne, sire, que je ne suis pas indifférent sur mon honneur. Grâce à ces précautions, j'espère que votre majesté rétablira mon honneur malade ; et si mon infortune voulait qu'elles fussent inutiles et que mon honneur fût en péril, je ne balancerais pas à recourir au dernier remède, je le laverais avec du sang. Ne vous troublez point, sire, je ne parle que du sang qui coule dans mes veines ; car votre frère don Henri, croyez-le, n'a rien à craindre de moi. Voici un témoin qui en dépose et vous rassure. (*Il montre le poignard.*) Ce poignard si brillant, c'est le sien ; il l'a laissé dans ma maison ; et par là vous voyez, sire, que je ne suis pas un mari si farouche, puisque l'infant m'a confié son poignard.

LE ROI.

C'est bien, don Gutierre ; jamais il n'a vécu un cavalier plus délicat et plus loyal. Votre langage révèle une noblesse rare, une fierté sans égale. Quoique vous ayez à vous plaindre du sort, vous pouvez vivre satisfait avec un tel honneur.

DON GUTIERRE.

Sire, de grâce, que votre majesté ne cherche pas à me donner des consolations là où je n'en ai aucun besoin, là où je ne saurais en recevoir. Vive Dieu ! j'ai une épouse si chaste et si honnête, si constante et si inébranlable dans sa foi, qu'elle laisse bien loin derrière elle et Lucrèce, et Porcia, et Thomiris. Ce sont seulement des précautions que je prends contre moi-même.

LE ROI.

Eh bien ! alors dites-moi, Gutierre, qu'est-ce donc que vous avez vu, qui vous ait engagé à prendre de pareilles précautions ?

DON GUTIERRE.

Je n'ai rien vu, sire ; car les hommes comme moi n'attendent pas de voir ; il suffit qu'ils imaginent, qu'ils soupçonnent... qu'ils aient une crainte, une idée... Je ne sais comment m'exprimer, il n'y a pas de mot dans notre langue pour rendre ce que je veux dire... Bref, je me suis adressé à votre majesté afin qu'elle prévienne ou détourne le mal, s'il est possible ; car, une fois arrivé, au lieu de demander un remède, je me chargerais de l'enseigner.

LE ROI.

Puisque vous vous appelez le médecin de votre honneur, dites-moi, don Gutierre, quels sont les remèdes que vous avez employés déjà ?

DON GUTIERRE.

Je n'ai point montré ma jalousie à ma femme, je ne lui ai témoigné qu'une tendresse plus empressée. Ainsi, par exemple, elle vivait à

7.

quelques lieues d'ici, dans une maison de campagne; j'ai craint qu'elle ne s'ennuyât dans cette solitude, je l'ai emmenée avec mes gens à Séville, et je tâche de lui procurer toutes les distractions et tous les plaisirs qu'elle souhaite. Car, à mon avis, sire, les mauvais traitemens ne conviennent qu'à ces maris méprisables qui se consolent d'un affront quand ils le racontent.

LE ROI.

L'infant se dirige de ce côté. S'il vous voyait avec moi, il devinerait sans peine que vous m'avez porté plainte contre lui. Je me rappelle qu'un de ces derniers jours, quelqu'un s'étant plaint de vous à moi, comme vous arriviez, j'engageai cette personne à se cacher derrière cette tapisserie. La même circonstance veut la même conduite. Seulement, j'ordonne en outre que, quelque chose que vous voyiez ou que vous entendiez, vous demeuriez caché et gardiez le silence.

DON GUTIERRE.

J'obéirai, sire. Ma bouche sera muette comme celle d'une statue[1].

Il se cache.

Entre L'INFANT.

LE ROI.

Soyez le bienvenu, don Henri, ou plutôt le malvenu!

L'INFANT.

Hélas! sire, pourquoi?

LE ROI.

Parce que vous me trouvez irrité.

L'INFANT.

Contre qui donc, sire?

LE ROI.

Contre vous, infant, contre vous.

L'INFANT.

La vie alors me sera bien pénible à supporter, si elle est chargée du poids de votre colère.

LE ROI.

Vous ne savez donc pas, Henri, que plus d'une épée a vengé un outrage dans le sang royal?

L'INFANT.

A quel propos votre majesté me parle-t-elle ainsi?

LE ROI.

Je vous parle ainsi, infant, pour que vous en fassiez votre profit. L'honneur est un bien réservé qui n'appartient qu'à l'âme, et je ne puis disposer de l'honneur de mes vassaux, parce que je ne suis pas le roi des âmes. — En voilà assez sur ce sujet.

L'INFANT.

Je ne vous comprends pas, sire.

---

[1] L'espagnol dit: *Seré el pajaro que fingen—con una piedra en la boca*, mot à mot : Je serai le moineau que l'on représente tenant une pierre en son bec.

LE ROI.

Eh bien! Henri, si votre amour ne se décourage pas de poursuivre une beauté rebelle sur laquelle un gentilhomme possède un souverain empire, prenez-y garde, le sang royal lui-même n'échapperait pas à ma justice.

L'INFANT.

Je vous comprends, sire, à cette heure; mais souffrez que je me défende. Un juge doit écouter également les deux parties; la justice le commande, et l'on vous a surnommé le Justicier. Je vous dirai donc, sire, que j'ai autrefois aimé une femme, celle dont vous voulez parler sans doute; je l'ai aimée à tel point que...

LE ROI.

Qu'importe, si elle est une beauté rebelle?

L'INFANT.

Je l'avoue; mais pourtant...

LE ROI.

Taisez-vous, infant!

L'INFANT.

Permettez-moi du moins de me défendre.

LE ROI.

Vous n'avez pas à vous défendre, si cette dame est une beauté rebelle.

L'INFANT.

J'en conviens de nouveau; mais le temps et l'amour sont bien puissans sur un cœur.

LE ROI.

Taisez-vous, infant, taisez-vous! (*A part.*) Dieu me pardonne! j'ai eu tort de faire cacher Gutierre.

L'INFANT.

Ne vous échauffez pas contre moi. Vous ne savez pas les motifs qui m'autorisent à en agir ainsi.

LE ROI.

Je sais tout, je sais tout; c'est assez.

L'INFANT.

J'ai le droit de parler, sire, quand je suis accusé. Cette femme, je l'ai aimée quand elle était demoiselle...

DON GUTIERRE, *à part.*

Ah! malheureux!...

L'INFANT.

Et elle a reçu mes hommages...

DON GUTIERRE.

Hélas! hélas!

L'INFANT.

Et avant d'être l'épouse de cet homme à qui elle appartient aujourd'hui...

LE ROI.

Taisez-vous, infant, pour la dernière fois, taisez-vous! ou vive Dieu!... — Je sais que vous ne me dites cela que pour vous excuser. Mais laissons tous ces détails, et venons au but. Connaissez-vous ce poignard?

L'INFANT.

Oui, sire; il est à moi.

LE ROI.

Vous l'avez donc oublié quelque part?

L'INFANT.

Un soir, en rentrant au palais, je me suis aperçu que je ne l'avais plus.

LE ROI.

Où est-ce que vous l'avez perdu?

L'INFANT.

Sire, je ne sais.

LE ROI.

Eh bien! je le sais, moi! — Vous l'avez perdu en un lieu où il aurait pu arriver qu'il fût plongé dans votre sein, si celui qui l'a trouvé n'était pas le plus loyal et le plus noble des vassaux. — Vous devinez sans doute, à cette heure, qu'il demande vengeance l'homme qui, outragé par vous, ne s'est pas vengé lui-même. — Regardez bien ce poignard, infant don Henri; c'est un témoin qui dépose solennellement contre vous et que je dois entendre. — Prenez ce poignard, et mirez-vous dans son acier poli; vous y verrez le visage d'un traître.

L'INFANT.

Sire, la fureur où vous êtes m'empêche de vous répondre. J'en suis si troublé que...

LE ROI.

Prenez ce poignard, vous dis-je!

En prenant le poignard, l'Infant blesse le Roi à la main.

L'INFANT.

Ah! sire.

LE ROI.

Qu'avez-vous fait, malheureux?... Oui, vous êtes un traître!

L'INFANT.

Il n'y a pas eu de ma faute, sire.

LE ROI.

Quoi! vous n'épargnez pas même votre frère et votre roi!... Vous voulez me tuer! vous tournez contre moi le poignard que je vous ai donné!

L'INFANT.

Comment votre majesté peut-elle m'accuser d'une intention si criminelle?

LE ROI.

Henri! Henri! c'est à moi que vous vous attaquez! Quelle horreur!

L'INFANT.

Je demeure interdit et confus. (*Il laisse tomber le poignard.*) Il vaut mieux que je m'éloigne de votre présence et que je me retire en un lieu où vous ne puissiez pas vous imaginer que je veuille verser votre sang, moi malheureux!

Il sort.

LE ROI.

Que le ciel me soit en aide! — Qu'est-ce que cela signifie? Ce n'est pas la douleur physique que je sens; c'est une peine de cœur bien autrement insupportable. — Un frère qui attente à la vie de son frère! un infant de Castille qui attente à la vie de son roi! — Après tout, pourquoi m'en étonné-je? De quel projet si noir ne serait pas capable celui qui, par les plus vils moyens, cherche à séduire l'épouse d'un loyal gentilhomme! — Mon âme en est encore soulevée! — Plaise à Dieu que ces commencemens n'arrivent pas à une telle fin que le monde soit épouvanté par un déluge de sang!

Il sort.

DON GUTIERRE.

Quelle affreuse journée! quels assauts j'ai eus à soutenir! — Et le roi qui oublie que je suis là, que j'écoute et entends tout! — Dieu me protége! que disait donc l'infant? — Non, jamais ma bouche ne répétera des paroles qui renferment mon outrage! — Arrachons d'un seul coup toutes les racines du mal. Que Mencia périsse; qu'elle baigne de son sang le lit sur lequel elle repose; et puisque l'infant a laissé ce poignard une seconde fois à ma disposition, qu'elle meure par ce poignard! (*Il ramasse le poignard.*) Cependant il convient que le public ne soit pas instruit de la chose... Un outrage secret demande une vengeance secrète... Que Mencia meure de telle sorte que personne ne devine le motif de sa mort!... — Mais avant que j'en vienne là, que le ciel me frappe moi-même pour que je ne voie pas les tragédies d'un amour si malheureux!

Il sort.

SCÈNE II.

Une chambre.

Entrent DOÑA MENCIA et JACINTHE.

JACINTHE.

D'où vient, madame, cette tristesse qui ternit votre beauté? Maintenant vous ne faites plus que pleurer nuit et jour.

DOÑA MENCIA.

Il est vrai; mais j'en ai bien le sujet. Oui, Jacinthe, depuis cette matinée où je te confiai, s'il t'en souvient, que j'avais eu la nuit précédente un entretien avec l'infant, et que toi tu me répondis que cela n'était pas possible, parce qu'à la même heure l'infant causait dehors avec toi, — oui, depuis lors je vis dans l'incertitude, la confusion et la crainte, en pensant qu'il pourrait bien se faire que j'eusse parlé à don Gutierre.

JACINTHE.

En vérité, madame? le croyez-vous?

DOÑA MENCIA.

Oui, Jacinthe, il est des momens où je n'en puis douter. C'était la nuit, il parlait à voix basse, et moi j'étais si persuadée et si troublée de la visite de l'infant, que cette erreur a pu avoir lieu. Ajoute à cela qu'il joue une gaieté extrême quand il est près de moi, et que seul il ne fait que pleurer et gémir.— Oh! quelle affreuse situation que la mienne!

Entre COQUIN.

COQUIN.

Madame!

DOÑA MENCIA.

Qu'y a-t-il de nouveau?

COQUIN.

J'ose à peine me risquer à vous le dire. L'infant don Henri...

DOÑA MENCIA.

Assez, ne continue pas; que ce nom ne m'importune plus désormais. Je le redoute et l'abhorre.

COQUIN.

Ce n'est pas un message d'amour, et c'est pour cela que je m'en suis chargé.

DOÑA MENCIA.

Alors je t'écoute.

COQUIN.

L'infant, madame, a eu aujourd'hui une querelle avec son frère le roi don Pèdre. Je n'essaierai pas de vous la conter, d'abord parce que je n'en connais pas trop les détails, et ensuite parce qu'il n'appartient pas à un bouffon de mon espèce de rapporter les discours des rois. Quoi qu'il en soit, après cela l'infant m'a appelé et m'a dit en grand secret : « Tu diras de ma part à doña Mencia que ses dédains sont cause que j'ai perdu les bonnes grâces de mon frère, que je quitte ma patrie dès aujourd'hui et que je fuis en pays étranger, où je n'espère pas de vivre puisque je meurs détesté de Mencia. »

DOÑA MENCIA.

L'infant aurait perdu les bonnes grâces du roi et serait obligé de s'exiler par rapport à moi! Cet événement sera cause que ma réputation deviendra la proie des bavardages du vulgaire! Que faire, grand Dieu?

JACINTHE.

Il faudrait, madame, prévenir ce malheur.

COQUIN.

Oui, mais comment?

JACINTHE.

Si l'infant quitte Séville, on saurait bientôt les motifs de son départ, et ce serait un affront public pour madame. Il faudrait que madame le priât de rester.

COQUIN.

Oui, mais l'infant a peut-être déjà le pied dans l'étrier.

JACINTHE.

Eh bien! il faudrait que madame lui écrivît un billet où elle lui dirait qu'il importe à sa renommée qu'il demeure à Séville. Le billet arrivera toujours à temps, si c'est toi qui le portes.

DOÑA MENCIA.

Les épreuves de l'honneur sont des épreuves périlleuses. N'importe, je vais tenter ce moyen; j'écrirai. J'ai beau chercher dans mon esprit, je ne vois rien qui me paraisse plus convenable.

Elle sort.

JACINTHE

Qu'as-tu donc depuis quelques jours, Coquin, que tu es si triste? Toi qui étais si gai, si joyeux! D'où vient ce changement?

COQUIN.

Que veux-tu? je me suis mis à faire l'homme d'esprit, et mal m'en a pris. J'ai été saisi d'une mélancolie qui me tue.

JACINTHE.

Mélancolie, dis-tu? Qu'est-ce donc que la mélancolie?

COQUIN.

C'est une espèce de maladie qu'on ne connaissait pas et qui n'existait pas il y a deux ans. Elle est née subitement, je ne sais comme; elle a gagné de proche en proche, et chacun aujourd'hui prétend en être atteint. On ne voit plus de tous côtés que mélancolie et mélancoliques. — Mais voici mon maître..

JACINTHE, *à part.*

Mon Dieu! mon Dieu! je cours avertir ma maîtresse.

Entre DON GUTIERRE.

DON GUTIERRE.

Un moment, Jacinthe; où vas-tu?

JACINTHE.

Où je vais, moi, monseigneur?

DON GUTIERRE.

Ne me réponds pas ainsi par des questions. Où allais-tu? La vérité!

JACINTHE.

La vérité, monseigneur, est bien simple; j'allais prévenir ma maîtresse de votre arrivée.

DON GUTIERRE, *à part.*

O infâmes servantes! ce sont des ennemis que nous entretenons

parmi nous..... Mon entrée ici les a bien troublés tous deux.....
(*Haut.*) Ce n'était que pour cela seulement que tu courais ?

JACINTHE.

Oui, monseigneur, certainement.

DON GUTIERRE, *à part*.

Je ne saurai rien d'elle ; adressons-nous à l'autre, il est plus franc. (*Haut.*) Coquin, tu m'as toujours fidèlement servi, et, de ta part, tu n'as eu qu'à te louer de mes bontés. Je me confie à toi. Voyons, dis-moi, dis-moi, pour Dieu ! ce qui se passe.

COQUIN.

Je l'ignore, monseigneur !... Je vous assure bien, monseigneur... Plût au ciel, monseigneur...

DON GUTIERRE.

Pas si haut! plus bas! — Pourquoi t'es-tu ému de la sorte à mon entrée ?

COQUIN.

C'est que... je m'émeus facilement.

DON GUTIERRE, *à part*.

Il n'y a pas moyen de rien savoir. Ils se sont fait des signes l'un à l'autre. (*Haut.*) Retirez-vous tous deux.

Coquin et Jacinthe sortent.

DON GUTIERRE seul.

O mon honneur! je vous plains!... — Doña Mencia est occupée à écrire... — Voyons ce qu'elle écrit.

SCÈNE III.

Une chambre.

DOÑA MENCIA, DON GUTIERRE.

Doña Mencia est assise devant une table. Entre don Gutierre. Il s'approche sans bruit et s'empare de la lettre. Doña Mencia s'évanouit.

DOÑA MENCIA.

Ah Dieu ! que le ciel me soit en aide !

DON GUTIERRE.

La voilà privée de sentiment et froide comme un marbre !... — (*Il lit.*) « Monseigneur, je prie Votre Altesse de ne pas s'éloigner... » (*Il parle.*) Elle le prie de ne pas s'éloigner !... Mon malheur est si grand que je m'en réjouis presque et m'en enorgueillis !... Je serais tenté de lui donner la mort sans retard !... mais non ; je dois procéder avec prudence. — Commençons par écarter d'ici tous mes gens, les valets, les servantes. — O mon honneur! comme Mencia est la femme que j'ai le plus aimée en ma vie, permettez que j'aie pour elle une dernière pitié; permettez, si je la tue, que je ne tue pas du moins son âme!

Il écrit quelques mots au bas de la lettre et sort.

DOÑA MENCIA, *revenant à elle*.

Grâce, monseigneur! Retenez votre épée!.. Je ne suis point

coupable! Le ciel le sait bien que je meurs innocente!... Détournez, ah! détournez ce fer de mon sein!... Arrêtez! je ne suis point coupable; je suis innocente! — Comment! Gutierre n'était-il pas ici tout à l'heure?... Il m'a semblé pourtant que je le voyais, et il me plongeait sa dague dans le cœur, et je mourais baignée dans mon sang!... — Ah! Dieu! cet évanouissement n'a-t-il été qu'un essai de ma mort?... — C'est ma lettre qui en est cause!... Il faut que je la déchire au plus tôt. — Mais qu'est-ce? l'écriture de don Gutierre!... Qu'a-t-il donc à me dire? — (*Elle lit.*) «L'amour t'adore, mais l'honneur te déteste; c'est pourquoi celui-ci te tue et l'autre t'avertit. Tu n'as plus que deux heures à vivre; tu es chrétienne, sauve ton âme. Pour ta vie, c'est impossible.» (*Elle parle.*) Que Dieu me soit en aide!... Holà, Jacinthe!... — Point de réponse! — Holà, Jacinthe!... — La maison est déserte!... — Hélas! on a fermé la porte!... Oh! l'affreux tourment!... Ces fenêtres sont garnies de barreaux, et elles donnent sur un jardin; on ne m'entendrait pas si j'appelais!... O ciel! où irai-je! O mon Dieu! sauvez-moi!

Elle sort.

SCÈNE IV.

Une rue, la nuit.

Entrent LE ROI et DON DIÈGUE.

LE ROI.

A la fin Henri est parti?

DON DIÈGUE.

Oui, Sire, il a quitté Séville à l'entrée de la nuit.

LE ROI.

En vérité, il se flattait, le présomptueux, que, seul au monde, il pourrait se jouer de moi impunément. — Et où va-t-il?

DON DIÈGUE.

A Consuegra, je présume.

LE ROI.

L'infant a sa maîtrise dans cette cité; il y sera joint par mon autre frère, et ils essaieront tous deux de se venger de moi.

DON DIÈGUE.

Non, sire; j'espère bien qu'ils considéreront l'un et l'autre que vous êtes leur frère et leur roi, et qu'à ce double titre vous avez droit à leur obéissance.

LE ROI.

Le temps nous l'apprendra. — Henri emmène-t-il quelqu'un avec lui?

DON DIÈGUE.

Oui, sire, don Arias.

LE ROI.

C'est son grand confident.

DON DIÈGUE.

Il y a de la musique dans cette rue.

LE ROI.

Allons un peu de son côté; peut-être qu'elle me calmera. Il n'y a pas de meilleur remède contre la tristesse que la musique. — C'est le prélude d'une romance. Écoutons.

UNE VOIX, *chantant*.

L'infant don Henri de Castille
A pris tantôt congé du roi,
Et vient de sortir de Séville;
Mais personne ne sait pourquoi.

LE ROI.

Qu'est-ce donc qu'ils chantent là, ces misérables? — Don Diègue, courez, vous, par cette rue, tandis que j'irai de ce côté. Il ne faut pas que l'insolent nous échappe.

Ils sortent.

SCÈNE V.

Une chambre.

Entrent DON GUTIERRE et un CHIRURGIEN; ce dernier a un bandeau sur les yeux.

DON GUTIERRE.

Entre, Ludovico, ne crains rien. Il est temps que je t'ôte ce bandeau.

Il lui ôte le bandeau.

LE CHIRURGIEN.

Dieu me protége!

DON GUTIERRE.

Que rien de ce que tu vas voir ne t'étonne.

LE CHIRURGIEN.

Que me voulez-vous donc, seigneur? — vous m'avez tiré de ma maison au milieu de la nuit. A peine avons-nous été dans la rue, que vous m'avez mis un poignard sur le cœur et que vous m'avez commandé de me laisser bander les yeux. J'ai cédé sans résistance. Puis vous m'avez dit de ne point me découvrir, qu'il y allait de ma vie. J'ai marché au moins une heure avec vous, en faisant mille détours, sans savoir où vous me conduisiez. — Je croyais que là finiraient mes surprises, et voilà qu'une émotion nouvelle et plus vive me saisit en me voyant dans une maison si riche, inhabitée, et en voyant que vous, enveloppé de votre manteau jusqu'aux yeux, vous vous tenez immobile devant moi. — Que me voulez-vous donc, seigneur?

DON GUTIERRE.

Attends-moi là un instant.

Il sort.

JOURNÉE III, SCÈNE V.

LE CHIRURGIEN.

Qu'est-ce que tout cela signifie? — Une terreur profonde s'empare de mon cœur. Que le ciel me protége!

DON GUTIERRE, *revenant.*

Il est temps que tu entres; mais avant, écoute. — Ce poignard te percera le sein si tu me refuses ce que je vais te demander. — Approche-toi de cette chambre. Qu'y vois-tu?

LE CHIRURGIEN.

Je vois je ne sais quoi qui ressemble à un mort, étendu sur un lit; il y a de chaque côté une torche, et sur le devant un crucifix; mais il me serait impossible de dire qui cela est, parce que le visage est couvert de voiles épais.

DON GUTIERRE.

Eh bien! à ce vivant cadavre que tu vois, il faut que tu donnes la mort.

LE CHIRURGIEN.

Que me commandez-vous?

DON GUTIERRE.

Que tu la saignes. — que tu laisses saigner sa blessure, — et que tu demeures près d'elle et la surveilles jusqu'à ce que tout son sang soit sorti et qu'elle expire. Ne me réplique point si tu tiens à ma pitié.

LE CHIRURGIEN.

Seigneur, je le sens, je ne pourrai jamais...

DON GUTIERRE.

Celui qui a conçu un tel projet, si rigoureux et si cruel, et qui a résolu de l'accomplir, te donnera la mort sans balancer. — Eh bien?

LE CHIRURGIEN.

Ah! monseigneur!

DON GUTIERRE.

Que décides-tu?

LE CHIRURGIEN.

Je ne veux point mourir.

DON GUTIERRE.

Alors, — obéis.

LE CHIRURGIEN.

Je suis prêt.

DON GUTIERRE.

Tu fais bien; rien ne m'eût arrêté. Entre devant moi. Je t'observe d'ici, Ludovico.

Le chirurgien sort.

DON GUTIERRE, *seul.*

Je n'avais que ce moyen de me venger sans qu'on le sache. On aurait aperçu des blessures; le poison aurait laissé des traces... Maintenant, quand je dirai qu'elle avait besoin d'être saignée et que les bandes se sont détachées, personne ne pourra me prouver le contraire. — Quant à cet homme, ç'a été une bonne précaution de l'amener ici de la sorte. Il ne sait où il est, et s'il raconte qu'il a saigné par force une femme, il lui sera impossible de dire quelle femme. D'ailleurs, au besoin, quand ce sera fini et que je l'aurai accompagné assez loin de ma maison, — j'ai mon poignard. — Je suis médecin de mon honneur, il faut que je lui rende la vie avec une saignée. La saignée est à la mode aujourd'hui.

Il sort.

SCÈNE VI.

Une rue.

Entrent LE ROI et DON DIÈGUE.

LE ROI.

L'as-tu rencontré à la fin?

DON DIÈGUE.

Je n'ai pas été plus heureux que vous, Sire.

UNE VOIX *chante dans l'éloignement.*
L'infant don Henri de Castille
A pris tantôt congé du roi, etc.

LE ROI.

Eh bien! don Diègue?

DON DIÈGUE.

Sire?

LE ROI.

Maudit soit l'insolent! — C'est dans cette rue que l'on chante. Sachons qui c'est.... à moins que ce ne soit le vent par hasard!

DON DIÈGUE.

Eh! sire, ne vous inquiétez pas d'une pareille sottise. Que vous importe que l'on ait composé et que l'on chante une mauvaise romance de plus ou de moins à Séville?

LE ROI.

Deux hommes viennent par ici.

DON DIÈGUE.

Nous n'avons qu'à les interroger.

Entrent DON GUTIERRE et LE CHIRURGIEN.

DON GUTIERRE, *à part.*

Je ne sais pourquoi le ciel m'empêche d'assurer mon secret en tuant cet homme. — En voilà deux autres qui s'avancent; il importe que je m'éloigne. (*Au Chirurgien.*) Attends-moi ici, Ludovico.

Il sort.

DON DIÈGUE.

Sire, l'un des deux hommes qui venaient s'est enfui; je n'en vois plus qu'un.

LE ROI.

Il n'y en a plus qu'un en effet. — Mais regarde donc; il semble qu'il ait la tête et la moitié du corps toutes blanches; on dirait, à travers la faible lumière du crépuscule, un fantôme.

DON DIÈGUE.

Que votre majesté n'avance pas; moi, j'irai.

LE ROI.

Non, laisse-moi aller, don Diègue. (*Au Chirurgien.*) Qui es-tu, homme?

LE CHIRURGIEN, *ôtant un drap qui lui couvre la tête.*

Le roi!

LE ROI.

Que signifie ce déguisement? Qui es-tu?

LE CHIRURGIEN.

Sire, — car j'ai reconnu la voix de votre majesté, — deux motifs m'empêchent de vous répondre ainsi que je le dois : d'abord l'humble profession de celui qui vous parle, qui n'est qu'un pauvre chirurgien; et ensuite la surprise et l'horreur où je suis encore à la suite de la plus étonnante aventure.

LE ROI.

Que t'est-il donc arrivé?

LE CHIRURGIEN.

Permettez que je vous le dise à part, à vous seul.

LE ROI.

Éloigne-toi un peu, don Diègue.

DON DIÈGUE, *à part.*

Il s'est déjà passé bien des choses bizarres cette nuit... La journée avait été déjà assez mauvaise... Que le ciel me tire de là sain et sauf!

LE ROI.

Mais quelle était cette femme?

LE CHIRURGIEN.

Je n'ai point vu son visage. Au milieu de soupirs plaintifs elle disait : «Je ne suis point coupable! Je meurs innocente! Que Dieu ne vous demande pas compte de ma mort!» Elle a expiré en disant cela. Aussitôt l'homme a éteint les deux flambeaux, il m'a recouvert la tête de ce drap, et, si je ne me trompe, nous nous en sommes allés par le même chemin par où nous étions venus. En entrant dans cette rue il a entendu du bruit et il m'a laissé seul. Il me reste à vous prévenir qu'étant sorti les mains toutes mouillées de sang, j'en ai taché tous les murs contre lesquels je faisais semblant de m'appuyer. Par là il sera facile de retrouver la maison.

LE ROI.

C'est bien. Ne manquez pas de venir me conter ce que vous aurez appris. J'entends qu'on vous laisse parler à moi à quelque heure du jour que vous veniez. Prenez cette bague; vous n'aurez qu'à la montrer.

LE CHIRURGIEN.

Que le ciel vous garde, sire!

Il sort.

LE ROI.

Ah! don Diègue!

DON DIÈGUE.

Qu'y a-t-il, sire?

LE ROI.

L'aventure du monde la plus étonnante.

DON DIÈGUE.

Vous paraissez triste.

LE ROI.

Je n'en ai que trop de raisons, et je suis accablé de fatigue.

DON DIÈGUE.

Votre majesté ferait bien peut-être d'aller se reposer. Voilà le jour qui commence à paraître là-bas à l'horizon.

LE ROI.

Je ne puis aller me reposer jusqu'à ce que je sois instruit d'une chose qui m'intéresse vivement.

Entre COQUIN.

COQUIN.

Sire, quand même vous devriez me tuer pour vous avoir reconnu, j'ai à vous parler. Daignez m'entendre.

LE ROI.

Tes plaisanteries sont hors de saison.

COQUIN.

Écoutez-moi; je viens vous parler sérieusement. Je veux vous faire pleurer, puisque je ne peux vous faire rire. — Le seigneur don Gutierre, mon maître, trompé par les apparences, avait conçu d'injustes soupçons sur la fidélité de sa femme. Aujourd'hui, ou pour mieux dire hier, il l'a surprise qui écrivait une lettre à l'infant, où elle l'engageait à ne pas s'éloigner de Séville, de peur que ce départ subit ne portât préjudice à sa réputation. Il est entré et lui a enlevé cette lettre. Après s'être livré à mille transports de jalousie, il a renvoyé tous ses domestiques, hommes et femmes; il a fermé toutes les portes et il est demeuré seul avec elle. Je crains un malheur. Sauvez-la, sire; sauvez ma maîtresse!

LE ROI.

Comment pourrais-je te récompenser?

COQUIN.

En rompant notre marché, en renonçant à l'action que vous avez contre mes dents.

LE ROI.

Ce n'est pas l'heure de rire.

COQUIN.
Hélas! ce n'est jamais cette heure-là : la vie est si triste!
LE ROI.
Avant que le jour n'ait paru, marchons, don Diègue. Il m'est venu une idée. Nous entrerons, sous un prétexte quelconque, dans la maison de don Gutierre; une fois là, j'examinerai à loisir les circonstances de cet incident, et après je prononcerai comme juge suprême.
DON DIÈGUE.
Je ne puis qu'approuver votre majesté.

Ils marchent.

COQUIN.
Vous allez à la maison de don Gutierre, sire? La voilà, c'est celle-ci.
LE ROI.
Celle-ci, dis-tu?
COQUIN.
Oui, sire.
LE ROI.
Arrête, don Diègue, et regarde!
DON DIÈGUE.
Qu'est-ce donc?
LE ROI.
Ne vois-tu pas une main sanglante empreinte sur cette porte?
DON DIÈGUE.
Pardon, sire; j'en suis surpris et effrayé.
LE ROI, *à part.*
Don Gutierre a été bien cruel de commettre une telle action!... Je ne sais que résoudre. Il s'est rigoureusement vengé!

Entrent DOÑA LÉONOR *et* INÈS.

DOÑA LÉONOR.
Rendons-nous sans délai à la messe avant que le jour ne paraisse. Je ne veux pas que l'on me voie à Séville, où les médisans prétendraient que j'oublie aisément mes peines. Dépêchons, Inès.—Mais j'aperçois du monde par là. Ciel! le roi! Que fait-il donc devant cette maison?
INÈS.
Couvrez-vous de votre voile en passant.
LE ROI.
La précaution est inutile, madame; je vous ai reconnue.
DOÑA LÉONOR.
Je voulais, sire, éviter vos regards de peur que ma présence ne vous fût importune.
LE ROI.
Vive Dieu! madame, ce serait à moi à me cacher de vous, puis-

que vous êtes mon créancier, car vous avez un engagement de moi ; je vous ai donné ma parole de satisfaire à votre honneur, et je n'y manquerai pas à la première occasion.

DOÑA LÉONOR.

Vous me comblez, sire.

DON GUTIERRE, *du dehors*.

O ciel inexorable! que ne laisses-tu tomber ta foudre sur le plus infortuné des hommes, afin de le réduire en poussière?

LE ROI.

D'où partent ces cris?

DON DIÈGUE.

C'est don Gutierre qui sort comme un insensé de sa maison.

Entre DON GUTIERRE.

LE ROI.

Où allez-vous ainsi, don Gutierre?

DON GUTIERRE.

Ah! sire, qu'est-il besoin que votre majesté apprenne mes malheurs?

LE ROI.

Je veux en être instruit. Parlez.

DON GUTIERRE.

Hélas! sire, vous entendrez le récit le plus triste que jamais homme ou roi ait entendu. — Écoutez. — Doña Mencia, mon épouse bien-aimée, que j'adorais de toute la puissance de mon âme, Mencia, qui était si belle et en même temps si attachée à son devoir, si chaste, si vertueuse, — que la renommée redise au loin cet éloge! — Mencia, cette nuit, a été prise tout-à-coup de l'indisposition la plus grave... Un médecin, le meilleur médecin qui soit au monde et qui mérite des louanges éternelles, a visité la malade et ordonné contre son mal, comme le seul remède, une saignée. Là-dessus le chirurgien est venu ; c'est moi-même qui le suis allé chercher parce que, mes domestiques étant sortis, je n'avais personne à la maison. Bref, ce matin j'ai voulu entrer dans sa chambre. Que vous dirai-je? J'ai vu tout son lit, tous ses draps couverts de sang ; et elle, au milieu, gisait étendue morte... Sans doute les bandes qu'on lui avait liées autour du bras s'étaient défaites. — Mais en voilà assez : je n'essaierai point d'exprimer par des paroles une infortune si lamentable. Tournez les yeux de ce côté, sire, et vous verrez le soleil terni, la lune obscurcie, les étoiles pâlies : — vous verrez la beauté, naguère si brillante, qui n'est plus ici-bas qu'une image sans nom, et qui, pour mon malheur, a emporté mon âme avec elle.

La décoration du fond s'enlève, et l'on aperçoit doña Mencia sur son lit.

LE ROI, *à part*.

Voilà une étrange aventure!... La prudence est ici nécessaire

Quelle singulière et atroce vengeance!... (*Haut.*) Dérobez-moi cette horreur: j'ai assez vu ce spectacle d'épouvante et de deuil! Gutierre, vous devez avoir besoin de consolations dans une telle disgrâce. Je vous en trouverai une, la seule qui soit digne de vous. Donnez la main à Léonor. Il est temps que vous répariez vos torts envers elle, il est temps que je lui tienne ma parole: je lui ai promis d'accorder une juste réparation à son mérite et à sa renommée.

DON GUTIERRE.

Sire, puisque les cendres d'un si grand incendie sont encore toutes brûlantes, permettez que je pleure sur mon bonheur détruit. Ne dois-je pas profiter d'une pareille leçon?

LE ROI.

Il faut que cela soit: point de réplique.

DON GUTIERRE.

Quoi! sire, vous voulez qu'à peine échappé à ce naufrage j'affronte de nouveau la mer et ses tempêtes! Quelle serait mon excuse?

LE ROI.

L'ordre de votre roi.

DON GUTIERRE.

Sire, daignez écouter à l'écart mes raisons.

LE ROI.

Qu'avez-vous à me dire?

DON GUTIERRE.

Si mon infortune est telle une autre fois que je trouve votre frère mystérieusement couvert de son manteau, la nuit, dans ma maison?

LE ROI.

Eh bien! vous repousserez des soupçons mal fondés.

DON GUTIERRE.

Et si je trouve encore dans ma chambre le poignard de don Henri?

LE ROI.

Eh bien! vous vous direz que l'on a mille fois suborné des servantes, et vous en appellerez à la force de votre âme.

DON GUTIERRE.

Et si je vois l'infant rôder nuit et jour autour de ma maison?

LE ROI.

Eh bien! vous vous plaindrez à moi.

DON GUTIERRE.

Et si, lorsque je viens pour me plaindre, obligé de me cacher, je l'entends qui me dévoile un plus grand malheur?

LE ROI.

Qu'importe, s'il vous désabuse et si vous apprenez que la beauté de votre femme a été défendue constamment par sa vertu?

DON GUTIERRE.

Et si, de retour à ma maison, je surprends une lettre par laquelle on prie l'infant de ne pas s'éloigner?

LE ROI.

Il y a remède à tout.

DON GUTIERRE.

Est-il possible qu'il y en ait un à cela?

LE ROI.

Oui, Gutierre.

DON GUTIERRE.

Lequel, sire?

LE ROI.

Le vôtre même.

DON GUTIERRE.

Et quel est-il?

LE ROI.

La saignée!

DON GUTIERRE.

Que dites-vous?

LE ROI.

Je dis que vous fassiez nettoyer la porte de votre maison, car on y voit empreinte une main ensanglantée.

DON GUTIERRE.

Sire, ceux qui exercent un office public ont coutume de placer au-dessus de leur porte un écu à leurs armes. Mon office à moi, c'est l'honneur. Et c'est pourquoi j'ai mis au-dessus de ma porte ma main baignée dans le sang, parce que l'honneur, sire, ne se lave qu'avec du sang.

LE ROI.

Donnez donc votre main à Léonor; je sais qu'elle en est digne.

DON GUTIERRE.

J'obéis. — Mais considérez bien qu'elle est tachée de sang, Léonor.

DOÑA LÉONOR.

Peu m'importe, je n'en suis ni étonnée ni effrayée.

DON GUTIERRE.

Considérez, Léonor, que j'ai été le médecin de mon honneur, et que je n'ai pas oublié ma science.

DOÑA LÉONOR.

Avec elle vous guérirez ma vie, si elle devient mauvaise.

DON GUTIERRE.

A cette condition, voilà ma main.

TOUS LES PERSONNAGES.

Ainsi finit le Médecin de son honneur. Pardonnez-en les nombreuses imperfections.

FIN DU MÉDECIN DE SON HONNEUR.

LA DÉVOTION A LA CROIX.

(LA DEVOCION A LA CRUZ.)

NOTICE.

En prenant le mot *comédie* dans le sens espagnol, pour désigner une pièce de théâtre, nous dirons que la *Dévotion à la Croix* est une des comédies les plus remarquables qu'ait enfantées le génie de Calderon.

Le sujet en est assez singulier. Voulant célébrer les avantages de la dévotion à la Croix, le poète a imaginé un jeune homme d'un caractère ardent et farouche, livré tout entier à une passion criminelle, et qui, pour l'assouvir, commet tous les crimes; puis, comme ce jeune homme se trouve placé, dès sa naissance, sous la protection mystérieuse de la Croix, pour laquelle il professe une dévotion toute particulière, il obtient en mourant l'absolution de ses péchés, et il est sauvé.

Certes, voilà pour nous Français du dix-neuvième siècle un sujet de comédie bien bizarre, bien étrange; et si, avant d'aborder cette *lecture*, nous n'avons pas la force de nous arracher aux idées sous l'influence desquelles nous vivons, il est difficile qu'une pareille œuvre nous intéresse, ou même qu'elle n'excite pas notre dédain. Mais si vous avez le pouvoir d'oublier pour un moment vos opinions, votre éducation, vos études, Montaigne et Voltaire; si vous pouvez pour un moment vous dégager de votre esprit critique et de votre scepticisme; si, par la pensée, vous pouvez vous faire Espagnol, Espagnol du seizième siècle, Espagnol de Philippe II, c'est-à-dire zélé et ardent catholique; si, abjurant le libre usage de votre raison, vous vous soumettez aveuglément, comme un humble esclave, à la foi; si vous considérez l'Inquisition comme une institution salutaire, protectrice, et digne de tous vos respects; si vous approuvez dans votre cœur et l'expulsion des Morisques et la guerre de l'Alpujara; si vous applaudissez aux secours prêtés à la Ligue, — et au départ de l'*Armada* qui doit détruire l'hérétique Angleterre,—et à ce fanatisme implacable qui animait les conquérans américains; en un mot, si, pour juger ce drame, vous vous placez au point de vue du poète, oh! alors, lisez,—lisez la *Dévotion à la Croix*, et, je ne crains pas de vous le prédire, vous reconnaîtrez dans cette œuvre un puissant génie, un grand et habile maître.

Le caractère d'Eusebio, le personnage principal, est dessiné avec beaucoup de vérité et de vigueur, et quelques traits de celui de Julia dénotent une connaissance profonde du cœur féminin. Dans la composition l'on remarquera, sans doute, les belles situations de la première journée, la scène du cloître de la seconde, et vers la fin de la troisième, cette scène d'un effet si poétique et en même temps si théâtral, où Eusebio, déjà enseveli, appelle le vieux prêtre pour lui donner l'absolution. Enfin, quant au style, il est merveilleusement en harmonie avec les idées et les sentimens qui dominent dans l'ouvrage, et s'il ne satisfait pas toujours une raison exacte, du moins s'adresse-t-il vivement à l'imagination et à l'âme.

Dans un passage de cette comédie où il est question du pape Urbain III, Calderon nous avertit que la scène se passe vers les commencemens du treizième siècle ; mais par les idées, les sentimens, les mœurs, le costume, ses personnages sont des Espagnols de la fin du seizième. Pourquoi donc Calderon a-t-il indiqué à ses spectateurs une époque aussi reculée ? Ne serait-ce pas pour leur montrer un lointain plus poétique, et par là frapper plus fortement leur imagination ?

La Dévotion à la Croix, qui a eu pour traducteur en Allemagne le célèbre W. Schlegel, n'avait pas encore été traduite en France. Cependant elle ne peut pas y être tout-à-fait inconnue. Un de nos critiques les plus distingués, qui joint à des connaissances étendues, à un sentiment vif et délicat des beautés de l'art un remarquable talent d'exposition, M. Philarète Chasles, en a donné, il y a quelques années, dans la *Revue de Paris*, une analyse très-ingénieuse et très-éloquente.

LA DÉVOTION A LA CROIX.

PERSONNAGES.

EUSEBIO.
LISARDO.
CURCIO, vieillard.
OCTAVIO.
CELIO.
RICARDO.
JULIA, dame.

ARMINDE, suivante.
GIL, paysan bouffon (villano gracioso).
MENGA, paysanne bouffonne (villana graciosa).
ALBERTO, prêtre.
BANDITS et PAYSANS.

La scène se passe en Espagne.

JOURNÉE PREMIÈRE.

SCÈNE I.

Un terrain désert au milieu des montagnes. On aperçoit dans le lointain une croix.

GIL et MENGA parlent hors de la scène.

MENGA.
Voyez donc où va cette bourrique !

GIL.
Hue! diablesse! hue! coquine!

MENGA.
Voyez donc où elle s'est fourrée ! Harre, par ici!

GIL.
Le diable t'emporte!... J'ai beau la tirer par la queue à la lui arracher, impossible! La queue me resterait plutôt entre les mains[1] !

Gil et Menga entrent sur la scène.

MENGA.
Tu as fait là quelque chose de beau, Gil !

GIL.
Tu as fait là quelque chose de beau, Menga ! car la faute en est à toi : tu montais la bête, et tu lui as dit à l'oreille de se mettre dans le fossé pour me faire pester.

MENGA.
Oui! c'est toi-même qui le lui as dit pour me faire tomber.

[1] *No ay quién una cola tenga,*
Pudiendo tenella mil ?

Littéralement : « N'y a-t-il personne au monde qui ait une queue, mille pouvant l'avoir ? » Le sens de ces deux vers est assez obscur, et peut-être y a-t-il sous le mot *cola, queue,* quelque plaisanterie d'un goût fort équivoque.

GIL.

Comment allons-nous la tirer de là ?

MENGA.

Je croyais que tu voulais la laisser dans le fossé.

GIL.

Je ne pourrai pas moi tout seul.

MENGA.

Je vais tirer par la queue : toi, tire par les oreilles.

GIL.

Le mieux serait de faire comme on fit dernièrement avec un carrosse qui s'était embourbé à la cour [1]. Ce carrosse, que Dieu bénisse! traîné par deux méchantes rosses, avait l'air d'un pauvre carrosse honteux, et, par suite de la malédiction paternelle, il allait tristement, non pas de porte en porte, mais se balançant de droite et de gauche embourbé dans un ruisseau. Le cavalier priait, le cocher fouettait, et tous deux, moitié de gré, moitié de force, tâchaient de se tirer de là. Mais ils avaient beau faire; mon carrosse ne bougeait pas. A la fin, voyant que tout avait été inutile, ils mirent devant le carrosse une mesure d'orge; et aussitôt les chevaux, pour manger, tirèrent de telle façon, qu'ils furent bientôt hors du fossé. Nous pouvons faire de même.

MENGA.

Tous tes contes ne valent pas un maravédis [2].

GIL.

C'est que, Menga, je souffre de voir un animal affamé là où il y a des animaux rassasiés.

MENGA.

Je vais sur le chemin voir un peu s'il ne passe pas des gens du village, les premiers venus, afin qu'on vienne t'aider; car toi, tu ne te donnes pas beaucoup de mal.

GIL.

Voilà, Menga, que tu m'accuses encore ?

MENGA, *à part.*

Ah! bourrique de mon âme!

Elle sort

GIL.

Ah! bourrique de mes entrailles!... Tu étais, je puis le dire, la plus honorable bourrique de tout le village. Jamais on ne t'a vue en mauvaise compagnie. Tu n'aimais nullement à battre le pavé, et tu avais plus de plaisir lorsqu'on te laissait bien tranquille à l'écurie, que lorsqu'on te menait dehors. Pleine de réserve et de fierté, jamais, je l'atteste, tu ne t'es mise à la fenêtre pour voir passer

---

[1] En Espagne, on appelle la cour (*la corte*) la ville où réside le souverain.

[2] *Que nunca valen dos cuartos tus cuentos.* Le *cuarto*, comme nous l'avons déjà dit, était une pièce de monnaie de la moindre valeur.

aucun âron. Ta langue, je le sais, ne méritait pas une telle disgrâce, car jamais tu n'en fis mauvais usage; et, toujours animée des meilleurs sentimens, quand tu ne pouvais pas achever ce qu'on te donnait à manger, tu l'abandonnais généreusement à une bourrique plus pauvre. (*On entend du bruit au dehors.*) Mais quel est ce bruit?... Voilà deux hommes à cheval qui mettent pied à terre... ils attachent leurs chevaux... et se dirigent de ce côté. Pourquoi donc sont-ils si pâles et viennent-ils dans la campagne si matin?... Il faut nécessairement qu'ils aiment à manger de la terre glaise, ou qu'ils aient quelque obstruction [1]. Et si c'étaient par hasard des brigands!... Cela ne m'étonnerait pas.. mais qu'ils soient ce qu'ils voudront, je vais me cacher... car ils viennent, ils approchent, ils arrivent, ils entrent.

Il se cache.

Entrent LISARDO et EUSEBIO.

LISARDO.

N'allons pas plus avant. Ce lieu solitaire et écarté du chemin est bon pour ce que je veux. Tirez votre épée, Eusebio; c'est pour nous battre que je vous ai conduit ici.

EUSEBIO.

Bien que ce ne soit plus le moment de nous expliquer, puisque nous voilà sur le terrain, cependant je voudrais savoir de vous quel motif vous anime ainsi. Dites, Lisardo, quel sujet de plainte vous ai-je donné?

LISARDO.

J'ai tant de raisons pour me plaindre de vous, que la voix me manque pour les dire, et que la patience fait défaut à ma douleur. Aussi, Eusebio, j'aurais voulu les taire; j'aurais même voulu les oublier, parce que je crains, en les rappelant, de renouveler mon injure. (*Il lui montre des lettres.*) Connaissez-vous ces papiers?

EUSEBIO.

Jetez-les à terre, je les ramasserai.

LISARDO.

Prenez. Qui vous arrête? Qui vous trouble?

EUSEBIO.

Ah! malheur, malheur mille fois à l'homme qui confie ses secrets au papier! car c'est une pierre lancée dans les airs; et si l'on sait qui la tire cette pierre, on ne sait pas où elle peut tomber.

LISARDO.

Avez-vous reconnu ces papiers?

---

[1] *. . . Cosa es cierta*
Que comen barro, ó están
Opilados.

Cette sorte de goût dépravé qui porte à manger les choses même les plus nuisibles se voit assez fréquemment en Espagne, surtout chez les jeunes filles qui passent à l'âge nubile. — Les promenades du matin étaient recommandées pour les obstructions.

EUSEBIO.

Je n'essaierai point de le nier : ils sont tous de ma main.

LISARDO.

Eh bien! moi, je suis Lisardo de Sena, fils de Lisardo Curcio. Mon père, par suite d'une prodigalité sans bornes, a consumé en quelques années le bien que lui avaient laissé ses ancêtres, sans songer combien coupable est l'homme qui par ses dépenses excessives rend pauvres ses enfans; mais enfin la nécessité, bien qu'elle soit une tache pour la noblesse, n'exempte pas des devoirs qu'elle impose. Donc Julia—le ciel sait combien il m'en coûte de prononcer ce nom! — ou n'a point su observer ces devoirs, ou ne les a jamais connus... mais enfin Julia est ma sœur. Plût à Dieu qu'il n'en fût pas ainsi!... Et songez qu'aux femmes de sa naissance on ne fait pas la cour au moyen de billets doux, ni de propos galans, ni de messages secrets, ni d'infâmes entremetteuses. Je ne vous accuse pas, vous, en tout ceci; je conviendrai même, s'il le faut, que je me serais conduit comme vous si une dame m'eût autorisé à lui rendre des soins; mais je vous accuse, parce que vous étiez mon ami, et c'est là ce qui vous rend plus coupable à mon égard. Si ma sœur vous a plu pour femme, car je ne pense pas que vous l'ayez jamais regardée dans une autre intention... je ne crois pas même que vous ayez pu vous flatter de l'espoir de l'obtenir... car, vive Dieu! plutôt que de la voir mariée avec vous j'aimerais mieux la voir morte de mes mains... Enfin, si vous la souhaitiez pour femme, il eût été juste de faire part de vos désirs à mon père plutôt qu'à elle; ce procédé vous était indiqué par l'honneur; et alors mon père eût examiné s'il lui convenait de vous l'accorder, et, si je ne me trompe, il n'y eût point consenti; car, en pareille circonstance, lorsqu'un cavalier ne peut pas donner à sa fille une fortune proportionnée à sa qualité, plutôt que de faire une mésalliance, il la met dans un couvent. — C'est le parti auquel mon père s'est arrêté à l'égard de ma sœur Julia; et demain, sans plus de retard, de gré ou de force elle prendra le voile. Et comme il ne serait pas bien qu'une religieuse conservât des gages d'un si fol amour, d'une si honteuse faiblesse, je les remets en vos mains, bien résolu non pas seulement à m'en défaire, mais à me défaire aussi de l'homme de qui elle les tient. Tirez donc votre épée, et que l'un de nous reste ici mort; vous, pour que vous ne continuiez pas vos assiduités, ou moi pour que je n'en sois pas témoin.

EUSEBIO.

Abaissez votre épée, Lisardo; et puisque j'ai eu assez de sang-froid pour entendre tout ce que vous m'avez dit de méprisant, veuillez écouter ma réponse. Et, bien que le récit de mes aventures soit long et qu'il puisse paraître inutile à votre impatience, puisque nous sommes seuls et que nous devons nous battre, et que l'un de nous doit mourir; cependant, pour le cas où le ciel permettrait que je succombasse, écoutez des prodiges qui étonnent et des merveilles qui confondent, que ma mort ne doit pas laisser ensevelis dans un éternel silence. — J'ignore qui fut mon père, mais je sais que je naquis au pied d'une croix, et que j'eus pour berceau une pierre. Rien de plus singulier que ma naissance, s'il faut en croire les bergers qui me trouvèrent de la sorte à la partie inférieure de ces montagnes. Ils disent que trois jours durant ils entendirent mes cris, mais qu'ils ne vinrent pas dans le lieu sauvage où j'étais, par crainte des bêtes féroces. Pour moi, je ne reçus d'elles aucun mal : sans doute elles respectèrent la croix qui me protégeait. Un berger, qui par hasard était venu à la recherche d'une brebis égarée, me trouva où j'étais, me porta au village où demeurait Eusebio, lequel n'y était pas venu en ce moment sans motif, lui conta ma naissance miraculeuse, et la clémence du ciel vint en aide à la sienne. Ce seigneur donna l'ordre que l'on me portât dans sa maison, et m'y fit élever comme son fils. Je suis donc Eusebio de la Croix; mon nom me vient de lui et de celle qui fut mon premier guide et ma première garde... Je me livrai par goût aux armes et aux lettres par passe-temps... Eusebio mourut, et j'héritai de son bien... Si ma naissance fut prodigieuse, mon étoile ne l'est pas moins; car elle est tout à la fois mon ennemie et ma protectrice; car tout à la fois elle me met en péril et me conserve. Je n'étais encore qu'un enfant à la mamelle, lorsque mon naturel farouche et barbare montra ses cruels penchans : avec mes seules gencives, mais animé d'une force diabolique, je déchirai le sein où je puisais ma nourriture. Désespérée de douleur et aveuglée de colère, la femme qui me nourrissait me jeta dans un puits à l'insu de tout le monde. Mais on entendit ma voix, on descendit où j'étais, et l'on me trouva, dit-on, sur les eaux, mes tendres mains placées en croix sur mes lèvres [1]... Un jour le feu se mit à la maison, et la flamme impitoyable fermait toute issue et tout passage; cependant je demeurai libre au milieu des flammes sans en être atteint; et depuis, me demandant pourquoi la flamme m'avait épargné, je découvris que ce jour-là était le jour de la Croix [2]... Je contais à peine trois lustres lorsque, allant à Rome par mer, je fus assailli par une affreuse tempête, dans laquelle mon vaisseau heurta contre un écueil caché, s'entr'ouvrit et se brisa : embrassant un madrier, je pus gagner la terre sain et sauf; mais ce madrier avait la forme d'une croix... Un jour, cheminant avec un autre homme dans les chaînes de ces montagnes escarpées, je m'arrêtai pour prier devant une croix que l'on avait placée au partage de deux chemins; pendant ce temps mon compagnon continua sa route; ensuite m'étant hâté pour le rejoindre, je le trouvai qui avait été massacré

---

[1] D'ordinaire les Espagnols représentent la croix en posant le pouce transversalement sur l'index.

[2] La fête de la Croix se célèbre le troisième jour de mai.

par des brigands... Un autre jour, dans une querelle, atteint d'un coup d'épée, je tombai à terre sans pouvoir riposter; et lorsque tout le monde me croyait perdu, on trouva seulement la marque de l'épée sur une croix que je portais suspendue à mon cou et que l'épée avait frappée... Une autre fois, comme je chassais dans cette montagne déserte, tout-à-coup le ciel se couvrit de noirs nuages, déclara la guerre au monde avec d'épouvantables tonnerres, et déversa sur nous une pluie si épaisse qu'on eût dit des lances et des pierres; les autres chasseurs se réfugièrent sous les arbres et les broussailles, comme sous une tente de campagne, et au même instant un coup de foudre réduisit en cendres deux d'entre eux qui étaient les plus rapprochés de moi. Étonné, troublé, confus, j'allai voir ce que c'était, et je trouvai à mes côtés une croix qui est, je pense, la même qui assista à ma naissance et que je porte empreinte sur ma poitrine; car le ciel doit m'avoir désigné par elle à manifester les effets de quelque cause secrète. — Mais bien que je ne me connaisse pas moi-même, un tel esprit m'anime, une telle âme me remplit et m'enflamme, qu'elle me donne le courage de mériter Julia, si, comme je l'espère, la noblesse acquise ne vaut pas moins que celle que l'on a eue par héritage. Voilà ce que je suis. Et bien que je pusse vous donner toute satisfaction, je suis tellement irrité de votre langage outrageant que je ne veux ni me justifier ni entendre vos plaintes. Et puisque vous vous opposez à ce que je sois le mari de votre sœur, ni sa maison, ni un couvent ne la sauveront de mes poursuites, et celle que vous m'avez refusée pour épouse je la prendrai pour dame[1]. C'est ainsi que mon amour désespéré et ma patience offensée veulent châtier vos mépris et venger mon affront.

LISARDO.

Eusebio, où l'épée doit parler la langue doit se taire. (*Ils se battent. Lisardo tombe.*) Je suis blessé!

EUSEBIO.

Quoi! vous n'êtes pas mort?

LISARDO.

Non! et j'ai assez de force dans le bras pour... (*Il essaie de se relever et tombe de nouveau.*) Hélas! le sol se dérobe sous moi.

EUSEBIO.

Et la vie va bientôt vous quitter.

LISARDO.

Ne permettez pas du moins que je meure sans confession.

EUSEBIO.

Meurs, infâme.

LISARDO.

Ne me tuez pas, je vous en conjure par cette croix sur laquelle le Christ est mort.

---

[1] Nous n'avons pas besoin de dire quelle est ici la signification du mot *dame*, que nous avons traduit exactement.

EUSEBIO.

Ce seul mot vous a sauvé. Levez-vous. En entendant cette invocation, je perds toute colère et mon bras est sans force. Levez-vous.

LISARDO.

Je ne puis, car ma vie s'échappe avec mon sang; et si mon âme n'est pas encore partie, c'est que sans doute, parmi tant d'issues, elle ne sait par laquelle sortir.

EUSEBIO.

Eh bien! reprenez courage, et confiez-vous à moi. Ici près se trouve un petit ermitage de moines pénitens; et si vous y arrivez encore en vie, vous pourrez là vous confesser.

LISARDO.

Eh bien! en récompense de votre pitié, je vous donne ma parole que si je mérite de me voir en la divine présence de Dieu, je lui demanderai que vous ne mouriez pas, vous non plus, sans confession.

Eusebio sort en portant Lisardo dans ses bras.

GIL sort de l'endroit où il était caché, et de l'autre côté entrent BLAS, TIRSO, MENGA et TORIBIO.

GIL, *à part.*

A-t-on jamais vu!... La charité est bonne!... mais pour ma part je l'en remercie!... Le tuer, et puis l'emporter sur ses épaules!

TORIBIO, *à Menga.*

Ne disais-tu pas que tu l'avais laissé ici?

MENGA.

Oui, je l'ai laissé ici avec la bête.

TIRSO.

Vois-le là-devant tout étonné.

MENGA.

Que regardais-tu là, Gil?

GIL.

Ah! Menga!

TIRSO.

Que t'est-il arrivé?

GIL.

Ah! Tirso?

TORIBIO.

Qu'as-tu donc vu? Réponds-nous.

GIL.

Ah! Toribio!

BLAS.

Dis-nous donc ce que tu as, Gil, et d'où viennent tes lamentations?

GIL.

Ah! Blas! ah! mes amis!... j'en suis encore tout hébété... Figurez-vous qu'il l'a tué et l'a chargé sur ses épaules. Il l'emporte sans doute pour le saler.

MENGA.

Qui l a tué?

GIL.

Que sais-je?

TIRSO.

Qui est mort?

GIL.

Je ne le sais pas non plus.

TORIBIO.

Qui a-t-on chargé sur ses épaules?

GIL.

Je n'en sais pas davantage.

BLAS.

Et qui l'a emporté?

GIL.

Qui vous voudrez. Mais si vous êtes curieux d'en savoir plus long, venez tous avec moi.

TIRSO.

Où nous conduis-tu?

GIL.

Je ne sais, mais venez; car tous deux vont ici près.

Ils sortent tous.

SCÈNE II.

Une chambre dans la maison de Curcio.

Entrent JULIA et ARMINDE.

JULIA.

Laisse-moi pleurer ma liberté perdue, Arminde, et console-moi en me disant que le terme de ma vie sera le terme de mes chagrins. N'as-tu jamais vu un ruisseau tranquille traverser doucement la campagne, et au moment où l'on croirait qu'il ne peut plus avancer, reparaître plus vif, plus fougueux, et renverser toutes les fleurs charmantes qu'il rencontre en son passage? Eh bien! il en est de même de mes peines et de mes ennuis : long-temps contenus dans mon cœur, ils ont fini par se frayer un passage, et s'échappent de mes yeux en larmes abondantes. Laisse-moi pleurer la rigueur de mon père.

ARMINDE.

Mais, madame, veuillez considérer...

JULIA.

Est-il un sort plus heureux que de mourir de douleur? Une peine qui nous ôte la vie devient une gloire; car il n'y a que les grandes peines qui ôtent la vie.

ARMINDE.

Quel nouveau sujet de chagrin avez-vous donc?

JULIA.
Hélas! ma chère Arminde, toutes les lettres que j'avais d'Eusebio, mon frère Lisardo les a trouvées dans mon secrétaire.

ARMINDE.
Il a donc su qu'elles y étaient?

JULIA.
Ainsi l'a voulu ma mauvaise étoile. Le voyant tout soucieux, je pensai qu'il avait quelques soupçons, mais je ne le croyais pas si bien instruit. Il est venu à moi tout pâle, et, d'un air à demi fâché, il m'a dit qu'il avait joué, qu'il avait perdu, et que je lui prêtasse un de mes bijoux pour retourner au jeu. J'allais aussitôt lui donner ce qu'il me demandait; mais, dans son impatience, il ne voulut pas attendre : il prit lui-même la clef, ouvrit avec une sorte d'inquiétude et de colère, et dans le premier tiroir trouva les lettres. Il me regarda, ferma; et, sans me dire un mot, alla trouver mon père... Tous deux, hélas! causèrent long-temps dans l'appartement de mon père; puis ils sortirent, et, à ce que m'a rapporté Octavio, ils dirigèrent leurs pas vers le couvent. Tu vois maintenant que ce n'est pas sans motif que je m'afflige. Mais si l'on espère ainsi me faire oublier Eusebio, plutôt que d'entrer dans un monastère, je me donnerai moi-même la mort.

Entre EUSEBIO.

EUSEBIO, *à part*.
Jamais on n'est venu avec autant d'audace, mais non plus avec autant de désespoir, chercher un refuge dans la maison de l'offensé. Avant que Julia n'apprenne la mort de Lisardo, je voudrais lui parler; et j'obtiendrai quelque consolation dans mon malheur si, avant qu'elle ne soit instruite, mon amour peut la déterminer à me suivre. Et quand elle apprendra la destinée de son frère, se voyant en mon pouvoir, il faudra bien que de gré ou de force elle se soumette à une nécessité inévitable. — (*Haut.*) Belle Julia?

JULIA.
Qu'est-ce donc? Vous ici!

EUSEBIO.
C'est mon malheur et mon amour qui m'amènent, en me faisant braver tous les dangers.

JULIA.
Comment avez-vous pénétré dans cette maison et tenté une si folle entreprise?

EUSEBIO.
C'est que je ne crains pas de mourir.

JULIA.
Que prétendez-vous ainsi?

EUSEBIO.
Je veux, belle Julia, vous rendre un important service, afin que

votre reconnaissance accorde à mon amour une nouvelle vie, à mes désirs une nouvelle gloire. J'ai appris que ma passion offensait votre père, qu'il était instruit de notre amour, et qu'il se proposait de vous placer demain dans une autre position, afin que mon bonheur fût aussi vain que mon espoir. Si les sentimens que vous m'avez témoignés étaient réellement de l'amour; s'il est vrai que vous m'ayez aimé; s'il est vrai que vous ayez eu pour moi quelque affection, venez, partons, puisque aussi bien, vous le voyez, vous ne sauriez résister à votre père. Quittez votre maison, et soyez sûre qu'ensuite tout s'arrangera aisément; car, une fois que vous serez avec moi, on sera bien obligé de se soumettre aux circonstances et de me pardonner. Venez; j'ai des châteaux pour vous garder, des gens pour vous défendre, des biens pour vous les offrir, et une âme pour vous adorer. Si votre amour est sincère et si vous voulez que je vive, venez, partons; ou je meurs de douleur à vos pieds.

JULIA.

Écoutez, Eusebio.

ARMINDE.

Madame, voici mon maître qui vient.

JULIA.

Hélas !

EUSEBIO.

Sort cruel et funeste !

JULIA.

Pourra-t-il sortir ?

ARMINDE.

Cela n'est pas possible; car déjà l'on frappe à la porte.

JULIA.

O douleur !

EUSEBIO.

O chagrin !... Que faire ?

JULIA.

Il faut vous cacher.

EUSEBIO.

Et en quel lieu ?

JULIA.

Dans cet appartement.

ARMINDE.

Faites vite; j'entends ses pas.

Eusebio se cache. Entre CURCIO, vieillard vénérable, père de Julia.

CURCIO.

Ma fille, si vous ne vous réjouissez pas et ne me remerciez pas avec tous les transports imaginables pour l'heureux état que je viens de vous assurer, c'est que vous ne serez pas reconnaissante de mes soins. Tout est terminé, tout est prêt; il ne manque plus que de vous parer de tous vos atours pour devenir l'épouse du Christ. Vous ne pouviez pas espérer un sort plus heureux; et vous l'emportez aujourd'hui sur celles qu'on envie le plus, puisqu'on vous verra célébrer ces noces divines. Que dites-vous?

JULIA, *à part.*

Que puis-je répondre?

EUSEBIO, *à part.*

Je me tue ici même, si elle consent.

JULIA, *à part.*

Je ne sais que dire. (*Haut.*) Seigneur, l'autorité paternelle, devant laquelle je m'incline, a tout pouvoir sur la vie, mais non pas sur la liberté; et c'est pourquoi, seigneur, il eût été convenable que vous m'eussiez fait part de vos intentions, et que vous eussiez consulté mon goût.

CURCIO.

Ma volonté, qu'elle soit juste ou non, doit être votre seule loi.

JULIA.

Les enfans sont libres, seigneur, de se choisir un état, et il serait impie de les contraindre. Laissez-moi réfléchir, et je prendrai ensuite une résolution. Ne vous étonnez pas de ce que je vous demande un délai; car lorsqu'il s'agit de s'engager pour la vie, on ne peut se déterminer en un instant.

CURCIO.

J'ai réfléchi pour vous, et pour vous je me suis engagé.

JULIA.

Eh bien! puisque vous vous engagez pour moi, prenez aussi pour moi un état.

CURCIO.

Taisez-vous, folle, taisez-vous, infâme; sans quoi je ferai de vos cheveux un nœud coulant pour vous serrer le cou, ou de mes propres mains j'arracherai de votre bouche cette langue hardie qui m'outrage.

JULIA.

Seigneur, je défends contre vous ma liberté, mais non pas ma vie. Vous pouvez à votre gré en arrêter le triste cours, et je ne vous refuserai pas ce que vous m'avez donné. Ce que je vous dispute, c'est ma liberté, car je la tiens du ciel.

CURCIO.

Maintenant je suis obligé de croire ce que jusqu'ici je ne faisais que soupçonner: c'est que votre mère a manqué à ses devoirs et ne m'a point gardé sa foi. Je le crois à la conduite que vous tenez. Je le crois en voyant que vous offensez l'honneur d'un père dont le soleil même ne surpasse point l'éclat, le lustre et la noblesse.

JULIA.

Je ne vous comprends pas, seigneur, et c'est pour cela que je ne vous réponds pas.

CURCIO.

Arminde, sortez un moment. (*Arminde sort.*) Après un silence de tant d'années, la douleur et la colère me forcent de vous dire ce que j'aurais voulu vous taire à jamais. — La seigneurie de Sena [1], voulant m'accorder un insigne honneur, m'envoya en son nom porter l'obédience au pape Urbain III. Votre mère, qui eût été, disait-on, l'exemple des matrones romaines, et que l'on regardait à Sena comme une sainte (je ne sais comment j'ose vous confier des soupçons qui l'outragent); votre mère resta pendant mon absence à Sena. Je passai huit mois à Rome pour les affaires de mon ambassade, parce qu'il était question à cette époque de donner cette seigneurie au souverain pontife... Mais cela ne touche en rien à mon récit, et Dieu fasse à cet égard ce qui conviendra le mieux à son état!... Je retournai à Sena, et en y arrivant (hélas! c'est ici que je n'ai plus la force de parler et que la respiration m'abandonne) je trouvai votre mère dans une grossesse très-avancée, si bien qu'elle attendait chaque jour son triste enfantement. Elle m'avait déjà prévenu de ce malheur par des lettres menteuses, me disant qu'au moment de mon départ elle avait déjà quelques doutes; mais, malgré ses assurances, il me fut impossible de ne pas voir clairement mon déshonneur... Je ne dis point que la chose fût certaine, mais un homme de sang noble ne doit pas attendre les preuves; il suffit qu'il ait des soupçons... Eh! qu'importe, ô loi tyrannique de l'honneur! ô droit barbare du monde! qu'importe qu'un gentilhomme tombe en semblable disgrâce, si son ignorance l'excuse? Quelles justes lois condamnent jamais un homme pour un mal qu'il n'a pu prévenir? et comment l'opinion peut-elle frapper un innocent? Cette loi, je le répète, est barbare, cette opinion est injuste et inique; car les accidens de ce genre ne sont pas déshonneur, mais malheur... Ne vaudrait-il pas mieux, dans tout ce qui concerne l'honneur, punir Mercure qui le dérobe, que noter d'infamie l'Argus dont on a trompé la vigilance? Si le monde flétrit l'infortuné qu'on abuse, quel châtiment réserve-t-il donc à celui qui, le sachant, ferme les yeux et se tait?... Au milieu de tant de pensées douloureuses, le manger, le dormir, tout me devint odieux; je vivais si mécontent de moi-même, que mon cœur me traitait en étranger et mon âme en tyran; et bien que fort souvent mes réflexions lui fussent favorables et que sa justification me parût fondée, cependant la crainte d'avoir subi une pareille injure fut chez moi si forte, que je résolus à la fin de tirer vengeance, sinon de sa faute, du moins de mes soupçons. Et afin que ce fût avec plus de secret, j'annonçai une partie de chasse supposée... car un jaloux ne se plaît que dans les suppositions. J'allai dans la montagne, et tandis que le reste de la compagnie était à se

---

[1] Il y a en Espagne deux bourgs du nom de *Sena*, l'un en Aragon, l'autre dans la province de Leon. Il est difficile de préciser quel est celui que Calderon a eu en vue.

divertir joyeusement, moi, avec des paroles amoureuses, j'emmenai Rosmira votre mère par un sentier écarté, et je la conduisis dans un endroit isolé dont un épais rideau d'arbres et de buissons défendait l'entrée au soleil. Là donc, quand nous y fûmes arrivés, nous voyant tous deux seuls...

Entre ARMINDE.

ARMINDE.

Seigneur, vous avez besoin dans cette circonstance d'appeler à vous tout votre courage et toute votre sagesse. Un grand malheur est arrivé. Recueillez vos forces.

CURCIO.

Quel motif as-tu donc pour venir ainsi m'interrompre?

ARMINDE.

Seigneur...

CURCIO.

Achève; ne me laisse pas dans l'incertitude.

JULIA.

Parle donc. Qui t'arrête?

ARMINDE.

Je ne voudrais pas être la voix qui doit annoncer un tel désastre.

CURCIO.

Ne crains pas de le dire, puisque je ne crains pas de l'entendre.

ARMINDE.

Lisardo, mon seigneur...

EUSEBIO, *à part*.

Il ne me manquait plus que cela!

ARMINDE, *continuant*.

..... Vient d'être apporté ici sur un brancard par quatre bergers... couvert de blessures qui lui ont ôté la vie... Mais le voici. Éloignez-vous de ce triste spectacle.

CURCIO.

O ciel! tant de peines pour un infortuné!... Hélas!

Entrent les Paysans qui portent Lisardo sur un brancard, le visage tout ensanglanté.

JULIA.

Quelle puissance inhumaine a exercé sur lui sa rage? Quelle main impitoyable s'est baignée dans son sang? Qui a pu détruire ainsi tant de vertus? Hélas!

ARMINDE.

Considérez, madame...

BLAS.

N'approchez pas.

TORIBIO.

Éloignez-vous.

TIRSO.

Arrêtez.

CURCIO.

Non, mes amis, laissez-moi ; c'est la seule consolation de mon âme. Laissez-moi contempler ce cadavre glacé, triste objet où la destinée cruelle a tracé mes douleurs en caractères sanglans. Laissez-moi voir ce pauvre infortuné sur qui j'aime à poser mes cheveux blancs dans lesquels je voudrais l'envelopper comme dans un linceul... Dites-moi, mes amis, qui a tué ce fils dont la vie était ma vie ?

MENGA.

Gil vous le dira ; car lorsqu'on l'a tué il était caché près de là, derrière des arbres.

CURCIO.

Dis-moi, mon ami, dis-moi qui m'a ôté ma vie ?

GIL.

Je ne sais qu'une chose, c'est que dans la querelle qui a précédé le combat il se donnait le nom d'Eusebio.

CURCIO.

Hélas ! c'est donc Eusebio qui m'a enlevé tout à la fois la vie et l'honneur !... (*A Julia.*) Disculpe-toi maintenant, si tu peux ; dis qu'il n'avait que des projets honnêtes ; dis que son amour était chaste, alors qu'il a écrit avec mon sang ses voluptés infâmes.

JULIA.

Seigneur...

CURCIO.

Ne me réponds pas, selon ton habitude ; et prépare-toi à entrer aujourd'hui même au couvent, ou bien à accompagner ton frère au tombeau. Ma douleur vous ensevelit tous deux en ce jour : lui qui est mort au monde, mais qui vit dans ma mémoire ; et toi qui es vivante au monde, mais qui es morte dans ma mémoire. Et en attendant qu'on prépare vos funérailles, reste avec lui ; que sa mort t'apprenne à mourir ; et ne fuis pas, car je vais fermer sur toi toutes les portes.

Tout le monde sort ; il ne reste que Julia, placée entre le cadavre de Lisardo et Eusebio, qui s'approche.

JULIA.

C'est en vain que je veux vous parler, cruel Eusebio ; mon âme est en suspens, le souffle et la voix me manquent... Je ne sais... je ne sais que vous dire, car il me vient tout ensemble des reproches pleins de pitié, et une pitié pleine de reproches. Je voudrais fermer les yeux devant ce sang innocent qui demande vengeance, et je voudrais aussi trouver une justification dans les larmes que vous versez ; car, enfin, ni ce sang ni vos larmes ne peuvent mentir... Tout à la fois excitée par la vengeance et retenue par l'amour, je voudrais tout à la fois vous punir et vous défendre ; et dans cet abîme confus de mes pensées, je suis combattue entre l'indulgence et le ressentiment. Est-ce donc ainsi, Eusebio, que vous prétendez me plaire? Est-ce ainsi que pour hommages vous m'offrez vos rigueurs cruelles? Lorsque, ayant pris ma résolution, je n'attendais plus que le jour de nos noces, pourquoi les avez-vous changées en tristes funérailles? Lorsque, pour vous, je désobéissais à mon père, pourquoi, au lieu des vêtemens de joie que j'attendais, me faites-vous porter un deuil funeste? Lorsque pour vous, pour votre amour, je risquais ma vie, pourquoi, au lieu du lit nuptial, me faites-vous préparer un tombeau? et lorsque, passant par-dessus toutes les considérations et toutes les convenances, je vous offrais ma main, pourquoi donc me présentez-vous la vôtre rougie de mon propre sang? Quel bonheur pourrai-je trouver dans vos bras, si, pour donner la vie à notre amour, je suis obligée de me heurter contre la mort? Que dirait de moi le monde, s'il apprenait qu'oubliant une telle injure, j'ai pu m'associer à son auteur?... Hélas! quand bien même je pourrais bannir ce malheur de ma mémoire, votre aspect, votre vue en réveillerait soudain le souvenir... Aussi, tout en vous aimant, je demande vengeance, et en demandant vengeance contre vous, je souhaite de ne pas l'obtenir.. n'est-ce point là une situation bien affreuse?... Enfin, en souvenir des sentimens que j'ai eus pour vous, c'est assez que je vous pardonne; mais n'espérez jamais ni me revoir ni me parler... Vous pouvez fuir par cette fenêtre qui donne sur le jardin. Prenez garde que mon père ne vous trouve ici. Partez, Eusebio, et songez que d'aujourd'hui je suis perdue pour vous, puisque ainsi vous l'avez voulu. Partez et soyez heureux, ne connaissant que les plaisirs sans mélange de peines.. partez! Quant à moi, une cellule va devenir pour jamais ma prison, sinon mon tombeau, comme le veut mon père. C'est là que je pleurerai les disgrâces d'une destinée si inclémente, d'une étoile si ennemie, d'une fortune si contraire, d'une passion si déplorable, d'un amour si malheureux, et d'une main si cruelle, qui m'a ôté la vie sans me donner la mort, afin que je sois tout à la fois vivante et morte au milieu de mes chagrins.

EUSEBIO.

Si, par hasard, vous pouvez être aussi cruelle dans vos actes que vous l'êtes dans votre langage, vous me voyez en votre pouvoir, vous me voyez à vos pieds, vengez-vous! Ma faute m'amène à vous prisonnier; ma prison, c'est votre amour, et mes juges, ce sont vos yeux, de qui je n'attends, hélas! qu'une sentence de mort. Mais, sachez-le, la renommée dira par ses hérauts : «Celui-là meurt parce qu'il a aimé!» car, en effet, tout mon crime est dans mon amour. Je ne prétends pas me justifier; une faute telle que la mienne n'a point de justification; je ne demande qu'une chose, tuez-moi et vengez-vous! Prenez ce poignard, et puisque j'ai eu le malheur de vous offenser, déchirez un cœur qui vous aime, arrachez de mon sein une âme qui vous adore, versez un sang qui est à vous... et si vous refusez de me donner la mort, je vais appeler votre père pour qu'il se venge, je vais lui dire que je suis ici.

JULIA.

Arrêtez, Eusebio, arrêtez! et si vous m'aimez, ayez égard à ma prière et faites ce que je vais vous dire.

EUSEBIO.

J'y consens. Qu'est-ce donc?

JULIA.

Eh bien! retirez-vous en un lieu où vous puissiez protéger votre vie, et là, entourez-vous de gens qui vous défendent.

EUSEBIO.

Mieux vaut pour moi mourir! car tant que je vivrai je vous aimerai, et, songez-y bien, fussiez-vous enfermée dans les murs d'un cloître, vous ne pourrez vous soustraire à mes poursuites.

JULIA.

Prenez-y garde, je saurai me défendre.

EUSEBIO.

Me permettez-vous de revenir?

JULIA.

Non!

EUSEBIO.

N'en est-il aucun moyen?

JULIA.

Ne l'espérez pas.

EUSEBIO.

Vous me haïssez donc?

JULIA.

Je le devrais.

EUSEBIO.

M'oublierez-vous?

JULIA.

Je ne sais.

EUSEBIO.

Vous reverrai-je?

JULIA.

Jamais.

EUSEBIO.

Eh quoi! ne comptez-vous pour rien notre amour passé?

JULIA.

Eh quoi! ne comptez-vous pour rien ce sang qui coule? — Mais on vient, on ouvre!... Partez, partez, Eusebio!

EUSEBIO.

Je pars pour vous obéir, mais je reviendrai.

JULIA.

Jamais! jamais!

On entend du bruit. Ils sortent chacun par un côté différent. Entrent des valets qui emportent le corps.

JOURNÉE DEUXIÈME.

SCÈNE I.

Même décoration qu'à la première scène de la première journée.

On entend la détonation d'une arquebuse, et l'on voit entrer RICARDO, CELIO et EUSEBIO vêtus en brigands et portant chacun une arquebuse.

RICARDO.
La balle doit lui avoir traversé la poitrine.

CELIO.
Et sans doute que l'herbe autour de lui est toute rougie de son sang.

EUSEBIO.
Enterrez-le, mettez sur lui une croix, et que Dieu nous le pardonne !

RICARDO.
A nous autres voleurs, les dévotions ne manquent jamais.

Il sort.

EUSEBIO.
Et puisque ma triste destinée m'a fait capitaine de brigands, je veux que mes crimes égalent les injustices que j'ai subies. Mes concitoyens me poursuivent avec acharnement, comme si j'avais tué Lisardo en trahison, et cette persécution m'oblige à me défendre en tuant. On m'a enlevé mon bien, on a confisqué mes châteaux, et l'on me refuse le simple nécessaire... eh bien ! tout voyageur qui mettra le pied dans la montagne, y sera tué et dépouillé !

Entrent RICARDO, et des Brigands, amenant ALBERTO, vieillard.

RICARDO.
J'étais allé pour voir sa blessure... Si vous saviez, mon capitaine, quelle aventure étrange !

EUSEBIO.
Je suis curieux de la connaître.

RICARDO.
En m'approchant, j'ai vu que la balle n'avait point pénétré, et qu'elle s'était amortie sur ce livre qu'il portait sur son sein... Le voyageur n'était qu'évanoui, et vous le voyez devant vous sain et sauf.

EUSEBIO.
Je suis rempli d'étonnement et d'épouvante. Qui êtes-vous donc, vénérable vieillard, que le ciel a si miraculeusement protégé ?

ALBERTO.

Je suis le plus heureux des hommes et un prêtre indigne. J'ai, durant quarante-cinq ans, professé à Bologne la théologie sacrée, et, pour récompenser mon zèle, sa sainteté m'avait donné l'évêché de Trente. Mais bientôt, voyant que je devais rendre compte d'un si grand nombre d'âmes, et que je ne pouvais pas leur consacrer la mienne, j'ai laissé là ces grandeurs, ces pompes, et fuyant leur charme trompeur, je suis venu dans ces solitudes, où l'on voit face à face la vérité. Maintenant j'allais à Rome demander au pape l'autorisation de fonder un saint ordre d'ermites; mais votre implacable fureur arrête là ma destinée et ma vie.

EUSEBIO.

Dites-moi, quel est ce livre?

ALBERTO.

C'est le fruit des études de ma longue carrière.

EUSEBIO.

Que contient-il?

ALBERTO.

Il traite de l'origine et de l'histoire de ce bois sacré sur lequel le Christ, mourant avec un courage sublime, triompha de la mort. En un mot, il est intitulé : *Les Miracles de la Croix*.

EUSEBIO.

Combien alors je me félicite que le plomb de l'arquebuse se soit amolli contre ce livre, comme eût fait la cire obéissante! Plût à Dieu que ma main eût brûlé tout entière sur un feu ardent, plutôt que d'avoir endommagé un livre si digne de mon adoration! Conservez votre vie, gardez votre argent et vos effets; je ne veux que ce livre. (*Aux Brigands.*) Et vous, accompagnez ce saint vieillard jusqu'à la sortie des montagnes.

ALBERTO.

Je prierai le Seigneur qu'il vous éclaire et vous fasse voir l'erreur où vous vivez.

EUSEBIO.

Puisque vous me voulez du bien, demandez pour moi à Dieu qu'il ne permette pas que je meure sans confession.

ALBERTO.

Je vous le promets, et je serai son ministre en cette circonstance. Oui, je vous en donne ma parole, — tant votre générosité m'inspire de reconnaissance, — dès que vous m'appellerez, en quelque lieu que je sois, je laisse tout et je viens vous confesser. Je suis prêtre, et mon nom est Alberto.

EUSEBIO.

Vous m'en donnez votre parole?

ALBERTO.

J'en fais le serment avec la main.

EUSEBIO.
Je baise de nouveau vos pieds.

Alberto sort, et entre CHILINDRINA [1], *brigand.*

CHILINDRINA.
J'ai traversé toute la montagne pour venir vous parler.

EUSEBIO.
Qu'y a-t-il, ami ?

CHILINDRINA.
Deux nouvelles passablement mauvaises.

EUSEBIO.
Je suis ému, et je crains. Qu'est-ce donc ?

CHILINDRINA.
La première, c'est qu'on a donné commission au seigneur Curcio, le père de Lisardo... j'ose à peine vous dire cela...

EUSEBIO.
Achève, j'attends.

CHILINDRINA.
On lui a donné commission de vous prendre mort ou vif.

EUSEBIO.
Je crains davantage l'autre nouvelle... car il me semble confusément que tout mon sang afflue vers mon cœur, comme si j'avais le pressentiment d'un malheur prochain. Qu'est-il donc arrivé ?

CHILINDRINA.
Il s'agit de Julia.

EUSEBIO.
Je n'avais pas tort de m'attendre à des chagrins. Julia, dis-tu? Ce nom seul suffit pour m'attrister..... Maudite soit la funeste étoile sous laquelle commença cet amour!... Eh bien! qu'est-il arrivé à Julia ?

CHILINDRINA.
Elle s'est enfermée dans un couvent.

EUSEBIO.
La douleur en moi fait place à la colère. N'était-ce pas assez que le ciel m'eût placé dans une position si malheureuse? N'était-ce pas assez qu'il m'eût tout enlevé, jusqu'à l'espérance?... Fallait-il encore qu'il me rendît jaloux de lui-même?... Mais puisque j'ai adopté hardiment un genre de vie qui me condamne au vol et au meurtre, je ne saurais plus reculer devant aucun attentat; et ce que ma pensée a osé concevoir je veux l'exécuter. — Appelle Celio et Ricardo.

CHILINDRINA.
Je vais les chercher.

EUSEBIO.
Dis-leur que je les attends sans retard. (*Chilindrina sort.*) J'es-

---
[1] Chilindrina en espagnol veut dire *bagatelle*.

caladerai le couvent où elle s'est réfugiée. Nul châtiment ne m'effraie. Mon seul désir est de me voir seigneur de sa beauté ; et pour cela l'amour m'oblige à employer la force, à rompre la clôture, et à violer un saint asile. Et mon désespoir est tel, que si l'amour lui-même ne me portait pas à cet acte, je l'entreprendrais également, ne serait-ce que pour commettre à la fois tant de délits.

Entrent GIL *et* MENGA.

MENGA.

Je suis si chanceuse, que nous sommes capables de le rencontrer.

GIL.

Ne suis-je pas avec toi, Menga? Que peux-tu craindre de ce capitaine de guerdins [1]? Va, n'aie pas peur; je porte une fronde et un bâton.

MENGA.

Vois-tu, Gil, je crains sa manière d'agir, à ce vilain homme. Rappelle-toi ce qui est arrivé à Silvia lorsqu'il l'a rencontrée ici. Elle était venue demoiselle à la montagne, et dame elle s'en est retournée; et c'est à considérer.

GIL.

Le scélérat!... S'il allait m'en arriver autant [2]?

Gil et Menga voient tout-à-coup EUSEBIO *devant eux.*

MENGA, *à Eusebio.*

Ah! seigneur, prenez garde On dit qu'Eusebio est par ici.

GIL.

Ne restez pas de ce côté, seigneur.

EUSEBIO, *à part.*

Ils ne me connaissent pas. Dissimulons avec eux.

GIL.

N'avez-vous pas peur que ce brigand vous tue?

EUSEBIO.

Comment pourrai-je, mes amis, vous payer cet avis?

GIL.

Nous ne demandons rien; nous vous engageons seulement à vous méfier de ce mauvais sujet.

MENGA.

S'il vous attrape, seigneur, bien que vous ne lui ayez ni rien

---

[1] Il y a dans le texte *capitan de buñuleros*. Or le mot *buñuleros* n'est pas espagnol, il est de la fabrique de Calderon, qui s'est amusé à mettre dans la bouche de Gil (le bouffon de la pièce), un mot qui eût de la ressemblance avec *bandoleros* (brigands) et *buñoleros* (marchands de beignets). C'est pourquoi nous demandons de l'indulgence pour notre traduction.

[2] Nous n'avons pas cru devoir traduire exactement ces trois vers

Conmigo fuera cruel,
Que tambien entro doncil
Y pudiera salir dueño.

fait ni rien dit, il vous tuera sur-le-champ ; ensuite il vous enterrera ; puis il vous mettra dessus une croix, et il pensera que vous lui devez, pour la peine, de la reconnaissance.

Entrent RICARDO et CELIO.

RICARDO.

Où l'as-tu laissé ?

CELIO.

Ici.

GIL.

Croyez-moi, n'attendez pas ce voleur.

RICARDO.

Que voulez-vous, Eusebio ?

GIL, *bas, à Menga*.

Ne l'a-t-il pas appelé Eusebio ?

MENGA, *bas, à Gil*.

Oui.

EUSEBIO, *à Gil et à Menga*.

En effet, mes amis, c'est moi qui suis Eusebio... Qu'avez-vous donc contre moi ? Vous ne répondez pas ?

MENGA.

Allons, Gil, toi qui as la fronde et le bâton.

GIL.

J'ai le diable qui t'emporte !

CELIO.

Dans la paisible vallée qui est entre la montagne et la mer, j'ai vu une foule de paysans armés qui viennent contre vous, et qui ne tarderont pas à paraître. C'est Curcio, je pense, qui les conduit, avec le désir de se venger. Voyez ce que nous devons faire : le mieux ne serait-il pas de réunir la troupe et de partir ?

EUSEBIO.

Oui, partons ; j'ai pour cette nuit un projet important. Venez tous deux avec moi, vous, mes plus chers compagnons, à qui je me confie de préférence.

RICARDO.

Vous avez bien raison, vive Dieu !.... car je me ferais tuer pour vous s'il le fallait.

EUSEBIO, *à Gil et à Menga*.

Drôles que vous êtes, je vous laisse la vie à condition que vous porterez de ma part un message à Curcio. Vous lui direz que moi et ma brave troupe nous ne voulons pas l'attaquer et ne cherchons qu'à nous défendre ; qu'il n'a aucun motif de me persécuter comme il fait, puisque je n'ai point donné la mort à son fils par trahison ; que je l'ai tué en nous battant corps à corps, à armes égales, et qu'avant qu'il eût rendu le dernier soupir, je l'ai porté dans mes bras en un lieu où il pût se confesser ; que son père devrait m'en être reconnaissant; et que s'il cherche ma perte, je me défendrai. (*A Ricardo et à Celio.*) Et maintenant, pour que ces paysans ne voient pas où nous allons, attachez-les à ces arbres, les yeux bandés, afin qu'ils ne puissent rien dire.

RICARDO.

Voici une corde.

CELIO.

Faisons vite.

On attache à des arbres Gil et Menga.

GIL.

Voilà qu'on m'a mis comme un saint Sébastien [1].

MENGA.

Et moi comme une sainte Sébastienne [2]. Mais attachez-moi tant qu'il vous plaira, seigneur; tout ce que je demande, c'est qu'on ne me tue pas.

GIL.

Écoutez, seigneur; ne m'attachez pas, et que je sois un fichu gueux si je m'en vais [3]. Fais le même serment, toi, Menga.

CELIO.

Les voilà bien attachés.

EUSEBIO.

A cette heure, allons exécuter mon projet. La nuit commence à étendre au loin ses sombres voiles. O Julia! vainement le ciel lui-même te garde; bientôt je vais posséder ta beauté!

Les brigands sortent, laissant Gil et Menga attachés.

GIL.

Si quelqu'un venait, Menga!... Bien qu'il nous en coûte cher, on ne pourra pas dire que ce n'est pas ici le Peralvillo du pays [4].

MENGA.

Viens par ici Gil, car je ne puis bouger.

GIL.

Viens d'abord me délier, Menga, et aussitôt après je te rendrai le même service.

MENGA.

Viens d'abord, toi, tu m'ennuies de me faire attendre.

GIL.

Il faudra bien qu'il vienne quelqu'un à la fin. Et s'il ne passe pas de muletier, il passera toujours bien ou un voyageur, ou un

---

[1] Saint Sébastien est représenté attaché à un arbre.

[2] Nous avons traduit mot à mot :

De San Sebastiana à mi.

[3] L'espagnol dit, *I puto sea* etc. *Puto* est le masculin de *puta*, horrible mot que nous n'osons traduire littéralement.

[4] Peralvillo est un bourg d'Espagne, près de Ciudad-Rodrigo, où les archers de la Sainte-Hermandad avaient coutume d'exécuter, avant tout procès, sauf à voir ensuite, les criminels qu'ils avaient arrêtés en flagrant délit. De là, pour dire en espagnol une justice expéditive, on dit, *La justice de Peralvillo.*

JOURNEE II, SCENE 1.

étudiant, ou quelque quêteuse charitable[1]; car ça n'a jamais manqué. Mais, hélas! c'est ma faute à moi.

UNE VOIX DU DEHORS.

J'entends parler de ce côté; venez vite.

GIL.

Soyez le bienvenu, seigneur, si vous voulez me faire le plaisir de dénouer quelques nœuds qui me gênent.

MENGA.

Si par hasard, seigneur, vous cherchez de la corde dans la montagne, j'en ai à votre service.

GIL.

La mienne est plus grosse et plus forte.

MENGA.

Moi, en ma qualité de femme, on me doit protection et secours.

GIL.

Il s'agit bien de galanterie! C'est moi que l'on doit délier en premier.

Entrent TIRSO, BLAS, CURCIO et OCTAVIO.

TIRSO.

J'ai entendu la voix de ce côté.

GIL.

Vous brûlez [2].

TIRSO.

Qui est-ce?... C'est toi, Gil?

GIL.

Oui, Tirso, le diable est malin. Délie-moi, et puis je te conterai tout.

CURCIO.

Que s'est-il donc passé?

MENGA.

Soyez le bienvenu, seigneur, pour punir le scélérat.

CURCIO.

Qui vous a mis en cet état?

GIL.

Qui?... Eusebio. Du moins il s'est nommé ainsi. Bref, qui que ce soit, voilà comme il nous a laissés.

TIRSO.

Ne pleure pas, car il s'est conduit généreusement avec toi.

BLAS.

Il ne s'est pas mal conduit, puisqu'il t'a laissé Menga.

---

[1] L'espagnol dit *Santera*. C'est une femme qui quête pour le saint d'un ermitage. Elle parcourt la contrée aux environs, portant une image du saint qu'elle présente à l'adoration de tous ceux qu'elle rencontre, et demande, pour l'entretien de l'ermitage, une légère offrande qui est rarement refusée.

[2] Gil, le bouffon, emploie exprès la formule dont on se sert au jeu de cache-cache quand le chercheur approche de l'objet qui a été caché.

GIL.

Ah! Tirso, si je me plains, ce n'est pas de ce qu'il m'a fait mal.

TIRSO.

Alors, pourquoi te plains-tu?

GIL.

Pourquoi?... parce qu'il a laissé Menga. Il emmena celle d'Antonio, quelques jours après nous la retrouvâmes un beau matin... et elle avait cent réaux que nous dépensâmes à une petite fête.

BLAS.

Bartolo épousa aussi Catalina, laquelle accoucha au bout de six mois de mariage, et il allait tout joyeux disant à tout le monde : «Voyez donc! il faut neuf mois aux autres femmes, et il n'en a fallu que six à la mienne!»

TIRSO.

Il n'y a pas d'honneur qui soit en sûreté avec lui.

CURCIO.

Le perfide! l'infâme!... Est-il un malheur égal au mien?... L'avoir laissé échapper!

MENGA.

Si vous voulez, nous autres femmes nous prendrons aussi les armes pour le détruire.

GIL.

Il se tient ici, il n'y a pas à en douter. Toutes ces croix que vous voyez là, seigneur, rangées à la file, ce sont autant d'hommes qu'il a tués.

OCTAVIO.

C'est ici la partie la plus retirée de la montagne.

CURCIO, *à part*.

Et c'est ici, grand Dieu, que je fus témoin de ce miracle que fit le ciel en faveur de cette beauté innocente et chaste que j'avais tant de fois outragée de mes soupçons! C'est ici que j'ai vu le plus inconcevable prodige!

OCTAVIO.

Seigneur, quelles sont les pensées qui vous troublent ainsi?

CURCIO.

Ce sont de tristes souvenirs qui viennent m'assaillir, Octavio; et mes chagrins, que je ne puis confier à personne, ne trouvent d'autre soulagement que mes larmes. — Octavio, fais que ces gens-là me laissent seul, car la situation de mon âme exige la solitude.

OCTAVIO, *aux paysans*.

Allons, mes amis, évacuons.

BLAS.

Que dites-vous?

TIRSO.

Que voulez-vous?

GIL.

N'avez-vous pas entendu ?... Allons évacuer [1].

Octavio, Gil, Menga et les paysans sortent.

CURCIO.

A quel homme n'est-il pas arrivé, quand son cœur était plein de chagrins qu'il ne pouvait pas confier à un autre, de s'entretenir seul avec lui-même ?... Et moi aussi, que tant de chagrins accablent à la fois, j'éprouve une sorte de consolation à me voir seul à seul, dans ce lieu désert, avec mes pensées et mes souvenirs... Je ne voudrais pas même avoir pour témoins de cette conversation solitaire ni les oiseaux, ni les fontaines ; car enfin les fontaines murmurent, et les oiseaux ont leur langage. Il me suffit d'avoir pour compagnie ces saules rustiques dont le triste aspect est si bien en harmonie avec l'état de mon âme, et qui ne peuvent me trahir..... Cette montagne fut le théâtre de l'événement le plus étrange, le plus prodigieux dont la jalousie ait jamais été cause. Quel est l'homme, dans quelque rang que ce soit, qui n'a jamais ressenti l'aiguillon de la jalousie ? et quel est celui que la vérité a pu convaincre et délivrer de ces soupçons jaloux ?... C'est ici qu'un jour je vins avec Rosmira... A ce seul souvenir toute mon âme est émue, et je n'ai plus de voix... Et cela est facile à comprendre ; car il me semble qu'ici autour de moi, ces arbres, ces rochers, ces fleurs, en un mot, tout ce qui m'environne, se lèvent contre moi et me reprochent une action si infâme !... Je tirai mon épée... Mais elle, sans se troubler, sans pâlir, car en semblable circonstance l'innocence n'a pas peur : « Mon ami, dit-elle, modérez-vous. Je ne veux point vous empêcher de me donner la mort si tel est votre bon plaisir, car vous pouvez disposer de moi à votre gré ; mais avant de me faire mourir, daignez me dire pour quel motif vous me tuez. » Et moi, je lui répondis : « Ce n'est pas moi, malheureuse, qui vous tue, c'est l'enfant que vous portez dans votre sein ; c'est cet enfant conçu dans le crime, qui vous tue. Mais vous ne le verrez pas. Je serai votre bourreau à tous deux. » — « Hélas ! reprit-elle, si vous me croyez coupable, vous êtes en droit de me tuer. Mais je n'ai jamais manqué à mes devoirs... Non ! ajouta-t-elle en se jetant au pied de cette même croix que je vois en ce moment, non ! je ne vous ai jamais trahi, même en pensée ; j'en prends à témoin cette croix que j'embrasse et qui me protégera contre vous. » En entendant ces nobles paroles, en voyant son innocence qui resplendissait sur son visage, je me repentis de mon action et fus tenté de me jeter à ses pieds en la priant de me pardonner. Cependant, soit que je me fusse trop avancé pour reculer, soit qu'une aveugle fureur se fût de nouveau emparée de moi, soit enfin qu'une puissance supérieure me

---

[1] Octavio a dit *despejad*, sortez, évacuez ; et Gil le bouffon répète exprès de travers, *despiojad*, c'est-à-dire *épouillez-vous, ôtez votre vermine*. Nous avons tâché de reproduire cette plaisanterie tout espagnole par un équivalent du même goût.

dominât à mon insu, je levai mon bras désespérément, et je frappai mille fois en tous sens : mais chaque fois je ne frappai que le vide de l'air. Enfin je m'échappai, la laissant pour morte au pied de la croix, et je revins à ma maison. Mais là, ô prodige! je la retrouvai,... je la retrouvai belle et charmante, qui tenait dans ses bras une jeune enfant, Julia, divine image de beauté... Quelle joie, quelle gloire pouvait se comparer à la mienne!... Elle était accouchée ce même soir au pied de la croix, et par une rencontre où le doigt de Dieu se révélait au monde, l'enfant qu'elle avait mise au jour portait empreinte sur son sein une croix de feu et de sang. Mais ce qui m'affligea, et troubla mon bonheur, ce fut d'apprendre qu'au milieu des angoisses qu'elle avait souffertes, elle avait cru sentir qu'elle était accouchée d'un autre enfant laissé dans la montagne. Et moi alors....

Entre OCTAVIO.

OCTAVIO.

Seigneur, une troupe de brigands traverse la vallée. Il serait donc bien de descendre à leur rencontre avant que la nuit soit entièrement fermée ; autrement ils nous échapperaient, car ils connaissent tous les détours de la montagne, qui nous sont, à nous, inconnus.

CURCIO.

Eh bien! réunis la troupe et marchons en avant. Il n'y aura de bonheur pour moi que lorsque j'aurai réalisé ma vengeance.

SCÈNE II.

Un terrain devant les murs d'un couvent.—Il est nuit.

Entrent EUSEBIO, RICARDO, et CELIO qui porte une échelle.

RICARDO, *à Celio.*

Approche doucement, et applique l'échelle à cet endroit.

EUSEBIO.

Nouvel Icare, je veux monter vers le soleil ; et si le sort ne m'est point contraire, j'aurai bientôt atteint le firmament. — O amour! c'est toi que j'invoque!... (*A Ricardo et à Celio.*) Vous autres, dès que je serai arrivé au sommet du mur, retirez l'échelle, et attendez que je fasse le signal convenu. (*A part.*) En ce moment décisif et solennel, je ne sais quelle terreur secrète s'empare de moi.

RICARDO.

Qu'attendez-vous?

CELIO.

Hésitez-vous donc, malgré votre courage?

EUSEBIO.

Ne voyez-vous pas tous deux cette flamme qui se balance devant moi?

RICARDO.

Seigneur, c'est un vain fantôme formé par la peur.

EUSEBIO.

Moi! j'aurais peur!

CELIO.

Montez donc.

EUSEBIO.

Je monte, bien que cette éclatante lumière m'éblouisse. J'irais à travers la flamme, et tout le feu de l'enfer ne m'arrêterait pas.

CELIO.

Le voilà entré!

RICARDO.

Ce doit être quelque idée, quelque illusion produite par une terreur secrète.

CELIO.

Ote l'échelle.

RICARDO.

Maintenant, il faut l'attendre jusqu'au jour.

CELIO.

Il faut en convenir, il a de l'audace. Pour moi, j'aurais mieux aimé passer la nuit auprès de ma petite villageoise; mais je réparerai plus tard le temps perdu.

Ils s'éloignent.

SCÈNE III.

Le corridor d'un cloître. Une suite de cellules.—Il est nuit.

Entre EUSEBIO.

EUSEBIO.

J'ai parcouru tout le couvent sans qu'on m'ait entendu; j'ai pénétré dans vingt cellules dont la porte étroite était entr'ouverte, et je n'ai pu trouver encore Julia. O destin! que veux-tu de moi? Où me conduisez-vous, incertaines espérances?... Quel silence! quelles ténèbres! quelle horreur!... J'aperçois de la lumière dans la cellule voisine, et, si je ne m'abuse, cette religieuse, c'est Julia!... (*Un rideau se lève, et l'on aperçoit Julia endormie.*) Qu'est-ce donc que le sentiment que j'éprouve?... pourquoi tardé-je à lui parler?... D'où vient cet instinct qui me fait hésiter, tandis qu'un autre instinct secret me pousse vers elle avec une force irrésistible? Qu'elle est belle sous cet humble vêtement!... Ne serait-ce pas que chez la femme la beauté c'est la pudeur?.. Et cette beauté merveilleuse, objet désiré de mon amour, produit en moi un étrange effet : par son charme et sa grâce, elle enflamme mes sens, et par sa chasteté elle m'impose le respect. — Julia! Ah! Julia!

JULIA.

Qui m'appelle?... O ciel! que vois-je?... N'est-ce pas l'ombre de ma pensée qui s'est réalisée sous mes yeux?

EUSEBIO.

Êtes-vous donc effrayée de me voir ?

JULIA.

Et comment n'essaierais-je pas de te fuir ?

EUSEBIO.

Arrêtez, Julia, arrêtez!

JULIA.

Que veux-tu, vaine image formée de mes souvenirs, qui apparais à ma vue? N'es-tu pas, hélas! la voix de mon imagination, le corps de ma fantaisie, le portrait de mon rêve, le fantôme qui représente mes pensées de la nuit?

EUSEBIO.

Écoute, Julia, je suis Eusebio; je vis et je suis à tes pieds; et si je pouvais n'être qu'un fantôme, une pensée, je serais toujours près de toi.

JULIA.

Oui, c'est toi, c'est ta voix, et je me désabuse!... Oui, c'est toi, Eusebio... Ah! j'aimerais mieux que ce ne fût que ton image, en ce lieu que tu profanes... en ce lieu où ma vie se consume tristement! — J'ai peur, je tremble, je succombe!... Que veux-tu?... Que cherches-tu?... Que prétends-tu?... Comment as-tu pu parvenir jusqu'ici ?

EUSEBIO.

L'amour ose tout, et mes chagrins et tes rigueurs ont enfin triomphé de moi. Jusqu'au moment où tu t'es renfermée en ces lieux j'ai supporté ma douleur, que l'espoir soutenait; mais quand je t'ai vue perdue, j'ai bravé alors et la loi du cloître et le respect que je devais à cet asile. Si je suis coupable, la faute n'en est pas à moi seul; toi qui l'as inspirée, tu la partages avec moi. Et le ciel ne doit pas s'irriter de mes prétentions; mes droits sont antérieurs aux siens; tu m'avais promis ta foi, et tu ne pouvais plus disposer de toi-même.

JULIA.

Il est vrai, je l'avoue, ma volonté fut unie à la tienne dans des temps plus heureux; mais ici j'ai prononcé mes vœux au pied des autels, et je suis devenue l'épouse du Christ à qui j'ai donné ma main et mon cœur. Maintenant, je suis à lui, je lui appartiens : que me veux-tu?... Retire-toi, Eusebio! va, fuis dans ce lieu désert où tu épouvantes le monde, dans ce repaire affreux où tu es sans pitié pour les hommes, sans pitié pour les femmes! Fuis, te dis-je; et si ton fol amour nourrissait quelque espoir, éloigne-toi plein d'horreur, en pensant que je suis dans un asile sacré.

EUSEBIO.

Ta résistance ne sert qu'à m'enflammer; et puisque je suis venu et que j'ai franchi les murs du cloître, et que je suis arrivé jusqu'à toi, sache-le, ce n'est pas l'amour seul qui m'a conduit, c'est une puissance inconnue, mystérieuse, à qui j'étais contraint d'obéir. Écoute ma prière, sois clémente pour moi, ou bien je dirai que tu m'as fait venir, que tu m'as gardé plusieurs jours dans ta cellule; et puisque mon malheur me réduit au désespoir, je suis capable, Julia...

JULIA.

Arrête, Eusebio... Songe donc... Hélas! j'entends du bruit... on va vers la chapelle... Que faire?... Je crains, je tremble... Si l'on te voyait!... Voilà une cellule qui n'est pas habitée... Entre là, Eusebio!

EUSEBIO, *à part.*

O mon amour, tu triomphes!

JULIA, *à part.*

O mon étoile, n'achève pas ma perte!

Ils sortent.

SCÈNE IV.

Même décoration qu'à la scène deuxième.

Entrent RICARDO et CELIO.

RICARDO.

Il est trois heures; il tarde beaucoup.

CELIO.

Quand on est content, on oublie aisément les heures. Je parie que le capitaine se dit à présent que le soleil n'a jamais été si matinal, et qu'il s'est levé aujourd'hui plus tôt qu'à l'ordinaire.

RICARDO.

Il se lève toujours trop tôt pour celui qui désire; mais pour celui qui a obtenu, il se lève souvent un peu tard.

CELIO.

Il n'attendra pas sans doute que le soleil se montre à l'orient.

RICARDO.

Il est trois heures.

CELIO.

Je ne crois pas qu'Eusebio en dise autant.

RICARDO.

C'est bien possible.

CELIO.

Sais-tu ce qui m'est venu dans l'idée aujourd'hui? C'est que Julia l'avait fait appeler.

RICARDO.

Il le faut bien; sans quoi se serait-il hasardé à escalader le couvent?

CELIO.

N'as tu pas entendu du bruit de ce côté?

RICARDO.

Oui.

CELIO.

Eh bien! approche l'échelle.

Entrent par le haut EUSEBIO *et* JULIA [1].

EUSEBIO.

Laissez-moi, Julia, laissez-moi!

JULIA.

Quoi donc! lorsque touchée de tes soupirs, émue de tes prières, vaincue par tes instances, j'offensais Dieu doublement, et comme dieu et comme époux, tu t'enfuis soudain de mes bras, comme si tu dédaignais une victoire qu'heureusement tu n'as pas encore remportée. — Où vas-tu?

EUSEBIO.

Laissez-moi, vous dis-je. Je me suis échappé de vos bras parce que j'ai trouvé je ne sais quelle divinité qui s'y était déjà établie. Vos yeux lancent des flammes, vos soupirs sont de feu, chacune de vos paroles est un éclair, chacun de vos cheveux une foudre, et chacune de vos caresses un enfer, tant m'inspire de terreur cette croix que j'ai vue empreinte sur votre sein. C'est ce signe prodigieux qui m'a soudain glacé d'effroi. Et les cieux ne permettront pas qu'après les avoir déjà tant offensés, je perde le respect que je dois à la Croix; car si je la rends témoin de mes fautes, comment oserais-je ensuite l'appeler à mon secours? Restez donc en religion, ô Julia! et ne pensez pas que ce soit de ma part indifférence ou dédain; car plus que jamais je vous adore.

JULIA.

Écoutez, arrêtez, Eusebio.

EUSEBIO, *à part.*

Voici l'échelle.

JULIA.

Arrêtez, ou emmenez-moi avec vous.

EUSEBIO.

Je ne saurais, puisque je m'éloigne de vous sans jouir de cette gloire que je désirais si vivement.. (*Il trébuche.*) Le ciel me soit en aide! je tombe...

Il tombe.

RICARDO.

Qu'est-ce donc?

EUSEBIO.

Ne voyez-vous pas l'air tout rempli de foudres enflammées? Ne voyez-vous pas le ciel tout ensanglanté qui semble s'appesantir sur

[1] Il faut supposer ici que le théâtre est partagé, pour ainsi dire, en deux étages, et que tandis que Ricardo et Celio se tiennent dans la partie inférieure, Eusebio et Julia apparaissent dans la partie de la scène la plus élevée.

moi? Si j'ai irrité le ciel, comment pourrai-je me soustraire à sa fureur?... Croix divine, croix céleste, je te fais le solennel serment qu'en quelque lieu que je te voie, je m'agenouillerai dévotement pour réciter un *Ave Maria*.

Il se relève, et tous les trois s'en vont, en laissant l'échelle appliquée contre le mur.

JULIA.

Je demeure interdite et confuse. C'était donc là ta tendresse, ingrat?... c'était là ta passion, ton amour?... Tu as persévéré avec opiniâtreté jusqu'au moment où, à force de prières et de menaces, tu as pu me soumettre; et lorsque tu t'es vu mon maître, tu as fui devant ta victoire!... O ciel! je succombe! son mépris me tue, et, pour comble de malheur, je recherche celui qui me tue de son mépris!... Lorsque Eusebio me sollicitait en pleurant, je ne l'écoutais pas; et maintenant qu'il me laisse, c'est moi qui cours après lui!... Nous sommes ainsi faites, nous autres femmes : nous dédaignons qui nous aime, et nous aimons qui nous dédaigne... Ce qui m'afflige, ce qui m'irrite, ce n'est pas de n'être pas aimée, c'est d'être délaissée... Voilà la place où il est tombé. . je veux m'y précipiter après lui... Mais quoi! n'est-ce pas une échelle que je vois là?... Quelle pensée!... ô mon imagination, modère-toi, car une fois que j'aurai consenti, le crime est consommé... N'est-ce point pour moi qu'Eusebio a franchi les murs du couvent? N'étais-je point fière de voir qu'il eût bravé pour moi tant de périls? Pourquoi donc hésité-je? quelle crainte m'arrête?... Eh bien! moi, je franchirai ces murs pour sortir, comme il les a franchis pour entrer, et, comme moi sans doute, il se réjouira de voir que pour lui j'ai bravé tant de périls... N'est-ce point là un consentement que je prononce?... Mais si Dieu a retiré de moi sa main, ne me pardonnera-t-il pas une faute inévitable à ma faiblesse?... Partons! (*Elle descend les degrés de l'échelle.*) Je perds le respect que je dois au monde, à l'honneur et à Dieu, lorsque je me lance les yeux fermés dans cette carrière de folie; je suis un mauvais ange tombé du ciel, je n'ai plus l'espoir d'y remonter, et je n'éprouve point de repentir!... Me voilà hors de l'asile sacré qui me gardait, et le silence de la nuit, joint à l'obscurité, remplit mon âme de trouble et d'horreur... Qu'est-ce donc que je prétends, et où vais-je porter mes pas?... Mon imagination effrayée forme dans l'air des apparitions menaçantes, et j'entends comme la voix d'un écho qui m'accuse... Tout-à-l'heure, j'étais résolue, intrépide, et maintenant j'ai peur! mes pieds me semblent enchaînés, je crois sentir peser sur moi un poids immense, et mon sang est glacé dans mes veines... N'allons pas plus loin, retournons au couvent. Là, je confesserai ma faute, et j'en demanderai pardon au ciel; et ce pardon, je l'obtiendrai sans doute: car es sables de la mer n'égalent pas en nombre les péchés que Dieu dans sa clémence a pardonnés... J'entends des pas... retirons-nous un moment, et ensuite je remonterai sans que l'on me voie.

Elle s'éloigne.

Entrent RICARDO *et* CELIO.

RICARDO.

Eusebio, dans sa terreur, a oublié l'échelle... pourvu que nous la retrouvions!... Le jour va paraître, et il ne faudrait pas qu'on la vît contre ce mur.

Ils enlèvent l'échelle et s'en vont. Julia revient à l'endroit où était l'échelle.

JULIA.

Maintenant qu'ils sont partis, je pourrai remonter sans être vue... Mais quoi! l'échelle a disparu!... Peut-être était-elle plus loin.. Mais non, elle n'est pas ici non plus. — O ciel! comment faire?... Mais je te comprends, ciel puissant! tu me fermes toute entrée vers toi; car au moment où, touchée de repentir, je voulais remonter, tu me rends le retour impossible. — Eh bien! puisque tu m'abandonnes, puisque tu me repousses, j'accepte fièrement ma destinée; et tu verras mon désespoir de femme remplir le monde d'étonnement, le péché même d'épouvante, et l'enfer même de terreur!

JOURNÉE TROISIÈME.

SCÈNE I.

Un terrain au milieu des montagnes.

Entre GIL, *tout couvert de croix et portant une croix de grande dimension sur la poitrine.*

GIL.

Je viens, d'après l'ordre de Menga, couper du bois dans cette montagne; et pour ne courir aucun danger, j'ai trouvé une bonne invention. On dit qu'Eusebio est dévot à la Croix, et, en conséquence, je suis sorti tout armé de croix depuis la tête jusqu'aux pieds... Mais je parle de lui, et le voilà qui vient!... Comment pourrai-je l'éviter?... Que j'ai peur!... Espérons qu'il ne m'aura pas vu; et pour lui échapper, allons nous cacher, pendant qu'il passe, derrière cette haie d'épines... (*Il se cache derrière un buisson.*) Peste! elles piquent!... Mais, vive le Christ! il vaut mieux être piqué par une épine que de risquer toute sa peau, ou d'être méprisé par quelqu'une de ces belles dames qui reçoivent tout le monde, ou d'être jaloux d'un imbécile.

Entre EUSEBIO.

EUSEBIO.

Je ne sais où promener mes ennuis... Que la vie est longue, que la mort est lente à venir pour l'infortuné à qui pèse l'existence! Ô Julia, que penses-tu de ce que je me suis enfui de tes bras au moment où ils allaient m'enlacer dans leur douce chaîne?... Le principe de ma conduite n'est pas en moi, il est dans une puissance supérieure à qui j'ai obéi. Je te souhaitais avec une ardeur indicible, j'aurais trouvé en toi le bonheur; mais j'ai vu sur ton sein cette même croix qui est empreinte sur le mien, et je l'ai respectée. — Ah! Julia, puisque tous deux nous sommes nés marqués de cette croix, il y a sans doute quelque secret mystère que Dieu seul peut connaître et comprendre.

GIL.

Diable! comme ça pique!... Je n'y tiens plus.

EUSEBIO.

Il y a du monde derrière ces branchages. Qui va là?

GIL.

Me voilà découvert!... C'était bien la peine!

EUSEBIO.

Je vois au milieu des buissons un homme qui porte suspendu à son cou une croix. Mettons-nous à genoux pour accomplir mon vœu.

GIL.

A qui, seigneur Eusebio, adressez-vous cette prière?... Si vous m'adorez, pourquoi m'attachez-vous? et si vous m'attachez, pourquoi m'adorez-vous?

EUSEBIO.

Qui êtes-vous?

GIL.

Quoi! ne reconnaissez-vous pas Gil? Depuis que vous m'avez laissé ici attaché en me confiant un message, j'ai eu beau crier, personne n'est venu me délier.

EUSEBIO.

Je me rappelle cependant que ce n'est pas en cet endroit que je t'ai laissé.

GIL.

Il est vrai, seigneur; mais comme j'ai vu que personne ne venait, je suis parti tout de même, et, toujours attaché, je suis venu jusqu'ici d'arbre en arbre. Voilà comment s'explique mon étrange aventure.

EUSEBIO, *à part.*

Il est naïf, et par lui je pourrai savoir ce qui m'intéresse. (*Haut.*) Gil, je te porte de l'affection depuis que j'ai causé avec toi, et j'entends que désormais nous soyons amis.

GIL.

C'est bien dit; et dès lors je ne veux plus m'en retourner au-

village; je préfère rester ici, où nous serons tous des brigandeaux [1]. On dit qu'à ce métier on ne travaille pas de toute l'année et que l'on mène joyeuse vie.

EUSEBIO.

Reste donc avec moi.

Entrent RICARDO *et des* Brigands *qui amènent* JULIA *vêtue en homme et masquée.*

RICARDO.

Au bas du chemin qui traverse la montagne, nous venons de faire une capture dont vous serez content, j'espère.

EUSEBIO.

C'est bien... tout à l'heure... Pour le moment vous saurez, mes amis, que je viens de recruter un nouveau soldat.

RICARDO.

Qui donc?

GIL.

Moi, Gil. Ne me voyez-vous pas?

EUSEBIO.

Ce paysan, malgré son air simple, connaît parfaitement tout ce pays, la montagne et la plaine, et il nous servira de guide. En outre, il ira au camp ennemi et nous y servira d'espion. Vous pouvez lui donner une arquebuse et un habit.

CELIO.

Les voici.

GIL, *à part.*

Ah! mon Dieu! que je suis malheureux! me voilà embriganté [2].

EUSEBIO.

Quel est ce gentilhomme qui se cache ainsi le visage?

RICARDO.

Nous n'avons pu lui faire déclarer ni sa patrie ni son nom, et il a dit qu'il ne le dirait qu'au capitaine.

EUSEBIO.

Vous pouvez vous découvrir maintenant que vous êtes en ma présence.

JULIA.

Vous êtes le capitaine?

EUSEBIO.

Oui.

JULIA.

Ah! Dieu!

EUSEBIO.

Dites-moi, qui êtes-vous? et dans quel but êtes-vous venu?

---

[1] Ici, au lieu d'employer le mot *bandoleros* pour dire des *brigands*, Gil emploie le mot *buñoleros* qui signifie des *marchands de beignets*.

[2] Nous avons fabriqué le verbe *embriganter* pour reproduire le mot *envandolear* fabriqué par Calderon.

JULIA.

Je vous le dirai quand nous serons seuls.

EUSEBIO.

Que tout le monde s'éloigne. (*Gil et les brigands sortent.*) Maintenant nous sommes seuls, et ces arbres seuls nous entendent. Découvrez-vous donc le visage, et répondez-moi : Qui êtes-vous? où allez-vous? que cherchez-vous? Parlez.

JULIA.

Pour t'apprendre en même temps et qui je suis et ce que je veux, tire ton épée; et tu sauras par là que je suis quelqu'un qui est venu te tuer.

EUSEBIO.

Je réponds comme je dois à cette provocation, en avouant que ta voix ne me faisait pas craindre de ta part un semblable dessein.

JULIA.

éfends-toi, perfide et lâche, défends-toi! et tu auras bientôt reçu le châtiment que tu mérites.

EUSEBIO.

Je ne ferai que me défendre; car je ne vois pas quel intérêt je puis avoir à ta mort, ni de quel intérêt la mienne peut être pour toi. Découvre-toi donc maintenant, je te prie.

JULIA.

C'est bien dit; car dans les vengeances de l'honneur, l'offensé n'est satisfait qu'autant que l'offenseur connaît de qui lui vient son châtiment. (*Elle se découvre.*) Eh bien! me reconnais-tu?

EUSEBIO.

Je demeure interdit. Je ne sais à quelle pensée m'arrêter. Livré à mille doutes contraires, je suis épouvanté de ce que je vois.

JULIA.

Tu m'as vue à présent?

EUSEBIO.

Oui! et j'éprouve de tels sentimens à ton aspect, que tout ce que j'aurais donné il n'y a qu'un moment pour te voir, je le donnerais maintenant pour ne t'avoir pas vue. Toi, Julia, dans cette montagne?... Toi ici, sous ce déguisement profane?... Comment donc es-tu venue seule?...

JULIA.

C'est la conséquence de tes mépris et de mon désabusement; et pour que tu saches bien que rien ne peut arrêter une femme blessée dans sa fierté, écoute : Non seulement je ne me repens pas des péchés que j'ai déjà commis, mais je suis prête à en commettre d'autres. — J'ai quitté le couvent, je suis venue à la montagne, et un berger m'ayant dit que je suivais une mauvaise route, j'ai craint qu'il ne vînt à me trahir, et m'étant emparée d'un couteau qu'il portait à la ceinture, je lui ai donné la mort. — Le lendemain, un voyageur qui m'avait prise en croupe sur son cheval ayant voulu absolument traverser un village où je craignais d'être vue, je l'ai tué avec ce même couteau. — J'ai passé trois jours et trois nuits dans ce désert, n'ayant pour toute nourriture que des herbes sauvages, et pour lit que les durs rochers. — Je suis arrivée à une pauvre cabane dont l'humble toit semblait promettre le repos à mon agitation ; j'ai trouvé là un berger et sa femme qui m'ont donné une hospitalité généreuse ; et cependant, voulant empêcher qu'ils ne pussent dire m'avoir vue, j'ai tué dans la montagne le berger qui m'avait accompagnée pour m'indiquer mon chemin, et puis, revenant sur mes pas, j'ai aussi tué sa femme. — Enfin ayant réfléchi que mon vêtement seul devait me dénoncer, et ayant résolu d'en changer, après diverses aventures, j'ai pu prendre les habits et les armes d'un chasseur que pendant son sommeil j'avais fait passer de vie à trépas... Voilà comme je suis venue jusqu'ici, surmontant tous les obstacles, bravant tous les périls, commettant tous les crimes.

EUSEBIO.

Je te regarde avec crainte, et je t'écoute avec épouvante. O Julia ! ce n'est point par mépris que je renonce à toi, c'est par respect pour le ciel qui me menace. Retourne à ton couvent ; car cette croix que tu portes m'inspire une sainte terreur. — Mais quel est ce bruit ?

Entrent les Brigands.

RICARDO.

Capitaine, préparez-vous à vous défendre ; car le seigneur Curcio et sa troupe se sont mis en campagne pour vous prendre, et les voilà qui entrent dans la montagne. De tous les villages voisins tout le monde a voulu marcher contre vous, vieillards, femmes, enfans ; et lui, pour venger son fils, il a juré qu'il vous punirait pour tous ceux que vous avez fait périr, et qu'il vous conduirait à Sena mort ou vif.

EUSEBIO.

Julia, nous parlerons plus tard. Couvrez-vous le visage, et venez avec moi, si vous ne voulez pas tomber au pouvoir de votre père, qui est votre ennemi. (*Aux brigands.*). Soldats, c'est en ce jour qu'il faut déployer tout votre courage. Qu'aucun de vous ne faiblisse. Songez que nous avons affaire à des hommes qui ont juré notre perte, et que si nous ne mourons pas sur le champ de bataille, ils nous emmèneront dans leurs prisons, déshonorés et réservés à un affreux supplice. Qui donc ne combattrait pas vaillamment pour la vie et pour l'honneur ?... Et afin qu'ils ne pensent pas que nous les craignons, marchons à leur rencontre ; car toujours la fortune est du parti de l'audace [1].

---

[1] *Que siempre está la fortuna*
De parte del atrevido.

Il est impossible de ne pas voir là une imitation de la sentence de Virgile :

Audaces fortuna juvat.

JOURNÉE III, SCÈNE II.

RICARDO.

Les voici qui arrivent à nous.

EUSEBIO.

Préparez-vous donc, et comportez-vous vaillamment; car, vive Dieu! si j'en vois un qui fuie ou qui recule, c'est lui d'abord que e tue, plutôt encore qu'un de nos ennemis.

CURCIO, *du dehors*.

J'ai aperçu caché dans la montagne le traître Eusebio; mais il ne nous échappera pas; il est perdu!

UNE VOIX, *du dehors*.

Nous l'apercevons d'ici derrière les arbres.

JULIA.

Les voilà.

Elle sort.

EUSEBIO.

Attendez, misérables, et bientôt la plaine ne sera qu'un ruisseau de votre sang. Marchons, vive Dieu!

RICARDO.

Ces vilains, ces lâches sont en nombre infini.

CURCIO, *du dehors*.

Où te caches-tu, Eusebio?

EUSEBIO.

Je ne me cache pas, je vais à toi.

Tous sortent, et l'on entend le bruit des arquebuses.

SCÈNE II.

Un autre côté de la montagne

Entre JULIA

JULIA.

J'arrive à peine, et j'entends déjà les cris affreux des combattans, le cliquetis des épées, et le bruit des armes à feu que répètent au loin les échos... Mais que vois-je!... toute la troupe d'Eusebio vaincue, mise en déroute, fuit devant l'ennemi. Allons les rassembler et les ramener au combat pour secourir Eusebio, et je serai ainsi l'étonnement du monde et des siècles futurs.

Elle sort, et entre GIL, vêtu en brigand.

GIL.

A peine, pour me tirer d'affaire, me suis-je enrôlé parmi les brigands, que me voilà par cela même en danger. Quand j'étais laboureur, nous étions les battus; et aujourd'hui parce que je suis de la bande, c'est son tour. Il faut nécessairement que je porte le malheur avec moi, et c'est au point que si j'étais Juif, les Juifs eux-mêmes ne gagneraient pas d'argent [1].

---

[1] Nous avons traduit ce passage en précisant davantage la pensée

Que a ser yo judio, fueran
Desgraciados los judios.

Entrent MENGA, BLAS, TIRSO, et d'autres Paysans.

MENGA.

Suivons-les! suivons-les!

BLAS.

Il ne faut pas qu'il en reste tant seulement un en vie.

MENGA.

En voici un qui s'est caché de ce côté.

BLAS.

Mort au voleur!

GIL.

Songez que je suis...

MENGA.

Nous voyons bien à vos habits que vous êtes un brigand.

GIL.

Mes habits sont des drôles qui en ont menti.

MENGA.

Frappe-le!

BLAS.

Donne-lui son affaire.

GIL.

Je ne demande rien. Je vous prie seulement de remarquer.....

TIRSO.

Nous n'avons rien à remarquer. N'êtes-vous pas un brigand?

GIL.

Mais non : je suis Gil, voué au Christ.

MENGA.

Pourquoi ne l'as-tu pas dit plus tôt.

TIRSO.

Pourquoi ne parlais-tu pas?

GIL.

C'est qu'au contraire, voilà une heure que je me tue à vous crier que je suis Gil.

MENGA.

Que fais-tu là?

GIL.

Ne le vois-tu pas? j'offense Dieu dans le cinquième commandement [1]. Je tue à moi seul plus de monde que deux médecins dans les grandes chaleurs de l'été.

MENGA.

Quel est ce costume?

GIL.

C'est le diable!... J'en ai tué un et j'ai endossé ses habits.

MENGA.

Mais comment se fait-il qu'il ne soit pas taché de sang puisque tu l'as tué?

[1] Le cinquième commandement dit : *tu ne tueras point.*

GIL.
Ça s'explique aisément : c'est qu'il est mort de peur. Voilà pourquoi.

MENGA.
Viens avec nous. Nous avons vaincu les brigands, ils fuient, et nous les poursuivons.

GIL.
C'est que je suis bien légèrement vêtu, et je tremble de froid.

Ils sortent. Entrent en combattant EUSEBIO *et* CURCIO.

CURCIO.
Enfin, grâces au ciel, nous voilà seuls. Je n'aurais pas voulu remettre à un autre le soin de ma vengeance ; je n'aurais pas voulu que tu mourusses d'une autre main que la mienne.

EUSEBIO.
Le ciel ne m'a pas été contraire en cette circonstance, seigneur Curcio, puisqu'il m'a permis de vous rencontrer et de me mesurer avec vous. Et cependant je l'avoue, je ne sais pourquoi, mais vous m'inspirez un tel respect, que je redoute plus votre ressentiment que votre épée. Oui, bien que je pusse craindre votre courage, lorsque je vous regarde je ne crains que vos cheveux blancs.

CURCIO.
Je confesse, Eusebio, que votre présence et votre voix apaisent en partie ma colère ; mais n'attribuez pas à votre respect pour moi les sentimens de crainte que vous inspire mon courage. Et pour qu'une étoile qui vous est favorable ne me détourne pas de ma vengeance, recommençons le combat ; défendez-vous !

EUSEBIO.
Non, seigneur Curcio, ne le croyez pas, mon cœur ne saurait éprouver aucune crainte. Mais, j'en conviens, la seule victoire que je désire, c'est de me prosterner à vos pieds pour solliciter de vous mon pardon, et pour y déposer cette épée la terreur de tant d'autres.

CURCIO.
Ne t'imagine pas, Eusebio, que je veuille profiter de l'avantage que tu me donnes. Je renonce également à me servir de mon épée. (*Il jette son épée.*) Luttons ensemble à bras le corps.

Ils se prennent à bras le corps et luttent.

EUSEBIO.
Je ne sais comment vous avez produit en moi cet étrange effet ; mais je ne sens dans mon cœur contre vous ni haine ni colère ; je suis prêt à verser des larmes d'attendrissement ; et pour vous venger je voudrais me donner la mort. Prenez ma vie, seigneur ; vous en êtes le maître, je vous l'abandonne.

CURCIO.
Un homme noble, quelque injure qu'il ait reçue, ne trempe ja-

mais ses mains dans le sang d'un homme qui se rend à lui. Ce serait souiller sa victoire.

UNE VOIX, *du dehors.*

Les voilà de ce côté!

CURCIO.

Ma troupe victorieuse vient me chercher, pendant que la vôtre fuit en désordre. Je veux vous sauver; cachez-vous. J'aurais beau vouloir vous protéger, ces gens grossiers ne m'écouteraient pas, et seul vous ne pourriez pas vous défendre contre eux tous.

EUSEBIO.

Moi, seigneur Curcio, bien que je sois sans force contre vous, je n'ai peur de rien au monde; et si une fois je reprends mon épée, vous verrez alors quel est mon courage contre les autres.

Entrent OCTAVIO et tous les Paysans.

OCTAVIO.

Depuis le fond de la vallée jusqu'au sommet de la montagne, tout a été massacré. Le seul Eusebio qui sans doute a fui...

EUSEBIO.

Tu mens, misérable; Eusebio n'a jamais fui.

TOUS.

C'est lui! — C'est Eusebio! — Qu'il meure!

EUSEBIO.

Approchez, misérables.

CURCIO.

Attends, arrête, Octavio!

OCTAVIO.

Eh quoi! seigneur, vous qui devriez nous exciter, c'est vous qui nous retenez!...

BLAS.

Comment soutenez-vous un pareil homme?

GIL.

Un homme qui a tué tout ce qu'il a pu, qui a ravagé tout le pays, et qui n'a laissé sans les toucher ni un melon ni une fille!

OCTAVIO.

Eh bien! seigneur, quelle est votre intention?

CURCIO.

Écoutez. Il vaut bien mieux que nous l'emmenions prisonnier à Sena. — Rendez-vous, Eusebio; je vous promets, foi de gentilhomme, ma protection; je vous jure que, malgré le passé, je serai votre défenseur.

EUSEBIO.

Je me serais rendu au seigneur Curcio; mais je ne me rendrai pas au chef de ces hommes. Tout à l'heure c'était respect; maintenant ce serait crainte.

JOURNÉE III, SCÈNE III.

TOUS.

Qu'il meure! qu'il meure!

CURCIO.

Remarquez, mes amis....

OCTAVIO.

Quoi! vous le défendez!... Vous nous trahissez!

CURCIO.

Moi, trahir!... On me soupçonne!... Hélas! vous voyez, Eusebio; je voudrais en vain vous sauver!

EUSEBIO.

Otez-vous de devant moi, seigneur Curcio; ôtez-vous, de grâce, car votre présence me trouble, et votre personne serait le bouclier de ces hommes.

Il sort en se battant contre tous. Ils le poursuivent.

CURCIO.

Oh! si je pouvais aux dépens de ma vie sauver la tienne, Eusebio!... Le voilà dans la montagne... Il descend vers la vallée... Il est couvert de blessures... Volons à son secours... car il me semble que ce sang qui coule est le mien. Autrement il ne m'appellerait pas... ou je n'entendrais pas sa voix!

Il sort.

SCÈNE III.

Même décoration qu'à la première scène de la première journée.

Entre EUSEBIO.

EUSEBIO.

Précipité du haut de la montagne, j'ai eu peine à trouver la terre. Bientôt je vais mourir. Et en considérant ma triste existence, ce qui me tourmente et m'afflige, ce n'est point de perdre la vie; c'est de savoir comment avec ma seule vie je pourrai payer tant de fautes!... Voilà que la troupe ennemie, insatiable de vengeance, se met de nouveau à ma poursuite. Puisqu'il m'est impossible d'échapper, je mourrai en combattant... Je ferais mieux peut-être d'aller en un lieu où je puisse demander pardon au ciel; mais non, arrêtons-nous devant cette croix : ils me donneront plus tôt la mort, et, cependant, elle me donnera la vie éternelle. (*Il s'adresse à la Croix.*) Arbre sur lequel le Ciel a placé le fruit véritable qui devait nous dédommager de ce fruit trompeur qui le premier perdit les hommes! Fleur charmante du nouveau paradis! Vigne fertile et toujours verdoyante! Arc brillant de lumière dont l'apparition merveilleuse annonça la paix du monde! Harpe du nouveau David! Table d'un second Moïse! je suis un pauvre pécheur qui réclame ta protection comme une justice, car Dieu n'est mort sur ton bois sacré que pour le salut des pécheurs; et c'est pourquoi, par cela même que je suis un pécheur, tu me dois ta protection. Croix sainte, que j'ai toujours adorée avec une dévotion particulière, ne permets pas, je t'en supplie, que je meure sans confession. Je ne serai point le premier malfaiteur qui, sur toi placé, se soit confessé à Dieu. Et puisqu'un autre l'a fait avant moi, et qu'il a ainsi obtenu la rémission de ses péchés, je profiterai, moi aussi, de la puissance de rédemption que tu possèdes[1]. Lisardo, lorsque offensé par toi j'étais libre de te donner la mort, je te permis de te confesser avant que tu ne rendisses le dernier soupir; et toi, vieux Alberto, tu me promis que je ne mourrais pas sans confession. J'invoque donc votre pitié à tous deux. Songe, Lisardo, que je meurs; songe, Alberto, que je t'appelle.

Entre CURCIO.

CURCIO.

Il doit être de ce côté.

EUSEBIO.

Si vous venez pour me tuer, il ne vous sera pas difficile d'achever un homme qui est déjà à demi mort.

CURCIO.

Comment n'être pas attendri en voyant tout ce sang? — Eusebio, rendez votre épée.

EUSEBIO.

A qui?

CURCIO.

A Curcio.

EUSEBIO.

La voici. — Et moi-même, à vos pieds, je vous demande pardon de mes torts. Je ne puis parler davantage; ma blessure m'en ôte la force, et je sens mon âme qui se plonge dans des ténèbres d'horreur.

CURCIO.

J'en suis tout ému. — Ne pensez-vous pas qu'il y ait encore des moyens de vous guérir?

EUSEBIO.

Je n'ai de secours à souhaiter que les secours divins... pour mon âme.

CURCIO.

Où est cette blessure?

EUSEBIO.

A la poitrine.

CURCIO.

Laissez-moi la toucher de ma main... Mais, quoi! quelle est cette marque que j'y sens empreinte? Quelle est cette image que je trouve gravée sur votre sein? En la reconnaissant, toute mon âme s'est troublée.

[1] Il y a évidemment dans ce passage une allusion au bon larron mort à la droite du Christ.

EUSEBIO.

Ce sont les armes que me donna cette croix au pied de laquelle je naquis... et voilà tout ce que je sais de ma naissance. Mon père, que je ne connais pas, me délaissa sans doute dans la prévision de ce que je devais être. Mais c'est ici que je suis né.

CURCIO.

Et c'est ici que je devais éprouver une joie égale à ma douleur, effet d'une destinée tout à la fois favorable et cruelle. — Ah! mon fils! quel bonheur et quel chagrin de te voir! — Oui, Eusebio, tu es mon fils ; j'en avais le pressentiment ; et faut-il, hélas! ne te retrouver que pour te voir mourir!... C'est ici que ta mère te mit au jour... Le ciel me punit là où j'ai péché... Et s'il pouvait me rester quelques doutes, cette croix qui est empreinte sur ton sein, et qui est toute semblable à celle de Julia, les auraient bientôt dissipés. Ah! le ciel, en vous marquant tous deux d'une façon si mystérieuse, a voulu que vous fussiez l'étonnement et l'enseignement du monde.

EUSEBIO.

Je ne puis parler, ô mon père... Adieu... Un voile funèbre s'appesantit sur moi, et je sens la mort qui m'entraîne. Me voilà arrivé au moment solennel. (*Il appelle.*) Alberto!

CURCIO.

Étais-je destiné à pleurer mort celui que j'abhorrais vivant?

EUSEBIO, *appelant.*

Venez donc, Alberto!

CURCIO.

Situation cruelle!

EUSEBIO, *appelant.*

Alberto! Alberto!

Il meurt.

CURCIO.

Il n'est plus!... Ah! dans ma douleur, j'arracherais mes cheveux blancs!

Entre BLAS.

BLAS.

Vos plaintes sont inutiles; et vous avez besoin d'appeler à vous tout votre courage.

CURCIO.

Jamais homme ne fut si malheureux... O destinée cruelle! ô étoile funeste!

Entre OCTAVIO.

OCTAVIO.

En ce jour, seigneur Curcio, la fortune vous accable de tous les maux qu'un mortel peut souffrir. Le ciel sait combien il m'en coûte de vous annoncer un nouveau malheur.

CURCIO.

Qu'est-il arrivé ?

OCTAVIO.

Julia a quitté son couvent.

CURCIO.

Mon malheur, je l'avoue, est plus grand que je n'aurais jamais pu l'imaginer. — Ce cadavre que tu vois, Octavio, ce froid cadavre, c'est mon fils... et tu m'annonces que ma fille Julia... Crois-tu qu'un mortel puisse supporter tous ces maux réunis ?... O ciel ! donne-moi la force nécessaire, ou délivre-moi d'une si triste vie.

Entre GIL.

GIL.

Seigneur ?

CURCIO.

Eh bien ! quoi encore ?

GIL.

Les brigands que vous avez mis en fuite reviennent à votre recherche, animés par un démon ou par un homme qui leur cache à eux-mêmes son visage et son nom.

CURCIO.

Après tous mes malheurs, je ne crains plus rien. — Que l'on mette de côté le corps d'Eusebio, jusqu'à ce que je puisse donner à ses restes un tombeau convenable.

TIRSO.

Et comment pensez-vous pouvoir l'ensevelir dans un lieu consacré ? Ne savez-vous pas qu'il est mort excommunié ?

BLAS.

A un homme qui est mort de la sorte, ce désert ne sera-t-il pas une bien digne sépulture ?

CURCIO.

Ces vilains, ces rustres, ils conservent si bien le ressentiment d'une injure, que la mort même ne satisfait pas leur vengeance !

Il sort désespéré.

BLAS.

Ce brigand ne doit avoir d'autre tombeau que le corps des bêtes féroces et des oiseaux de proie.

UN AUTRE PAYSAN.

Précipitons son cadavre du haut de la montagne, afin de le mettre en lambeaux.

TIRSO.

Il vaut mieux lui donner une sépulture rustique sous ces branchages. (*Les paysans enterrent Eusebio.*) Maintenant, comme la nuit baisse, partons... Toi, Gil, reste ici ; et si tu vois venir quelques-uns des fuyards, tu nous avertiras en criant.

Ils sortent.

GIL.

Ils ne sont pas gênés ceux-là ! Ils viennent d'enterrer Eusebio, et ils me laissent ici seul avec lui. — Seigneur Eusebio, rappelez-vous au moins, je vous prie, que j'étais de vos amis. — Mais, qu'est-ce donc ? Ou mes sens m'abusent, ou je vois venir de ce côté un millier de personnes.

Entre ALBERTO.

ALBERTO.

J'arrive de Rome ; et, trompé par la nuit, je me suis égaré une seconde fois dans ces montagnes. Voici l'endroit où Eusebio me donna la vie, et j'ai peur que ses soldats ne me fassent un mauvais parti.

EUSEBIO, *appelant*.

Alberto !

ALBERTO.

Quelle est cette voix étrange qui résonne à mon oreille en répétant mon nom ?

EUSEBIO, *appelant*.

Alberto !

ALBERTO.

Voilà qu'on m'appelle encore !... C'est de ce côté, je crois ?... Allons voir.

GIL.

Dieu trois fois saint, c'est Eusebio !... Jamais peur ne fut égale à la mienne.

EUSEBIO, *appelant*.

Alberto !

ALBERTO.

Il me semble que j'approche. — O voix ! qui redis ainsi mon nom avec tant d'insistance, — qui es-tu ?

EUSEBIO.

Je suis Eusebio. — Approche, Alberto ; viens de ce côté, où je suis enterré, et soulève ces branchages. Ne crains rien.

ALBERTO.

Je suis inaccessible à la crainte.

GIL.

Pas moi.

ALBERTO.

Te voilà à découvert. Dis-moi, de la part de Dieu, que me veux-tu ?

EUSEBIO.

C'est de sa part, Alberto, que ma foi t'a appelé, pour que, avant ma mort, tu m'entendisses en confession. Il y a déjà quelques moments que j'ai rendu le dernier soupir ; mais mon âme n'a pas encore quitté mon corps qu'elle animait, et dont elle doit bientôt se séparer. (*Eusebio se lève.*) Viens, Alberto, que je te confesse mes péchés, plus nombreux que les sables de la mer et que les atomes du soleil. C'est la récompense qu'obtient, avec la grâce du ciel, la dévotion à la Croix.

GIL.

Par Dieu! le voilà sur ses pieds; et afin qu'on puisse mieux le voir, voilà le jour qui commence à paraître. Je vais le dire à tout le monde.

Eusebio et Alberto sortent d'un côté, pendant que, de l'autre, entrent JULIA et quelques brigands.

JULIA.

Maintenant que, fiers de leur victoire, ils reposent imprudemment dans les bras du sommeil, l'occasion est favorable.

UN DES BRIGANDS.

Les voici qui viennent.

GIL.

Puisque voici du monde, que tous sachent par moi la plus étonnante aventure que l'on ait jamais vue. Eusebio s'est levé de l'endroit où il était enterré, en appelant un prêtre à grands cris. Mais il est inutile que je vous conte ce que tous vous pouvez voir. Regardez avec quelle dévotion il est agenouillé et se confesse.

CURCIO.

Mon fils!... Dieu puissant, quelles sont ces merveilles?

JULIA.

Qui jamais fut témoin d'un tel prodige?

CURCIO.

Dès que le saint vieillard a eu fait le signe de l'absolution, il est tombé mort pour la seconde fois à ses pieds.

Entre ALBERTO.

ALBERTO.

Au milieu de ses grandeurs, que le monde apprenne, par ma voix, le plus étonnant des miracles. Après la mort d'Eusebio, le ciel a laissé son esprit dans son cadavre jusqu'à ce qu'il se fût confessé : faveur par laquelle Dieu a voulu récompenser la dévotion à la Croix.

CURCIO.

Ah! fils de mon âme, tu n'es plus si à plaindre, puisque, dans ta fin tragique, tu as obtenu une telle gloire. — Plût au ciel que Julia reconnût ainsi ses fautes!

JULIA.

Que Dieu me soit en aide! Que viens-je d'apprendre?... J'étais la prétendue d'Eusebio, et j'étais sa sœur!... Comment cacher l'horreur que je m'inspire à moi-même?... Eh bien! que mon père le sache, qu'ils le sachent tous ceux qui m'écoutent, qu'il le sache le monde entier! je suis Julia, la criminelle et infâme Julia! Mais puisque mon péché a été public, ma pénitence sera publique également ; et, avec une profonde humilité, je veux sans cesse demander pardon au monde du mauvais exemple, et à Dieu de la mauvaise vie.

CURCIO.

Prodige de méchanceté! Je veux te tuer de mes propres mains, afin que ta mort soit comme ta vie, épouvantable!

JULIA.

Protége-moi, Croix divine, et je m'engage à rentrer au couvent et à faire pénitence de mes fautes.

Au moment où Curcio va pour frapper Julia, elle embrasse la croix qui est sur la tombe d'Eusebio et disparaît.

ALBERTO.

Quel miracle!

CURCIO.

Et sur ce dénouement si étrange, l'auteur achève heureusement *la Dévotion à la Croix*.

FIN DE LA DÉVOTION A LA CROIX.

L'ALCADE DE ZALAMÉA.

(EL ALCALDE DE ZALAMEA.)

NOTICE.

Dans l'allocution obligée qu'il adresse au public à la fin de *l'Alcade de Zalaméa*, Calderon nous assure que sa comédie est une histoire véritable. Bien que nous ne connaissions pas la tradition dont il s'est inspiré, nous n'avons pas de peine à le croire. Et ce n'est pas seulement parce que nous ajoutons une foi entière à la simple assertion du poète; c'est que l'événement qui fait le sujet de cette pièce a dû en effet se produire à une époque où de longues guerres avaient développé sans mesure l'usage de la force brutale chez une soldatesque effrénée; c'est qu'il y a dans tout cet ouvrage je ne sais quel air de vérité, qu'on retrouve difficilement dans des drames de pure imagination et qui ne sont point fondés sur une donnée historique.

Si l'on me demandait d'indiquer la qualité particulière qui distingue chacune des pièces de Calderon, je dirais de *l'Alcade de Zalaméa* que c'est la peinture des caractères. A cet égard, de toutes ses comédies celle-ci est à mon sens la plus parfaite. D'abord, pour ce qui est des personnages qui lui étaient fournis par l'histoire, ils revivent dans son drame. C'est bien là, quoiqu'un peu idéalisé, Philippe II, sombre, sévère, taciturne, habitué à voir tout plier sous sa volonté de fer, et inspirant autour de lui un respect mêlé de terreur. C'est bien là aussi don Lope de Figueroa, le vieux soldat d'Italie et de Flandre, le digne chef de ce *Terce* fameux qui, selon l'expression d'un historien, faisait trembler la terre sous ses mousquets; rigide observateur de la discipline, mais cachant sous une brusquerie exagérée une bonté réelle. Quant aux personnages qui étaient davantage à la disposition du poète, ils sont également bien peints. Le vieux Pedro Crespo, le héros de la pièce, est l'admirable type du paysan espagnol, plein de sentimens élevés, de loyauté, de franchise; d'un courage et d'une fermeté indomptables; d'une imagination poétique et facile, et, en même temps, observateur sagace et doué d'un sens pratique excellent. Le rôle de Juan, son fils, et celui de sa fille Isabelle ne sont pas moins bien tracés. Et le capitaine don Alvar avec son orgueil et sa violence! Et Rebolledo le soldat fanfaron, mutin et sans mœurs! Et l'Étincelle, la joyeuse vivandière! Et Mendo le gentillâtre vaniteux! Tout cela c'est la nature même. Aussi, combien l'on regrette, en lisant cette pièce, que Calderon n'ait pas exercé plus volontiers son talent caractéristique! Quel poète lui eût été supérieur? Quel poète même, peut-être, l'eût égalé?

L'*Alcade de Zalaméa* est en outre fort bien composé et rempli de situations intéressantes. On remarquera en particulier les scènes de Pedro Crespo avec son fils, avec don Lope, avec le capitaine don Alvar, à la troisième journée. Cette dernière, surtout, est d'une beauté sublime.

Enfin, le style complète dignement la perfection de l'ouvrage ; simple, naturel, rapide, et parfois d'une rare éloquence. Les rigoristes pourraient seulement reprocher au poëte, dans deux ou trois détails, de s'être substitué à ses personnages ; et encore dans ces passages, que je n'ai pas besoin d'indiquer au lecteur, l'emploi du langage vrai était-il bien difficile et bien délicat.

Quelques années avant la révolution, un homme devenu depuis bien célèbre, le comédien Collot-d'Herbois, essaya de transporter sur notre théâtre *l'Alcade de Zalaméa*, qu'il avait imité de l'imitation de Linguet, et qu'il intitula : *Le Paysan magistrat*. Mais cette pièce est dénuée de tout mérite, et l'on n'en aurait point fait mention sans la célébrité que s'est acquise son auteur.

L'ALCADE DE ZALAMÉA.

PERSONNAGES.

LE ROI PHILIPPE II.
DON LOPE DE FIGUEROA.
DON ALVAR D'ATAYDE, capitaine.
UN SERGENT.
REBOLLEDO, soldat.
L'ÉTINCELLE, vivandière.
PEDRO CRESPO, vieux laboureur.
JUAN, son fils.
DON MENDO, gentillâtre.
NUÑO, son valet.
UN GREFFIER.
ISABELLE, fille de Crespo.
INÈS, cousine d'Isabelle.
SOLDATS, LABOUREURS, CORTÉGE.

La scène se passe au village de Zalaméa [1] et dans les environs.

JOURNÉE PREMIÈRE.

SCÈNE I.

Un grand chemin à l'entrée du village de Zalaméa.

Entrent REBOLLEDO, L'ÉTINCELLE et des Soldats.

REBOLLEDO.

Que le corps du Christ soit avec celui qui nous fait ainsi marcher d'un endroit à un autre sans nous laisser nous rafraîchir!

TOUS.

Ainsi soit-il!

REBOLLEDO.

Sommes-nous donc des Bohémiens pour aller de la sorte? Le beau plaisir de suivre au son du tambour un drapeau qui n'est pas même déployé!

UN SOLDAT.

Allons, voilà-t-il pas que tu commences?

REBOLLEDO.

Il n'y a qu'un moment que ce maudit tambour a cessé de nous rompre la tête.

UN AUTRE SOLDAT.

Il n'y a pas là de quoi te fâcher; il faut au contraire, selon moi, oublier la fatigue du chemin quand on arrive au village.

REBOLLEDO.

Je me moque bien du village quand je suis à moitié mort! Et en supposant que j'y arrive vivant, Dieu sait si l'on nous permettra de nous y arrêter. Car tout aussitôt viendront les alcades, qui diront au

---

[1] Il y a en Espagne deux villages du nom de Zalaméa, l'un situé dans la province de Séville, l'autre dans la province d'Estramadure. Il s'agit ici du second.

commissaire que si l'on peut passer plus loin ils donneront ce qu'il faudra. D'abord le commissaire répondra que cela est impossible, que la troupe est harassée; mais si le conseil a de l'argent, il nous dira : « Seigneurs soldats [1], il y a un ordre de ne pas s'arrêter; ne perdons pas de temps, marchons. » Et nous, pauvres malheureux, nous obéirons sans répliquer à un ordre — qui est, en vérité, pour le commissaire un ordre monacal, et pour nous un ordre mendiant [2]. Mais, vive Dieu! si j'arrive aujourd'hui à Zalaméa et que l'on veuille aller plus loin, on aura beau faire et beau dire, on partira sans moi; et après tout, sans me flatter, ce ne sera pas mon premier coup de tête.

PREMIER SOLDAT.

Ce ne sera pas non plus le premier qui aura coûté la vie à un pauvre soldat; surtout aujourd'hui que nous avons pour chef don Lope de Figueroa, qui, s'il est justement célèbre pour son courage et sa valeur, n'est guère moins connu pour n'être pas tendre de son naturel; ne faisant que jurer d'une manière effroyable, n'épargnant pas même ses amis, et toujours prêt à vous expédier son monde sans autre forme de procès.

REBOLLEDO.

Vous l'avez entendu? — Eh bien, je n'en ferai pas moins ce que j'ai dit.

DEUXIÈME SOLDAT.

Un simple soldat ne devrait pas s'y fier.

REBOLLEDO.

Pour moi, je me moque de tout. Si quelque chose m'inquiète, c'est pour cette pauvre petite qui accompagne notre personne.

Il montre l'Étincelle.

L'ÉTINCELLE.

Seigneur Rebolledo, ne vous affligez pas pour moi; vous le savez, j'ai du poil au cœur, et cette pitié m'humilie. Si je suis venue avec la troupe, ce n'est pas seulement pour marcher avec elle, mais pour supporter bravement toutes les peines du métier. Sans cela, si j'avais voulu mener une vie douce et facile, je n'aurais certes pas laissé la maison du régidor, où rien ne manque; car, durant tout le mois d'exercice, les cadeaux y pleuvent, et alors les régidors n'y regardent pas de si près. Et puisque j'ai mieux aimé venir sous le drapeau, marcher et souffrir avec Rebolledo... Mais à quoi donc penses-tu là?

REBOLLEDO.

Vive le ciel! tu es la perle des femmes.

---

[1] Le soldat (*soldado*) jouissait alors en Espagne d'une grande considération. Cervantes, Lope de Vega et Calderon, tous trois d'excellente famille, avaient été soldats. *Voyez* les notes qui suivent la Notice générale.

[2] Nous avons joué exprès sur le double sens du mot *ordre*, comme dans l'espagnol. Du reste, un ordre monacal était en Espagne le symbole de l'abondance; tout au contraire d'un ordre mendiant, qui était la personnification de la misère.

LES SOLDATS.

C'est vrai ! c'est vrai !... Vive l'Étincelle !

REBOLLEDO.

Oui, morbleu ! vive l'Étincelle ! et surtout si, pour charmer les ennuis de la marche, elle veut bien nous régaler d'une petite chanson.

L'ÉTINCELLE.

A cette demande je réponds avec les castagnettes.

REBOLLEDO.

Et moi je t'accompagnerai. Escrimons-nous à qui mieux mieux, les camarades jugeront.

LES SOLDATS.

Vive Dieu ! c'est bien dit.

L'ÉTINCELLE, *chantant.*

Mirliti ! mirliton !
Je suis l'âme de la chanson.

REBOLLEDO, *chantant.*

Mirliti, mirliton,
Je suis l'âme de la chanson.

L'ÉTINCELLE, *de même.*

Que l'enseigne s'en aille à la guerre,
Et que le capitaine s'embarque.

REBOLLEDO, *de même.*

Tue les Mores qui voudra,
Pour moi, je n'ai pas à m'en plaindre.

L'ÉTINCELLE, *de même.*

Allons, que le four chauffe,
Et que le pain ne me manque pas.

REBOLLEDO, *de même.*

Hôtesse, mettez vite une poule au pot,
Car le mouton me fait mal [1].

PREMIER SOLDAT.

Holà ! regardez ! J'en suis presque fâché, car la chanson me faisait oublier la fatigue ; mais quelle est donc cette tour là-bas ? n'est-ce pas l'endroit où nous allons ?

REBOLLEDO.

Serait-ce là Zalaméa ?

L'ÉTINCELLE.

Le clocher le dit. (*Au premier soldat.*) Ne regrettez pas tant la chansonnette, nous aurons mille occasions de la reprendre ; d'autant que ça m'amuse. Il y en a qui pour la moindre chose pleurent ; moi pour un rien je chante, et je vous chanterai mille chansons.

---

[1] *Huespeda, mate me una gallina,*
Que el carnero me hace mal.

Le mot *carnero* (mouton, bélier) prête en espagnol à toutes sortes de plaisanteries. Mais il est possible que Calderon ait voulu tout simplement montrer l'exigence et la délicatesse des soldats, en leur faisant exprimer ce dédain pour une viande qui est en Espagne très-estimée.

REBOLLEDO.

Halte ici, les amis! il est juste d'attendre que le sergent apporte l'ordre, et que nous sachions si nous devons entrer par pelotons ou en corps.

PREMIER SOLDAT.

Voici le sergent qui arrive. Mais, lui aussi, il attend le capitaine.

Entrent LE CAPITAINE *et* LE SERGENT.

LE CAPITAINE.

Seigneurs soldats, bonne nouvelle : nous restons ici, et nous y avons logement jusqu'à ce que don Lope arrive avec le reste de la troupe qui était à Llerena. Il y a ordre de la rassembler et de ne partir pour Guadalupe que lorsque tout le terce [1] sera réuni. Le colonel ne tardera pas à venir; et ainsi nous pourrons nous reposer quelques jours de nos fatigues.

REBOLLEDO.

Ma foi! oui, capitaine, voilà une bonne nouvelle.

TOUS.

Vive le capitaine!

LE CAPITAINE.

Déjà les logemens sont désignés; le commissaire distribuera les billets à mesure que l'on entrera.

L'ÉTINCELLE, *à part*.

Il faut que je sache au plus tôt pourquoi Rebolledo chantait tout à l'heure,

> Hôtesse, mettez-moi la poule au pot,
> Car je ne puis souffrir le mouton.

Tout le monde sort, à l'exception du capitaine et du sergent.

LE CAPITAINE.

Seigneur sergent, avez-vous gardé mon billet à moi?

LE SERGENT.

Oui, mon seigneur.

LE CAPITAINE.

Et où suis-je logé?

LE SERGENT.

Dans la maison d'un laboureur qui est le plus riche de l'endroit, et qui, dit-on, est en même temps l'homme le plus orgueilleux du monde; plus vain, plus fier que ne pourrait l'être un infant de Léon.

LE CAPITAINE.

En vérité, cette fierté sied bien à un vilain, — parce qu'il a des écus!

---

[1] Le terce (*tercio*) équivalait à un de nos régimens; mais comme, à cette époque les armées étaient beaucoup moins considérables qu'on ne les a vues depuis cinquant ans, le terce avait, relativement, une bien autre importance.

LE SERGENT.

On assure, seigneur, que c'est la meilleure maison de l'endroit. Du reste, s'il faut tout vous dire, ce n'est pas tant à cause de cela que je l'ai choisie pour vous, que parce qu'il y a aussi la plus belle personne de Zalaméa.

LE CAPITAINE.

Que dis-tu?

LE SERGENT.

C'est une sienne fille.

LE CAPITAINE.

Alors, toute belle et toute vaine qu'elle peut être, elle n'en est pas moins la fille d'un vilain, ayant sans doute de grosses mains et de gros pieds.

LE SERGENT.

Personne ne dit cela.

LE CAPITAINE.

N'importe! cela doit être.

LE SERGENT.

Est-il un passe-temps plus agréable pour celui qui n'a pas le cœur engagé et qui ne cherche qu'à égayer son loisir, que la société d'une jeune villageoise simple et timide, qui ne sait comment vous répondre?

LE CAPITAINE.

Eh bien! voilà qui, de ma vie, ne m'a jamais amusé, même en passant; car dès qu'une femme n'est pas mise avec élégance, avec coquetterie, ce n'est plus pour moi une femme.

LE SERGENT.

Eh bien! pour moi, toutes les femmes sont femmes, à commencer par la première venue. Mais allons là-bas; car, vive Dieu! sur votre refus, je la prends pour mon compte.

LE CAPITAINE.

Veux-tu savoir qui de nous deux a raison? Songe seulement que celui qui adore une beauté dit en la voyant : « Voilà ma dame, » et non pas : « Voilà ma villageoise. » Donc si l'on appelle dame celle qu'on aime, il est clair qu'une villageoise ne peut avoir aucun droit au titre de dame. — Mais quel est ce bruit?

LE SERGENT.

C'est un homme qui vient de descendre, au coin de la rue, de dessus un nouveau Rossinante, et qui, par sa figure et sa taille, rappelle tout-à-fait ce célèbre don Quichotte de qui Miguel Cervantes a écrit les aventures.

LE CAPITAINE.

O la bonne figure!

LE SERGENT.

Marchons, seigneur, il est temps.

LE CAPITAINE.

Sergent, porte d'abord mes effets au logis, et ensuite reviens m'avertir.

Ils s'en vont.

SCÈNE II.

Une rue à l'entrée de Zalaméa.

Entrent MENDO, *gentillâtre ridicule, et* NUÑO.

MENDO.

Comment va le grison ?

NUÑO.

Pauvre bête ! il ne peut plus se tenir.

MENDO.

As-tu dit à mon laquais de le promener un instant ?

NUÑO.

Voilà une agréable ration !

MENDO.

Il n'y a rien qui délasse autant les animaux.

NUÑO.

Pour moi, j'aimerais mieux de l'avoine.

MENDO.

Et mes lévriers, as-tu dit qu'on ne les attachât point ?

NUÑO.

Ils en seront fort contens, mais pas le boucher [1].

MENDO.

Assez ; et puisque trois heures viennent de sonner, donne-moi mes gants et un cure-dents.

NUÑO.

Croyez-vous tromper le monde avec ce cure-dents ?

MENDO.

Si quelqu'un osait penser en lui-même que je n'ai pas mangé à mon dîner un faisan, je suis prêt à lui soutenir ici et partout ailleurs qu'il en a menti à part soi.

NUÑO.

Eh ! ne vaudrait-il pas mieux me soutenir moi-même ? car enfin je suis à votre service.

MENDO.

Quelles sottises !... A propos, n'est-il pas arrivé ce soir des soldats dans ce village ?

NUÑO.

Oui, mon seigneur.

MENDO.

Pauvres roturiers ! n'est-ce pas pitié de leur voir toujours des hôtes nouveaux ?

---

[1] Parce que ces lévriers affamés iront voler chez lui.

NUÑO.

Ce n'est pas moins pitié, au contraire, d'en voir d'autres qui n'en ont jamais.

MENDO.

De qui parles-tu?

NUÑO.

Des gentilshommes de campagne. Ne vous êtes-vous jamais demandé pourquoi on ne leur envoie personne à loger?

MENDO.

Pourquoi?

NUÑO.

Parce qu'on craint que l'on y meure de faim.

MENDO.

Dieu fasse paix à l'âme de mon bon seigneur et père! car enfin il m'a laissé une belle carte généalogique toute peinte d'or et d'azur, qui m'exempte moi et mon lignage de ces corvées.

NUÑO.

Il aurait mieux valu qu'il vous eût laissé un peu d'argent comptant.

MENDO.

Toutefois, quand j'y pense, et s'il faut dire la vérité, je ne lui ai pas grande obligation de ce qu'il m'a engendré noble; car je n'aurais jamais souffert qu'un autre qu'un gentilhomme m'eût engendré dans le ventre de ma mère.

NUÑO.

Il vous eût été difficile de le savoir.

MENDO.

Point du tout; rien de plus facile.

NUÑO.

Comment cela, seigneur?

MENDO.

Mais non; tu n'entends rien à la philosophie, et par conséquent tu ne connais pas les principes.

NUÑO.

Il est vrai, mon seigneur, ni les principes, ni le reste, depuis que je mange chez vous [1]. Votre table est une table divine, sans commencement, ni milieu, ni fin

MENDO.

Je ne te parle point de cela. Sache que l'être qui naît est la substance de la nourriture qu'ont prise ses parens.

NUÑO.

Vos parens mangeaient donc? Vous n'avez pas hérité d'eux cette habitude.

---

[1] Nuño joue sur le double sens du mot *principios*, qui signifie 1 *principes, commencement*, 2 un *plat*, une *entrée*.

MENDO.

Ensuite ces alimens se convertissent en sa propre chair et en son propre sang... Si donc mon père n'eût mangé que des oignons, j'en aurais aussitôt senti l'odeur, et j'aurais dit : Un moment, s'il vous plaît ; je ne veux pas être le résultat de la digestion d'un pareil mets.

NUÑO.

Je conviens à présent que vous avez raison.

MENDO.

Sur quoi ?

NUÑO.

Sur ce que la faim aiguise l'esprit.

MENDO.

Imbécile ! est-ce que j'ai faim, moi ?

NUÑO.

Ne vous fâchez point ; car si vous n'avez pas faim, la faim peut vous venir. Il est déjà trois heures de l'après-midi, et je suis sûr que, pour enlever les taches, il n'y a pas de pierre blanche qui fût meilleure que votre salive et la mienne.

MENDO.

Et tu crois que cela suffit pour que, moi, j'aie faim ? Que la canaille éprouve le besoin de la faim, à la bonne heure ! mais nous ne sommes pas tous de même espèce, et un gentilhomme peut fort bien se passer de dîner.

NUÑO.

Oh ! alors, que ne suis-je gentilhomme !

MENDO.

Mais ne me parle plus de tout cela ; nous voici dans la rue d'Isabelle.

NUÑO.

Pourquoi donc, mon seigneur, aimant Isabelle d'un amour si constant et si dévoué, ne la demandez-vous pas à son père ? De cette manière, vous et son père vous auriez enfin chacun ce qui vous manque ; vous, de quoi dîner ; et lui, des petits-fils gentilshommes.

MENDO.

Ne me parle jamais de cela, Nuño. Eh quoi ! l'argent aurait tant de pouvoir sur moi, que je m'abaissasse jusqu'à m'allier à un rustre !

NUÑO.

Je pensais, au contraire, qu'il n'y avait rien de plus commode pour un gendre que d'avoir un tel beau-père ; car avec les autres, dit-on, un gendre risque plus d'un choc [1]. Et d'ailleurs, si vous ne voulez pas vous marier, pourquoi toutes ces démonstrations d'amour ?

[1] Nuno joue ici sur le double sens du mot *llano*, qui veut dire 1° *rustre*, et 2° *terrain uni*. Il nous a été impossible de reproduire cette *grâce*.

MENDO.

Eh bien! sans que je me marie, est-ce qu'il n'y a pas dix couvens à Burgos où l'on peut la conduire lorsque ma fantaisie sera passée? — Regarde si par hasard tu l'aperçois.

NUÑO.

Je crains que Pedro Crespo ne vienne à me voir.

MENDO.

Qui s'aviserait de te toucher? N'es-tu pas à mon service? Allons, fais ce que t'ordonne ton maître.

NUÑO.

J'obéis, quoique je ne m'asseye pas à table avec lui [1].

MENDO.

Ces valets ont toujours quelque proverbe à la bouche!

NUÑO.

Bonne nouvelle! La voilà qui s'avance avec sa cousine Inès, derrière la jalousie.

MENDO.

Dis plutôt que le soleil couronné de diamans se montre aujourd'hui pour la seconde fois à l'horizon.

ISABELLE et INÈS paraissent à la fenêtre.

INÈS.

Viens, ma cousine, viens sans crainte à la fenêtre; tu verras l'entrée des soldats.

ISABELLE.

Ne me parle pas, je te prie, de me mettre à la fenêtre alors que cet homme est dans la rue; car tu sais, Inès, combien il me déplaît de le voir là.

INÈS.

C'est de sa part une singulière manie, que de te faire la cour avec tant d'empressement.

ISABELLE.

Ce sont là toutes mes bonnes fortunes.

INÈS.

Tu as tort, selon moi, de t'en affliger.

ISABELLE.

Que veux-tu que je fasse?

INÈS.

Il vaudrait mieux t'en amuser.

ISABELLE.

Tu veux que je m'amuse de mes ennuis!

MENDO.

Jusqu'à ce moment j'aurais juré, foi de gentilhomme, — et ce serment est sacré, — que le jour ne s'était point levé encore. Qu'y

---

[1] Allusion maligne au proverbe espagnol : « *Haz lo que manda tu amo, y sientate con el á esa.* » Fais ce que t'ordonne ton maître, et tu t'assiéras à table avec lui.

a-t-il d'étonnant à cela? Le jour est annoncé par l'aurore, et je vois deux aurores briller à la fois.

ISABELLE.

Je vous l'ai déjà dit bien souvent, seigneur Mendo, vous dépensez en vain votre galanterie, et vous n'en serez pas plus avancé quand vous viendrez tous les jours soupirer follement dans ma rue et près de ma maison.

MENDO.

Si les jolies femmes savaient combien les embellit la colère, le mépris, le dédain et l'injure, elles ne voudraient jamais d'autre ornement. Sur ma vie, vous êtes adorable; dites, dites-moi tout ce que peut vous inspirer la fureur.

ISABELLE.

Puisque vous n'êtes pas plus touché de mes paroles, don Mendo, je vous témoignerai mon ennui d'une autre façon. — Viens, Inès, rentrons, et donne-lui de la fenêtre sur le nez.

Elle se retire.

INÈS.

Seigneur chevalier errant, qui ne cherchez les aventures qu'avec des femmes, parce que vous seriez embarrassé si vous aviez en face d'autres adversaires, — que l'amour vous assiste et vous console!

Elle se retire.

MENDO.

Charmante Inès, la beauté est toujours maîtresse d'agir comme il lui plaît. — Nuño?

NUÑO.

Quand on est pauvre, on ne doit espérer que des mépris.

Entre PEDRO CRESPO.

CRESPO.

Eh quoi! je ne puis jamais ni rentrer ni sortir sans voir ce méchant hobereau se promener gravement de long en large dans ma rue!

NUÑO.

Voilà Pedro Crespo qui arrive.

MENDO.

Allons de l'autre côté; car ce paysan est des plus matois

Entre JUAN.

JUAN.

Quoi donc! verrai-je toujours ce fantôme rôder près de notre porte, avec ses plumes et ses gants?

NUÑO.

Bon! voilà que son fils vient par ici.

MENDO.

Tiens-toi ferme et ne te trouble pas.

CRESPO.

Ah! c'est mon fils!

JUAN.
Je vois mon père qui s'avance.
MENDO.
Dissimulons avec adresse. (*Haut.*) Pedro Crespo, Dieu vous garde!
CRESPO.
Dieu vous garde pareillement! (*Don Mendo et Nuño s'en vont.*) Le gentillâtre s'obstine; un de ces jours je l'arrangerai de manière qu'il s'en souvienne.
JUAN, *à part.*
A la fin, je me fâcherai... (*Haut.*) D'où venez-vous ainsi, mon père?
CRESPO.
Je reviens de l'aire. A la nuit tombante, je suis allé voir la moisson. Les gerbes sont superbes, magnifiques; c'est au point que, de loin, on dirait des montagnes d'or, et cet or est du plus fin, car toutes les puissances du ciel en ont vérifié le titre. Le vent est propice : tandis que son souffle léger chasse la paille d'un côté, le grain reste de l'autre; et ainsi chaque chose prend naturellement sa place selon sa valeur et son poids. Oh! plaise à Dieu que j'aie pu l'enserrer tout dans mes greniers, avant qu'un malencontreux orage me le gâte et me l'emporte! — Et toi, mon garçon, qu'as-tu fait?
JUAN.
Je ne sais trop comment vous dire cela; je crains de vous fâcher. J'ai joué dans ma soirée deux parties de paume, et je les ai perdues toutes deux.
CRESPO.
Il n'y a pas de mal, si tu as payé.
JUAN.
Je n'ai pas payé par la raison que je n'avais pas assez d'argent sur moi. Aussi, monseigneur, je venais vous prier...
CRESPO.
Avant d'achever, écoute-moi. Il y a deux choses que tu dois toujours éviter soigneusement : la première, de promettre ce que tu es incertain de pouvoir tenir; et l'autre, de jouer plus d'argent que tu n'en as par-devers toi; car, si par un accident quelconque, tu venais à ne pouvoir remplir ton engagement, ta réputation en souffrirait.
JUAN.
Mon père, le conseil est digne de vous, et je l'estime pour ce qu'il vaut; mais, en retour, permettez que je vous en donne un autre : « N'offrez jamais de conseils à celui qui ne vous demande que de l'argent! »
CRESPO.
Bien, mon garçon! tu as bien répliqué.

Entre LE SERGENT.

LE SERGENT.

N'est-ce pas ici que demeure Pedro Crespo?

CRESPO.

Qu'y a-t-il pour votre service?

LE SERGENT.

Je porte chez lui les effets de don Alvar de Atayde. C'est le capitaine de la compagnie qui est arrivée ce soir, et qui prend ses logemens à Zalaméa.

CRESPO.

N'ajoutez pas un mot, cela suffit; car dès qu'il s'agit de servir le roi ou les chefs de ses troupes, j'offre de grand cœur et ma maison et tout mon bien. En attendant qu'on lui prépare un appartement, posez-là ses effets, et veuillez lui dire qu'il vienne quand il lui plaira, que tout ici est à son service.

LE SERGENT.

Il va venir à l'instant même.

Il sort.

JUAN.

Comment, mon père, riche comme vous l'êtes, pouvez-vous vous soumettre à loger ainsi chez vous des gens de guerre?

CRESPO.

Et comment veux-tu que je m'en exempte?

JUAN.

Il n'y aurait qu'à acheter des lettres de noblesse.

CRESPO.

Dis-moi, sur ta vie, est-ce qu'il y a ici quelqu'un qui ignore que, si je suis de race honnête, je n'en suis pas moins un simple roturier?... Non certes... Que me servirait-il donc d'acheter du roi des lettres de noblesse, si je ne puis acheter en même temps de nobles ancêtres? Dira-t-on alors que je vaux mieux qu'à cette heure? Non, ce serait une sottise. Eh bien! que dira-t-on? Que je suis devenu noble pour cinq ou six mille réaux; et cela, c'est de l'argent, ce n'est pas de l'honneur, car l'honneur ne s'achète pas... Veux-tu un exemple à ce propos? en voici un, il est un peu trivial, mais n'importe! Un homme est chauve depuis des années; à la fin, il prend perruque... Crois-tu que dans l'opinion de tous ceux qui le connaissent il ait cessé d'être chauve? Nullement. Aussi que dit-on quand il passe? «Un tel a une perruque fort bien faite.» Que gagne-t-il donc à ce qu'on ne voie pas sa tête dépouillée de cheveux, si tout le monde sait qu'il est chauve?

JUAN.

Ce qu'il y gagne, mon père? — Il y gagne qu'il se délivre d'une incommodité, qu'il remédie à un mal autant que possible; qu'il se garantit du soleil, du froid, du vent.

CRESPO.

Non pas! je ne veux pas d'honneur postiche, et ma maison restera ce qu'elle est. Vilains étaient mes aïeux et mon père, vilains seront mes enfans. — Appelle ta sœur.

JUAN.

La voici !

Entrent ISABELLE *et* INÈS

CRESPO.

Ma fille, le roi, notre seigneur (le ciel le conserve de longues années!), se rend à Lisbonne, où il va se faire couronner comme roi légitime de Portugal, et, à cet effet, les troupes se dirigent sur cette ville avec tout l'appareil militaire. Il n'est pas jusqu'au vieux terce de Flandre qui ne soit à cette occasion revenu en Castille. Il a pour chef un certain don Lope qui, dit-on, est le Mars espagnol. Or, nous allons avoir dès aujourd'hui des soldats dans la maison... il importe qu'ils ne te voient pas ; et ainsi, ma fille, retire toi là-haut, sans retard, dans l'appartement que j'occupais.

ISABELLE.

Je venais, mon père, vous en demander la permission. Je n'ignore pas qu'en me tenant ici, je serais exposée à entendre mille propos déplacés. Ma cousine et moi, nous resterons ensemble là-haut sans que personne nous voie, pas même le soleil.

CRESPO.

Dieu vous garde! — Pour toi, Juanito[1], tiens-toi ici. Tu recevras nos hôtes de ton mieux, tandis que je vais par la maison chercher de quoi les régaler.

Crespo sort.

ISABELLE.

Allons-nous-en, Inès !

INÈS.

Marchons, ma cousine. Mais c'est, à mon gré, une folie, que de vouloir garder une femme, si elle ne veut pas se garder elle-même.

Elles sortent.

Entrent LE CAPITAINE *et* LE SERGENT.

LE SERGENT.

Monseigneur, voici la maison.

LE CAPITAINE.

Va tout de suite chercher mes effets au corps de garde.

LE SERGENT.

Non pas, je vais d'abord savoir des nouvelles de notre petite villageoise.

Il sort.

JUAN.

Soyez le bienvenu dans cette maison, seigneur ; nous sommes trop

[1] Juanito, diminutif de Juan.

heureux d'y recevoir un cavalier aussi noble que vous le paraissez. (*A part.*) Quel air galant! quelle bonne mine! que j'aimerais l'habit militaire!

LE CAPITAINE.

Je suis charmé de faire connaissance avec vous.

JUAN.

Vous excuserez si la maison n'est pas plus belle; mon père aurait bien voulu qu'elle fût aujourd'hui un palais. Il est allé vous chercher des provisions, avec le désir de vous traiter le mieux possible, et moi, je vais veiller à ce qu'on dispose votre appartement.

LE CAPITAINE.

Je suis fort sensible à tant de bonne volonté.

JUAN.

Je me mets à vos pieds.

Il sort.

Entre LE SERGENT.

LE CAPITAINE.

Qu'y a-t-il, sergent? Aurais-tu déjà vu la villageoise?

LE SERGENT.

Vive le Christ! j'ai fouillé dans cette intention l'appartement et la cuisine, et je ne l'ai pas aperçue.

LE CAPITAINE.

Sans doute que ce vieux vilain la tient à l'écart.

LE SERGENT.

Je me suis informé d'elle à une servante, et j'ai appris que son père la tenait dans l'appartement au-dessus, et qu'il lui était défendu de descendre... Le rustre est fort soupçonneux.

LE CAPITAINE.

Tous ces rustres sont les mêmes. A quoi cela l'avancera-t-il, celui-ci, avec moi? Si j'avais vu sa fille en toute liberté, je n'en aurais fait aucun cas; mais seulement parce que le vieux a voulu me le cacher, vive Dieu! je brûle de pénétrer où elle est.

LE SERGENT.

Alors comment nous y prendre, monseigneur? Par quel moyen arriver jusqu'à elle sans exciter de soupçons?

LE CAPITAINE.

Je ne veux pas en avoir le démenti... il nous faut trouver une ruse.

LE SERGENT.

Il n'est pas besoin de se tourmenter la tête avec des gens de cette espèce; la première ruse venue sera toujours assez bonne pour eux.

LE CAPITAINE.

Il me vient une idée... écoute.

LE SERGENT.

Qu'est-ce? parlez.

LE CAPITAINE.

Tu feras semblant de... mais non, voici un soldat qui est plus dégourdi, et qui jouera mieux ce rôle.

Entrent **REBOLLEDO** *et* **L'ÉTINCELLE**.

REBOLLEDO.

Je viens exprès en parler au capitaine, et nous verrons si je suis en tout malheureux.

L'ÉTINCELLE.

Songe à lui parler d'une manière convenable et avec mesure; c'est assez de folies.

REBOLLEDO.

Prête-moi un peu de ta sagesse.

L'ÉTINCELLE.

Quoique je n'en aie pas beaucoup, elle ne te serait pas inutile.

REBOLLEDO.

Pendant que je lui parle, attends-moi là un moment. (*Au Capitaine.*) Je venais, monseigneur, vous prier...

LE CAPITAINE.

Je suis prêt, vive Dieu! à faire pour toi tout ce que je pourrai, Rebolledo, car j'aime ta bonne grâce et ton courage.

LE SERGENT.

C'est un excellent soldat.

LE CAPITAINE.

Eh bien! mon brave, de quoi s'agit-il?

REBOLLEDO.

Mon capitaine, j'ai perdu tout l'argent que j'avais, que j'ai eu et que j'aurai jamais, et me voilà ruiné pour le présent, le passé et l'avenir. Je venais vous prier de dire à l'enseigne de me donner aujourd'hui comme indemnité...

LE CAPITAINE.

Achève; que désires-tu?

REBOLLEDO.

Que l'enseigne me donne la préférence pour tenir le jeu de la compagnie; car enfin j'ai des obligations à remplir, et je suis un honnête homme.

LE CAPITAINE.

Cela me semble fort juste, et je ferai dire à l'enseigne que je veux qu'il en soit ainsi.

L'ÉTINCELLE, *à part*.

Le capitaine a l'air de consentir... Oh! si je pouvais me voir à la tête des jeux!

REBOLLEDO.

Je me charge de la commission, monseigneur.

LE CAPITAINE.

Auparavant, un mot. J'ai besoin de toi pour l'exécution d'un certain projet que j'ai à cœur.

REBOLLEDO.

Qu'attendez-vous donc? Plus tôt j'en serai instruit, plus tôt il sera exécuté.

LE CAPITAINE.

Écoute. Je voudrais qu'on montât dans cet appartement d'en-haut pour voir s'il s'y trouve une personne qui essaie de se cacher de moi.

REBOLLEDO.

Eh bien! pourquoi n'y montez-vous pas?

LE CAPITAINE.

Non, il me faut un prétexte, un moyen d'excuse... Je vais faire semblant d'avoir querelle avec toi; tu fuiras en courant de ce côté; alors, furieux, je tirerai l'épée, et toi, éperdu, tu entreras dans l'appartement de la personne que l'on me cache et que je cherche.

REBOLLEDO.

C'est entendu.

L'ÉTINCELLE, *à part*.

Allons, puisque Rebolledo cause ainsi avec le capitaine, il est sûr que nous avons les jeux.

REBOLLEDO, *jouant la mauvaise humeur*.

Vive Dieu! dire qu'on a accordé ce que je demande à des escrocs, à des poules mouillées, à des misérables! et aujourd'hui qu'un homme d'honneur se met sur les rangs, on le lui refuse!

L'ÉTINCELLE, *à part*.

Voilà-t-il pas que sa folie le prend!

LE CAPITAINE.

Comment oses-tu me parler de la sorte?

REBOLLEDO.

On a bien le droit de se fâcher quand on a raison!

LE CAPITAINE.

Non, tu ne l'as pas, ce droit; baisse le ton, je te prie, et rends grâces au ciel que je ne punisse pas ton insolence.

REBOLLEDO.

Vous êtes mon capitaine, c'est pour cela que je me tais. Mais, jour de Dieu! si j'avais en main mon escopette...

LE CAPITAINE.

Eh bien! que me ferais-tu?

L'ÉTINCELLE.

Seigneur, calmez-vous! (*A part.*) Le malheureux! il est perdu.

REBOLLEDO.

Vous me parleriez sur un autre ton.

LE CAPITAINE.

Qu'attends-je donc? que tardé-je à tuer cet audacieux, cet insolent?

REBOLLEDO.

Je fuis; mais c'est seulement par respect pour les insignes du grade.

LE CAPITAINE.

Tu auras beau fuir, je te tuerai.

L'ÉTINCELLE, à part.

Hélas! il a déjà fait des siennes!

LE SERGENT.

Calmez-vous, seigneur!

L'ÉTINCELLE.

Écoutez!

LE SERGENT.

Un moment! arrêtez!

L'ÉTINCELLE.

Ah! c'est fini, nous n'aurons pas les jeux!

Rebolledo fuit. Le capitaine le poursuit l'épée à la main.

Entrent JUAN *et* CRESPO. *Juan a une épée.*

L'ÉTINCELLE.

Vite, accourez! accourez tous!

CRESPO.

Qu'est-il donc arrivé?

JUAN.

D'où venait ce bruit?

L'ÉTINCELLE.

Le capitaine vient de tirer l'épée contre un soldat, et il le poursuit dans l'escalier.

CRESPO.

N'est-ce pas jouer de malheur?

L'ÉTINCELLE.

Montez tous pour l'arrêter.

JUAN.

Il nous a servi à grand'chose de vouloir cacher ma cousine et ma sœur!

SCÈNE III.

Une chambre dans la maison de Pedro Crespo.

Entrent REBOLLEDO, *en courant,* ISABELLE *et* INÈS.

REBOLLEDO.

Mesdames, puisqu'un temple a toujours été considéré comme un asile inviolable, que cet appartement me serve d'asile, car il est le temple de l'amour.

ISABELLE.

D'où vient que vous fuyez ainsi?

INÈS.

Pour quel motif avez-vous pénétré ici?

ISABELLE.
Qui vous poursuit? qui vous cherche?

Entrent LE CAPITAINE *et* LE SERGENT.

LE CAPITAINE.
C'est moi qui veux tuer ce drôle; et, vive Dieu! si j'en croyais...

ISABELLE.
Modérez-vous, s'il vous plaît, seigneur, ne fût-ce que parce qu'il s'est réfugié auprès de moi. Les hommes tels que vous doivent leur protection aux femmes, non pour ce qu'elles sont individuellement, mais parce qu'elles sont femmes. C'en est assez pour vous, étant qui vous êtes.

LE CAPITAINE.
Un autre asile, quel qu'il fût, n'aurait pu le sauver de ma fureur; votre rare beauté a seule ce pouvoir; c'est à votre seule beauté que j'accorde sa vie. Mais considérez, madame, qu'il n'est pas bien à vous, dans cette circonstance, de donner la mort à un homme qui pour vous vient d'accorder la vie à un autre.

ISABELLE.
Seigneur cavalier, si votre courtoisie nous a imposé des obligations éternelles, vous en témoignez bientôt le regret. Je vous ai supplié d'épargner ce soldat; mais veuillez laisser à ma reconnaissance le soin d'acquitter la dette que j'ai contractée envers vous.

LE CAPITAINE.
Madame, en vous voyant j'ai admiré votre beauté; je vous écoute, et votre esprit me charme. Jamais, jusqu'à ce jour, on n'a vu réunis à ce point la beauté et l'esprit.

Entrent PEDRO CRESPO *et* JUAN, *l'épée à la main*, L'ÉTINCELLE *les suit.*

CRESPO.
Qu'est-ce donc, seigneur cavalier? je craignais, je m'imaginais vous trouver prêt à tuer un homme, et tout au contraire...

ISABELLE, *à part.*
Que le ciel me protége!

CRESPO, *continuant.*
Je vous trouve disant des douceurs à une femme. Il faut que vous soyez certes d'un sang bien noble, pour que votre colère puisse s'apaiser si promptement!

LE CAPITAINE.
Celui à qui sa naissance impose des devoirs, est tenu d'y soumettre sa conduite; et le respect que je dois à cette dame a fait taire ma fureur.

CRESPO.
Isabelle est ma fille; et, seigneur, elle est une paysanne et non pas une dame.

JUAN, *à part.*

Vive le ciel! tout ceci n'a été qu'une ruse pour pénétrer dans cet appartement. J'enrage au fond de l'âme que l'on puisse penser que je donne là-dedans; il n'en sera pas ainsi! (*Haut.*) Seigneur capitaine, vous auriez dû mieux apprécier le désir qu'a mon père de vous être agréable, et lui épargner une insulte.

CRESPO, *à Juan.*

De quel droit vous mêlez-vous de ce qui ne vous regarde pas, drôle? et que parlez-vous d'insulte? Si le soldat lui a manqué, n'était-il pas tout simple qu'il courût à sa poursuite?... Ma fille, votre sœur, est fort sensible à la générosité avec laquelle il a traité ce malheureux; et moi, je le suis également des égards qu'il a eus pour ma fille.

LE CAPITAINE, *à Juan.*

Il est clair que je n'ai pas eu d'autre motif, et je vous engage à mieux peser vos paroles.

JUAN.

J'ai bien vu ce qui en est.

CRESPO.

Ne parlez pas ainsi.

LE CAPITAINE.

Qu'il rende grâces à votre présence si je ne le châtie pas comme il mérite.

CRESPO.

Un moment, seigneur capitaine! Moi, j'ai le droit de châtier mon fils si je le veux, et vous, vous ne l'avez pas!

JUAN.

Et moi, je puis tout souffrir de mon père, mais d'un autre je ne souffre rien.

LE CAPITAINE.

Que feriez-vous donc?

JUAN.

Je défendrais mon honneur, dussé-je y périr.

LE CAPITAINE.

Eh quoi! un vilain a donc de l'honneur?

JUAN.

Tout comme vous! car s'il n'y avait pas de laboureurs, il n'y aurait pas de capitaines.

LE CAPITAINE.

Vive Dieu! j'en ai trop entendu.

Tous trois tirent l'épée.

CRESPO.

Voyez! je me mets entre vous.

REBOLLEDO.

Vive le Christ! Vois-tu, l'Étincelle, il va y avoir du grabuge.

L'ÉTINCELLE, *appelant.*

Holà! la garde! la garde!

REBOLLEDO, *annonçant.*

Messeigneurs, attention! voici don Lope!

Entre DON LOPE, *richement vêtu.*

DON LOPE.

Qu'est-ce donc? la première chose que je vois en arrivant ici, c'est une querelle.

LE CAPITAINE, *à part.*

Don Lope de Figueroa est arrivé bien mal à propos!

CRESPO, *à part.*

C'est que, par Dieu! mon jeune drôle aurait tenu tête à tout le monde.

DON LOPE.

Qu'est-ce? que s'est-il passé? parlez; autrement, vive Dieu! hommes, femmes, domestiques, je jette tout par la fenêtre. C'est bien assez pour moi d'être monté jusqu'ici, avec l'enragée douleur que j'ai à cette jambe... que je donne à tous les diables, ainsi soit-il!... Et j'entends au moins que vous me disiez ce qui en est.

CRESPO.

Ce n'est rien, seigneur.

DON LOPE.

Parlez, dites la vérité.

LE CAPITAINE.

Eh bien! vous saurez, seigneur, que comme je suis logé ici, un soldat...

DON LOPE.

Achevez.

LE CAPITAINE.

Un soldat, dis-je, m'ayant manqué de respect, m'a forcé à tirer l'épée; il a fui, et s'est sauvé dans cet appartement; j'y suis entré à sa suite; j'y ai trouvé ces deux paysannes; et leur père ou leur frère, je ne sais trop ce qu'ils sont, se fâchent de ce que je suis entré jusqu'ici.

DON LOPE.

Eh bien! je suis arrivé fort à propos, et je donnerai satisfaction à tout le monde. Dites-moi, qui est le soldat qui a mis son capitaine dans l'obligation de tirer l'épée?

REBOLLEDO, *à part.*

Est-ce que je vais payer pour tous?

ISABELLE.

Voilà l'homme qui est entré ici en fuyant.

DON LOPE.

Qu'on lui donne deux tours d'estrapade[1].

---

[1] Dans le supplice de *l'estrapade* on élevait le criminel au haut d'une longue pièce de

REBOLLEDO.

L'estrap!... Qu'est-ce donc qu'on va me donner, seigneur[1]?

DON LOPE.

L'estrapade.

REBOLLEDO.

Je ne suis pas homme à être traité ainsi.

L'ÉTINCELLE.

Oh! comme ils vont me l'arranger de ce coup!

LE CAPITAINE, *bas, à Rebolledo*.

Pour Dieu! Rebolledo, tais-toi; je m'engage à te tirer de là.

REBOLLEDO, *bas, au capitaine*.

Je n'ai guère envie de me taire; car si je me tais, on me liera les mains derrière le dos comme à un soldat qui s'est mal conduit. (*Haut.*) Le capitaine m'a ordonné de feindre une querelle avec lui, afin d'avoir un prétexte pour entrer ici.

CRESPO.

Vous voyez maintenant, seigneur, que nous n'avions pas tort.

DON LOPE.

Si fait, vous avez eu tort, et vous avez exposé votre village à être mis sens dessus dessous. — Holà, tambour, à l'ordre! que tous les soldats rentrent au corps de garde, et que personne ne sorte de la journée sous peine de mort!... Et pour que vous ne restiez plus tous les deux sur les difficultés qui se sont élevées entre vous et que vous soyez également satisfaits, (*au capitaine*) cherchez un autre logement; à compter de ce jour je m'installe dans cette maison jusqu'à ce que nous partions pour Guadalupe, où est le roi.

LE CAPITAINE.

Je ne sais qu'obéir à vos ordres.

Le capitaine, Rebolledo, le sergent et l'Étincelle sortent.

CRESPO, *à Isabelle*.

Rentrez, ma fille. (*Elle s'en va. A don Lope.*) Je vous rends mille grâces, seigneur, pour la bonté que vous avez eue d'arrêter cette affaire, car je me serais perdu.

DON LOPE.

Comment donc vous seriez-vous perdu, dites-moi?

CRESPO.

En tuant un homme qui aurait cherché à m'offenser le moins du monde.

DON LOPE.

Savez-vous, vive Dieu! qu'il est capitaine?

---

bois, les mains liées derrière le dos avec une corde qui soutenait tout le poids du corps, et on le laissait tomber avec raideur jusqu'à deux ou trois pieds de terre.

[1] *Tra... que han de darme, señor?* Estrapade se dit en espagnol *trato de cuerda*. Ainsi Rebolledo, dans le texte, ne prononce que la première syllabe du mot *trato*.

CRESPO.

Oui, vive Dieu! mais, quand il aurait été général, s'il eût offensé mon honneur, je l'aurais tué.

DON LOPE.

Si quelqu'un s'avisait de toucher le poil seulement du dernier de mes soldats, vive le ciel! je le ferais pendre.

CRESPO.

Et moi de même, si quelqu'un s'avisait seulement d'essayer de porter atteinte à mon honneur, vive le ciel! je le ferais pendre également.

DON LOPE.

Savez-vous qu'étant ce que vous êtes, il y a pour vous obligation de supporter ces charges?

CRESPO.

Oui, avec mon argent; mais avec mon honneur, non. Au roi, je suis prêt à donner mon bien et ma vie; mais l'honneur est le patrimoine de l'âme, et l'âme on ne la doit qu'à Dieu!

DON LOPE.

Vive le Christ! vous pourriez avoir raison.

CRESPO.

C'est que, vive le Christ! je n'ai jamais tort.

DON LOPE.

Je suis fatigué, et cette jambe, que le diable m'a donnée, a besoin de repos.

CRESPO.

Qui vous dit le contraire? A moi le diable m'a donné un lit, et il sera pour vous.

DON LOPE.

Et le diable l'a-t-il fait, votre lit?

CRESPO.

Sans doute.

DON LOPE.

Eh bien! je m'en vais le défaire, car, vive Dieu! je suis fatigué.

CRESPO.

Eh bien, vive Dieu! reposez-vous.

DON LOPE, *à part*.

Le vilain est têtu, et il jure autant que moi.

CRESPO, *à part*.

Le don Lope m'a l'air mauvais coucheur, et nous aurons peine à nous entendre.

JOURNÉE DEUXIÈME.

SCÈNE I.

Une rue. On voit la maison de Crespo.

Entrent MENDO et NUÑO.

MENDO.

Qui t'a dit tout cela?

NUÑO.

Tout ça m'a été dit par Ginète sa servante.

MENDO.

Ainsi, le capitaine, à la suite de cette querelle, vraie ou feinte, qu'il a eue dans sa maison, s'est mis à faire la cour à Isabelle?

NUÑO.

Et de telle manière, qu'il ne s'allume pas plus de feu chez lui que chez vous. Il ne quitte plus sa porte, et à tout moment il lui envoie des messages. Un méchant petit soldat son confident ne fait qu'aller et venir.

MENDO.

Tais-toi; en voilà assez. En voilà même trop. Je ne saurais en digérer autant à la fois.

NUÑO.

Je le crois bien! avec un estomac aussi affaibli!

MENDO.

Allons, Nuño, causons sérieusement.

NUÑO.

Plût à Dieu que ce fût une plaisanterie!

MENDO.

Et comment lui répond Isabelle?

NUÑO.

Comme à vous. Isabelle est une divinité du ciel, et les vapeurs grossières d'ici-bas n'arrivent pas jusqu'à elle.

MENDO, *lui donnant un soufflet.*

Voilà pour toi, maraud; attrape!

NUÑO.

Et vous, puissiez-vous attraper un bon mal de dents! car vous m'en avez cassé deux. Mais, après tout, vous avez bien fait; car ces meubles-là sont inutiles à votre service. — Voici le capitaine.

MENDO.

Vive Dieu! si je ne considérais l'honneur d'Isabelle, je vous l'aurais bientôt expédié.

NUÑO.
Prenez garde à vous!

Entrent LE CAPITAINE, LE SERGENT *et* REBOLLEDO.

MENDO.
Éloignons-nous pour écouter. Viens avec moi par ici.

Mendo et Nuño vont de l'autre côté du théâtre.

LE CAPITAINE.
Ce que je sens, ce que j'éprouve, ce n'est pas de la rage, c'est de la fureur.

REBOLLEDO.
Plût à Dieu, seigneur, que vous n'eussiez jamais vu cette jolie villageoise qui vous coûte tant de chagrins!

LE CAPITAINE.
Que t'a dit sa suivante?

REBOLLEDO.
Vous savez ses réponses ordinaires.

MENDO, *à Nuño*.
C'est décidé, mon cher. Et puisque voici la nuit qui étend au loin ses voiles sombres, je ne dois pas réfléchir davantage au parti que prendra ma prudence. Viens me donner mes armes.

NUÑO.
Eh quoi! seigneur, quelles autres armes avez-vous, que celles qui sont peintes sur un carreau de faïence bleue[1], au-dessus de la porte de votre maison?

MENDO.
Dans ma sellerie, je pense, nous trouverons quelque chose de convenable.

NUÑO.
Partons sans que le capitaine nous aperçoive.

Mendo et Nuño sortent.

LE CAPITAINE.
Est-il possible qu'une petite paysanne ait tant de fierté! Ne pas daigner me répondre un mot agréable!

LE SERGENT.
Les femmes de ce genre, seigneur, ne s'éprennent guère des hommes tels que vous; elles écouteraient plus volontiers un rustre qui leur conterait fleurettes. Vos regrets, d'ailleurs, sont bien gratuits. Ne partons-nous pas demain? et comment voulez-vous, en un seul jour, en venir à bout?

LE CAPITAINE.
En un jour le soleil éclaire le monde et disparaît; en un jour on

---

[1] Comme Nuño se raille constamment de son maître, il veut dire, sans doute, que celui-ci, afin d'épargner la main d'œuvre, avait fait peindre ses armes sur un carreau propre à faire des compartimens.

bouleverse un état; en un jour des pierres se changent en un noble édifice; en un jour l'on gagne ou l'on perd une bataille; en un jour la mer s'agite et se calme; en un jour l'homme naît et meurt: pourquoi donc mon amour ne pourrait-il pas aussi en un jour briller et s'éteindre comme le soleil, traverser une révolution comme un état, s'élever entièrement comme un édifice, éprouver les alternatives de la défaite et de la victoire, se montrer comme la mer orageux et tranquille, et enfin vivre et mourir comme un être doué de sentiment? Et puisqu'un seul jour a suffi pour me rendre si à plaindre, pourquoi un seul jour ne suffirait-il pas pour me rendre le plus heureux des hommes? Serait-ce à dire que le bien est plus difficile à venir que le mal?

LE SERGENT.

Quoi? pour l'avoir vue une seule fois vous êtes pris à ce point!

LE CAPITAINE.

N'est-ce donc pas assez de l'avoir vue une fois? Une seule étincelle suffit pour causer un incendie. Un seul moment suffit pour qu'un volcan s'entr'ouvre et lance au loin des torrens de soufre et de flammes. Un seul moment suffit pour que le tonnerre brise et renverse tout ce qu'il trouve sur son passage. Un seul moment suffit pour que le canon éclate en vomissant l'horreur et la mort. Pourquoi donc un moment ne suffirait-il pas aussi à l'amour pour causer les mêmes ravages que l'incendie, le volcan, la foudre, et le canon?

LE SERGENT.

Ne disiez-vous pas ce matin qu'une paysanne n'était jamais belle à vos yeux?

LE CAPITAINE.

Oui, et c'est cette confiance qui m'a perdu; car lorsqu'on sait que l'on va courir un danger, on l'évite en se tenant sur la défensive; mais si l'on croit n'avoir rien à craindre, on va sans précautions, et l'on est pris au dépourvu. Je m'attendais à trouver une paysanne, et c'est une divinité qui s'offre à ma vue. Il est tout simple que j'aie succombé. Jamais je n'ai rien vu d'aussi parfait, d'aussi divin. Je ne sais ce que je ne ferais pas pour la voir.

REBOLLEDO.

Nous avons dans la compagnie un soldat qui chante dans la perfection, et l'Étincelle, qui est mon prévôt des jeux, est la première femme du monde pour les chansons d'amour. Allons, monseigneur, faire de la musique, chanter et danser sous ses fenêtres. Par ce moyen vous pourrez la voir et même lui parler.

LE CAPITAINE.

C'est que don Lope de Figueroa est logé dans sa maison, et je ne voudrais pas l'éveiller.

REBOLLEDO.

Soyez tranquille, sa jambe ne le laisse pas dormir. Après tout, seigneur, au pis aller, c'est nous qu'on accusera. Il vous est facile de ne pas vous compromettre. Vous n'avez qu'à venir déguisé parmi les chanteurs.

LE CAPITAINE.

Il y aurait beaucoup à dire à cela ; mais la passion l'emporte. Ainsi, tenez-vous tous prêts pour ce soir. Seulement, que je ne sois pas censé en avoir donné l'ordre. — Ah ! Isabelle, que de soucis tu me causes !

Le capitaine et le sergent sortent.

Entre L'ÉTINCELLE.

L'ÉTINCELLE.

Un moment, s'il te plaît.

REBOLLEDO.

Qu'est-ce donc ?

L'ÉTINCELLE.

C'est un pauvre diable à qui je viens de faire une égratignure au visage.

REBOLLEDO.

Et quel a été le motif de la querelle ?

L'ÉTINCELLE.

Il a voulu me tricher, me soutenant pendant deux heures qu'il avait fait un coup que j'avais bien vu qu'il n'avait pas fait. A la fin je me suis fâchée, et je lui ai parlé avec ceci. (*Elle montre un poignard.*) Mais pendant qu'on le panse chez le barbier, allons au corps de garde, et là, je te raconterai l'affaire.

REBOLLEDO.

J'aime à te voir bien disposée lorsque je suis en train.

L'ÉTINCELLE.

Tant mieux !... Voici mes castagnettes ; que veux-tu que je chante ?

REBOLLEDO.

Ce sera pour ce soir, et la musique doit être complète. Mais ne nous arrêtons pas davantage ; allons au corps de garde.

L'ÉTINCELLE.

Je veux qu'on se souvienne de moi dans le monde et que l'on parle long-temps de l'Étincelle.

Ils sortent.

SCÈNE II.

Le jardin de Pedro Crespo.

Entrent DON LOPE et PEDRO CRESPO.

CRESPO.

Mettez ici la table du seigneur don Lope. Cet endroit-ci sera plus frais. (*A don Lope.*) Vous souperez là de meilleur appétit, seigneur; car enfin nous sommes au mois d'août, et l'on aime à respirer la fraîcheur du soir.

DON LOPE.

Cet endroit-ci me semble délicieux.

CRESPO.

C'est un morceau du jardin où ma fille a l'habitude de venir se distraire. Asseyez-vous, seigneur ; l'air qui se joue dans le feuillage de cette treille et le bruit que fait cette fontaine forment un agréable murmure. On dirait un luth d'argent et de nacre dont les cordes sont des cailloux dorés. Pardonnez, seigneur, si vous n'avez ici pour toute musique que celle de ces instrumens, et si je ne vous donne pas en même temps un concert de voix. Mais je n'ai ici pour tous chanteurs que les oiseaux qui gazouillent, et ces chanteurs-là se reposent la nuit, et ne sont pas à mes ordres... Asseyez-vous donc, seigneur, et tâchez d'oublier vos continuelles souffrances.

DON LOPE.

Impossible!... Cette maudite jambe me les rappelle à chaque instant. Dieu me soit en aide!

CRESPO.

Qu'il vous soit en aide! Amen!

DON LOPE.

Que le ciel me donne de la patience!... Asseyez-vous, Crespo.

CRESPO.

Je suis fort bien debout, seigneur.

DON LOPE.

Asseyez-vous, vous dis-je.

CRESPO.

Puisque vous l'exigez, seigneur, j'obéis ; mais en ajoutant que vous auriez dû n'y pas faire attention.

DON LOPE.

Vous ne savez pas à quoi je pense, Crespo?... C'est que hier, sans doute, la colère vous avait mis hors de vous.

CRESPO.

Rien n'est capable, seigneur, de me mettre hors de moi.

DON LOPE.

Pourquoi donc, alors, vous êtes-vous assis sans que je vous l'aie dit, et même sur le meilleur siége?

CRESPO.

Parce que justement vous ne me l'avez pas dit ; et aujourd'hui que vous me le dites, je n'aurais pas voulu m'asseoir. Il faut n'être poli qu'avec ceux qui le sont.

DON LOPE.

Hier vous ne faisiez que jurer, gronder, pester, et aujourd'hui vous êtes la réserve et l'urbanité même

CRESPO.

C'est que, seigneur, je réponds toujours dans le ton et dans le sens de celui qui me parle. Hier vous me parliez vous-même comme vous dites; la réponse devait être à l'unisson de la demande. J'ai pour politique de jurer avec celui qui jure, de prier avec celui qui prie; je m'accommode à tout. Et c'est au point que je n'ai pu fermer l'œil de toute la nuit, parce que je pensais à votre jambe; et même ce matin je me suis trouvé avec des douleurs aux deux jambes; car, comme j'étais embarrassé de savoir de laquelle vous souffriez, si de la droite, si de la gauche, pour ne pas commettre d'erreur j'ai eu mal à toutes deux. Veuillez donc me dire, seigneur, je vous prie, de quelle jambe vous souffrez, afin qu'à l'avenir je n'en sente plus qu'une seule.

DON LOPE.

N'ai-je pas bien le droit de me plaindre, si depuis trente ans que j'ai fait en Flandre ma première campagne, constamment exposé aux frimas de l'hiver et à l'ardeur de l'été, je n'ai jamais eu de repos et n'ai jamais passé un moment sans souffrir?

CRESPO.

Le ciel vous donne de la patience, seigneur!

DON LOPE.

Ce n'est pas là ce que je demande.

CRESPO.

Eh bien! qu'il ne vous en donne pas.

DON LOPE.

Je m'en moque! Tout ce que je souhaite, c'est que mille démons emportent la patience et moi avec.

CRESPO.

Amen! et s'ils n'accomplissent pas ce souhait, c'est qu'ils ne font jamais rien de bon.

DON LOPE.

Jésus! Jésus!

CRESPO.

Qu'il soit avec vous et avec moi!

DON LOPE.

Vive le Christ! je n'y tiens plus.

CRESPO.

Vive le Christ! j'en suis fâché.

Entre JUAN, *il apporte une table.*

JUAN.

Seigneur, voici la table.

DON LOPE.

Pourquoi mes gens ne viennent-ils pas me servir?

CRESPO.

C'est moi, seigneur, qui, sans votre permission, leur ai dit de ne pas venir, et de ne faire dans ma maison aucune disposition pour votre service. Car j'espère, grâces à Dieu, que vous n'y manquerez de rien.

gneur; car enfin nous sommes au mois d'août, et l'on aime à respirer la fraîcheur du soir.

DON LOPE.

Cet endroit-ci me semble délicieux.

CRESPO.

C'est un morceau du jardin où ma fille a l'habitude de venir se distraire. Asseyez-vous, seigneur; l'air qui se joue dans le feuillage de cette treille et le bruit que fait cette fontaine forment un agréable murmure. On dirait un luth d'argent et de nacre dont les cordes sont des cailloux dorés. Pardonnez, seigneur, si vous n'avez ici pour toute musique que celle de ces instrumens, et si je ne vous donne pas en même temps un concert de voix. Mais je n'ai ici pour tous chanteurs que les oiseaux qui gazouillent, et ces chanteurs-là se reposent la nuit, et ne sont pas à mes ordres... Asseyez-vous donc, seigneur, et tâchez d'oublier vos continuelles souffrances.

DON LOPE.

Impossible!... Cette maudite jambe me les rappelle à chaque instant. Dieu me soit en aide!

CRESPO.

Qu'il vous soit en aide! Amen!

DON LOPE.

Que le ciel me donne de la patience!... Asseyez-vous, Crespo.

CRESPO.

Je suis fort bien debout, seigneur.

DON LOPE.

Asseyez-vous, vous dis-je.

CRESPO.

Puisque vous l'exigez, seigneur, j'obéis; mais en ajoutant que vous auriez dû n'y pas faire attention.

DON LOPE.

Vous ne savez pas à quoi je pense, Crespo?... C'est que hier, sans doute, la colère vous avait mis hors de vous.

CRESPO.

Rien n'est capable, seigneur, de me mettre hors de moi.

DON LOPE.

Pourquoi donc, alors, vous êtes-vous assis sans que je vous l'aie dit, et même sur le meilleur siége?

CRESPO.

Parce que justement vous ne me l'avez pas dit; et aujourd'hui que vous me le dites, je n'aurais pas voulu m'asseoir. Il faut n'être poli qu'avec ceux qui le sont.

DON LOPE.

Hier vous ne faisiez que jurer, gronder, pester, et aujourd'hui vous êtes la réserve et l'urbanité même

CRESPO.

C'est que, seigneur, je réponds toujours dans le ton et dans le sens de celui qui me parle. Hier vous me parliez vous-même comme vous dites ; la réponse devait être à l'unisson de la demande. J'ai pour politique de jurer avec celui qui jure, de prier avec celui qui prie ; je m'accommode à tout. Et c'est au point que je n'ai pu fermer l'œil de toute la nuit, parce que je pensais à votre jambe ; et même ce matin je me suis trouvé avec des douleurs aux deux jambes ; car, comme j'étais embarrassé de savoir de laquelle vous souffriez, si de la droite, si de la gauche, pour ne pas commettre d'erreur j'ai eu mal à toutes deux. Veuillez donc me dire, seigneur, je vous prie, de quelle jambe vous souffrez, afin qu'à l'avenir je n'en sente plus qu'une seule.

DON LOPE.

N'ai-je pas bien le droit de me plaindre, si depuis trente ans que j'ai fait en Flandre ma première campagne, constamment exposé aux frimas de l'hiver et à l'ardeur de l'été, je n'ai jamais eu de repos et n'ai jamais passé un moment sans souffrir ?

CRESPO.

Le ciel vous donne de la patience, seigneur !

DON LOPE.

Ce n'est pas là ce que je demande.

CRESPO.

Eh bien ! qu'il ne vous en donne pas.

DON LOPE.

Je m'en moque ! Tout ce que je souhaite, c'est que mille démons emportent la patience et moi avec.

CRESPO.

Amen ! et s'ils n'accomplissent pas ce souhait, c'est qu'ils ne font jamais rien de bon.

DON LOPE.

Jésus ! Jésus !

CRESPO.

Qu'il soit avec vous et avec moi !

DON LOPE.

Vive le Christ ! je n'y tiens plus.

CRESPO.

Vive le Christ ! j'en suis fâché.

Entre JUAN, il apporte une table.

JUAN.

Seigneur, voici la table.

DON LOPE.

Pourquoi mes gens ne viennent-ils pas me servir ?

CRESPO.

C'est moi, seigneur, qui, sans votre permission, leur ai dit de ne pas venir, et de ne faire dans ma maison aucune disposition pour votre service. Car j'espère, grâces à Dieu, que vous n'y manquerez de rien.

DON LOPE.

Puisque mes gens ne doivent pas venir, faites-moi le plaisir d'appeler votre fille, afin qu'elle soupe avec moi.

CRESPO.

Juan, dis à ta sœur de venir à l'instant.

Juan va du côté de la maison.

DON LOPE.

Mon peu de santé doit écarter tout soupçon de ce côté-là.

CRESPO.

Quand bien même, seigneur, votre santé serait telle que je le désire, je n'aurais pas de soupçon. Vous faites injure à mon dévouement, je n'ai aucune inquiétude de ce genre. Si je lui ai recommandé d'abord de ne pas sortir de son appartement, c'était pour qu'elle n'entendît pas des propos trop libres. Mais, seigneur, si tous les soldats étaient polis comme vous, j'aurais voulu qu'elle fût la première à les servir.

DON LOPE, *à part.*

Le vilain est très-adroit ou très-prudent.

Entrent INÈS *et* ISABELLE.

ISABELLE.

Qu'est-ce que vous ordonnez, mon père?

CRESPO.

Ma fille, c'est le seigneur don Lope qui vous fait l'honneur de vous appeler.

ISABELLE, *à don Lope.*

Seigneur, je suis votre servante.

DON LOPE.

C'est moi qui désire vous servir. (*A part.*) Qu'elle est charmante, et qu'elle a l'air modeste! (*Haut.*) Je vous invite à souper avec moi.

ISABELLE.

Il sera mieux, seigneur, que ma cousine et moi nous vous servions à table.

DON LOPE.

Asseyez-vous.

CRESPO.

Asseyez-vous. Faites ce qu'ordonne le seigneur don Lope.

ISABELLE.

Tout mon mérite est dans mon obéissance.

Elles s'asseyent à table. On entend, venant du dehors, un bruit de guitares.

DON LOPE.

Qu'est ceci?

CRESPO.

Ce sont des soldats qui se promènent dans la rue en pinçant de la guitare et en chantant.

DON LOPE.

Sans cette liberté, les fatigues de la guerre ne seraient pas supportables. Le métier de soldat est par lui-même assez pénible, et il faut de temps en temps les laisser s'amuser.

JUAN.

Avec tout cela cette vie me plairait beaucoup.

DON LOPE.

Vous serviriez volontiers ?

JUAN.

Oui, seigneur, tout autant que votre excellence voudrait bien m'accorder sa protection.

UNE VOIX, *du dehors*.

Nous serons mieux ici pour chanter.

REBOLLEDO, *du dehors*.

Allons ! une petite chanson en l'honneur d'Isabelle ; et pour qu'elle s'éveille, jette une pierre à sa fenêtre.

CRESPO, *à part*.

La sérénade s'adresse à un objet déterminé. Patience !

UNE VOIX, *chantant*.

La fleur du romarin,
Jeune et charmante Isabelle,
Est aujourd'hui d'un bleu d'azur,
Et demain elle sera changée en miel.

DON LOPE, *à part*.

Passe pour la musique ; mais jeter des pierres contre la maison où je suis logé, c'est par trop insolent. Cependant dissimulons à cause de Crespo et de sa fille. (*Haut.*) Ils sont fous !

CRESPO.

Ce sont des jeunes gens !... (*A part.*) Si ce n'était pour don Lope, je sortirais, et bientôt...

JUAN, *à part*.

Si je pouvais attraper la vieille rondache qui est dans la chambre de don Lope...

CRESPO.

Où vas-tu, mon garçon ?

JUAN.

Je vais dire que l'on apporte le souper.

CRESPO.

Nos valets l'apporteront.

TOUS, *du dehors*.

« Réveillez-vous, réveillez-vous, jeune Isabelle. »

ISABELLE, *à part*.

Qu'ai-je donc fait, ô ciel ! pour encourager cette insolence ?

DON LOPE.

Ceci devient par trop fort, et ne peut plus se tolérer !

Il renverse la table d'un coup de pied.

CRESPO.

Oui, c'est trop fort!

Il renverse un siége.

DON LOPE.

J'ai perdu patience; car n'est-il pas ennuyeux, dites-moi, de souffrir ainsi d'une jambe?

CRESPO.

J'y pensais en ce moment même.

DON LOPE.

En vous voyant renverser la chaise, j'ai cru que c'était tout autre chose.

CRESPO.

Comme vous aviez renversé la table, et que je ne me trouvais sous la main que cette chaise... (*A part.*) Dissimulons, honneur!

DON LOPE, *à part.*

Que je voudrais être dans la rue! (*Haut.*) Mais c'est bien. Je ne veux pas souper encore, et vous pouvez vous retirer.

CRESPO.

Comme il vous plaira.

DON LOPE.

Que Dieu soit avec vous, mademoiselle!

ISABELLE.

Que le ciel vous conserve, seigneur!

DON LOPE, *à part.*

Ma chambre donne sur la rue, et j'y ai vu suspendue une rondache.

CRESPO, *à part.*

Il y a une sortie par la cour, et j'ai ma vieille épée.

DON LOPE.

Bonsoir.

CRESPO.

Bonsoir. (*A part.*) Je fermerai la porte sur mes enfans.

DON LOPE, *à part.*

J'entends qu'on laisse cette maison tranquille.

ISABELLE, *à part.*

Tous deux cherchent en vain à cacher leur mauvaise humeur.

INÈS, *à part.*

Ils cherchent à se tromper tous deux.

CRESPO.

Hé! mon garçon?

JUAN.

Seigneur?

CRESPO.

Votre chambre est par là.

Tous sortent.

SCÈNE III.

La rue devant la maison de Crespo.

Entrent LE CAPITAINE, LE SERGENT, L'ÉTINCELLE et REBOLLEDO, avec des guitares, et des Soldats.

REBOLLEDO.

Nous serons mieux ici, l'endroit est plus favorable. Allons, que chacun fasse sa partie.

L'ÉTINCELLE.

Est-ce que nous recommençons?

REBOLLEDO.

Sans doute.

L'ÉTINCELLE.

Maintenant je suis contente.

LE CAPITAINE.

Elle n'a pas seulement entr'ouvert sa fenêtre, la petite malapprise!

LE SERGENT.

On doit cependant nous avoir entendus.

L'ÉTINCELLE.

Attendons.

LE SERGENT.

Ce sera peut-être à mes dépens.

REBOLLEDO.

Voyons d'abord quel est celui qui vient à nous.

L'ÉTINCELLE.

Ne voyez-vous pas un cavalier armé de pied en cap?

Entrent MENDO, avec sa lance, et NUÑO.

MENDO.

Ne vois-tu pas ce qui se passe?

NUÑO.

Je ne le vois pas, mais je l'entends.

MENDO.

Qui pourrait, ô ciel! qui pourrait souffrir tant d'audace?

NUÑO.

Moi.

MENDO.

Penses-tu qu'Isabelle ouvre sa fenêtre?

NUÑO.

Oui, elle l'ouvrira.

MENDO.

Non, elle n'ouvrira pas, drôle.

NUÑO.

Eh bien! elle n'ouvrira pas.

MENDO.

Ah! jalousie! peine cruelle!... Je les chasserais bien tous à coups d'épée; mais je dois cacher mon mécontentement jusqu'à ce que je sache s'il y a en ceci de sa faute.

NUÑO.

En ce cas, nous pouvons nous asseoir.

MENDO.

Oui; de cette façon je ne serai pas reconnu.

REBOLLEDO.

L'homme s'est assis. On dirait une âme en peine qui rôde la nuit pour expier ses fautes. Il a un bouclier. — Allons, l'Étincelle, en avant une petite chanson qui nous ragaillardisse.

L'ÉTINCELLE.

Je ne demande pas mieux.

Entrent DON LOPE *et* CRESPO, *chacun d'un côté différent et l'épée à la main.*

L'ÉTINCELLE, *chantant.*

Vous connaissez Sampayo,
La fleur des Andaloux,
Le faraud de meilleure mine,
Et le plus célèbre des rufiens.
Un jour il trouva la Criarde [1],
Le soir à l'entrée de la nuit,
Qui causait avec le beau Garlo
Dans le coin d'un cabaret.
Et Garlo, comme vous savez,
Est un bon et franc luron
Qui n'entend pas la plaisanterie,
Et ne se laisse pas marcher sur le pied.
Il tira donc aussitôt son épée,
Et frappant d'estoc et de taille.....

Don Lope et Crespo se précipitent sur les chanteurs, l'épée à la main.

CRESPO.

Ce fut de cette manière.

DON LOPE.

Il s'y prit de la sorte. (*Les chanteurs fuient dispersés.*) Les voilà en déroute. (*Apercevant Pedro Crespo.*) Mais non; en voici un qui s'obstine à rester.

CRESPO.

Celui-ci qui tient ferme est sans doute quelque soldat.

DON LOPE.

Celui-là aura aussi son affaire.

---

[1] Il y a ici une plaisanterie, une *grâce*, qui tient en grande partie à la versification et qu'il serait impossible de reproduire. C'est, à peu près, comme si l'Étincelle venait de chanter « *Il rencontra l'autre jour Gérardi* », et que Rebolledo l'interrompît immédiatement en disant aux autres soldats : « *La rime veut que ce fût un mardi.* »

JOURNÉE II, SCÈNE III.

CRESPO.
Mais je le ferai décamper, lui aussi.

DON LOPE.
Allons, suivez les autres.

CRESPO.
Suivez-les vous-même, ou je vous ferai courir.

Ils se battent.

DON LOPE, *à part.*
Vive Dieu! il se bat bien.

CRESPO, *à part.*
Vive Dieu! il n'a pas peur.

JUAN accourt l'épée à la main.

JUAN, *à part.*
Pourvu que je le trouve! (*A Crespo.*) Seigneur, me voici à votre côté.

DON LOPE.
N'est-ce pas Pedro Crespo?

CRESPO.
Moi-même. Et vous, n'êtes-vous pas don Lope?

DON LOPE.
Oui, je suis don Lope. Mais quoi! n'aviez-vous pas dit que vous ne sortiriez pas? Voilà un bel exploit!

CRESPO.
Je ne vois pas ce que vous avez à dire : vous avez fait tout comme moi.

DON LOPE.
Moi, c'est différent; j'étais offensé.

CRESPO.
Et moi, à vous parler franchement, je suis venu me battre pour vous tenir compagnie.

DES SOLDATS, *du dehors.*
Marchons tous ensemble contre ces vilains pour les exterminer.

LE CAPITAINE, *du dehors.*
Prenez bien garde!

Ils entrent tous.

DON LOPE.
Un moment! Ne suis-je donc pas ici? Que signifie cette conduite?

LE CAPITAINE.
Les soldats s'amusaient dans cette rue à chanter doucement et sans bruit; il s'est élevé parmi eux une dispute, et j'étais venu mettre la paix.

DON LOPE.
Don Alvar, je sais parfaitement ce qui en est. Mais puisque voilà le village en révolution, je veux éviter un malheur. En conséquence, comme voici le jour qui paraît, je donne l'ordre que.

sans plus de retard, vous réunissiez la compagnie, et que vous partiez au plus tôt de Zalaméa. Et qu'on ne recommence plus; autrement, vive Dieu! ce sera moi qui rétablirai la paix à grands coups d'épée.

LE CAPITAINE.

Seigneur, la compagnie partira dans la matinée. (*A part.*) Petite paysanne, tu me coûteras la vie !

CRESPO, *à part.*

Don Lope a la tête vive ; nous serons bien ensemble.

DON LOPE, *à Crespo.*

Venez avec moi. Je ne veux pas qu'on vous trouve seul nulle part.

Ils sortent.

Entrent MENDO, et NUÑO blessé.

MENDO.

Est-ce que ta blessure est sérieuse, Nuño ?

NUÑO.

Quand elle le serait encore moins, elle le serait encore trop pour moi, et je m'en serais bien passé.

MENDO.

Je n'ai jamais éprouvé un pareil chagrin.

NUÑO.

Ni moi non plus.

MENDO.

Je suis furieux. — C'est donc à la tête que tu as reçu le coup ?

NUÑO.

Oui, dans tout ce côté-là.

On entend battre le tambour.

MENDO.

Qu'est ceci ?

NUÑO.

C'est la compagnie qui va partir.

MENDO.

A la bonne heure !... Je n'aurai plus ainsi à craindre la rivalité du capitaine.

NUÑO.

Ils partent dans la journée.

Entrent LE CAPITAINE et LE SERGENT.

LE CAPITAINE.

Sergent, tu partiras avant le coucher du soleil avec toute la compagnie ; et, souviens-t'en, lorsque cet astre disparaîtra de l'horizon pour se plonger dans l'océan espagnol, je t'attends à l'entrée de la forêt voisine. Je veux aujourd'hui naître à la vie au moment où le soleil finira sa carrière.

LE SERGENT.

Silence! j'aperçois quelqu'un du village.

JOURNÉE II, SCÈNE III.

MENDO, *à Nuño.*

Tâchons de passer sans qu'ils se doutent que je suis fâché. Toi, Nuño, fais bonne contenance.

NUÑO.

Cela ne m'est guère possible.

Mendo et Nuño sortent.

LE CAPITAINE.

Pour moi, je retournerai au village. Quelques cadeaux m'ont valu la protection de sa servante, laquelle doit faire en sorte que je puisse parler à cette belle homicide.

LE SERGENT.

Enfin, seigneur, si vous revenez, ne revenez pas seul ; car, voyez-vous, il ne faut pas se fier à ces rustres.

LE CAPITAINE.

Je le sais. Tu choisiras quelques hommes pour venir avec moi.

LE SERGENT.

Je ferai tout ce que vous voudrez. — Mais si, par hasard, don Lope s'avisait de revenir et qu'il nous aperçût ?

LE CAPITAINE.

Mon amour n'a rien à craindre de ce côté. Don Lope lui aussi part aujourd'hui même pour Guadalupe, où il doit rassembler tout le terce. C'est lui qui me l'a dit tout-à-l'heure quand je suis allé prendre congé de lui. Le roi doit s'y trouver. Il est en chemin.

LE SERGENT.

Je vais, seigneur, exécuter vos ordres.

Il sort.

LE CAPITAINE.

Songe qu'il y va de ma vie.

Entre REBOLLEDO.

REBOLLEDO.

Bonne nouvelle, seigneur!

LE CAPITAINE.

Qu'est-ce donc, Rebolledo?

REBOLLEDO.

Vous me devez pour cette nouvelle une bonne étrenne.

LE CAPITAINE.

De quoi s'agit-il?

REBOLLEDO.

Vous avez un ennemi de moins.

LE CAPITAINE.

Et lequel? Parle donc?

REBOLLEDO.

Ce jeune garçon, le frère d'Isabelle, don Lope l'a demandé à son père, et il vient avec nous. Je l'ai rencontré dans la rue tout habillé et plein d'ardeur, qui avait l'air moitié d'un laboureur, moitié d'un soldat... De sorte que nous n'avons plus que le vieux contre nous.

LE CAPITAINE.

Tout s'arrange à merveille; et, surtout, si je suis bien secondé par celle qui m'a promis pour cette nuit une entrevue avec elle.

REBOLLEDO.

Elle tiendra parole.

LE CAPITAINE.

Je reviendrai ce soir. Maintenant je vais rejoindre la troupe qui est déjà en marche. Vous m'accompagnerez tous deux.

REBOLLEDO.

Nous deux? ce n'est pas beaucoup. Mais, vive Dieu! c'est assez contre deux autres, et même contre quatre, et même contre six.

Le Capitaine sort.

L'ÉTINCELLE.

Et moi, si tu retournes, que deviendrai-je? Je ne serai plus en sûreté; car si celui que j'ai envoyé hier chez le chirurgien pour se faire recoudre [1] me trouvait seule...

REBOLLEDO.

Je ne sais que faire de toi... Dis-moi, est-ce que tu n'aurais pas le courage de m'accompagner?

L'ÉTINCELLE.

Pourquoi pas? N'ai-je pas du courage comme un autre? et de plus, un habit de soldat?

REBOLLEDO.

Oh! quant à l'habit, ce n'est pas là ce qui nous manquera; nous avons celui de ce page qui est parti dernièrement.

L'ÉTINCELLE.

Eh bien! je le remplacerai.

REBOLLEDO.

Partons, le drapeau est en route.

L'ÉTINCELLE.

Ah! je ne le vois que trop à présent, la chanson a raison: « L'amour d'un soldat ne dure qu'une heure! »

Ils sortent.

SCÈNE IV.

Le devant de la maison de Pedro Crespo.

Entrent DON LOPE, PEDRO CRESPO et JUAN.

DON LOPE.

Je vous suis on ne peut plus reconnaissant de tout ce que vous

---

[1] A cette époque, en Espagne, les chirurgiens cousaient les blessures. Dans une de ses *Nouvelles instructives* (*Novelas ejemplares*), Cervantes représente plaisamment un bravo qui a blessé son homme, et qui demande une récompense proportionnée au nombre de *points* que le chirurgien a faits à la blessure.

avez fait pour moi, mais principalement d'avoir bien voulu me confier votre fils. Je vous en remercie du fond du cœur.

CRESPO.

Vous aurez en lui, seigneur, un serviteur dévoué.

DON LOPE.

Je le prends comme un ami. Sa bonne tournure, son ardeur, son goût pour les armes, m'ont inspiré pour lui un véritable dévouement.

JUAN.

Vous pouvez disposer de moi et de ma vie, seigneur. Vous verrez comme je vous servirai avec zèle! comme je vous obéirai en tout!

CRESPO.

Seulement, veuillez, je vous prie, l'excuser s'il est un peu gauche pour vous servir. Il a été élevé au village; la charrue, la pelle, la fourche, sont les seuls livres qu'il connaît; et dans ces livres l'enfant n'a pu apprendre ni le bel usage du monde, ni le langage des cours.

DON LOPE.

Maintenant que le soleil a perdu de sa force, il est temps que je parte.

JUAN.

Je vais voir, seigneur, si l'on amène votre litière.

Il sort.

Entrent INÈS et ISABELLE.

ISABELLE.

Ce n'est pas bien à vous, seigneur, de partir comme cela, sans daigner prendre congé de personnes qui ne désirent rien tant que de vous servir.

DON LOPE.

Je ne serais point parti sans vous baiser la main et sans vous prier de me pardonner la liberté que je veux prendre, et que vous me pardonnerez, sans doute, en songeant que ce n'est pas celui qui fait le don qui oblige, mais celui qui auparavant a rendu service. Ce bijou, bien qu'entouré de diamans, n'est pas digne de vous être offert; mais je vous prie de l'accepter et de le porter par égard pour moi.

ISABELLE.

Je suis fâché, seigneur, qu'il vous soit venu à l'idée de récompenser aussi généreusement notre hospitalité; c'est nous-mêmes qui vous avons des obligations pour l'honneur que vous avez bien voulu nous faire.

DON LOPE.

Ce n'est pas là une récompense; ce n'est qu'un léger témoignage d'amitié.

ISABELLE.

A ce titre seul je le reçois. — Permettez, seigneur, que je vous recommande mon frère, puisqu'il a été assez heureux pour que vous l'admettiez au nombre de vos serviteurs.

Entre JUAN.

DON LOPE.

Je vous le répète, soyez pour lui sans inquiétude; il est avec moi.

JUAN.

Seigneur, la litière est prête.

DON LOPE, *à Crespo.*

Demeurez avec Dieu!

CRESPO.

Que lui-même vous garde!

DON LOPE.

Adieu, bon Pedro Crespo.

CRESPO.

Adieu, noble seigneur don Lope.

DON LOPE

Qui vous aurait dit, le premier jour que nous nous sommes vus ici, que nous deviendrions si bons amis pour la vie?

CRESPO.

Moi, seigneur, je l'aurais dit, si j'eusse pu deviner que vous étiez....

DON LOPE.

Eh! pour Dieu! achevez donc.

CRESPO, *achevant sa phrase.*

..... Un fou de si bonne espèce.

Don Lope s'en va.

CRESPO.

Pendant que le seigneur don Lope fait ses préparatifs pour monter dans sa litière, écoute, mon fils, ce que j'ai à te dire en présence de ta sœur et de ta cousine. — Grâces à Dieu, Juan, tu sors d'une famille honnête et sans tache, mais tout-à-fait plébéienne. Je te dis l'un comme l'autre : l'un, pour que tu ne conçoives pas une telle méfiance de toi-même que tu n'oses aspirer à t'élever, par ta bonne conduite, au-dessus de ce que tu es; l'autre pour que tu n'oublies jamais ce que tu dois être. Dans cette double vue, sois toujours modeste, et toutes tes actions seront réglées par la prudence, et tu ne connaîtras pas certains ennuis qui sont le désespoir de l'orgueilleux. Combien d'hommes, qui avaient de nombreux défauts, les ont rachetés par la modestie! et combien d'autres, d'ailleurs très-estimables, se sont fait haïr pour leur orgueil! Sois poli avec tout le monde, sois affable et généreux; car avec des saluts et de l'argent on se fait beaucoup d'amis, et tout l'or des Indes, toutes les richesses qu'enferme le sein des mers, ne valent pas l'avantage d'être aimé... Ne parle jamais mal des femmes, pas même de celles de la plus basse classe : toutes sont dignes de nos égards ; c'est d'elles que nous sommes nés... Ne te bats point pour des bagatelles. Toutes les fois que je vois dans les villes des gens qui enseignent à tirer des armes, je me dis à part moi : « Ce n'est point là l'école que je voudrais ; ce n'est pas à se battre avec adresse, avec habileté, avec élégance, que les hommes devraient apprendre, mais à connaître les justes motifs pour lesquels ils doivent se battre ; et s'il y avait un maître qui donnât des leçons de ce genre, tous les pères de famille, j'en suis sûr, lui confieraient leurs enfans. » Avec ces conseils, et l'argent que je t'ai donné pour ton voyage et pour te faire habiller en arrivant, avec la protection du seigneur don Lope, et enfin avec ma bénédiction, j'espère, mon fils, Dieu aidant, que je te verrai un jour dans une meilleure position. Adieu, mon enfant, adieu ; car je sens que je m'attendris en te parlant.

JUAN.

Mon père, vos paroles resteront à jamais gravées dans mon cœur, et de ma vie elles n'en sortiront. Permettez que je baise votre main. Et toi, ma sœur, embrasse-moi. J'entends partir la litière du seigneur don Lope, et je cours le rejoindre.

ISABELLE.

Je voudrais te retenir dans mes bras.

JUAN.

Cousine, adieu.

INÈS.

Je n'ai pas la force de te rien dire. Mes larmes te parlent pour moi. Adieu.

CRESPO.

Allons, pars vite. Plus je te vois, plus je suis fâché que tu nous quittes. Et si je n'avais pas donné ma parole...

JUAN.

Que le ciel demeure avec vous tous !

CRESPO.

Et qu'il soit avec toi, mon enfant !

Juan sort.

ISABELLE.

Que vous avez été cruel, mon père !

CRESPO.

A présent qu'il n'est plus là, devant mes yeux, je me sens moins affligé... Après tout, que serait-il devenu en restant avec moi ? Ne serait-il pas devenu peut-être un fainéant, un mauvais sujet ? Il vaut bien mieux qu'il aille servir le roi.

ISABELLE.

Je regrette qu'il parte ainsi de nuit.

CRESPO.

Voyager de nuit, pendant l'été, ce n'est pas fatigue, mais plaisir ; et il importe qu'il rejoigne don Lope au plus tôt. (*A part.*) J'ai beau vouloir faire le brave, cet enfant m'a tout attendri.

####### ISABELLE.

Rentrons, mon père, je vous prie.

####### INÈS.

Puisque nous n'avons plus les soldats, restons encore un moment sur la porte, et jouissons de la fraîcheur de la soirée. Les voisins vont sans doute également sortir de leurs maisons.

####### CRESPO.

A la vérité, je ne désire pas rentrer non plus, moi; car d'ici je vois le chemin qu'a suivi mon enfant, et il me semble que lui-même je le vois marcher. — Inès, apporte-moi un siége.

####### INÈS.

Voilà un petit banc.

####### ISABELLE.

On dit que cette après-dînée la municipalité a fait l'élection des magistrats.

####### CRESPO.

C'est toujours ici, au mois d'août, qu'ont lieu les élections.

Pedro Crespo, Isabelle et Inès s'asseyent.

Entrent, de l'autre côté, LE CAPITAINE, LE SERGENT, REBOLLEDO, L'ÉTINCELLE *et des Soldats.*

####### LE CAPITAINE.

Ne faites pas de bruit. Avance, toi, Rebolledo, et va-t'en avertir la servante que je suis ici.

####### REBOLLEDO.

J'y vais. Mais que vois-je? Il y a du monde devant sa porte!

####### LE SERGENT.

Et moi, aux reflets de la lune qui éclaire leurs visages, il me semble reconnaître Isabelle.

####### LE CAPITAINE.

Oui! mieux encore que la lune, mon cœur me dit que c'est elle. Nous arrivons au moment favorable; et si nous avons du cœur, nous n'aurons pas à regretter d'être venus.

####### LE SERGENT.

Capitaine, permettez-vous un conseil?

####### LE CAPITAINE.

Non.

####### LE SERGENT.

En ce cas, je ne vous le donnerai pas; faites tout ce que vous voudrez.

####### LE CAPITAINE.

Je m'approche hardiment, et j'enlève Isabelle. Vous, l'épée au poing, empêchez qu'on ne me suive.

####### LE SERGENT.

Puisque nous sommes venus, c'est pour vous obéir.

JOURNÉE II, SCÈNE IV.

LE CAPITAINE.

Ne l'oubliez pas : le rendez-vous est dans la forêt voisine, à main droite en quittant la route.

REBOLLEDO.

L'Étincelle?

L'ÉTINCELLE.

Quoi ?

REBOLLEDO.

Garde les manteaux.

L'ÉTINCELLE, *à part.*

Quand on va se battre comme quand on va nager, le mieux est de garder les habits.

LE CAPITAINE.

Je veux arriver le premier.

CRESPO.

Nous avons assez respiré le frais ; rentrons.

LE CAPITAINE.

Allons ! à moi, mes amis !

Il se précipite sur Isabelle.

ISABELLE, *éperdue.*

Ah! traître!... Que voulez-vous donc, seigneur?

LE CAPITAINE.

C'est une fureur, un délire d'amour !

Il l'enlève et sort.

ISABELLE, *du dehors.*

Ah! traître... Mon père !

CRESPO.

Ah! les lâches !

ISABELLE, *du dehors.*

Mon père !

INÈS.

Je rentre.

CRESPO.

Hélas! vous avez profité de ce que j'étais sans épée, misérables, infâmes, traîtres !

REBOLLEDO.

Retirez-vous, ou vous êtes mort !

CRESPO.

Que m'importe la vie quand on m'a ravi l'honneur?... Ah! si j'avais une épée!.... N'ayant pas d'armes, à quoi me servirait de les poursuivre?... et si je vais chercher mes armes, pendant ce temps je les perds de vue!... Que faire, cruel destin? De toute manière le danger est le même.

INÈS *rentre avec une épée.*

INÈS.

Tenez, voilà votre épée.

Elle sort.

CRESPO.

Cette épée vient à propos.... Maintenant, je pourrai sauver mon bonheur, puisque je puis les poursuivre... Lâchez votre proie, infâmes traîtres!... J'aurai ma fille, ou il m'en coûtera la vie.

LE SERGENT.

Tous tes efforts seront inutiles; nous sommes en nombre.

CRESPO.

Mes malheurs sont en nombre aussi; et tous combattent avec moi!... Mais, hélas! la terre manque sous mes pas.

Il tombe.

REBOLLEDO.

Tuons-le.

LE SERGENT.

Non pas! ce serait par trop dur de lui enlever en même temps la vie et l'honneur... Le mieux est de le lier et de l'emporter dans le plus épais du bois, afin qu'il ne puisse pas donner l'alarme.

ISABELLE, *du dehors.*

Mon père! mon père!

CRESPO.

Ma fille!

REBOLLEDO.

Emportons-le comme tu as dit.

CRESPO.

O ma fille! je ne puis te suivre que de mes soupirs!

On l'emporte.

ISABELLE, *du dehors.*

Mon père!

CRESPO, *du dehors.*

Ma fille!

SCÈNE V.

Une forêt.

Entre JUAN.

JUAN.

Quelle est cette voix?... quels sont ces gémissemens?... A l'entrée du bois, mon cheval s'est abattu, et je suis tombé avec lui... J'entends d'un côté de tristes cris, et de l'autre des gémissemens lamentables; et ces voix étouffées, je ne puis les reconnaître... Deux nécessités pressantes invoquent mon courage... deux êtres souffrans m'appellent à leur secours..... Mais l'un est une femme; c'est elle qu'il faut d'abord secourir. Je suivrai ainsi le double précepte de mon père : « Tirer l'épée quand le motif est grave, et honorer les femmes. »

JOURNÉE TROISIÈME.

SCÈNE I.
Une forêt.

Entre ISABELLE.

ISABELLE.

Ah! puissé-je ne plus voir la lumière du jour, qui ne servirait qu'à éclairer ma honte!... O vous, fugitives étoiles, ne permettez pas que l'aurore vienne si tôt vous remplacer dans la plaine azurée du ciel; son sourire et ses larmes ne valent point votre paisible clarté; et, s'il faut enfin qu'elle paraisse, qu'elle efface son sourire et ne laisse voir que ses larmes!... Et toi, soleil, roi des astres, prolonge ton séjour dans le sein profond des mers; souffre, une fois du moins, que l'empire de la nuit dure quelques heures de plus; et si tu écoutes ma prière, l'on dira de toi que tu diriges ton cours d'après ta seule volonté, et non d'après un ordre supérieur. Pourquoi voudrais-tu révéler au monde, avec ma triste aventure, le plus noir forfait, la plus atroce violence que le ciel ait permise pour châtier les humains!... Mais, hélas! tu es insensible à ma plainte; et pendant que je te prie de retarder ta course, je vois ta face majestueuse qui peu à peu s'élève au-dessus des monts; comme si ce n'était pas assez de tous mes malheurs, et que toi aussi tu voulusses concourir à mon ignominie!.. Que faire? où aller? Si je laisse mes pas errans me ramener à la maison de mon père, quel affront pour ce vieillard infortuné, qui n'avait d'autre joie, d'autre bonheur, que de se mirer dans le pur cristal de mon honneur, désormais souillé d'une tache ineffaçable!... Et si par respect, par pudeur, je m'abstiens de retourner à la maison, ne sera-ce pas autoriser les soupçons de ceux qui penseront que j'ai été complice de mon infamie; et mon innocence ne me sauvera pas des propos de la méchanceté!... Combien j'ai eu tort de m'échapper en fuyant des mains de mon frère! N'eût-il pas mieux valu que dans sa colère il m'eût donné la mort sans retard, en voyant mon triste sort?... Je veux l'appeler, je veux qu'il revienne furieux et qu'il m'ôte la vie... Mais j'entends une voix, des cris...

CRESPO, *du dehors.*

Ah! tuez-moi... J'accepterai la mort comme un bienfait. La vie est un supplice pour un infortuné.

ISABELLE.

Quelle est donc cette voix? Elle ne prononce que des accens confus, et j'ai peine à la reconnaître.

CRESPO, *du dehors.*

Tuez-moi ! par pitié, tuez-moi !

ISABELLE.

O ciel ! lui aussi, il invoque la mort. Il est donc d'autres malheureux pour qui l'existence est insupportable !.... Mais que vois-je ?

Une toile se lève, et l'on voit CRESPO, attaché à un arbre.

CRESPO.

Si dans ces forêts il se trouve quelqu'un dont le cœur ne soit pas inaccessible à la pitié, qu'il vienne me donner la mort... Mais qu'ai-je aperçu, grand Dieu !

ISABELLE.

Un homme attaché, les mains liées, au tronc d'un arbre !

CRESPO.

Une femme qui conjure le ciel, qui se plaint et gémit !

ISABELLE.

C'est mon père !

CRESPO.

C'est ma fille !

ISABELLE.

Mon père ! mon seigneur !

CRESPO.

Viens, ma fille, approche ; détache ces liens.

ISABELLE.

Je n'ose, mon père. Car, si après avoir rendu la liberté à vos mains je vous apprends mon malheur, furieux, vous tuerez une fille indigne qui vous a déshonoré. Sachez d'abord, mon père...

CRESPO.

Non, Isabelle, tais-toi ; il est des malheurs qui n'ont pas besoin d'être racontés. Un seul mot les révèle.

ISABELLE.

J'ai beaucoup de choses à vous apprendre ; votre vertu s'en irritera, et avant d'avoir tout entendu, vous voudrez vous venger. — Hier au soir, il vous en souvient, j'étais tranquille auprès de vous, je goûtais cette douce sécurité que vos cheveux blancs inspirent à ma jeunesse, lorsque ces traîtres masqués, se précipitant sur moi, m'enlevèrent malgré ma résistance, comme des loups affamés enlèvent une brebis innocente. Ce capitaine, cet hôte ingrat, qui en entrant dans notre maison y avait introduit le trouble et la perfidie, m'a saisie dans ses bras, pendant que des soldats, ses complices, protégeaient son attentat. Puis, il m'a emportée dans cet endroit retiré de la forêt, comme dans un asile assuré ; car c'est dans les forêts que tous les crimes trouvent un asile. — Ici même, après avoir deux fois perdu connaissance, j'ai entendu votre voix qui s'est affaiblie peu à peu et a bientôt cessé de parvenir à mon oreille. D'abord, ce que j'entendais, c'étaient des paroles distinctes; mais ensuite, ce n'a plus été qu'un vain son que l'écho lointain répétait confusément. Ainsi, quand on écoute un clairon qui s'éloigne, longtemps encore après qu'il est parti, on entend dans l'air des vibrations qui vous en rappellent la musique. — Donc l'infâme, voyant que l'on avait cessé de le poursuivre, que je n'avais personne pour me défendre, et que la lune elle-même, soit cruauté, soit vengeance, avait caché dans un sombre nuage cette lumière qu'elle emprunte au soleil, l'infâme voulut, il voulut, le misérable, justifier son amour par d'hypocrites paroles. Qu'il faut être hardi pour passer ainsi, d'un instant à l'autre, de la plus lâche offense à des protestations de tendresse!... Malheur, malheur à l'homme qui veut obtenir un cœur par la violence! Comment ne voit-il pas que le véritable triomphe de l'amour est dans l'aveu de l'objet aimé, et que, sans cet aveu, sans le consentement du cœur, on ne possède jamais qu'une beauté froide et morte?... — Que de supplications je lui adressai! avec quelle véhémence et quelle force, tantôt fière, tantôt soumise, j'ai tâché de fléchir son cœur!... Mais, hélas! vous le dirai-je, mon père? orgueilleux, cruel, grossier, effronté, audacieux, il n'a rien voulu entendre; il a été sans pitié; et si ce que ma voix n'ose pas prononcer peut vous être expliqué par l'action, voyez, mon père : je cache mon visage de honte, je pleure amèrement mon malheur, je me tords les mains de colère, je frappe mon sein avec rage : c'est à vous d'interpréter ces démonstrations... Bref, j'exhalais des plaintes inutiles que le vent emportait, et je ne demandais plus de secours au ciel, contente d'invoquer sa justice, lorsque l'aube a paru, et, guidée par sa clarté, je me suis avancée dans la forêt; mais tout-à-coup j'entends du bruit, je regarde, et j'aperçois mon frère. Hélas! tous les malheurs accablent à la fois une infortunée!... Lui, à la lumière incertaine du jour naissant, il voit aussitôt ce qui s'est passé, et, sans dire un mot, il tire l'épée dont vous veniez de le ceindre. Le capitaine, à la vue de ce secours, hélas! tardif, tire aussi son épée, et pare le coup que mon frère lui porte. Pour moi, tandis qu'ils se battent vaillamment, songeant que mon frère ignorait si j'étais innocente ou coupable, pour ne pas exposer ma vie dans une justification intempestive, je m'enfuis dans les profondeurs de la forêt, mais non sans regarder de temps en temps à travers le feuillage, car, malgré ma fuite, je désirais savoir l'issue de ce combat. Bientôt mon frère eut blessé le capitaine, qui tomba; et, dans sa fureur, il allait lui porter un dernier coup, lorsque les soldats, qui venaient chercher le capitaine, le trouvant en cet état, veulent le venger. D'abord, mon frère essaie de se défendre; mais, les voyant si nombreux, il s'éloigne précipitamment; et eux, tout occupés de soigner le blessé, ils ne songent pas à le poursuivre. Ils ont emporté le capitaine dans leurs bras, du côté du village, sans s'inquiéter de son crime, et ne pensant qu'à sa blessure. Et moi, après tous ces malheurs, confuse, honteuse, désolée, j'ai couru à travers la forêt, en tous sens, au hasard et sans guide, jusqu'à ce que j'aie pu me prosterner à vos pieds. Maintenant que je vous ai conté mes disgrâces, prenez votre épée, mon père, punissez-moi, frappez-moi; et si ce n'est pas assez de ce fer pour me donner la mort, enlacez mon cou dans ces liens que je détache en ce moment. Vous avez devant vous votre fille, votre fille déshonorée, tuez-la; et l'on dira de vous que, pour ressusciter votre honneur, vous avez tué votre fille!

CRESPO.

Lève-toi, Isabelle, lève-toi; ne reste pas plus long-temps à genoux... Sans ces événemens douloureux qui viennent parfois nous éprouver d'une manière si cruelle, nous ne connaîtrions pas le chagrin, et nous ne saurions pas le prix du bonheur... Ces malheurs sont le partage des mortels; il faut les accepter avec courage et les imprimer fortement dans son cœur. Allons, Isabelle, retournons vite à la maison, car ton frère est en danger, et nous aurons beaucoup à faire pour le rejoindre et le sauver.

ISABELLE, *à part*.

O fortune! que médite mon père?... Est-ce de sa part prudence ou dissimulation?

CRESPO.

Marchons, ma fille; car, vive Dieu! si le besoin de se faire panser a forcé le capitaine à rentrer au village, il vaudrait mieux pour lui, j'imagine, mourir de cette blessure que de toutes celles que je lui réserve. Je ne serai content que lorsque je l'aurai tué de ma main. Allons, ma fille, allons à la maison.

Entre LE GREFFIER.

LE GREFFIER.

Seigneur Pedro Crespo, je viens vous apporter une bonne nouvelle et mon compliment.

CRESPO.

Votre compliment!... et sur quoi, greffier?

LE GREFFIER.

Le conseil vous a nommé alcade[1], et, en entrant en charge, vous avez pour étrennes deux grandes affaires. La première, c'est la venue du roi, qui, dit-on, arrive aujourd'hui ou demain; l'autre, c'est que des soldats viennent de porter secrètement au village, pour le faire soigner, ce capitaine qui était ici hier avec sa compagnie. Il est blessé et ne veut pas dire par qui; mais si l'on peut découvrir cela, ce sera une grande affaire.

---

[1] Dans l'ancienne constitution municipale de l'Espagne, l'Alcade (*Alcalde*) était à la fois maire, juge de paix, juge de première instance au civil et au criminel, etc. Cette dignité était conférée par l'élection libre du conseil de la commune.

CRESPO, *à part.*

O ciel! au moment même où je songe à me venger, voilà qu'on me rend l'arbitre de mon honneur en remettant entre mes mains le bâton de la justice!... Comment oserai-je me rendre coupable d'un attentat, en cette heure où je viens d'être nommé juge pour poursuivre les délits et les crimes !... Mais tout cela demande de longues réflexions. (*Au Greffier.*) Je suis très-reconnaissant de l'honneur qu'on vient de m'accorder.

LE GREFFIER.

Venez, seigneur, à la salle du conseil prendre possession de votre charge ; et aussitôt vous pourrez procéder aux informations.

CRESPO.

Marchons. Vous pouvez retourner chez vous.

ISABELLE.

Que le ciel ait pitié de moi! Mon père, dois-je vous accompagner?

CRESPO.

Ma fille, votre père est alcade ; il saura vous faire rendre justice.

Ils sortent.

SCÈNE II.

Une maison de Zalaméa.

Entrent LE CAPITAINE, blessé, et LE SERGENT.

LE CAPITAINE.

Puisque je n'avais rien ou peu de chose, pourquoi m'avez-vous transporté ici?

LE SERGENT.

Nous ne pouvions pas savoir ce que c'était avant qu'on vous eût pansé. Maintenant qu'on a vu ce que c'est, il ne faudrait pas exposer votre vie, à cause de la blessure ; mais nous devions avant tout arrêter le sang qui coulait.

LE CAPITAINE.

Maintenant que me voilà pansé, ce que nous avons de mieux à faire, c'est de repartir au plus tôt, avant qu'on nous sache au village. Les autres sont-ils ici?

LE SERGENT.

Oui, seigneur.

LE CAPITAINE.

Éloignons-nous de ces vilains. S'ils apprenaient que je suis ici, nous serions obligés d'en venir aux mains avec eux.

Entre REBOLLEDO.

REBOLLEDO.

Seigneur, voici la justice qui entre.

LE CAPITAINE.

Qu'ai-je à démêler, moi, avec la justice civile[1] ?

REBOLLEDO.

Tout ce que je sais, c'est qu'ils viennent d'entrer ici.

LE CAPITAINE.

Après tout, c'est ce qui pouvait m'arriver de mieux. Cette justice me protégera contre les gens de ce village, et force lui sera de me renvoyer au conseil de guerre ; et là, bien que mon affaire ait du louche, je n'ai rien à craindre.

REBOLLEDO.

Le paysan aura sans doute porté plainte contre vous.

LE CAPITAINE.

Je le pense.

CRESPO, *du dehors*.

Gardez toutes les portes ; ne laissez sortir aucun des soldats qui sont ici, et si l'un d'eux voulait sortir par force, tuez-le.

Entre CRESPO, le bâton d'alcade à la main[2]. Le Greffier et les Membres du conseil l'accompagnent.

LE CAPITAINE.

Comment ose-t-on entrer ici ?... Mais que vois-je ?

CRESPO.

Et pourquoi non ? la justice aurait-elle donc besoin de permission ? Je ne le pense pas.

LE CAPITAINE.

La justice, puisque c'est vous qui depuis hier la représentez dans ce pays, n'a rien à démêler avec moi ; veuillez y réfléchir.

CRESPO.

Au nom de Dieu, seigneur, ne vous fâchez pas ; je viens seulement, avec votre permission, remplir une formalité, et il importe que nous soyons seuls.

LE CAPITAINE, *aux soldats*.

Retirez-vous.

CRESPO, *aux laboureurs*.

Retirez-vous également. (*Au Greffier.*) Mais ne perdez pas de vue les soldats.

LE GREFFIER.

Vous pouvez être tranquille.

Les soldats et les laboureurs sortent.

CRESPO.

Maintenant que je me suis servi de ma qualité d'alcade et de représentant de la justice pour vous forcer à m'écouter, je dépose les marques de ma dignité, et je ne suis plus qu'un simple particulier

---

[1] En effet, d'après leurs prérogatives, leurs priviléges (*fueros*), les militaires n'étaient pas soumis à la justice civile. Il en était de même en France dans le dernier siècle.

[2] Le bâton d'alcade (*vara*) est noir et surmonté d'une pomme d'ivoire.

qui viens vous exposer ma plainte. (*Il dépose le bâton d'alcade.*) Et puisque nous sommes seuls, seigneur don Alvar, parlons avec une entière franchise, en ayant soin cependant que nos chagrins et nos ressentimens, qui couvent au fond de nos cœurs, ne viennent pas à éclater avec trop de violence... — Je suis homme de bien. Si j'avais eu le choix de ma naissance, j'aurais voulu, le ciel m'en est témoin, qu'elle fût sans aucune tache ni défaut dont mon amour propre eût à souffrir. Toutefois j'ai su mériter la considération de mes égaux; le conseil municipal et les premiers du pays m'accordent leur estime. Quant à mon bien, il est suffisant, et même, grâces au ciel, je suis le plus riche laboureur qui soit dans la contrée... Ma fille, je le crois, a été élevée le mieux possible, dans une retraite absolue; elle n'a eu sous les yeux que des exemples de sagesse et de vertu; sa mère — Dieu veuille avoir son âme dans le ciel! — était l'honnêteté même..... Pour que vous n'ayez aucun doute à cet égard, il me suffira, je pense, seigneur, de vous dire que je suis riche, et que, malgré cela, personne ne parle mal de moi; que, sans être fier, je ne me laisse jamais manquer, et que nous habitons un petit village où l'on ne se contente pas de remarquer les défauts et les ridicules les uns des autres, mais où l'on se fait un plaisir de les publier... Que ma fille soit belle, seigneur, rien ne le prouve mieux que votre action, et les larmes qu'elle me cause en ce moment, — ces larmes que je répands devant vous avec tant de douleur... C'est de là qu'est venu mon malheur... mais ne vidons pas encore la coupe d'amertume, et réservons quelque chose à mon chagrin... Cependant, seigneur, nous ne devons pas laisser tout faire aux circonstances, nous devons travailler de notre mieux à nous les rendre favorables... Ma douleur, vous le voyez, seigneur, est extrême; c'est au point que je ne puis m'en taire, et Dieu sait que si je pouvais la tenir renfermée dans mon sein, je ne serais pas venu vous trouver, et plutôt que d'en parler je me résignerais à mon triste sort... Voulant donc, autant que possible, avoir réparation d'un si cruel outrage, et ne pensant pas que la vengeance soit une réparation; après mille réflexions, je ne vois qu'un parti qui me convienne et qui puisse vous convenir à vous-même. C'est, seigneur, que dès ce moment vous preniez tout mon bien sans qu'il nous reste, à moi et à mon fils, un seul maravédis pour notre subsistance. Mon fils viendra vous prier à genoux d'accepter cette offre, et ensuite nous nous en irons tous deux demander l'aumône, s'il n'y a pas pour vivre d'autre ressource; et si tout mon bien ne vous suffit pas, vous pouvez encore nous marquer tous deux de la marque des esclaves[1] et nous vendre comme tels; ce sera autant d'ajouté à

---

[1] *Y si quereis desde luego*
Poner una S y un clavo
Hoy á los dos y vendernos, etc.

mot à mot : « Et si vous voulez dès ce moment nous mettre à tous deux un S et un

la dot que je vous cède ; mais, en retour, seigneur, rendez-nous l'honneur que vous nous avez ravi. Le vôtre, je crois, n'aura rien à en souffrir ; car si vos enfans perdent quelque chose à m'avoir pour aïeul, ils en seront amplement dédommagés par l'avantage de vous avoir pour père. En Castille, dit le proverbe, c'est le cheval qui porte la selle, et la chose est certaine... (*Il se jette aux genoux du capitaine.*) Voyez, seigneur, je vous en conjure à genoux, en inondant de pleurs ma barbe blanche et ma poitrine. Et enfin, seigneur, que vous demandé-je ? je vous demande l'honneur que vous-même m'avez enlevé ; et quoique ce soit mon bien, je vous le demande si humblement et avec tant d'instances, que je ne vous demanderais pas autrement quelque chose qui fût à vous... Songez que je pourrais le reprendre de mes propres mains, et je me contente de le recevoir des vôtres.

LE CAPITAINE.

Vieillard ennuyeux et bavard, tu as poussé à bout ma patience. Rendez-moi grâce, toi et ton fils, si je ne vous tue pas de mes mains ; mais la beauté d'Isabelle me désarme. Voulez-vous une réparation l'épée à la main ? je ne demande pas mieux. Préférez-vous vous adresser à la justice ? vous n'avez aucune juridiction sur ma personne.

CRESPO.

Eh quoi ! seigneur, vous êtes donc insensible à mes larmes ?

LE CAPITAINE.

Les pleurs d'un vieillard ne signifient pas plus que ceux d'un enfant ou d'une femme.

CRESPO.

Quoi ! vous refusez toute consolation à une aussi grande douleur ?

LE CAPITAINE.

N'est-ce pas assez que je te laisse la vie ?

CRESPO.

Voyez, je suis prosterné à vos pieds, et je réclame en pleurant mon honneur.

LE CAPITAINE.

Quel ennui !

CRESPO.

Songez-y, je suis à présent alcade de Zalaméa.

LE CAPITAINE.

Tu n'as, je te le répète, aucune juridiction sur moi, et le conseil de guerre m'enverra réclamer.

---

clou, et nous vendre, etc. — Ces mots, *Una S y un clavo* forment une espèce de rébus qui signifie *esclavo*, esclave. Ce rébus, que les Espagnols emploient dans le langage habituel, semblerait indiquer qu'autrefois en Espagne les esclaves étaient marqués sur quelque partie du corps, d'un S et d'un clou, et que cette marque servait à constater leur condition.

CRESPO.
C'est votre dernier mot?
LE CAPITAINE.
Oui, insupportable vieillard.
CRESPO.
Il n'y a donc plus de remède?
LE CAPITAINE.
Il n'en est pas d'autre pour toi que de te taire.
CRESPO.
Pas d'autre?
LE CAPITAINE.
Non.
CRESPO, *se relevant.*
Eh bien! je jure Dieu que vous me le payerez! (*Appelant.*) Holà!

Il reprend le bâton d'alcade.

LE GREFFIER, *du dehors.*
Seigneur?
LE CAPITAINE.
Que prétendent donc ces vilains?

Entrent LES LABOUREURS et LE GREFFIER.

LE GREFFIER.
Qu'ordonnez-vous, seigneur alcade?
CRESPO.
J'ordonne que l'on arrête le capitaine.
LE CAPITAINE.
Quelle insolence! Un homme de ma sorte! un officier du roi! Cela n'est pas possible.
CRESPO.
C'est ce que nous verrons. Vous ne sortirez d'ici que prisonnier ou mort.
LE CAPITAINE.
Je vous en préviens, je suis capitaine en activité.
CRESPO.
Et moi, par hasard, suis-je alcade en retraite? Rendez-vous prisonnier sur-le-champ.
LE CAPITAINE.
Ne pouvant lutter contre vous tous, il faut bien que je me rende; mais je porterai ma plainte au roi.
CRESPO.
Et moi la mienne; et, comme heureusement il n'est pas loin d'ici, il nous écoutera tous deux. — Remettez cette épée.
LE CAPITAINE.
Il n'est pas convenable que...
CRESPO.
Cela est tout-à-fait convenable, puisque vous êtes prisonnier.

LE CAPITAINE, *rendant son épée.*

Traitez-moi avec respect.

CRESPO, *avec ironie.*

Oh! pour cela, c'est trop juste. (*Aux laboureurs.*) Conduisez-le, avec respect, à la prison; mettez-lui, avec respect, les fers aux pieds et une chaîne au cou, et veillez, également avec respect, à ce qu'il ne puisse parler à aucun de ses soldats. Mettez aussi au cachot ceux qui l'ont assisté, parce que bientôt il faudra prendre, avec tout le respect possible, leurs déclarations. (*Au capitaine.*) Et, ceci entre nous, si je trouve des charges suffisantes, je jure Dieu qu'avec toute sorte de respect je vous ferai pendre.

LE CAPITAINE.

Ce que c'est que les vilains quand ils ont le pouvoir!

Les laboureurs emmènent le capitaine.

LE GREFFIER rentre, amenant REBOLLEDO et L'ÉTINCELLE, qui est en habits de page.

LE GREFFIER.

Ce page et ce soldat sont les seuls que l'on ait pu arrêter; l'autre s'est sauvé.

CRESPO.

Celui-ci est le drôle qui chante; quand on lui aura passé un nœud coulant autour du gosier il ne chantera plus.

REBOLLEDO.

Mais, seigneur, quel mal y a-t-il à chanter?

CRESPO.

Aucun, j'en conviens, et j'ai un instrument qui te fera chanter encore mieux. Déclare la vérité.

REBOLLEDO.

Et sur quoi?

CRESPO.

Que s'est-il passé cette nuit?

REBOLLEDO.

Votre fille le sait mieux que moi.

CRESPO.

Déclare, ou tu vas mourir.

L'ÉTINCELLE.

Courage, Rebolledo, nie tout hardiment; et si tu tiens bon, je chanterai en ton honneur un joli couplet.

CRESPO.

Et qui chantera un couplet pour vous?

L'ÉTINCELLE.

A moi on ne peut pas me donner la torture.

CRESPO.

Et pourquoi? je serais curieux de le savoir.

L'ÉTINCELLE.

C'est l'usage... la loi le défend.

CRESPO.

Et le motif?

L'ÉTINCELLE.

Il est excellent.

CRESPO.

Et quel est-il?

L'ÉTINCELLE.

Je suis enceinte!

CRESPO.

Quelle impudence! Mais ne nous emportons pas. N'êtes-vous pas un page d'infanterie?

L'ÉTINCELLE.

Non, seigneur, de cavalerie[1].

CRESPO.

N'importe! Décidez-vous à faire vos déclarations.

L'ÉTINCELLE.

Nous déclarerons tout ce qu'on voudra, et plus que nous n'en savons; le pis serait de mourir.

CRESPO.

Cela vous sauvera tous deux de la torture.

L'ÉTINCELLE.

Puisqu'il en est ainsi, comme ma vocation est de chanter, je chanterai, vive Dieu!

Elle chante.

On veut me donner la torture.

REBOLLEDO, *il chante.*

Et à moi que me donnera-t-on?

CRESPO.

Y pensez-vous?

L'ÉTINCELLE.

Nous préludons, puisque nous allons chanter.

Ils sortent.

SCÈNE III.

La maison de Crespo.

Entre JUAN.

JUAN.

Depuis que j'ai blessé le traître, et que j'ai été obligé de m'enfuir à l'arrivée de ses nombreux complices, j'ai parcouru toute la forêt sans pouvoir trouver ma sœur; et c'est pourquoi je me suis décidé à revenir au village et à rentrer dans la maison, où je raconterai

---

[1] *No sois page de gineta?*
— *No, señor, sino de brida.*

Les capitaines d'infanterie avaient un page qui portait leur *gineta*, lance courte et élégante, insigne de leur grade. — Nous n'avons pas besoin de dire que l'Étincelle s'amuse.

tout ce qui s'est passé à mon père. Je verrai ce qu'il me conseillera de faire pour sauver en même temps la vie et l'honneur.

Entrent INÈS et ISABELLE.

INÈS.

Ne te laisse pas aller ainsi à la douleur. Vivre dans un pareil chagrin, ce n'est pas vivre, c'est mourir.

ISABELLE.

Hélas!... Et qui te dit, ma chère Inès, que je tienne à la vie?

JUAN, *à part.*

Je dirai à mon père... (*Apercevant Isabelle.*) Mais, que vois-je? n'est-ce pas elle? Qu'attends-je?

Il tire son poignard.

INÈS.

Mon cousin?

ISABELLE.

Que veux-tu, mon frère?

JUAN.

Te punir d'avoir compromis ainsi ma vie et mon honneur.

ISABELLE.

Écoute...

JUAN.

Non; vive le ciel! tu mourras.

Entre CRESPO.

CRESPO.

Qu'est-ce donc?

JUAN.

Seigneur, c'est tirer satisfaction d'une injure, c'est venger un affront; c'est châtier celle qui...

CRESPO.

Assez! tu t'abuses... Et comment as-tu osé paraître ici?

JUAN, *il remarque le bâton d'alcade que porte son père.*

Quoi! vous, seigneur, revêtu de ces insignes?

CRESPO.

Oser te présenter devant moi, lorsque tu viens de blesser un capitaine?

JUAN.

Seigneur, si je me suis porté à cette extrémité, ç'a été pour défendre mon honneur et le vôtre.

CRESPO.

Allons, Juan, c'est assez.—Qu'on le mène, lui aussi, en prison.

JUAN.

Quoi! c'est ainsi que vous traitez votre fils?

CRESPO.

Quand il s'agirait de mon père, je ne me conduirais pas autrement. (*A part.*) De cette façon j'assure sa vie ; et l'on dira que c'est une singulière justice que la mienne.

JUAN.

Écoutez du moins ma défense. J'ai blessé un traître, et je voulais aussi tuer ma sœur.

CRESPO.

Je le sais. Mais il ne suffit pas que je le sache comme particulier; c'est comme alcade que je dois le savoir, et pour cela il faut que je fasse une information sur l'événement. Jusqu'à ce que l'instruction ait tout éclairci, tu resteras en prison. (*A part.*) Il me sera facile de le justifier.

JUAN.

Il est impossible de rien comprendre à votre manière d'agir. Votre honneur est perdu, et vous faites arrêter celui qui veut vous le rendre, tandis que vous gardez près de vous celle qui l'a compromis !

On emmène Juan prisonnier.

CRESPO.

Isabelle, viens signer ta plainte contre celui qui t'a outragée.

ISABELLE.

Eh quoi! mon père, cette offense que vous deviez ensevelir dans un silence éternel, vous ne craignez pas de la rendre publique? Puisqu'il ne vous est pas permis de la venger, tâchez au moins de la taire. Dispensez-moi, je vous prie, d'une aussi pénible formalité, et croyez bien que j'ai d'autres moyens de réparer mon honneur.

Elle sort.

CRESPO.

Inès, donne-moi mon bâton d'alcade. Puisqu'elle ne veut pas se rendre à la douceur, je l'amènerai de force où je veux.

DON LOPE, *du dehors*.

Arrête, cocher!

CRESPO.

Qu'est ceci? qui donc descend devant ma maison?.... qui donc entre chez moi?

Entre DON LOPE.

DON LOPE.

C'est moi, Pedro Crespo. J'étais déjà à la moitié du chemin, et je suis obligé de revenir ici pour une affaire qui m'ennuie passablement. Comptant sur votre amitié, je n'ai pas voulu descendre ailleurs que chez vous.

CRESPO.

Dieu vous garde, pour l'honneur que vous voulez bien me faire!

DON LOPE.

On n'a point vu là-bas votre fils.

CRESPO.

Vous en saurez bientôt le motif. Mais vous-même, seigneur, daignez me confier quel motif vous amène ; vous paraissez bien ému.

DON LOPE.

C'est une insolence qu'on ne saurait imaginer, une témérité qu'on n'a jamais vue... Un soldat, qui m'a rejoint en route, m'a raconté que... La colère, je l'avoue, me suffoque.

CRESPO.

Achevez, seigneur.

DON LOPE, *continuant.*

... Qu'un méchant alcade de ce pays avait fait arrêter le capitaine. Et, vive Dieu ! jamais ma maudite jambe ne m'a fait plus enrager ; car elle m'a empêché de venir plus tôt pour punir cet insolent. Par le Christ ! je le ferai mourir à coups de bâton.

CRESPO.

Eh bien ! seigneur, vous êtes revenu inutilement ; car l'alcade, je pense, ne se les laissera pas donner.

DON LOPE.

Eh bien ! je les lui donnerai malgré lui.

CRESPO.

Je ne vois pas la chose si claire, et votre ennemi ne vous eût pas donné un plus mauvais conseil. — Savez-vous pourquoi l'alcade l'a fait arrêter ?

DON LOPE.

Non ; mais quel qu'en soit le motif, que la partie intéressée s'adresse à moi, et, s'il est nécessaire, on verra que je sais faire couper des têtes comme un autre.

CRESPO.

Vous ne comprenez pas bien, seigneur, je le vois, ce qu'est d'ordinaire un alcade dans son village.

DON LOPE.

Est-il donc, au bout du compte, autre chose qu'un vilain ?

CRESPO.

Un vilain, soit ! Mais si ce vilain se met en tête de faire étrangler le capitaine, vive Dieu ! rien ne pourra l'en empêcher.

DON LOPE.

On l'en empêchera, vive Dieu ! Et si vous voulez en voir l'épreuve, dites-moi donc où il demeure.

CRESPO.

Tout près d'ici.

DON LOPE.

Qui est-il donc ?

CRESPO.

C'est moi !

DON LOPE.

Vive Dieu ! je m'en doutais.

CRESPO.
Vive Dieu ! c'est comme je vous le dis.
DON LOPE.
Eh bien ! Crespo, ce qui est dit est dit.
CRESPO.
Eh bien ! seigneur, ce qui est fait est fait.
DON LOPE.
Je suis venu délivrer le prisonnier et punir cet attentat.
CRESPO.
Et moi, je le garde en prison pour le crime qu'il a commis.
DON LOPE.
Savez-vous bien que comme il est au service du roi, je suis son juge naturel ?
CRESPO.
Savez-vous bien qu'il m'a enlevé ma fille ?
DON LOPE.
Savez-vous bien que je suis le maître de cette affaire ?
CRESPO.
Savez-vous bien qu'il m'a lâchement déshonoré dans la forêt voisine ?
DON LOPE.
Savez-vous bien jusqu'où vont les priviléges de ma charge ?
CRESPO.
Savez-vous bien que je l'ai supplié d'arranger cela à l'amiable, et qu'il a refusé ?
DON LOPE.
Vous usurpez une juridiction qui ne vous appartient pas.
CRESPO.
Il a bien usurpé mon honneur, qui ne lui appartenait pas davantage !
DON LOPE.
Je saurai vous obtenir satisfaction, je vous le garantis.
CRESPO.
Jamais je n'ai prié personne de faire pour moi ce que je pouvais faire moi-même.
DON LOPE.
Il faut absolument que j'emmène le prisonnier ; je m'y suis engagé.
CRESPO.
Et moi j'ai terminé ma procédure.
DON LOPE.
Que voulez-vous dire avec votre procédure ?
CRESPO.
Ce sont des feuilles de papier que je couds l'une à l'autre, au fur et à mesure que l'on recueille les déclarations des témoins.

DON LOPE.

J'irai l'enlever dans sa prison.

CRESPO.

Je ne m'y oppose pas. Je vous préviens seulement que l'ordre est donné que l'on tire sur le premier qui approchera.

DON LOPE.

Je n'ai pas peur des balles, elles me connaissent. Mais je ne veux rien aventurer. (*Parlant à un soldat qui l'a suivi.*) Holà! soldat, courez au plus tôt, et dites à toutes les compagnies qui sont en marche de venir ici en bon ordre, formées en bataillons, tambour battant, mèches allumées.

LE SOLDAT.

Il n'est pas nécessaire qu'on aille chercher la troupe. Ayant appris ce qui est arrivé, elle est rentrée dans le village.

DON LOPE.

Eh bien, vive Dieu! nous allons voir si l'on me rend ou non le prisonnier.

CRESPO.

Eh bien, vive Dieu! auparavant je ferai ce que je dois.

Ils sortent.

SCÈNE IV.

La place publique de Zalaméa. Au milieu du théâtre, au fond, la prison.

UNE VOIX, *du dehors.*

Soldats, voilà la prison où est enfermé le capitaine. Si l'on ne vous le rend pas à l'instant, mettez-y le feu ; et si le village s'insurge, mettez le feu au village.

LE GREFFIER, *du dehors.*

Ils auront beau incendier la prison, ils n'auront pas le prisonnier.

SOLDATS, *du dehors.*

Mort, mort aux vilains!

CRESPO, *du dehors.*

C'est ce que nous verrons!

DON LOPE, *du dehors.*

Il leur est venu du secours... En avant! brisez les portes! brûlez la prison!

Entrent, d'un côté, DON LOPE et les Soldats, et, de l'autre, LE ROI PHILIPPE II et sa Suite, CRESPO et les Paysans.

LE ROI.

Qu'est ceci?... Quoi! au moment où j'arrive je trouve tout en désordre!

DON LOPE.

Sire, on n'a jamais vu tant d'audace de la part d'un vilain ; et vive Dieu! si votre majesté fût arrivée un moment plus tard, elle eût trouvé ici une illumination générale.

LE ROI.
Que s'est-il donc passé?
DON LOPE.
Un alcade a fait arrêter un capitaine, et bien que je sois venu le réclamer, on n'a pas voulu le rendre.
LE ROI.
Quel est cet alcade?
CRESPO.
Sire, c'est moi.
LE ROI.
Et que dites-vous pour votre défense?
CRESPO.
C'est que par la procédure est prouvé jusqu'à l'évidence un crime digne de mort. Il s'agit d'une fille enlevée, violée dans un bois, et que le ravisseur n'a pas voulu épouser, malgré les offres et les supplications du père.
DON LOPE.
Sire, cet homme qui est l'alcade est aussi le père de la fille.
CRESPO.
Cela ne fait rien à l'affaire. Si un étranger venait me demander justice, ne devrais-je pas la lui rendre? Oui, sans doute. Eh bien! qu'y a-t-il d'étonnant que je fasse pour ma fille ce que je ferais pour tout autre?.. Sans compter qu'ayant arrêté mon propre fils, j'avais le droit d'être juste envers sa sœur. Qu'on voie si la cause a été bien instruite, qu'on recherche si j'y ai mis de la passion, si j'ai suborné quelque témoin, s'il a été rien changé à leurs déclarations; et après, qu'on me donne la mort.
LE ROI, *après avoir examiné la procédure.*
C'est bien jugé. Mais vous n'avez pas autorité pour faire exécuter la sentence; ce droit appartient à un autre tribunal. Rendez donc le prisonnier.
CRESPO.
Sire, cela me serait difficile. Comme il n'y a ici qu'une seule audience, c'est elle qui exécute tous les jugemens, et le dernier est exécuté.
LE ROI.
Que dites-vous?
CRESPO.
Si vous en doutez, sire, regardez et voyez. — Cet homme c'est le capitaine.

La porte de la prison s'ouvre, et l'on voit le capitaine assis et dans l'attitude d'un homme qui vient de subir le supplice du garrot [1].

---

[1] Dans le supplice du garrot (en esp. *garrote*), le patient était assis sur un tabouret, le dos appuyé à une poutre dressée verticalement, et le bourreau l'étranglait par le moyen d'un tourniquet attaché à cette poutre. Ce tourniquet était un bâton court appelé *garrote*, et c'est de là qu'est venu le nom du supplice; comme de notre mot français *garrot* est venue l'expression *garrotter*.

LE ROI.

Comment donc avez-vous eu cette audace?

CRESPO.

Vous-même, sire, avez dit que la sentence avait été bien rendue; il n'y a donc pas eu de mal à l'exécuter.

LE ROI.

Le conseil n'aurait-il pas su la faire exécuter tout aussi bien?

CRESPO.

Toute votre justice, sire, ne forme qu'un seul corps. Si ce corps a plusieurs bras, quel inconvénient y a-t-il à ce que ma main exécute le jugement qu'une autre aurait exécuté? et qu'importe un léger vice de forme alors que la raison et l'équité sont satisfaites?

LE ROI.

Puisqu'il en est ainsi, pourquoi ne lui avez-vous pas fait trancher la tête comme étant capitaine et gentilhomme?

CRESPO.

Puisque vous le demandez, sire, c'est que, comme nos gentilshommes se conduisent tous bien, notre bourreau n'a pas pu apprendre sur eux l'art de décapiter. D'ailleurs, ceci regarde le mort. Quand il réclamera, nous verrons; jusque là, personne n'a le droit de se plaindre pour lui.

LE ROI.

Don Lope, puisque c'est fait, et que la mort a été justement prononcée, nous ne devons pas insister sur le défaut de forme. Faites partir sans délai tous vos soldats; je suis pressé d'arriver au plus tôt en Portugal. (*A Crespo.*) Vous, je vous nomme à perpétuité alcade de ce bourg.

CRESPO.

Sire, vous seul savez honorer la justice.

Le roi sort.

DON LOPE.

Rendez grâces à l'heureuse arrivée de sa majesté.

CRESPO.

Par Dieu! quand bien même le roi ne serait pas venu, il n'y avait plus de remède.

DON LOPE.

N'eût-il pas mieux valu vous adresser à moi? Si vous m'aviez rendu le prisonnier, je lui aurais fait réparer l'honneur de votre fille.

CRESPO.

Elle entrera dans un couvent qu'elle-même a choisi. Son nouvel époux ne regarde pas à la qualité.

DON LOPE.

Eh bien! rendez-moi les autres prisonniers.

CRESPO, *au Greffier.*

Qu'on les fasse sortir à l'instant.

JOURNÉE III, SCÈNE IV.

Entrent REBOLLEDO et L'ÉTINCELLE.

DON LOPE.

Je ne vois pas là votre fils. Il est désormais mon soldat, et j'entends qu'il soit libre aussi.

CRESPO.

Je veux le punir, moi, d'avoir osé blesser son capitaine. Il est bien vrai que son honneur offensé exigeait une vengeance ; mais il devait s'y prendre autrement.

DON LOPE.

C'est bien, Pedro Crespo. Faites-le venir.

CRESPO.

Le voici.

Entre JUAN.

JUAN, *à don Lope.*

Permettez, seigneur, que j'embrasse vos genoux, comme étant votre esclave à jamais.

REBOLLEDO.

Pour moi, je ne chanterai plus de ma vie.

L'ÉTINCELLE.

Moi si fait, au contraire ; je chanterai toujours quand je verrai l'instrument de tout à l'heure.

CRESPO.

Et sur ce, l'auteur finit cette comédie, qui est une histoire véritable, en vous priant de lui en pardonner les défauts.

FIN DE L'ALCADE DE ZALAMEA.

DE MAL EN PIS.

(PEOR ESTA QUE ESTABA.)

NOTICE.

Peor está que estaba, en français *De mal en pis*, est l'une des plus célèbres comédies de Calderon. Le titre nous en semble heureusement choisi. Il annonce qu'une fois l'intrigue nouée, la situation des divers acteurs va s'embarrasser, se compliquer, devenir pire, en un mot, à mesure que l'action avancera, jusqu'au dénoûment; et l'attente où l'on est de voir comment le poète sortira de ces difficultés est déjà par elle-même une sorte d'intérêt. C'est du moins le sentiment avec lequel nous avons abordé et poursuivi la lecture de *Peor está que estaba*.

Si l'on nous demandait de caractériser chacune des comédies de Calderon par les mérites qui lui sont le plus particuliers, nous dirions que, selon nous, ce qui distingue *Peor está*, etc., etc., des autres pièces d'intrigue du fécond dramatiste, c'est la verve et la réflexion. La verve, elle se montre à chaque instant dans le comique et la variété des situations. Depuis la scène qui termine la première journée jusqu'à celle qui précède le dénoûment, — où la fille du gouverneur, surprise par don Juan dans la chambre qu'il a prêtée à son ami, l'accuse d'avoir lui-même donné là rendez-vous à une femme, — c'est une suite non interrompue de situations pleines de force comique et dont pas une ne ressemble à une autre. La réflexion, nous la trouvons, et même à un degré éminent, dans le soin avec lequel le poète a motivé, non seulement l'ensemble, mais jusqu'aux moindres incidens et aux moindres détails de son drame. A ne considérer la pièce que sous ce point de vue, il y a là un art qui révèle un grand maître.

La fille du gouverneur est une de ces femmes décidées, résolues, et, pour ainsi dire, amoureuses du péril, que Calderon se plaisait à peindre. Elle a, de plus, cette confiance en elle-même que donnent le bonheur et la fortune. Il est vrai que pour se tirer d'affaire elle ment deux ou trois fois avec une assurance qu'on pourrait appeler de l'effronterie; mais observons à ce propos que souvent les héroïnes de la comédie espagnole, placées sous la surveillance redoutable d'un père ou d'un frère, et livrées à une passion qu'elles n'osent avouer, n'ont réellement d'autre ressource que le mensonge, et que chez un peuple sincère, mais passionné, un outrage à la vérité est, en pareille circonstance, légitimé par la passion. L'amour romanesque que la fille du gouverneur a conçu pour un homme qu'elle ne connaît pas, Calderon l'a justifié dès le commencement de la pièce avec beaucoup de finesse et d'esprit.

Il nous a paru, sauf erreur, que Calderon avait eu l'intention de faire de don Juan un personnage ridicule. Le rôle qu'il joue aurait pu jusqu'à un certain point autoriser notre opinion; mais ce n'est pas de là qu'elle nous est venue : elle nous est venue de la prétention que nous avons cru remarquer dans son langage. Il se sert presque toujours de grands vers mêlés d'octosyllabiques, au lieu de se servir du vers de *romance*, et, à l'exception d'un seul passage où Calderon lui a prêté sa merveilleuse facilité à découvrir des rapports délicats entre deux choses de nature différente (nous voulons parler de la comparaison des soupçons jaloux avec les jeunes garçons qui mènent les aveugles), il s'exprime habituellement d'une manière emphatique qui ne convient guère à sa situation. Du reste, nous devons ajouter que ce ridicule que nous trouvons à don Juan tient uniquement à un défaut de pénétration et de goût. Il est posé dans la pièce comme un homme brave, généreux et plein d'honneur. Calderon n'a que bien rarement avili ses personnages; il semble qu'il respecte en eux le caractère castillan.

Maintenant, qu'une critique nous soit permise. — La première fois que don Juan paraît en scène, il confie à don César qu'il se propose de demeurer deux jours à Gaëte incognito, avant de se présenter chez le gouverneur; il se présente chez le gouverneur dès le même jour, et ensuite, le même soir, il revient dire à son ami qu'il s'y est présenté depuis deux jours. Notez bien que ce n'est pas ici et que ce ne peut pas être un mensonge de don Juan; c'est purement et simplement une licence de Calderon. Calderon a l'habitude de disposer du *temps* à sa fantaisie, et, en principe, cette poétique est, à notre avis, tout aussi bonne qu'aucune autre; mais ce que la raison repousse, c'est que l'auteur dramatique se permette de supputer le temps d'une manière à la fois idéale et positive, suivant le caprice de son imagination et suivant la réalité. Or, c'est là précisément ce que Calderon a fait dans le passage que nous blâmons. Pour éviter cette faute, il eût suffi au poète de supposer deux jours d'intervalle entre la scène qui se passe chez le gouverneur, au commencement de la seconde journée, et celle qui se passe ensuite dans la prison, ou mieux encore, de mener franchement don Juan chez le gouverneur dès le premier jour de son arrivée. Nous avons laissé au lecteur le soin de la correction, il n'y a pas dix mots à changer.

Peor está a été imité en 1707 par Lesage, qui a intitulé sa pièce *Don César des Ursins*. Cette imitation, assez faible, n'est cependant pas dénuée de tout mérite, et l'on y peut entrevoir, dans quelques détails, le futur auteur de *Turcaret* et de *Gil Blas*.

DE MAL EN PIS.

PERSONNAGES.

DON CÉSAR DES URSINS.
DON JUAN.
LE GOUVERNEUR DE GAETE.
CAMACHO, }
FABIO,   } domestiques.
FÉLIX,   }
FLERIDA, } dames.
LISARDA, }
CELIA,   } suivantes.
NICE,   }
UN ALCAYDE [1].
UN DOMESTIQUE.

La scène se passe à Gaëte.

JOURNÉE PREMIÈRE.

SCÈNE I.

Le vestibule d'un palais.

Entrent LE GOUVERNEUR et FÉLIX.

Le gouverneur lit une lettre, Félix est en habits de voyage.

LE GOUVERNEUR, *lisant.*

« Ce n'est qu'à vous, à vous seul, mon cher seigneur et ami, que j'ose confier le malheur qui m'accable, parce que si vous n'êtes pas en position d'y porter remède, j'ai du moins la certitude que vous le sentirez vivement. Un cavalier, dont le domestique qui vous remettra cette lettre vous dira le nom, a disparu de cette ville après y avoir tué un homme. Il emmène avec lui une mienne fille qui a été sa complice, et qui à cette première faute en a ajouté une seconde. On me dit qu'ils se proposent de passer en Espagne. S'ils se réfugient par hasard à Gaëte comme en un lieu d'asile, veuillez les y retenir et les traiter comme mes enfans. Quoiqu'ils aient gravement compromis mon honneur, faites en sorte, je vous prie, que je ne le perde pas tout entier. » (*A Félix.*) Oui, je sens vivement cette disgrâce de don Alfonso ; je lui sais même bon gré de se souvenir ainsi de moi en son malheur. Je voudrais bien que ce cavalier vînt se réfugier ici ; je donnerais pour cela le plus riche de mes joyaux... Si cela arrive, je jure le ciel que je m'arrangerai de façon que l'honneur de mon ami sera sauvé, car c'est une grande obligation qu'un homme impose à un autre quand il le rend dépositaire d'un secret aussi délicat. Puissé-je lui témoigner enfin la reconnaissance que je lui ai vouée pour tous les bons offices que j'ai reçus de lui

[1] On appelle *alcayde*, en espagnol, le gouverneur d'une place et le geôlier d'une prison.

depuis l'époque où nous nous sommes liés en Flandre!... Dites-moi seulement quel est ce cavalier qui a compromis à ce point la vie et 'honneur de mon ami.

FÉLIX.

Monseigneur, il se nomme don César des Ursins, celui qui a tué un homme et enlevé Flerida. Nous ne pouvons pas douter que ce ne soit lui, parce que c'est la beauté de ma maîtresse qui a été cause du défi, et que ce cavalier et ma maîtresse ont disparu le même jour. Je le connais de vue. Si vous désirez que je m'emploie à le chercher, veuillez m'autoriser, en votre qualité de gouverneur, à visiter les hôtelleries de la ville. J'ai des renseignemens qui me permettent de croire qu'il doit être caché ici.

LE GOUVERNEUR.

Moi-même en personne je le chercherai avec vous. — Quels sont les renseignemens que vous avez?

FÉLIX.

Ce matin, en arrivant à mon logis, j'ai vu passer un de ses domestiques; cela m'a donné l'idée que don César était ici, parce que ce domestique est parti avec lui.

LE GOUVERNEUR.

L'avez-vous suivi?

FÉLIX.

Non, seigneur, il me connaît trop; mais j'ai chargé un camarade de le suivre et de m'aviser de l'endroit où il le laisserait.

LE GOUVERNEUR.

Bien. Allez, et sachez me dire tout ce qu'aura vu cet homme qui a suivi ce domestique. Lorsque j'aurai quelque donnée à cet égard, j'irai l'arrêter. Nous avons besoin de ménagemens. Il ne convient pas, pour le succès même de notre dessein, que j'aille mettre toute la ville sens dessus dessous avant d'avoir de plus amples instructions; cela ne servirait qu'à l'avertir que nous sommes à sa recherche, et il se tiendrait davantage sur ses gardes.

FÉLIX.

Ce sont des précautions pleines de prudence... Quand je saurai ce que vous voulez, seigneur, je reviendrai vous voir.

Il sort.

LE GOUVERNEUR.

Ah! honneur, honneur d'un père, à quels dangers une fille légère t'expose!

Entrent LISARDA et CELIA.

LISARDA.

Seigneur?

LE GOUVERNEUR.

Où allez-vous, ma fille?

LISARDA.

Je venais vous voir et savoir en quoi ma tendresse et mon respect ont démérité, que vous sortiez ainsi de la maison sans m'accorder un souvenir. Qu'avez-vous donc, seigneur? Vous paraissez triste.

LE GOUVERNEUR.

Ne vous étonnez pas de me voir cette tristesse, quelque étrange qu'elle soit. Je suis père et je crains... — Le voyageur égaré qui rencontre, par une nuit obscure, un piéton dépouillé par les brigands, ne doit-il pas concevoir des craintes? Peut-il ne pas frémir aussi le marinier qui aborde le golfe où un navire s'est brisé contre un rocher perfide? Et le chasseur impétueux qui a trouvé sur son chemin, au point du jour, un homme déchiré par la dent d'une bête féroce, peut-il ne pas trembler également? Eh bien! moi, par le moyen de cette lettre, — voyageur j'ai découvert le passage périlleux, marinier j'ai aperçu l'écueil, et chasseur j'ai vu la bête féroce qui s'apprête à s'élancer sur moi. Car enfin l'honneur, pour celui qui songe à l'honneur avant tout, est une partie de chasse, un voyage, un navire, et il faut prendre garde à l'écueil, au péril et à la mort.

Il sort.

LISARDA.

Je suis interdite et inquiète... Peut-être, Celia, que mon père aura appris quelque chose, et qu'en me tenant ce langage il aura voulu m'avertir qu'il n'ignore pas les dangers que court son honneur.

CELIA.

Je ne sais, mais il me semble avoir entrevu, sous ses paroles, un sermon qui allait droit à vous. Je ne doute pas, pour ma part, qu'il n'ait quelque soupçon, et, s'il faut dire la vérité, je ne trouve pas qu'il ait eu tort de vous adresser ce sermon, puisque, au mépris de votre renommée, vous êtes une véritable hérétique, qui voulez introduire une nouvelle secte en amour. Si vous aimiez à la mode de vos aïeux, ou, pour mieux parler, de vos aïeules, vous n'éprouveriez pas tous ces tourmens que vous éprouvez depuis que vous avez été choisir pour galant un cavalier inconnu qui vit caché mystérieusement.

LISARDA.

Tu aurais eu raison, Celia, de me gronder sur mon fol amour, si je ne t'avais confié ma première faute; mais à présent, c'est mal à toi; tu en conviendrais toi-même si tu savais tout... Écoute. — La réputation ou la gloire acquise par mon père mérita que sa majesté lui donnât le gouvernement de cette ville. Il vint s'y établir. Moi, naturellement, je vins demeurer avec lui à Gaëte. Ici je ne tardai pas à être bien vue de tout le monde, et si bien vue, qu'à la fin, Celia, j'en souffris; car je ne m'appartenais plus d'aucune façon, je ne pouvais plus, d'aucune façon, disposer de moi. Quand j'allais quelque part, j'entendais à droite et à gauche murmurer à mon oreille : Voilà la fille du gouverneur. A l'église il y avait du bruit lorsque j'entrais ; quand j'en sortais, j'étais pressée, entourée par la foule comme un objet curieux ; je ne faisais point un pas que ce ne fût au milieu d'un public qui m'observait, m'épiait et me montrait au doigt pour ainsi dire ; si je pleurais, si je riais, il était question sur la place de mon sourire et de mes larmes. Quel ennui !... A la fin, fatiguée de cet empressement, car on se fatigue même de ce qui a d'abord flatté la vanité, désirant de m'affranchir de cette surveillance perpétuelle et d'être à moi davantage, je commençai d'aller me promener, avec mes suivantes, à ces jardins qui sont hors de la ville. Là, à l'abri d'une mante, je pouvais causer avec elles et tout voir en liberté. Un jour que nous nous promenions sur le bord de la mer, j'aperçus mon père qui venait ; troublée, je pris la fuite et me réfugiai dans une maison de plaisance qui était proche. Là je trouvai un cavalier qui, me voyant effrayée, et s'imaginant sans doute qu'il y avait plus de mal qu'il n'y en avait réellement, m'offrit aussitôt sa protection et se disposa à me défendre. Reconnaissante de sa conduite, je le rassurai sur mon péril, m'entretins avec lui, et après quelques minutes, je vis qu'il avait non seulement du courage, mais les manières les plus gracieuses et un esprit plein de charme. Je ne te parle pas de sa noblesse : quand on dit d'un homme qu'il est brave et courtois, c'est assez dire qu'il est noble... Il me demanda qui j'étais ; à cela je répondis que s'il tenait à ce que je vinsse le voir quelquefois le soir au même endroit, j'irais, en mettant pour condition qu'il ne saurait pas qui j'étais, qu'il n'essayerait pas de me suivre, qu'il ne me prierait pas de me montrer à lui à visage découvert et ne me demanderait pas mon nom ; il y consentit, en me jurant une discrétion sans bornes. Depuis, te l'avouerai-je ? je suis retournée le voir quelquefois vers la nuit... Il ne sort pas de cette maison de plaisance... S'il y est prisonnier ou s'il y est caché, je l'ignore ; tout ce que je sais de lui, c'est qu'il s'appelle Fabio. — Et maintenant, pour finir, Celia, moi qui ne cherchais dans ces rendez-vous qu'une innocente distraction, je me trouve au fond du cœur, pour ce cavalier, un sentiment nouveau, étrange. Ce n'est pas de l'amour sans doute, oh ! non, ce n'est pas de l'amour ; mais que ce soit de l'amour ou non, je te préviens, Celia, que tous les sermons de mon père n'obtiendront pas de moi que je cesse d'aller voir ce cavalier.

CELIA.

Cette folie ne m'annonce rien de bon. Oubliez-vous donc, madame, que les accords de votre mariage sont signés ? que le seigneur votre père attend ici d'un moment à l'autre votre époux ? et ne savez-vous pas qu'hier même il a commandé qu'on préparât, pour l'y recevoir, l'appartement du rez-de-chaussée dont une porte communique avec le vôtre ?... Cette hospitalité gênera un peu vos amours.

LISARDA.

Ah! Celia, il ne me manquait plus que cela pour que j'eusse davantage encore le droit de me plaindre de mon cruel destin!

Entre NICE.

NICE, à Lisarda.

Madame, une femme, qui paraît étrangère, est là qui demande la permission de vous parler.

LISARDA.

N'a-t-elle point dit qui elle est?

NICE.

Non, madame; elle m'a dit seulement de vous dire : — une femme.

LISARDA.

Eh bien! qu'elle entre. (*Nice sort.*) Qui donc peut-elle être?

NICE, *du dehors*.

Vous pouvez entrer.

Entre FLERIDA, le visage recouvert de sa mante.

FLERIDA.

Votre maison, madame, sera l'heureux port de ma fortune, si mon espérance ne m'abuse. Permettez que je dépose un baiser sur cette blanche main.

Elle s'agenouille après avoir écarté sa mante.

LISARDA.

Levez-vous, madame, levez-vous, je vous prie; il ne convient pas qu'un astre du ciel se prosterne ainsi sur la terre.

Elle relève Flerida.

FLERIDA.

Hélas! madame, alors même que ma faible beauté mériterait ce nom que votre indulgence lui donne, je devrais encore alors m'incliner devant un astre supérieur. Agenouillée devant vous, dont la beauté a tant d'éclat, je serai, pâlie par ma douleur, comme l'astre des nuits quand il se trouve un matin en présence du soleil brillant et radieux.

CELIA, *à part*.

La dame est bel esprit[1].

LISARDA.

Je vous remercie de ce compliment flatteur, quoique vous m'ayez partagée beaucoup mieux que je ne le mérite... J'aurais été plus équitable, madame. — Mais, pour revenir au fait, en quoi souhaitez-vous que je vous serve?

FLERIDA.

Je désire, madame, que vous accordiez votre protection généreuse à une infortunée.

---

[1] L'espagnol dit : *bachillera es la señora*. L'adjectif *bachiller, ra*, signifie d'ordinaire une personne qui parle beaucoup. Ici, comme Flerida n'a pas encore raconté son histoire, nous pensons que Calderon aura mis au féminin le substantif *bachiller*, bachelier.

JOURNÉE I, SCÈNE I.

LISARDA.
Si vous voulez me parler en secret, nous allons rester seules.
FLERIDA.
Quant à moi, madame, si vous l'avez pour bien, il m'importe peu que l'on sache dès à présent une chose que l'on saurait bientôt.
LISARDA.
Puisqu'il en est ainsi, parlez.
FLERIDA.
Je serai aussi brève que possible.
LISARDA.
Je vous écoute avec le plus vif intérêt.
FLERIDA.
Très-belle madame, en qui un esprit si distingué rehausse tant d'attraits, je suis... mais il est inutile que je vous vante ma naissance, la noblesse de ma famille et l'illustration de mon père; car à quoi bon vanter ces avantages, qui sont comme s'ils n'étaient pas, dans une situation aussi misérable que la mienne? Souffrez donc que je vous dise seulement que je suis une femme, et une femme infortunée; ce titre me suffira pour trouver auprès de vous la pitié qu'un cœur tel que le vôtre n'a jamais refusée au malheur... Oh! que n'ai-je emporté avec moi quelque gage qui pût vous apprendre ce que je suis! Que ces larmes qui coulent de mes yeux me soient des témoins qui vous attestent la vérité de mes paroles!... — Je suis née de parens illustres; je tairai leur nom par égard pour eux; c'est assez que mes fautes les aient déshonorés là-bas sans que je détruise ici leur renommée. — J'étais jeune et courtisée; parmi beaucoup d'autres, un cavalier qui était mon égal par la naissance, et qui ne devait pas être plus heureux, jeta les yeux sur moi; notre étoile le voulut ainsi. Quand il m'eut rencontrée deux ou trois fois, il se mit à rôder dans ma rue du soir au matin. Le jour il était là comme un héliotrope constamment tourné vers mes fenêtres; la nuit, quand le soleil avait disparu au milieu des ténèbres, il était là encore comme un argus veillant sur son trésor. Son assiduité me plut, je fus touchée de ses soins, et ma liberté lui fut soumise. Vous m'excuserez, je n'en doute pas, car vous êtes femme, et vous savez combien notre vanité est flattée par une secrète adoration. Bientôt, à la faveur de la nuit, je le reçus dans notre jardin; c'est là que nous passâmes bien des momens fortunés à causer tête à tête au milieu des jasmins et des myrtes. Plus nos entrevues étaient difficiles, plus nous en goûtions tous deux le charme. Mais, hélas! ce furent ces mêmes rendez-vous qui nous perdirent. Tandis que nous naviguions joyeusement sur l'océan de l'amour, rassurés par un calme décevant, peu à peu s'avançait la tempête... Un vaillant cavalier, sans que je lui en eusse donné lieu, s'occupa de moi; il ne faisait continuellement qu'aller et venir dans ma rue; mais ne trouvant en moi qu'indifférence et dédain, il vit que ma sagesse ne m'éloignait pas

seule de lui, et que l'amour était de la partie. Blessé et furieux, il voulut se venger. Une nuit, — c'était une nuit bien triste, bien plus triste que les autres, car la lune avait caché son front soucieux derrière un voile épais de noirs nuages, — il arriva le premier dans ma rue, frappa à la manière de son rival, et entra au jardin dans le même temps que mon époux arrivait. Celui-ci, voyant entrer un homme chez moi, entre derrière lui et lui demande aussitôt brusquement ce qu'il cherche ; l'autre, sans lui répondre, relève son manteau jusqu'aux yeux et met la main sur son épée. Moi qui les regardais, plus morte que vive, j'allais répondre pour lui, lorsque je les vois qui se joignent, qui s'arrêtent et qui croisent leurs épées, desquelles s'échappent bientôt un rapide cliquetis et de vives étincelles. Dieu voulut, mon sort voulut que notre ennemi fût atteint le premier. «Je suis mort!» dit-il ; et il chancela, et il tomba au milieu des fleurs... Après cela, mon époux s'adressant à moi, me dit d'une voix tremblante de colère : «Jouis, ingrate ; voilà ton ouvrage! Contemple cet amant qui venait te chercher à une pareille heure! il est baigné dans son sang, il ne respire plus!... Eh bien! tout mort qu'il est, je n'en suis pas plus paisible ; il soulève encore dans mon cœur une horrible jalousie!...» Moi, interdite et confuse, je lui parlai comme je pus ; lui, sans daigner m'entendre, car la jalousie est comme un livre sacré qui ne souffre pas la contradiction[1], il sortit du jardin, monta sur un cheval qui l'attendait non loin, et disparut. Toutes ces scènes cruelles qui s'étaient succédé en si peu de temps m'avaient brisée. J'étais demeurée à la même place à demi morte, lorsque je fus réveillée, pour ainsi dire, par un bruit qui s'accrut à chaque instant. D'abord nos voisins qui se rassemblent et murmurent dans la rue, puis nos domestiques qui parcourent, troublés, la maison ; puis mon père infortuné qui s'informe de moi et qui m'appelle par mon nom, à grands cris. Je n'eus pas la force ou l'audace de lui répondre. M'imaginant soudain que le plus sûr était de fuir pour éviter sa colère, je sortis de la maison et me retirai, pleine d'angoisses et de terreurs, chez une de mes amies. Je restai là cachée quelque temps ; j'y appris que mon amant tâchait de passer en Espagne. Afin de m'excuser auprès de lui, je partis à sa recherche ; mais jusqu'à présent je n'ai pas eu sur lui la moindre lumière ; et remarquant que je marche isolée et faible au milieu de dangers de toute espèce, je renonce enfin au fol espoir de le trouver... On m'a parlé de vous, madame ; tout le monde m'a vanté votre bonté, la générosité de votre cœur, et j'ai songé à m'adresser à vous. Vous avez de nombreuses suivantes, recevez-moi parmi elles ; vous ne vous apercevrez pas que vous en ayez une de

---

[1] *Que son Alcoran los zelos*
Que no se dan á disputa.

Mot à mot, la jalousie est un Alcoran, etc., etc.

plus. Protégez ma réputation, madame; dissipez mes craintes, prêtez votre appui à mon malheur; vous êtes femme, ayez pitié d'une femme; et, si vous aimez, que vos amours, à vous, soient heureux!

LISARDA.

Essuyez vos pleurs, madame; il ne vous appartient pas de pleurer; c'est à l'aurore de répandre la rosée, et elle se fâchera contre vous si vous lui dérobez son office... Je n'ai pas besoin d'autre témoin que votre beauté pour être convaincue de la sincérité de vos discours, et je compatis sincèrement à votre infortune. — Dites-moi, comment vous nommez-vous?

FLERIDA.

Laura, madame.

LISARDA.

Eh bien! Laura, puisque vous le désirez ainsi, d'aujourd'hui je vous retiens auprès de moi, non pour servir, comme vous demandez, mais pour être servie. Entrez; il ne convient pas que mon père vous voie avant que j'aie obtenu sa permission.

FLERIDA.

Que le ciel vous garde, madame! (*A part.*) O destinée! il me semble que tu vas cesser enfin de me poursuivre.

Elle sort.

LISARDA.

Pauvre femme!

CELIA.

Je suis loin de blâmer votre pitié; mais cependant, madame...

LISARDA.

Après, Celia?

CELIA.

Je ne sais pas trop s'il est sage à vous de la recevoir dans votre maison.

LISARDA.

D'où te vient cette crainte?

CELIA.

C'est qu'il y a dans le monde plus d'une femme qui est à la fois demoiselle et veuve, petite paysanne et grande dame; qui, sous un air innocent, a beaucoup d'expérience; qui emploie avec art la ruse et l'intrigue, et habille le mensonge en perfection.

LISARDA.

Voudrais-tu dire par là...

CELIA.

L'avenir nous l'apprendra, madame.

Elles sortent.

SCÈNE II.

Un jardin.

Entrent DON JUAN et DON CÉSAR ; ce dernier est en habits de voyage.

DON JUAN.

Ç'a été un grand bonheur pour moi, don César, que je me sois arrêté dans cette maison de plaisance, puisque je vous y trouve. Je ne l'espérais pas.

DON CÉSAR.

C'est ma bonne étoile qui vous a conduit ici. Embrassons-nous de nouveau.

DON JUAN.

Mes bras vous enlaceraient si fortement que la mort même ne pourrait leur faire lâcher prise. — Que faites-vous ici ?

DON CÉSAR.

Oh ! ce serait fort long de vous conter tout cela, et fort triste !... Il se voit bien, don Juan, que vous revenez de Flandre, puisque vous ignorez ce qui s'est passé.

DON JUAN

J'ai déjà ouï dire, mon ami, que vous aviez éprouvé de grands malheurs ; c'est pour cela que je me suis étonné d'abord de vous trouver ici aussi tranquille.

DON CÉSAR.

Je ne le suis pas autant que vous croyez, don Juan ; je vis au milieu de soucis perpétuels ; si je ne vous eusse pas reconnu, je ne serais pas sorti à votre rencontre. Je me tiens ici caché en attendant une occasion de partir pour l'Espagne ; le maître de cette maison de plaisance a bien voulu la mettre à ma disposition, et je m'y regarde comme en un lieu d'asile. Si l'on m'y venait chercher par hasard, j'ai une barque qui m'attend sur la rivière : je m'y jetterais, et en ramant je gagnerais bientôt la mer, où je serais en sûreté.

DON JUAN.

Je me réjouis d'arriver ici en un moment où je puis me flatter de vous servir. Vous saurez, mon ami, que déjà je ne suis pas sans in-. fluence à Gaëte. J'y viens, amant fortuné, pour épouser l'illustre Lisarda, jeune personne riche et noble, très-belle et très-charmante, dit-on, par-dessus, et d'ailleurs fille unique de don Juan d'Aragon. Mon beau-père futur est gouverneur de ce pays, et son pouvoir me permettra sûrement de vous être utile à quelque chose.

DON CÉSAR.

Ce ne sera pas la première fois que vous m'aurez rendu service ; je n'ai pas oublié tout ce que je vous dois... Puisse cette union être aussi fortunée que je le souhaite ! puissiez-vous y trouver long-temps la paix et l'amour ! Mais en laissant là ces complimens et bien d'au-

JOURNÉE I, SCÈNE II.

tres que mon cœur prodiguerait avec facilité, dites-moi, mon ami, quel projet vous amenait en ce lieu?

DON JUAN.

Ne sachant pas vous y rencontrer, je n'avais pas d'autre but que d'y passer le jour. Je suis venu à Gaëte assez mal pourvu de joyaux et de parures, comme un soldat enfin; et quoique l'équipage d'un soldat ait aussi son prix, ce n'est pas, après tout, celui d'un homme qui veut se marier. C'est pourquoi je me tiendrai deux jours à l'écart en attendant que je me sois fourni de tout ce qu'il me faut, car je ne puis me présenter chez ma future en habit de voyage.

DON CÉSAR.

Ma bonne fortune est plus complète que je ne l'imaginais, puisque je vous aurai ici deux jours caché avec moi.

DON JUAN.

C'eût été un vrai plaisir pour moi. Mais j'ai à Gaëte un ami qui est alcayde du fort, et que j'ai averti de mon arrivée. Je lui ai envoyé un message en mettant pied à terre, et j'attends sa réponse. Pour cette même raison je vous laisse; car il viendra sans nul doute au-devant de moi, et il ne convient pas qu'il sache que vous êtes là.

DON CÉSAR.

C'est une précaution digne d'un ami tel que vous.

DON JUAN.

Demeurez avec Dieu. J'aurai soin de revenir vous voir en secret, et je m'engage à vous servir. Adieu, don César.

DON CÉSAR.

Adieu, don Juan.

Don Juan sort.

Entre CAMACHO.

CAMACHO.

D'où vient, monseigneur, que vous étiez là tout-à-l'heure à vous parler à vous-même, que vous demandiez des comptes à votre âme et à vos sens, et que votre pensée marchait lugubrement à la suite de votre mémoire et de votre intelligence, comme le diable d'un *auto*[1]? Quelle est la femme, monseigneur, s'il vous plaît, qui vit maintenant dans votre cœur? Est-ce Florida absente, ou bien la dame mystérieuse qui prétend à l'héritage de la Dame-Revenant?

DON CÉSAR.

Quoique je n'aie jamais aimé beaucoup tes plaisanteries, Camacho, je te l'avoue, elles ne m'ont jamais été aussi à charge qu'à présent.

---

[1] *... Y que intentas*
Que ande hecho diablo de Auto el pensamiento
Tras la memoria y el entendimiento?

Si nos souvenirs sont exacts, parmi les nombreux *autos* de Calderon, il en est un où le démon s'appelle la pensée (*el pensamiento*).

CAMACHO.

De quoi donc vous fâchez-vous, monseigneur?

DON CÉSAR.

De ce que tu m'as demandé quelle est la femme qui vit dans mon cœur. Peut-il s'occuper d'une autre femme que la belle Flerida?

CAMACHO.

Vous l'aimez à l'excès, j'en conviens; mais pourtant un autre amour vous distrait en ce moment.

DON CÉSAR.

Parce que je suis loin d'elle, hélas!

CAMACHO.

Il n'y a pas de quoi soupirer. Tous et toutes nous en faisons autant.

DON CÉSAR.

J'ai perdu en une nuit fatale ma patrie et mes amours.

CAMACHO.

Et vous avez commis une faute que tout le monde vous reproche.

DON CÉSAR.

De m'être battu, n'est-ce pas?

CAMACHO.

Non, une autre.

DON CÉSAR.

Laquelle, alors?

CAMACHO.

Une autre, monseigneur, qui est bien moins pardonnable que de vous être battu et d'avoir tué votre homme.

DON CÉSAR.

Mais laquelle, enfin?

CAMACHO.

D'avoir fui ainsi à la hâte, d'avoir quitté votre patrie sans enlever vos amours.

DON CÉSAR.

Fort bien; mais s'ils aiment, ceux qui m'accusent, dis-leur qu'ils entrent chez leur dame et qu'ils la trouvent avec un autre... Puis, dans une circonstance aussi cruelle, il me fut impossible de modérer ma colère et de conserver ma présence d'esprit... Si c'était à recommencer, je me conduirais sans doute autrement, parce qu'on ne commet pas deux fois la même faute; mais je n'avais pas alors ma funeste expérience. — Mais que sera devenue Flerida?

CAMACHO.

J'ai entendu dire à un voyageur qu'on assurait à Naples qu'elle s'était retirée dans un couvent.

DON CÉSAR.

Le crois-tu, toi, Camacho?

CAMACHO.

Moi, monseigneur, je crois tout ce que vous voudrez que je croie.

— Mais à la suite de ce que nous avons dit de cette dame errante du caprice, la voilà qui vient. Ce serait le cas d'appliquer l'ancien proverbe sur le loup de la fable, qui [1]...

Entrent LISARDA *et* CELIA, *le visage recouvert de leur mante.*

DON CÉSAR.

En voyant que le soleil se retirait de l'horizon, un secret pressentiment me disait, madame, que vous approchiez de ces lieux; et vous voilà, soleil déguisé, qui venez rendre la joie aux fleurs des champs, qui vous adorent comme leur divinité, qui s'épanouissent d'allégresse à votre vue, et qui de tous côtés vous parlent d'amour.

LISARDA.

Je veux bien croire par politesse, seigneur Fabio, que les fleurs me diraient de jolies choses si elles vous écoutaient, flatteur que vous êtes; car vous avez une galanterie si délicate que vous pourriez enseigner même aux fleurs le langage de l'amour.

DON CÉSAR.

Au contraire, madame, ce sont elles qui m'ont appris ce langage depuis que vous venez ici; c'eût été folie à moi d'avoir la prétention de le leur apprendre. Il n'y a pas une fleur autour de vous qui, vous ayant aimée avant moi, — puisque je n'habitais pas cette campagne, — n'ait su avant moi comment elle vous devait parler; et puisqu'elles vous ont aimée d'abord, je ne suis pas aussi flatteur que vous le dites.

LISARDA.

Si fait, vous l'êtes beaucoup.

DON CÉSAR.

A quoi le voyez-vous?

LISARDA.

A ce que vous m'aimez sans m'avoir vue.

DON CÉSAR.

Est-ce qu'il n'y a pas d'amour véritable là où l'on n'a pas vu l'objet qu'on aime?

LISARDA.

Non, seigneur.

DON CÉSAR.

Pardon, madame.

---

[1] Il y a ici dans le texte un jeu de mots intraduisible:

« *I aqui lugar acomodado tiene*
Lo de Lupus in fabula, que quiere
Decir (segun colijo)
Que assi Lope á sus famulos lo dixo. »

Littéralement : Et ici peut s'appliquer le proverbe du loup de la fable, qui signifie (à ce que je conjecture), que Lope l'a dit ainsi à ses domestiques. Le jeu de mots porte sur *Lupus* et *Lope*; *Lope*, nom d'homme, est la traduction espagnole de *Lupus*. Il porte, en outre, sur la ressemblance que présentent les premières syllabes de *fabula* et de *famulos*.

LISARDA.

Je vous dis que non.

DON CÉSAR.

Je soutiens que oui, et je le prouve.

LISARDA.

De quelle manière?

DON CÉSAR.

Ainsi : — Un aveugle peut-il aimer?

LISARDA.

Oui.

DON CÉSAR.

Eh bien! moi, j'aime comme un aveugle.

LISARDA.

Cela est impossible.

DON CÉSAR.

Comment?

LISARDA.

Ainsi : — L'aveugle aime par l'intelligence; et comme il n'espère pas voir l'objet aimé, il ne désire pas le voir non plus. Si donc l'aveugle pouvait y voir, il n'aimerait pas ce qu'il ne verrait pas. Et maintenant, par la raison contraire, puisque vous n'êtes pas aveugle et que vous pouvez voir, vous ne pouvez pas aimer sans voir.

DON CÉSAR.

Vive Dieu! madame, vous vous abusez; car cet amour dont vous parlez a chez moi, comme chez l'aveugle, un principe plus élevé.

LISARDA.

Y aurait-il un moyen de me prouver cela?

DON CÉSAR.

Oui, madame.

LISARDA.

Lequel?

DON CÉSAR.

Le voici : — L'objet principal dans l'amour, c'est l'intelligence, c'est l'âme; c'est là ce que j'aime en vous, et c'est par là que je vous aime. Si je voyais l'éclat de votre beauté, dès lors mon amour se partagerait entre l'âme et les yeux, et dès lors mon amour serait moins fort, étant ainsi partagé, que s'il était tout entier dans l'âme. — Je vous laisse à juger, madame, s'il serait raisonnable d'ôter de l'âme une moitié de cet amour pour la transporter dans l'organe de la vue.

LISARDA.

Quand bien même l'âme partagerait avec les yeux cet amour, qui est en quelque sorte sa lumière, l'âme n'en aimerait pas moins pour cela ; il y aurait seulement plus d'amour.

JOURNÉE I, SCÈNE II.

DON CÉSAR.

Je ne vous comprends pas bien, madame.

LISARDA.

Voulez-vous que je m'explique?

DON CÉSAR.

Oui, de grâce.

LISARDA.

Voici comme : — Un flambeau brille allumé; si l'on en approche un autre flambeau, il lui communique soudain sa flamme et ne laisse pas cependant de brûler. L'amour est un feu qui brûle dans l'âme; s'il se communique aux yeux, il ne cessera pas d'être un feu et aussi vif qu'auparavant. Les mêmes yeux qui étaient naguère tristes, voilés et sombres, s'illuminent d'un subit éclat; mais le feu a passé dans l'organe de la vue sans cesser d'être dans l'âme.

CAMACHO, *à Celia*.

Et vous, adorable suivante, comptez-vous prendre ici le style de votre maîtresse? Dites-moi, ne voulez-vous pas me laisser voir votre visage?

CELIA.

Non.

CAMACHO.

Et si je ne me laissais pas voir, moi non plus?

CELIA.

Ce ne serait pas grand dommage.

CAMACHO.

C'est que j'ai beaucoup d'honneur, moi aussi.

CELIA.

Vous avez raison.

CAMACHO, *se couvrant le visage de son mouchoir*.

Eh bien! corps de Dieu! c'est à présent une double mascarade!... Et que le diable vous emporte, amen, si jamais vous vous découvrez!... Et qu'il vous emmène en vous traînant par votre mante dans quelque coin diabolique!... Et puisse votre mante s'allonger de manière que vous soyez courtisée seulement par le géant Garamante!... Et ensuite en enfer puissiez-vous être parée d'une mante de soufre par les furies de Rhadamante!...

DON CÉSAR, *à Lisarda*.

Je suis convaincu, madame, par ce que vous m'avez dit; j'ai eu tort, mille fois tort, de soutenir contre vous une pareille thèse; mais puisqu'il n'y a pas d'amour véritable sans voir, il n'y aura pas d'impolitesse à moi à ce que j'écarte un peu votre mante.

LISARDA.

Songez à ce que vous allez faire.

DON CÉSAR.

Vous me le pardonnerez; il faut que je vous voie.

LISARDA.

Vous en avez le pouvoir; mais alors vous risquez de ne pas me voir après, une autre fois.

DON CÉSAR.

En vérité, c'est l'aventure de l'Amour et de Psyché qui en ces lieux se renouvelle, mais au rebours; car autrefois, dit-on, l'Amour se déguisa pour aller voir Psyché, et aujourd'hui c'est Psyché qui se déguise pendant que mon amour se montre à découvert... De grâce, madame, je vous prie, déposez cette mante qui cache à mes yeux vos attraits comme un nuage obscur. Si la beauté est un ciel, à ce qu'on dit communément, souffrez que j'admire, que je contemple le ciel divin de votre beauté. O la plus charmante des déesses! soulevez ce voile importun qui vous dérobe à mes regards!

LISARDA.

Puisque vous employez tant d'esprit à me persuader et que vous me comparez aux déesses, il est bon de vous rappeler qu'on les représente toujours comme entourées de légères vapeurs; et si vous me pressez, je vous prouverai que je connais mes devoirs de déesse, car je me dissiperai en fumée et ne reviendrai plus.

DON CÉSAR.

Eh bien! que vous reveniez ou non, il faut que je vous voie.

LISARDA.

Absolument?

DON CÉSAR.

Absolument.

LISARDA, *se découvrant.*

Voyez-moi donc.

DON CÉSAR.

Ah! madame.

LISARDA.

Vous m'avez vue?

DON CÉSAR.

Oui, madame, et mes yeux sont éblouis de tant d'éclat! Je sais maintenant pourquoi vous refusiez à un faible mortel... (*Il se fait un grand bruit derrière le théâtre.*) Mais quel est ce bruit?

LISARDA.

J'entends une foule de voix confuses.

Entre FABIO.

DON CÉSAR.

Qu'est-ce donc, Fabio?

FABIO.

Seigneur, fuyez au plus tôt vers la mer... Ce bruit, c'est le gouverneur qui vous vient chercher.

DON CÉSAR, *à part.*

Il aura été averti que j'étais ici.

LISARDA, *à part.*

Mon père !... Que le ciel me protége !... Quand il me parlait ainsi sur l'honneur, ce matin, c'était un avertissement.

DON CÉSAR.

Que décider ? que faire ?

CAMACHO.

Rendez-vous sans délai à la rivière, et — en avant la rame et le bateau !

DON CÉSAR.

Adieu, belle dame.

LISARDA.

Quoi ! vous partez ?

DON CÉSAR.

Je ne puis, madame, attendre davantage. Il importe que je fuie un malheur.

LISARDA.

Le mien, seigneur, s'accomplira bientôt si vous vous en allez.

DON CÉSAR.

Qu'ordonnez-vous ?

LISARDA.

Si vous êtes cavalier, ainsi que tout en vous me l'annonce, n'abandonnez pas ainsi une femme qui risque de perdre la vie et l'honneur parce que seulement elle est venue vous voir... Je suis d'un rang plus élevé que vous ne le pensez... Si vous me laissez ici sans secours, je donnerai au monde par ma mort une éclatante instruction... Ce n'est pas vous, c'est moi qu'on cherche... Je suis la fille de... Je n'ai pas la force d'achever... On enfonce la porte... Hélas ! hélas !...

DON CÉSAR, *à part.*

Il y a du pire ! et je n'imaginais pas qu'il y en pût avoir... Je n'ai plus à songer qu'à mourir... La même faute ne doit pas se commettre deux fois... Il ne faut pas que l'on dise de moi que j'abandonne toujours les dames dans le danger. (*Haut, à Lisarda.*) Madame !... je vous donne ma parole qu'on me tuera ici plutôt que votre vie et votre honneur soient compromis. Entrez donc vous cacher, entrez vite, tandis que je reste à vous garder... Vous n'avez rien à craindre, madame... quand on m'aura trouvé, soyez assurée qu'on ne vous cherchera pas ; car c'est moi que l'on cherche.

LISARDA, *fuyant.*

Allons, Celia, suis-moi !

CELIA, *fuyant.*

O mon Dieu ! madame, mes pantoufles !

Celia perd ses pantoufles en fuyant.

DON CÉSAR.

Ramasse ces pantoufles, Camacho.

CAMACHO.

Nous avons fait là de la belle besogne.

Camacho ramasse les pantoufles et court se cacher.

Entre LE GOUVERNEUR, *accompagné d'alguazils et de domestiques.*

LE GOUVERNEUR.

N'êtes-vous pas don César des Ursins?

DON CÉSAR.

Jamais un cavalier n'a renié son nom.

LE GOUVERNEUR.

Vous allez vous rendre en prison.

DON CÉSAR.

J'obéis. — Je vous prie seulement de considérer que je suis noble.

LE GOUVERNEUR.

Je sais qui vous êtes. Vous n'avez pas besoin de quitter votre épée; vous pouvez l'emporter, quoique prisonnier.—Il doit y avoir ici avec vous une dame. Veuillez faire en sorte qu'elle se présente promptement. On conservera les égards qui lui sont dus, mais il faut qu'elle soit arrêtée aussi.

DON CÉSAR.

Une dame, dites-vous?

LE GOUVERNEUR.

Oui, une dame.

DON CÉSAR.

Une dame ici?

LE GOUVERNEUR.

Il n'y a pas moyen de me le nier, car je suis bien informé, et je sais qu'elle est ici, ici même avec vous.

DON CÉSAR.

Mais, seigneur...

LE GOUVERNEUR, *aux alguazils.*

Cherchez dans la maison.

Plusieurs alguazils entrent dans la maison.

DON CÉSAR, *à part.*

Quelle peut être cette femme qui m'a mis dans une telle situation?

UN ALGUAZIL *rentre, amenant* CAMACHO.

L'ALGUAZIL.

Voici un homme qui était caché là.

LE GOUVERNEUR.

Qui êtes-vous?

CAMACHO.

Je suis l'écuyer de ce chevalier errant.

LE GOUVERNEUR.

Pourquoi vous cachez-vous?

CAMACHO.

J'ai ce défaut de me cacher, monseigneur; je le fais sans mauvaise intention.

LE GOUVERNEUR.

Que tenez-vous là?

CAMACHO.

Monseigneur, des pantoufles.

LE GOUVERNEUR.

Je vois de clairs indices de ce que je cherche. — Où est la personne à qui appartiennent ces pantoufles?

CAMACHO.

Devant vous. C'est moi.

LE GOUVERNEUR.

Pourquoi les apportez-vous ici?

CAMACHO.

Parce que, monseigneur, si les boucliers de liége sont prohibés par les justes lois du royaume, il n'en est pas de même des pantoufles de liége; au contraire. Le proverbe espagnol, un très-beau proverbe, dit: Malheureux le malade qui se trouve en un endroit où il n'a pas de pantoufles! Or, mon maître étant indisposé, je lui apporte ces pantoufles pour remède, afin qu'il ne soit pas malheureux.

LE GOUVERNEUR.

Mauvais plaisant!

DON CÉSAR.

Tais-toi, imbécile!

DEUX ALGUAZILS amènent LISARDA; elle a le visage couvert de sa mante.

UN ALGUAZIL.

Nous avons trouvé cette dame dans la chambre du fond. Elle ne veut pas se découvrir le visage. Découvrez-vous, madame.

LE GOUVERNEUR, *à l'alguazil.*

Demeurez tranquille. — (*A Lisarda.*) Non, madame, ne vous découvrez pas. Je sais que je vous dois toute cette politesse. Excusez-moi si je viens pour vous.

DON CÉSAR.

Excusez pareillement si elle ne va pas avec vous. Je suis décidé à mourir plutôt que de souffrir qu'on l'outrage.

LE GOUVERNEUR.

Seigneur don César des Ursins, ne parlez pas avec tant d'arrogance; car, malgré votre courage, il ne vous serait pas aussi facile de la délivrer que de le dire. Je vous pardonne ce mouvement en faveur des sentimens qui m'animent pour cette dame. Je sais qui elle est, et je prétends tenir autant que vous, peut-être, à sa réputation, à son honneur. Son père est tellement mon ami qu'il est un autre moi-même. Je sens vivement ses peines, et c'est en sa considération que je vous passe votre langage; car bien que je ne vous connaisse pas particulièrement, je suis obligé pour lui à ménager de mon mieux votre honneur.

LISARDA, *à part.*

Il n'a pas besoin de s'exprimer plus clairement. Mon infortune n'est que trop certaine.

DON CÉSAR.

Si j'eusse dit, seigneur, que je prétendais sauver cette dame, malgré vous et vos hommes d'armes, vous auriez le droit de me traiter d'arrogant; mais je n'ai pas dit cela. — Et maintenant, seigneur, après les assurances que vous m'avez données, je n'essayerai pas de la défendre si elle m'en détourne, quoique je n'aie pas peur de la mort. C'est chose si facile pour un cavalier de mourir!

LE GOUVERNEUR.

Il vaut mieux que l'affaire s'arrange à l'amiable : avec de la prudence et de la sagesse, nous en viendrons à bout. Faites état qu'avant d'avoir en moi un juge, vous y avez un arbitre officieux qui n'interposera son pouvoir qu'avec discrétion et bonté. J'ai par devers moi toutes les instructions nécessaires.

DON CÉSAR.

Mais si je suis le coupable et que vous me mettiez en prison, quelle faute a commise cette dame?

LE GOUVERNEUR.

Vous avez trop mauvaise opinion de ma sagacité. Je sais qui elle est, vous dis-je. — Seigneur César des Ursins, suivez moi, vous, à la tour. Quant à cette dame, je lui promets qu'elle sera aussi fêtée dans ma maison que si elle était ma propre fille.

LISARDA, *à part.*

Je n'en puis plus douter, il m'a reconnue. Je n'ai plus d'autre ressource que d'invoquer sa pitié.

DON CÉSAR, *bas, à Lisarda.*

Qu'ordonnez-vous, madame?

LISARDA, *bas, à don César.*

Je me soumets.

DON CÉSAR, *de même.*

Alors, puisqu'il vous plaît ainsi, je n'ai plus rien à dire. (*Au Gouverneur.*) Seigneur, j'accepte le parti que vous nous proposez; madame restera dans votre maison.

LE GOUVERNEUR.

C'est convenu. (*Appelant.*) Holà!

UN ALGUAZIL.

Seigneur?

LE GOUVERNEUR.

Que deux d'entre vous conduisent cette dame à mon carrosse et l'accompagnent jusqu'au palais. Vous direz de ma part à ma fille que je la prie de lui tenir compagnie jusqu'à mon retour. (*Lisarda sort; deux alguazils et les domestiques la suivent. — A don César.*) Vous, maintenant, je vais vous mener à la tour.

DON CÉSAR.

J'irai partout avec vous, très-honoré et très-content.

Le Gouverneur, don César et les alguazils sortent.

CAMACHO.

Voilà de la courtoisie, j'espère!

Entre CELIA.

CELIA.

Eh bien?

CAMACHO.

Eh bien! — quoi?

CELIA.

Ils sont partis?

CAMACHO.

Oui, ils sont partis.

CELIA.

En courant j'arriverai avant eux à la maison.

CAMACHO.

Pour savoir qui est ta maîtresse, n'est-ce pas? Vive le Christ! cela me réjouit.

JOURNÉE DEUXIÈME.

SCÈNE I.

Le palais du gouverneur; le théâtre représente deux chambres à la fois.

Entrent NICE *et* CELIA.

NICE.

Comment donc reviens-tu seule, Celia?... qu'as-tu fait de ma maîtresse?... Tu ne me réponds pas! qu'as-tu donc?

CELIA.

Ah! Nice, j'arrive à demi morte; sans compter que j'ai tant couru... tant couru...

NICE.

Que s'est-il donc passé?

CELIA.

Tu es bien curieuse, vraiment!

NICE.

Comme tu le serais toi-même si c'était moi qui eusse accompagné madame, que tu fusses demeurée, et que je revinsse toute seule.

CELIA.

Eh bien! tu sauras que nous sommes allées ensemble... — Mais nous parlerons après; j'entends du bruit.

NICE.

Ciel! des alguazils qui amènent une dame! N'est-ce pas elle?

CELIA.

Tais-toi, Nice; pas d'imprudence.

Entrent DEUX ALGUAZILS; *ils conduisent* LISARDA, *qui a le visage recouvert de sa mante : des domestiques les suivent.*

NICE, *à part.*

Dieu me protége! c'est elle.

PREMIER ALGUAZIL.

Avertissez madame votre maîtresse que nous venons chargés d'un message de la part de monseigneur le gouverneur, et que nous demandons la permission de parler à elle.

CELIA, *à part.*

Il importe de dissimuler. (*Haut.*) Madame est indisposée... elle a la migraine... impossible que vous entriez lui parler. — Je ferai la commission.

L'ALGUAZIL.

Monseigneur le gouverneur la prie de tenir compagnie à cette dame, de la fêter de son mieux, et de se féliciter d'avoir trouvé une aussi bonne amie.

CELIA.

Soyez tranquille, je lui dirai cela dans les mêmes termes

DEUXIÈME ALGUAZIL.

Écoutez à part. Cette dame doit être ici prisonnière; vous veillerez sur elle.

CELIA.

Je n'y manquerai pas.

Les alguazils et les domestiques sortent.

LISARDA.

Sont-ils partis?

CELIA.

Oui, madame, les voilà dehors.

LISARDA.

Ote-moi vite cette mante, Celia.

NICE.

Qu'y a-t-il donc, madame? Vous, prisonnière dans votre propre maison! vous, établie geôlière de vous-même [1]! Contez-moi, de grâce, cette aventure; je meurs d'envie de la savoir.

---

[1] *Tu de ti misma Alcaydesa.*

Calderon a composé une pièce intitulée *l'Alcayde de si mismo*, le Geôlier de lui-même ou qui se garde lui-même. Peut-être fait-il ici allusion à cette pièce.

LISARDA.

Que veux-tu que je te conte, Nice? Je suis malheureuse ; c'est te dire assez que l'amour et la fortune conspirent contre moi. Mon père ce matin m'a donné à entendre à mots couverts et d'un air affligé qu'il était instruit de ma folle passion. Je n'ai pas voulu le croire. Ce soir je suis sortie; il m'a suivie, m'a trouvée, et...

CELIA.

Laissez donc, madame. Comment pouvez-vous imaginer que votre père, pouvant vous retenir sous un prétexte ou sous un autre à la maison, eût préféré se mettre à votre recherche avec une troupe d'alguazils, vous surprendre ainsi en faute devant tant de monde, et rendre lui-même son injure publique?... Non, madame, cela n'est pas possible. Ma seule crainte a été qu'on vous reconnût là-bas ou avant que vous ne fussiez de retour à la maison. A cette heure que nous y sommes je ne crains plus rien... J'ai peur seulement qu'il ne s'informe de la prisonnière qu'il a envoyée; car je ne doute pas que, quand il vous a arrêtée, il ne vous ait prise pour une autre.

LISARDA.

Tu es sotte, Celia; tu ne réfléchis donc pas qu'il a dit : « Je tiens à la réputation et à l'honneur de cette dame autant que si j'étais son père. C'est en sa considération que je vous ménage. » Il m'a donc reconnue; car ce ne sont pas là des paroles jetées au hasard. Tu réponds qu'il n'aurait pas voulu que l'on me vît. Fort bien ; aussi a-t-il commandé qu'on me laissât me couvrir de ma mante. Ne me contredis pas; je suis sûre qu'il m'a reconnue.

CELIA.

Et que comptez-vous faire ?

LISARDA.

Me jeter à ses pieds dès qu'il arrivera, et lui avouer... lui dire que mon ennui a été cause que je suis allée me promener dans ce jardin. — Après tout, un père ne tue pas.

CELIA.

Non, madame; mais quelquefois...

Entre FLERIDA.

FLERIDA.

Soyez la bienvenue, madame.

LISARDA.

Je viens de visiter une de mes amies. (*Bas à Celia et à Nice.*) Taisons-nous; nous ne sommes pas encore assez sûres de sa discrétion ou de son habileté.

SCÈNE II.

Une autre chambre.

Entrent LE GOUVERNEUR et FÉLIX.

LE GOUVERNEUR.

Vous allez, Félix, vous rendre à Naples le plus promptement possible, et vous direz à don Alfonse comme quoi j'ai sa fille Flerida dans ma maison et don César à la tour.

FÉLIX.

Oui, monseigneur, j'irai; mais avant, permettez que je vous soumette un doute.

LE GOUVERNEUR.

Lequel?

FÉLIX.

Je ne suis pas entré avec vous dans le jardin pour que le seigneur don César et ma jeune maîtresse ne soupçonnassent point que c'était moi qui vous avais averti. Pendant que j'attendais en dehors il en est sorti une femme. Mais il ne serait pas impossible enfin que cette femme ne fût pas elle; car il est facile de s'y tromper avec une femme qui a le visage couvert de sa mante et qui ne parle pas. Je l'ai vue; mais je n'ai pas la certitude qu'elle soit ma maîtresse; et aller là-bas le dire à son père sans avoir cette certitude, ce serait risquer de commettre une faute irréparable.

LE GOUVERNEUR.

J'approuve votre prudence. Attendez un moment. Je vais l'appeler, et vous vous assurerez du fait.

FÉLIX.

Je veux bien, mais je crains, monseigneur...

LE GOUVERNEUR.

Que craignez-vous?

FÉLIX.

Un autre inconvénient par rapport à moi.

LE GOUVERNEUR.

Lequel?

FÉLIX.

Si madame me voyait, elle devinerait que j'ai été à sa poursuite; elle se plaindrait de ma fidélité et me détesterait; et je ne veux pas être détesté d'une personne que je dois servir.

LE GOUVERNEUR.

Comment vous assurer alors si c'est elle ou si ce n'est pas elle?

FÉLIX.

S'il y avait un moyen, seigneur, que je la visse sans être vu d'elle, mon doute se dissiperait sans danger pour moi.

LE GOUVERNEUR.

Eh bien! soit, venez avec moi. — Mais non, ma fille est là, votre maîtresse doit être avec elle. Regardez.

FÉLIX, *regardant à travers la serrure.*

Oui, seigneur, c'est bien ma maîtresse, c'est bien elle..... C'est celle qui est à la gauche de madame votre fille.

LE GOUVERNEUR, *après avoir regardé.*

Il faut bien que ce soit elle ; car celle-là est la seule que je ne connaisse pas. Les autres sont ma fille et deux de ses suivantes. — Êtes-vous satisfait maintenant ?

FÉLIX.

Oui, seigneur, et je pars pour Naples à l'instant même. Demeurez avec Dieu.

Il sort.

SCÈNE III.

L'autre chambre.

LISARDA, FLERIDA, CELIA et NICE. Entre LE GOUVERNEUR.

CELIA, *annonçant.*

Monseigneur !

FLERIDA, *bas à Lisarda.*

Si vous lui parlez, parlez-lui en ma faveur. Demandez-lui qu'il vous permette de me recevoir ici.

LISARDA.

Oui, madame.

FLERIDA.

Priez-le beaucoup.

LISARDA.

Oui, madame.

FLERIDA.

Je m'éloigne un peu.

Elle se retire vers le fond du théâtre.

CELIA.

Voici la crise[1] !

LE GOUVERNEUR.

Eh bien ! Lisarda, vous ne me remerciez pas de l'amie que je vous ai envoyée !... Que dites-vous ?... répondez donc.

LISARDA, *à part.*

Je me meurs. (*Haut.*) Seigneur, si vous avez quelque pitié pour votre fille...

LE GOUVERNEUR.

Je vois ! vous l'aimez déjà ; et remplie de compassion pour elle, vous voulez que je lui pardonne ?

LISARDA.

Seigneur, une faute aussi légère mérite d'être pardonnée.

---

[1] Il y a dans l'espagnol : *Aqui fue Troya !* Ici fut Troie ! — Calderon emploie souvent cette exclamation pour annoncer une situation critique.

LE GOUVERNEUR.

Ce n'est pas là une faute si légère.

FLERIDA, *à part.*

Elle lui parle pour moi sans doute. Il ne cesse pas de me regarder.

LISARDA.

Il ne s'agit pas d'autre chose, seigneur, que d'avoir été dans un jardin, en ayant soin de se couvrir le visage d'une mante

LE GOUVERNEUR.

Cette dame, Lisarda, a un père pour qui elle aurait dû conserver plus d'égards.

LISARDA, *à part.*

Il me parle avec tant de sagesse et de bonté qu'il me pénètre l'âme. (*Haut.*) Ne me grondez pas, seigneur, ne me grondez pas ; j'implore votre indulgence à genoux.

Elle s'agenouille.

LE GOUVERNEUR.

Ce n'est pas pour vous gronder, ma fille, mais je ne puis vous accorder ce que vous demandez.

LISARDA.

Je vous en prie, mon père.

LE GOUVERNEUR.

Non, ma fille, levez-vous.

LISARDA.

Je ne me lèverai point d'ici que je n'aie obtenu votre pardon.

FLERIDA, *à part.*

Oh! combien je lui dois! elle sollicite pour moi à genoux!

LE GOUVERNEUR.

Allons, ma fille, levez-vous. (*Il la relève.*) Mais ne me demandez pas pardon pour cette dame, ce serait peine perdue ; elle ne sortira de cette maison que mariée.

LISARDA.

Oui, seigneur, elle y consent ; et, de plus, elle s'engage, si vous le voulez, à ne plus se mettre au balcon, à la fenêtre[1]. Tout ce que je vous demande pour elle, c'est le retour de votre bienveillance.

LE GOUVERNEUR.

Pour ma bienveillance, je ne la lui refuse pas ; au contraire, elle la possède tout entière. Pour vous le prouver... voyez, ma fille, de quelle manière je vais la traiter.

Il s'éloigne vers Flerida.

LISARDA, *à part.*

Où va donc mon père?

---

[1] *Ventana ni reza bolverá á ver.*

Ventana, c'est une fenêtre, en général ; *reza,* c'est la fenêtre du rez-de-chaussée, protégée par une grille ou garnie de barreaux.

FLERIDA, *à part.*

Comme elle est bonne! elle lui a conté mes chagrins pour m'éviter la honte de les raconter moi-même.

LE GOUVERNEUR, *à Flerida.*

Soyez heureusement arrivée en cette maison, madame; elle sera vôtre autant que mienne. Je ne m'étonne pas du mauvais succès de vos amours; les histoires sont pleines de semblables aventures, aussi tristes, et même plus tristes que les vôtres. Ç'a été une véritable bonne fortune pour moi qu'après votre naufrage ma maison vous devînt un port de salut. Usez d'elle à votre gré, et soyez assurée que vous n'en sortirez qu'honorée et contente. Tout cela se terminera avant peu, j'espère, à la commune satisfaction; en attendant, vous demeurerez avec nous comme la fille ou la maîtresse de la maison..... Lisarda m'a tellement sollicité pour vous, qu'alors même que je n'agirais pas ainsi à votre seule considération, j'y serais obligé par considération pour elle.

FLERIDA.

Je vous rends mille grâces, seigneur.

LISARDA, *à part.*

Que le ciel me soit en aide! Qu'ai-je entendu?

CELIA, *bas, à Lisarda.*

Vous voyez, madame, combien vous aviez tort de présumer que votre père vous eût reconnue, puisqu'il croit que — la prisonnière c'est elle.

LISARDA, *bas, à Celia.*

Tu as raison; mais comme c'est la première fois que le mal se change en bien, je n'y étais plus. Puisse cette erreur durer!

LE GOUVERNEUR, *à Flerida.*

Prenez du courage, madame.

FLERIDA.

Je suis trop heureuse, seigneur...

CELIA, *bas, à Lisarda.*

Pourvu qu'elle ne nous perde pas à cette heure! Elle ferait bien mieux de se taire.

FLERIDA.

Un personnage de votre naissance et de votre mérite ne pouvait pas manquer d'avoir un cœur généreux..... Une femme infortunée est venue se jeter à vos pieds aujourd'hui... Puisque vous savez qui je suis, daignez accorder votre appui à une femme errant dans un pays étranger.

LISARDA.

Eh bien! Celia, Nice... vous voyez; le mal s'est converti en bien, et j'ai peine à le reconnaître.

FLERIDA, *s'approchant.*

Et vous, madame, souffrez que je vous embrasse. (*Elle l'embrasse.*) Quelle gratitude je vous dois!..... A votre première bonté vous avez ajouté celle de prier votre père et monseigneur de vouloir bien me protéger.

LISARDA, *à part.*

Occupée de ses ennuis, elle ne s'est pas aperçue que je parlais des miens. Dieu me garde de la désabuser! (*Haut.*) Ne me remerciez pas, mon amie... Ce serait plutôt à moi de vous remercier... J'aurais désiré en cette circonstance avoir tout empire sur mon père pour vous servir.

LE GOUVERNEUR.

Vous offensez ma tendresse, ma fille; je ferai pour cette dame, vous le verrez, tout ce qui sera en mon pouvoir.

FLERIDA.

Je vous rends mille grâces à tous deux.

LE GOUVERNEUR, *bas, à Lisarda.*

Savez-vous quelle est cette dame?

LISARDA.

Non, seigneur; mais je voudrais bien le savoir pour me diriger dans ma conduite avec elle.

LE GOUVERNEUR.

C'est une femme de qualité qu'un homme a enlevée de la maison paternelle. Apprenez par son exemple, ma fille, à quels dangers s'expose une femme quand elle oublie le soin de son honneur.

LISARDA, *à part.*

C'est la suite de la leçon de ce matin.

Entre UN DOMESTIQUE.

LE DOMESTIQUE, *au Gouverneur.*

Un cavalier qui arrive de voyage demande à être introduit auprès de vous.

LE GOUVERNEUR.

Ce sera sans doute don Juan. Qu'il entre.

Le domestique sort.

LISARDA, *à part.*

Hélas! nouvelle peine!

FLERIDA.

Je me retire, de peur d'être indiscrète.

Flerida sort.

Entre DON JUAN en habit de voyage.

DON JUAN.

Je me félicite, seigneur, que le ciel m'ait permis, après tant de travaux, de pouvoir enfin baiser votre main. A partir d'aujourd'hui, puisqu'un si grand bien m'est accordé, je pardonne à la fortune tous les sujets de plainte qu'elle m'a donnés pendant ma vie. Cette unique grâce me constitue son débiteur.

LE GOUVERNEUR.

Soyez le bienvenu, don Juan. Il y a déjà long-temps que vous

vous faites désirer. Vous avez causé dans cette maison plus d'un souci et plus d'une inquiétude.

DON JUAN.

C'est mon bonheur qui a voulu ces retards, puisque je suis toujours le bienvenu.

LE GOUVERNEUR.

Oh! que cet habit militaire vous sied bien!... comme vous avez l'air brave et vaillant!... Que j'aime ces aiguillettes, ces plumes!... — Vous ne dites rien à Lisarda?

DON JUAN.

J'arrivais troublé par avance, et, en la voyant, je suis ébloui de l'éclat de sa beauté. (*A Lisarda.*) Excusez, madame. — Si celui qui a l'honneur de vous parler mérite une faveur si haute, daignez m'abandonner un moment cette main si délicate et si blanche, véritable carquois où l'Amour puise ses flèches... La renommée, madame, vous proclame au loin une beauté sans égale, et la renommée, contre l'ordinaire, n'a pas été généreuse envers vous, car vous pouvez vous plaindre d'elle. Mais non, ce n'est pas la faute de la renommée, c'est la nôtre. Elle vous a proclamée unique, et la réalité, cette fois, surpasse de beaucoup l'imagination.

LE GOUVERNEUR.

Je n'ai jamais ouï rien de plus galant... (*A Lisarda.*) Répondez donc, ma fille, à cette courtoisie.

LISARDA.

J'ai souvent entendu dire, seigneur, que l'Amour était fils de Mars et de Vénus. Je ne saurais en douter à cette heure en voyant qu'un soldat tel que vous a rapporté de la guerre d'aussi gracieuses flatteries.

LE GOUVERNEUR.

J'arrête là les complimens. J'ai à cœur que le champ demeure à ma fille.

DON JUAN.

Je suis de même avis, seigneur, car personne ne serait assez hardi pour le lui disputer. — Qu'elle est aimable et belle et charmante!

LE GOUVERNEUR, *à don Juan.*

Il est juste que vous vous reposiez, vous devez être fatigué de la route. Je vous offre une hospitalité sans façon; vous serez logé en soldat; vous me pardonnerez.

DON JUAN.

Je suis trop flatté que vous daigniez m'agréer pour hôte dans la sphère d'un astre divin.

LE GOUVERNEUR.

Nice! viens avec nous.

Le Gouverneur, don Juan et Nice sortent.

LISARDA.

Maintenant que nous sommes seules, Celia, que dis-tu de mon aventure?

CELIA.

Qu'elle s'est terminée plus heureusement que je ne le pensais. Un instant j'ai eu peur. Et monseigneur qui va s'imaginer que c'était elle qu'il avait faite prisonnière!

LISARDA.

Il s'est bien rencontré qu'il l'ait trouvée dans la maison avant que je l'eusse averti que je l'y avais reçue.

CELIA.

Vous voyez, madame, ainsi que je vous le disais, que c'était une folie à vous de croire qu'il vous reconnaissait.

LISARDA.

Ce qu'il y a eu de plus merveilleux et de plus agréable pour moi en même temps, ç'a été de voir comme, sans être prévenue, elle répondait à propos.

CELIA.

En ces choses-là, une femme a beau parler au hasard, elle parle toujours avec une justesse parfaite quand il est question d'amour.

LISARDA.

A présent, voilà ma situation qui se complique.

CELIA.

Que dites-vous, madame? je ne vous comprends pas.

LISARDA.

Je dis que voilà de nouvelles difficultés qui s'élèvent.

CELIA.

Quoi! madame, les périls que vous avez courus aujourd'hui, l'arrestation de ce cavalier et l'arrivée de votre futur époux, ne vous décident pas à rejeter loin de vous ce caprice insensé?

LISARDA.

Ah! Celia, que tu connais mal l'amour et ses bizarreries!... Cite-moi un seul amour que les obstacles aient découragé; et moi, je t'en citerai mille qui ont grandi et se sont fortifiés par les obstacles.

CELIA.

Cela est bon à dire, madame.

LISARDA.

Puis, Celia, autre chose encore. D'un côté, je ne dois pas délaisser en prison un homme qui m'a sacrifié sa liberté et qui voulait me sacrifier sa vie; et d'autre part, si cet homme est celui que cette dame cherche, je ne dois pas avoir la prétention d'établir une rivalité avec elle. Il faut que je sorte de cette cruelle incertitude. A cet effet, tu lui porteras une lettre de ma part, où je lui dirai que, s'il lui est possible de sortir, il me vienne parler cette nuit. Et afin qu'il ne conçoive aucun soupçon, c'est ici qu'il me viendra voir, comme si j'étais, moi, la prisonnière.

CELIA.

Comment, madame?...

LISARDA.

Oui, Celia.

CELIA.

Mais considérez...

LISARDA.

Je ne considère rien.

CELIA.

Réfléchissez...

LISARDA.

Il n'y a pas à réfléchir.

CELIA.

Voulez-vous vous laisser enlever?

LISARDA.

Veux-tu que je me laisse mourir?

CELIA.

Mais songez, madame...

LISARDA.

Ne me tourmente pas davantage.

CELIA.

Quels dangers!

LISARDA.

Je les vois.

CELIA.

Et votre vie?

LISARDA.

Je n'y tiens pas.

CELIA.

Et votre honneur?

LISARDA.

Je ne l'expose pas, mon honneur.

CELIA.

Je vous en prie...

LISARDA.

Quoi encore?

CELIA.

Vous vous perdrez.

LISARDA.

Tant pis!

CELIA.

Ah!

LISARDA.

En vérité, Celia, je te le dis, tu iras seule en pèlerinage à Jérusalem.

CELIA.

Pourquoi cela, madame?

LISARDA.

Parce que tu es la première suivante qui ait eu tant de repentir de voir sa maîtresse éprise d'amour.

Elles sortent.

SCÈNE IV.

Une chambre dans la tour.

Entre DON CÉSAR.

DON CÉSAR.

Comment cela finira-t-il?

Entre CAMACHO.

CAMACHO.

Je vous retrouve enfin, monseigneur!

DON CÉSAR.

C'est toi, Camacho?

CAMACHO.

Nous voilà bien!

DON CÉSAR.

Je ne regrette rien après avoir vu son visage.

CAMACHO.

Que la peste soit de son visage!... J'aurais mieux aimé cent fois qu'elle fût un monstre barbu, et qu'elle eût amené avec elle un autre monstre à barbe, et que vous ne fussiez pas prisonnier, que de voir cet ange malicieux qui vous a livré si gentiment aux mains de la justice.

DON CÉSAR.

Qu'oses-tu dire là?

CAMACHO.

Eh! mon Dieu! il y a tant de perfidie, tant de trahison aujourd'hui dans le monde! Aussi, j'en suis sûr, la première fois qu'elle vint vous trouver, c'était purement et simplement pour vous épier. Ce fut une aventure de chevalier errant. Elles entrèrent toutes deux éperdues, comme si elles eussent fui quelque farouche brigand de grand chemin, et votre dame vous demanda comme à un noble chevalier aide et secours, en vous disant je ne sais quoi. Cessez, cessez donc de vous abuser; je ne connais pas une crédulité pareille à la vôtre. Pour moi, j'ajouterais autant de foi à ce conte d'une forêt enchantée où l'infante très-circonspecte parla d'une si spirituelle façon avec Esplandian, Belianis, et le Beau-Ténébreux.

DON CÉSAR.

Dis-moi donc alors, s'il en était ainsi, pourquoi le gouverneur l'aurait-il arrêtée?

CAMACHO.

Cela est clair, pour vous donner le change.

DON CÉSAR.

Non, Camacho; je soupçonne autre chose. C'est que cette dame est une femme de haut rang, que quelque mésaventure oblige à se tenir cachée ; car le destin souvent persécute la beauté. Ce qui me confirme dans cette opinion, c'est qu'elle ne voulait à aucun prix écarter sa mante ; et si le gouverneur m'a pris en même temps, c'est qu'il aura eu deux avis le même jour. N'as-tu point vu son trouble quand elle allait nous dire qui elle était, et la honte qui a scellé ses lèvres au moment où elle se disposait à nous conter ses malheurs ?

CAMACHO.

Il ne serait pas impossible que vous eussiez raison, après tout.— Et, à ce compte, voilà le grand amour que vous aviez pour Flerida qui est bien loin, n'est-il pas vrai ?

DON CÉSAR.

Je n'espère pas qu'un premier amour se puisse effacer ainsi du cœur d'un homme. L'expérience nous enseigne qu'une forme ne se grave pas si aisément là où il y avait une autre forme. Un exemple te fera comprendre cela. Lorsqu'un peintre veut esquisser une figure, si sa toile est libre et nette, il y trace des lignes faciles ; mais s'il a esquissé déjà une autre figure sur la toile, il faut qu'il commence par l'effacer, afin que les lignes de la seconde ne se confondent pas avec celles de la première. Tu me comprends maintenant, sans doute. Mon cœur a été une toile libre et nette pour le premier amour ; mais si je veux y introduire un autre amour, il faut que j'attende que la première image, l'image céleste et divine qui s'y était empreinte, s'en soit effacée. Et ainsi, à cette heure, quoiqu'un amour nouveau me tourmente l'esprit, — je ne dessine pas, j'efface.

CAMACHO.

J'aurais beaucoup à vous répondre là-dessus si je voulais.

DON CÉSAR.

Que répondrais-tu ? voyons.

CAMACHO.

Je répondrais... Mais ce n'est pas le moment ; car voilà une femme recouverte de sa mante qui vient nous voir. Il paraît que nous n'en avons pas encore fini avec les noires intrigues emmantelées [1].

Entre CELIA.

CELIA.

Écoutez, seigneur Fabio.

---

[1] « *Que aun no hemos acabado*
Con el negro embeleco del tapado. »

Le mot *tapado* est de l'invention de Calderon. Pour reproduire autant que possible sa plaisanterie, nous nous sommes permis de fabriquer l'adjectif *emmantelé*.

DON CÉSAR.
Soyez la bienvenue, puisque vous venez rendre la vie à un homme demi-mort.
CELIA.
Voici pour vous une lettre de cette pauvre prisonnière qui vit bien affligée.
DON CÉSAR.
En récompense, voici pour vous un diamant. (*Il lui donne une bague.*) Il jette un tel éclat et lance de tels feux qu'on le prendrait pour une étoile, s'il était attaché à la voûte du ciel.

Il lit la lettre.
CAMACHO, *à Celia.*
Montrez un peu; il me semble bien terne.
CELIA.
Non pas! il est de la plus brillante blancheur.
CAMACHO, *offrant une bague de plomb à Celia.*
Eh bien! je vous donne, moi, cet autre diamant tout pareil à celui-là, si vous voulez me laisser voir cette figure.
CELIA.
Vous n'obtiendrez pas cela.
CAMACHO.
J'en sais le motif.
CELIA.
Parce que je suis laide, pas vrai?
CAMACHO.
Justement.
CELIA.
Au contraire, c'est que je suis jolie.
CAMACHO.
Si cela était, vous ne vous envelopperiez pas le visage dans une mante comme une âme en peine.
CELIA.
Eh bien! regardez si je suis jolie ou laide.
CAMACHO.
Je ne veux plus vous voir à présent.
CELIA.
Allons, pas de façon, regardez-moi.
CAMACHO.
A présent que vous le désirez, moi je ne veux plus.
CELIA.
Tenez, je vous donne ce diamant si vous consentez à me regarder.
CAMACHO.
Je n'y tiens pas. Je ne les ai jamais aimés, les diamans.
CELIA.
C'est votre dernier mot?
CAMACHO.
Oui.

JOURNEE II, SCÈNE IV.

DON CÉSAR.

J'ai fini de lire. (*A Celia.*) Vous direz à ma belle prisonnière que, suivant son ordre, j'irai la voir cette nuit.

CELIA.

Bien, seigneur. — Que le ciel vous garde !

Elle sort.

CAMACHO, *criant.*

Adieu, donzelle ! Vous direz à votre maîtresse qu'elle ne soit pas trop orgueilleuse de ce qu'elle sert à effacer.

DON CÉSAR.

Cesse donc de plaisanter.

CAMACHO.

Alors je vous demanderai sérieusement ce qu'on vous dit par cette lettre?

DON CÉSAR.

Que j'aille la voir ce soir; qu'après avoir gagné les suivantes de la fille du gouverneur, elle se hasarde à me recevoir dans sa chambre. On ajoute à cela deux ou trois mille recommandations aussi extravagantes les unes que les autres, comme, par exemple, que je n'emmène personne avec moi, que je ne me confie à personne, et les autres que tu devines.

CAMACHO.

Et vous à cela vous répondez tranquillement que vous irez, comme si vous aviez les clefs de la Tour dans votre secrétaire.

DON CÉSAR.

Qui m'en empêchera ?

CAMACHO.

Les gardes.

DON CÉSAR.

Va, le son de l'or est une douce musique qui endort les plus vigilans.

Entre DON JUAN.

DON JUAN.

Je viens vous apporter des condoléances et recevoir de vous des félicitations, afin que les unes se tempèrent par les autres. Les naturalistes racontent de deux certaines plantes que chacune d'elles, prise à part, est un poison, et que, quand on mêle ensemble leurs sucs, elles se neutralisent ou se corrigent de telle sorte l'une l'autre qu'elles deviennent une nourriture bienfaisante. Votre malheur et mon bonheur sont de même deux poisons qui, séparés, nous tueraient tous deux, vous par le chagrin, moi par le plaisir. Et ainsi mêlons nos richesses, tempérons mon bien par votre mal et mon mal par votre bien.

DON CÉSAR.

Vous paraissez bien joyeux, don Juan.

DON JUAN.

Comment ne le serais-je pas en voyant en mon pouvoir un bonheur plus grand que je n'aurais pu l'imaginer? car le bien que m'offre l'amour dépasse de beaucoup mon espérance. J'ai demeuré ici caché deux jours [1]; car, ainsi que je vous l'ai dit déjà, l'alcayde de ce fort est mon intime ami; et pendant ce temps j'ai acheté des joyaux, des bijoux, et je me suis fait faire quatre habits de *gala* [2], précautions ordinaires à un homme qui veut se présenter convenablement chez sa future. Quand j'ai eu ce qu'il me fallait, j'ai pris la poste et j'ai mis pied à terre au palais du gouverneur comme si je fusse arrivé à l'instant même. Je vous dis le palais; j'aurais dû vous dire le palais enchanté, car j'ai vu là en petit les merveilles de la nature. Le printemps y était réduit à une fleur, l'aurore à une perle et le soleil à un rayon; car ma belle future est à la fois une fleur charmante du printemps, et une perle fine de l'aurore, et un rayon divin du soleil. Que je suis heureux, mon ami, moi à qui un amour bien placé apporte tant de gloire!

DON CÉSAR.

Et moi, malheureux mille fois, à qui un amour inexplicable n'apporte que des disgrâces!... Puisque ma peine doit être l'antidote de votre joie, écoutez-moi; nous ne changerons pas de sujet de conversation: vous m'avez parlé d'amour, je vous parlerai d'amour également. — J'ai vu dans un jardin délicieux une statue de jasmin couronnée d'œillets, que le roi des mois, le gracieux mai, avait établie reine des fleurs, et qui avait été reconnue en cette qualité par la noblesse et le peuple des fleurs qui lui avaient acclamé au milieu des chants des oiseaux et du murmure des fontaines... Ne me demandez pas qui elle est, car, alors même que je voudrais vous le dire, cela me serait impossible. Il y a là toute une histoire sans pareille... Mais ce que je puis vous dire, c'est qu'elle m'engage par cette lettre, si je peux m'échapper de prison, à l'aller voir cette nuit, et que je lui ai répondu que j'irais, comme si j'avais eu la certitude que l'alcayde me laisserait sortir.

DON JUAN.

Puisque je suis venu, don César, n'en doutez pas, vous n'y aurez pas d'empêchement. — Camacho?

CAMACHO.

Seigneur?

DON JUAN.

Va dire à l'alcayde de ma part que je le prie de venir ici, que j'ai à lui parler.

CAMACHO.

J'y cours, seigneur.

Il sort.

---

[1] Voyez la notice qui précède la pièce.
[2] L'espagnol dit: *Hice quatro galas*

DON JUAN.

Il est fort de mes amis, et il consentira sans peine à vous laisser sortir si je lui promets de vous emmener avec moi.

DON CÉSAR.

Comme voilà le soleil qui s'enfonce affaibli dans les champs de l'Occident, et que la nuit commence à déployer ses ailes brunes, dites-lui qu'il nous laisse sortir promptement.

DON JUAN.

Je ferai à vos souhaits.

Entrent L'ALCAYDE et CAMACHO.

L'ALCAYDE.

Que me voulez-vous, don Juan?

DON JUAN.

Vous dire que je ne vous ai pas encore quitté, que je suis toujours votre hôte, car je vis où vit don César.

L'ALCAYDE.

Ce n'est pas bien à vous de m'imposer de nouvelles obligations, lorsque j'en ai déjà tant contracté qui font de moi votre dévoué serviteur.

DON JUAN.

S'il en est ainsi, vous permettrez qu'il vienne avec moi pour cette nuit; mon amitié mérite de vous cette faveur.

L'ALCAYDE.

Il y a bien des recommandations de toute espèce, et les plus pressantes, pour qu'il ne sorte pas d'ici; mais il n'y a pas de consigne qui tienne contre vous. Toutefois vous me donnez votre parole de le ramener avant le jour?

DON JUAN.

Je me porte sa caution en vous remerciant, et s'il survient quelque accident, j'entends qu'il coure pour mon compte.

L'ALCAYDE.

Rappelez-vous bien : pour la nuit seulement.

DON CÉSAR.

Avant que l'aube paraisse, vous me reverrez à la prison doublement votre esclave.

L'ALCAYDE.

A cette condition les portes vous sont ouvertes. — Que Dieu vous garde !

I. sort.

DON JUAN.

Allons, don César, puisque vous êtes libre, conduisez-moi où votre future vous appelle; je veillerai fidèlement sur votre rendez-vous.

DON CÉSAR.

Il n'est pas juste que vous tardiez pour moi de retourner chez votre hôte, où votre future vous attend ; je ne saurais y consentir. Allons chacun de notre côté.

DON JUAN.

Non pas, s'il vous plaît. Il n'est pas juste que je vous tire d'ici pour vous exposer à un danger, et qu'après je vous quitte.

DON CÉSAR.

Je désirerais cependant...

DON JUAN.

Ne vous en défendez pas, je vous accompagnerai.

DON CÉSAR, *à part.*

Cruelle situation!... Ne serait-ce pas à moi une véritable indélicatesse de souffrir qu'il veille sur mon rendez-vous et qu'il trahisse, même à son insu, un hôte à qui il doit tant?

DON JUAN.

A quoi pensez-vous là?

DON CÉSAR.

C'est que, voyez-vous, don Juan...

DON JUAN.

Qui vous arrête encore, dites?

DON CÉSAR.

Vous croirez peut-être que je suis un ingrat de me cacher de vous dans mes amours... Vive le ciel! Pylade n'a pas eu plus d'attachement pour Oreste, ni Euryale pour Nisus, que je n'en ai pour vous... Après cette assurance, souffrez que, malgré mon bon vouloir, je ne vous dise pas quelle est ma dame, — car cela m'est, en vérité, impossible, — et permettez que j'aille seul chez elle.

DON JUAN.

Je serais importun si j'insistais davantage. (*A part.*) La ridicule discrétion et la sotte méfiance! (*Haut.*) Adieu, don César.

DON CÉSAR.

Adieu, don Juan.

DON JUAN.

Bonne chance!

Il sort.

DON CÉSAR.

Camacho?

CAMACHO.

Seigneur?

DON CÉSAR.

Prépare-moi avec soin un pistolet.

CAMACHO.

En voici un que j'ai arrangé de mon mieux pendant que vous causiez; mais voyez s'il est bien en état.

DON CÉSAR.

Très-bien; la pierre... la bourre... l'amorce, rien n'y manque

CAMACHO.

Et les ressorts jouent-ils bien?

DON CÉSAR.

Très-bien.

CAMACHO.

C'est que, quand on manie un pistolet, on ne saurait prendre trop de précautions, autant pour soi que pour les autres.

DON CÉSAR.

C'est juste.

Il s'éloigne.

CAMACHO.

Et moi, est-ce qu'il faut que je reste?

DON CÉSAR.

Oui, Camacho.

CAMACHO, *au parterre*.

Que toutes vos seigneuries soient témoins qu'il y a eu un laquais qui n'a pas suivi son maître [1].

Don César sort par une porte, et Camacho par une autre.

SCÈNE V.

La maison du gouverneur. Une chambre. La nuit.

Entrent LISARDA et NICE, *qui tient un flambeau.*

LISARDA.

Nice?

NICE.

Madame?

LISARDA.

Mon père est-il couché?

NICE.

Oui, madame.

LISARDA.

Et don Juan?

NICE.

Il repose.

LISARDA.

Et notre prisonnière?

NICE.

Elle est sans doute à pleurer dans son lit, car elle passe toutes les nuits à se lamenter et à gémir.

LISARDA.

Ce sont ses larmes qui causent mon inquiétude. Ce cavalier peut-être... Et Celia, que fait-elle?

[1] *Todas vuesas mercedes*
Sean testigos que huvo
Un lacayo que se quede.

Outre le compliment obligé qui termine toutes ses pièces, Calderon s'adresse souvent au parterre, surtout dans ses comédies de cape et d'épée, par l'intermédiaire du *gracioso*. — Cela n'est arrivé, je crois, qu'une seule fois à Molière, dans *l'Avare*.

NICE.

Elle guette en secret à la porte l'arrivée de ce galant.

LISARDA.

Quand il entrera, traitez-moi l'une et l'autre sans cérémonie. Je ne veux pas qu'il sache qui je suis. Il faut qu'il pense, en me voyant en ce lieu, que je suis la dame qu'on y a mise en prison, et que c'est à cause de lui que le gouverneur m'a arrêtée.

NICE.

Nous nous conformerons à vos désirs.

LISARDA.

Ne l'oubliez pas l'une et l'autre.

NICE.

J'entends marcher dans le corridor d'un pas craintif.

LISARDA.

Ce sera lui, sans doute.

Entrent CELIA et, derrière elle, DON CÉSAR.

DON CÉSAR, *à part.*

Que le silence et les ténèbres de la nuit me soient favorables!

CELIA.

Pas de bruit; ma maîtresse Lisarda n'est pas encore au lit, et le gouverneur couche ici près.

DON CÉSAR, *à part.*

Que l'amour me prête ses ailes!

LISARDA.

Soyez le bienvenu.

DON CÉSAR.

Vos yeux ont guidé mes pas comme deux lumières resplendissantes.

LISARDA.

Ma chère Celia, placez-vous, je vous prie, à cette porte qui répond à l'appartement de votre maître, et soyez alerte.

CELIA.

N'ayez pas peur.

Elle s'éloigne.

LISARDA.

Et vous, Nice, mon amie, tenez-vous du côté de la chambre de votre maîtresse.

NICE.

Je tremble.

LISARDA.

Que craignez-vous, ma bonne?

NICE.

Quand je songe que Lisarda, ma maîtresse, est là, il me prend au cœur un serrement..

LISARDA.

Vous n'avez rien à redouter en gardant cette porte.

NICE.

Il le faut bien. Ma maîtresse Lisarda est un démon... Elle serait femme à se porter à mille extrémités si elle apprenait ce qui se passe chez elle.

Elle s'éloigne.

DON CÉSAR.

O madame! combien mon âme soupirait après l'occasion de vous parler. Je vis dans un labyrinthe d'incertitudes où mon esprit sans cesse s'égare... J'ai beau m'ingénier, il m'est impossible de trouver et même d'entrevoir le motif de ma prison.

LISARDA.

Cependant vous devriez comprendre aisément que l'on cherchait une femme que vous avez enlevée, et qu'on m'a arrêtée à sa place.

DON CÉSAR.

Une femme, dites-vous?

LISARDA.

Oui.

DON CÉSAR.

Moi, j'ai enlevé une femme?

LISARDA.

Oui.

DON CÉSAR.

J'avais avec moi une femme?

LISARDA.

Oui.

DON CÉSAR.

Quelque esprit que vous ayez, madame, c'est une mauvaise défaite que vous avez imaginée là pour dissiper mes doutes... Quoi donc! serais-je un homme assez vil ou assez peu digne d'amour pour ne devoir pas inspirer de jalousie?... et si j'avais eu avec moi une femme que j'aurais enlevée, comme vous dites, aurait-elle donc souffert si aisément que je pusse vous parler et vous voir?... Vous, madame, au contraire, pleine de trouble, vous m'avez donné à entendre qu'il importait que vous ne fussiez pas reconnue, et aussitôt après, vous avez montré une terreur comme je n'en ai jamais vu. Donc vous aviez sujet de vous tenir sur vos gardes; donc l'on ne vous a pas arrêtée pour une autre; donc si l'on vous retient encore prisonnière aujourd'hui que l'on doit être désabusé, je suis fondé à croire que c'est probablement quelque cavalier jaloux qui aura voulu par là se venger.

LISARDA.

Quoi donc! vous dirai-je à mon tour, aurais-je eu, moi, un galant si méprisable et si vil qu'il eût été capable de venger aussi bassement son injure?... Je ne suis pas, moi non plus, une femme si peu digne d'amour que je ne puisse inspirer de la jalousie? Croyez-les je suis une dame principale de cette ville, et cela n'a pas empêché qu'il ne m'arrivât le malheur dont vous avez été témoin.

DON CÉSAR.

Je vous crois, madame, mais je voudrais savoir qui vous êtes.

LISARDA.

Est-ce de votre part une vive curiosité?

DON CÉSAR.

Oui, madame, vous n'en doutez pas.

LISARDA.

Tenez-vous beaucoup à avoir satisfaction sur ce point?

DON CÉSAR.

On ne peut davantage.

LISARDA.

Eh bien!... asseyez-vous là.

Au moment où don César va pour s'asseoir, un mouvement fait partir le pistolet.

DON CÉSAR.

Dieu me soit en aide!

LISARDA.

Pauvre de moi!

NICE.

Je me meurs!

CELIA.

Je suis perdue!

DON CÉSAR.

Maudit soit le pistolet qui part tout seul!

LISARDA.

Hélas! grand Dieu!

CELIA.

Ah! madame!

NICE.

Madame!

LE GOUVERNEUR, *du dehors.*

Qu'est ceci? qui va là?

LISARDA.

Je n'ai pas la force de répondre.

NICE.

Ni moi.

CELIA.

Ni moi.

LISARDA.

Ah! seigneur cavalier!

DON CÉSAR.

Comment ne pas se désoler d'un malheur causé par le hasard!

LISARDA.

Regarde un peu, Celia... mon père!

CELIA.

A la faible lumière qui est dans sa chambre, il me semble le voir debout qui s'habille.

LISARDA.

Ce sera la fin de ma vie.

DON CÉSAR.

Que dois-je faire, madame?

LISARDA.

Sautez par cette fenêtre. — Elle donne sur la cour, et la cour mène au portique. — Puis vous ouvrirez. Mon infortune est telle que j'ai bien plus à craindre que vous ne présumez...

DON CÉSAR.

Comment cela?

LISARDA.

Vous le saurez plus tard. Je vous donne ma parole que je vous apprendrai bientôt qui je suis.

DON CÉSAR, *s'approchant de la fenêtre.*

Au risque de me tuer, madame... Mais c'est pour vous.

Il saute par la fenêtre.

LISARDA.

O ciel! sauvez-le!

Entre LE GOUVERNEUR.

LE GOUVERNEUR.

Qui donc est sorti d'ici tout à l'heure?

LISARDA.

Personne... seigneur.

LE GOUVERNEUR.

Qu'avez-vous? d'où vient votre trouble?

LISARDA.

C'est ce pistolet dont la détonation m'a effrayée.

Du bruit au dehors.

LE GOUVERNEUR.

Et quel est ce bruit?

LISARDA.

Moi, seigneur... je ne sais rien.

LE GOUVERNEUR, *à part.*

Prenons toujours ce flambeau... bien que, si j'ai perdu l'honneur, je n'espère pas que ce flambeau me serve à retrouver l'honneur.

Il sort.

LISARDA.

Retirons-nous d'ici.

NICE.

Ah! madame!

CELIA.

Quelle imprudence!

Elles sortent.

SCÈNE VI.

La cour du palais et le portique.

DON CÉSAR, marchant comme à tâtons.

DON CÉSAR.

Je ne puis trouver cette porte... La nuit est si obscure et si sombre, mon esprit est si plein de trouble et de confusion, que je ne sais plus où je vais au milieu de ces doubles ténèbres.. Fallait-il que pareille chose m'arrivât, et dans la maison du gouverneur!... Quel malheur est le mien!... Je ne trouverai donc pas cette porte!... Je suis bien sous le portique cependant... (*Il met la main sur une chaise à porteurs.*) Qu'est ceci? une chaise à porteurs, si je ne me trompe. C'est sous ce portique qu'on les remise d'ordinaire... Mais voilà quelqu'un... Je n'ai plus d'autre ressource que de m'y cacher... Dans une circonstance aussi critique il faut abandonner quelque chose au hasard.

Il se jette dans la chaise à porteurs.

Entrent, d'un côté, LE GOUVERNEUR, et, de l'autre, DON JUAN ; ils ont chacun l'épée à la main, le gouverneur tient un flambeau de la main gauche.

LE GOUVERNEUR.

C'est de ce côté-ci que j'ai entendu le bruit. Veillez sur la porte ; qu'il ne nous échappe pas.

DON JUAN.

Dès que j'ai entendu votre voix, seigneur, je suis sorti de ma chambre.

LE GOUVERNEUR, *à part.*

Pour augmenter mon embarras.

DON JUAN.

Qu'y a-t-il donc?

LE GOUVERNEUR.

Ce n'était rien. Je me suis mépris. (*A part.*) O mon honneur! dissimulons!... (*Haut.*) J'ai cru que l'on marchait dans mon appartement; je me suis levé pour voir. J'en ai du regret à présent. J'ai parcouru la maison sans rencontrer personne ; cela ne m'a servi qu'à réveiller ma fille, qui était déjà dans son premier sommeil. Et ainsi, don Juan...

DON JUAN.

Vous ne vous êtes pas trompé, seigneur. Quelqu'un aura pénétré dans le palais, j'en ai la certitude ; car, d'abord, j'ai entendu des pas qu'on tâchait d'étouffer, et ensuite un bruit pesant comme d'un homme qui se serait précipité d'une fenêtre.

LE GOUVERNEUR, *à part.*

Je cherche en vain à démentir ma honte... elle n'est que trop certaine!... (*Haut.*) Maintenant que j'ai fouillé la maison, je suis

JOURNÉE II, SCÈNE VI.

désabusé quant à moi... Mais si vous ne l'êtes pas, prenez cette lumière et parcourez-la de nouveau.

Il donne le flambeau à don Juan.

DON JUAN.

Veuillez, seigneur, vous placer à cette porte pour qu'on ne sorte pas; je vais commencer mes recherches.

LE GOUVERNEUR.

Sûrement il n'y a rien ici.

DON JUAN.

On pourrait bien être dans cette chaise à porteurs.

LE GOUVERNEUR.

Il est facile de le voir.

Don Juan ouvre la portière, et voit don César, qui lui fait signe de se taire.

DON JUAN, *à part*.

Que le ciel me soit en aide! Que vois-je?

LE GOUVERNEUR.

Y a-t-il quelqu'un?

DON JUAN.

Non, personne. (*A part.*) Plût à Dieu!

LE GOUVERNEUR.

J'ai vu le reste.

DON JUAN.

Il est clair, seigneur, que je me suis trompé; c'est sans doute le vent qui aura fermé quelque porte. Ainsi rentrez, seigneur.

LE GOUVERNEUR.

Allez vous remettre au lit, don Juan, bien assuré qu'il n'est venu personne.

DON JUAN.

J'en suis bien convaincu à présent; c'était une illusion; vous pouvez en être aussi persuadé que je le suis moi-même.

LE GOUVERNEUR.

Je vais reprendre mon somme, et je vous conseille d'en faire autant.

Il sort.

DON JUAN.

Il croit m'avoir trompé, et c'est moi qui le trompe!... nous employons tous deux la même ruse pour nous celer l'un à l'autre notre commun malheur!... — Que le ciel me soit en aide! qu'il m'inspire le parti que je dois prendre dans une aussi triste situation!... Don César caché ici! don César dans ma maison! Et moi je me suis porté caution pour lui! j'ai favorisé moi-même ma honte!... Il avait bien raison, il ne pouvait pas me dire quelle était cette dame; non, certes, il ne pouvait pas me le dire, puisque c'était elle!... — J'ai là outragés l'amitié, la confiance et l'honneur; eh bien! pour ces trois outrages une triple vengeance! que ce poignard le frappe jusqu'à mort dans cet asile où il s'est réfugié... — Mais comment accomplirai-je ma parole de le ramener à la prison?... — Situation horrible! Puis-je tuer un homme confié à ma foi? puis-je épargner celui dont j'ai reçu cette injure?... O ciel! dans ces mouvemens contraires, que ne puis-je d'une main le défendre et le tuer de l'autre!... — Mais non, qu'il meure! quand l'honneur est offensé il n'y a plus ni respect humain, ni égards, ni parole... (*Appelant.*) Don César!

DON CÉSAR, *sortant de la chaise.*

Interdit et confondu en vous voyant, je voudrais me jeter à vos pieds.

DON JUAN.

Suivez-moi, don César, et laissons là des complimens hors de propos.

DON CÉSAR.

Où me conduisez-vous?

DON JUAN.

J'irai seul avec vous. Je n'ai que mon manteau et mon épée. Ne craignez rien.

DON CÉSAR.

Je ne crains certainement aucune trahison d'un homme de votre naissance et de votre mérite. — Si je vous adresse cette question, c'est pour vous détourner d'une chose dont vous auriez plus tard du regret.

DON JUAN.

Comment cela?

DON CÉSAR.

J'ai une excuse.

DON JUAN.

Vous?

DON CÉSAR.

Oui.

DON JUAN.

Dieu le veuille!

DON CÉSAR.

Daignez m'écouter.

DON JUAN.

Marchons toujours.

DON CÉSAR.

Non! vous m'entendrez ici; mais si nous sortons une fois, je n'aurai plus à vous parler qu'avec l'épée. Ici les explications, et dehors le combat.

DON JUAN.

Qu'avez-vous donc à me dire, vous qui avez offensé en même temps mon honneur, mon amitié et ma confiance?... mon honneur, puisque vous avez osé forcer cette maison; mon amitié, puisque sachant que je prétends à la main d'une femme, vous la poursuivez et la servez; ma confiance, puisque vous avez trouvé en elle une médiatrice dont vous vous prévalez contre moi... Voyez maintenant si j'ai raison de me plaindre, lorsque, ami déloyal et ingrat, vous outragez mon honneur, mon amitié et ma confiance!

DON CÉSAR.

Si l'un de nous ici est offensé par l'autre, c'est moi, don Juan, moi que vous accusez de trahison, de perfidie, moi qui considère l'amitié comme un autel sacré sur lequel je sacrifie en ce moment les ressentimens de mon âme. Je n'ai pas offensé votre honneur. Si j'ai osé pénétrer dans cette maison, c'est qu'il y demeure une dame qui a été arrêtée récemment avec moi; cela devait suffire pour que j'y vinsse la voir quand elle m'appelait. Quant à l'amitié, ç'a été par délicatesse que je me suis caché de vous; plein de ménagement pour celle qui devait être votre épouse, je n'ai point voulu vous dire qu'il habitât chez elle une femme à laquelle je rendais des soins. Et pour la confiance, j'en ai en vous une telle, que j'ai eu peur de vous déplaire si je vous avouais seulement mon dessein. Et c'est pourquoi soyez satisfait, car c'est vous qui m'accusez à tort.

DON JUAN.

Ces explications ne me suffisent pas; donnez-moi jusqu'à demain pour vous répondre.

DON CÉSAR.

Volontiers. Vous me retrouverez là-bas dans ma prison.

DON JUAN.

Veuillez m'y attendre.

DON CÉSAR.

Donc à demain; adieu.

DON JUAN.

Adieu donc; à demain.

JOURNÉE TROISIÈME.

SCÈNE I.

Le palais du gouverneur. Une galerie.

DON JUAN, seul.

Depuis que la froide aurore s'est réveillée blanche et pâle, en disant au soleil que c'est l'heure qu'il se lève et que le jour paraisse, — je suis enchaîné par mes soucis au seuil de cette porte... Je n'ai pas de meilleur moyen de vérifier mes cruels soupçons... Je parlerai à cette prisonnière avant qu'on lui donne aucune lettre, aucun avis... Il faut que je lui parle avant qu'elle soit prévenue, moi qui voudrais voir, au prix même de ma vie, mon désabusement... Si en l'imaginant je meurs, que je meure en le sachant... et si j'apprends ce que mon inquiétude redoute, je mourrai du remède sans me plaindre, puisque je dois mourir du mal.—Voilà Celia, je crois.

Entre CELIA.

DON JUAN.

O ma chère Celia!

CELIA.

Vous êtes déjà là, monseigneur, à cette heure?

DON JUAN.

Dis-moi, que fait ta maîtresse?

CELIA.

Elle songe à s'habiller.

DON JUAN.

Sortira-t-elle bientôt?

CELIA.

Je vais lui aider. M'ordonnez-vous quelque chose pour elle?

DON JUAN.

Dis-lui seulement que j'adore, en l'attendant, le seuil de sa porte.

CELIA.

Vous pouvez y compter.

Elle sort.

DON JUAN.

Que de peines, que de tourmens souffre un jaloux! Je ne saurai jamais aujourd'hui ce que je veux savoir... Mais non; que ce désabusement, de la lenteur duquel je me plains, retarde encore de venir! car s'il eût dû m'être funeste, il n'aurait pas tardé à venir un seul instant... — Oh! quand donc serai-je détrompé? quand est-ce que se dissipera mon inquiétude?

Entre LE GOUVERNEUR.

LE GOUVERNEUR.

Don Juan?

DON JUAN.

Seigneur?

LE GOUVERNEUR.

Que faites-vous là si matin?—Je crois qu'une même pensée nous a éveillés tous les deux avant l'heure.

DON JUAN.

Quelle pensée?

LE GOUVERNEUR.

Vous me cherchez sans doute comme je vous cherche?

DON JUAN.

Que voulez-vous de moi?

LE GOUVERNEUR.

J'ai pour vous une vive tendresse... je songe à ne pas prolonger davantage l'impatience de votre amour... et comme je connais le ennuis de l'attente, vous serez dès ce soir l'heureux époux de ma fille.

DON JUAN, *à part.*

Voilà un souci de plus.

LE GOUVERNEUR, *à part.*

Je m'assure par là s'il a ou non des soupçons.

DON JUAN.

Votre intention, seigneur, était de ne m'accorder cette faveur que dans quelques jours; j'attendrai jusque là.

LE GOUVERNEUR.

J'avais à terminer certains préparatifs nécessaires en pareille circonstance; tout est prêt.

DON JUAN, *à part.*

Quelle persécution!

LE GOUVERNEUR, *à part.*

Il y a encore du pis. — Puisqu'il demande un délai, lui qui avait tant de hâte, il aura vu probablement quelque chose cette nuit. (*Haut.*) Si vous, don Juan, vous ne dites pas oui aujourd'hui, moi demain je dirai non.

Il sort.

DON JUAN.

Comme il est pressé!... Mais quelle est la femme qui s'approche?... Flerida!... Don César m'a dit que c'était pour elle qu'il était venu... Si je l'interrogeais?..

Entre FLERIDA.

FLERIDA.

Vous êtes bien matinal, seigneur.

DON JUAN.

Oui, et c'est le désir de vous parler qui m'a fait lever si matin.

FLERIDA.

Je suis à vos ordres.

DON JUAN.

Avez-vous assez de confiance en moi pour me répondre avec sincérité?

FLERIDA

Je me fie à votre loyauté entièrement.

DON JUAN.

Vous avez raison de vous fier à moi; car si vous êtes celle que je crois que vous êtes, vous aurez la reconnaissance de mon cœur sauvé par vous. — Déclarez-vous donc à moi sans crainte. Connaissez-vous, dites, don César des Ursins?

FLERIDA.

Ah! seigneur!

DON JUAN.

Parlez; le connaissez-vous?

FLERIDA.

Oui, certes, et plût au ciel, seigneur, que je ne l'eusse connu jamais! car c'est à cause de lui que je suis exilée loin de mon pays, de ma famille, et que ma réputation est perdue, détruite!

DON JUAN, *à part.*

Cette première réponse déjà me soulage. (*Haut.*) Dites-moi encore; lui avez-vous donné quelquefois l'occasion de vous parler la nuit?

FLERIDA.

Moi, seigneur?

DON JUAN.

Oui.

FLERIDA.

Hélas! oui, bien souvent, trop souvent pour mon malheur.

DON JUAN, *à part.*

O mon âme, réjouis-toi! (*Haut.*) Permettez-moi, Flerida, une dernière question.

FLERIDA.

Laquelle?

DON JUAN.

Vous me promettez la même franchise?

FLERIDA.

La même.

DON JUAN.

Dites-moi : n'étiez-vous pas tous deux ensemble, la nuit, dans un jardin, lorsque...

FLERIDA.

Arrêtez, n'achevez pas!... Oui, nous étions dans un jardin lorsque s'est accomplie cette déplorable tragédie. Nous ne pensions pas, hélas! que ces mêmes fleurs, témoins discrets de nos amours...

DON JUAN.

Cela suffit, Flerida; ne vous appesantissez pas sur d'aussi tristes souvenirs... Vous m'avez rendu la vie et l'âme.. Oh! pardonne, ami fidèle, pardonne-moi une pensée injurieuse! Me voilà détrompé pour jamais!... Ne parlez pas à Lisarda de cette conversation, et demeurez avec Dieu.

Il s'éloigne.

FLERIDA.

Un moment, de grâce; où allez-vous de la sorte?

DON JUAN.

Je n'ai pas besoin d'en savoir davantage; vous m'avez complètement rassuré. Il est juste que j'aille voir don César, qui m'attend en prison.

FLERIDA.

Arrêtez!

DON JUAN.

Je n'ai pas le temps; j'y vole.

Il sort.

FLERIDA.

Il va voir don César, dit-il! Qu'est-ce que cela signifie? — Il prend des informations sur nos amours, et après il dit qu'il va le voir!... Mais cela est très-facile à comprendre. En m'interrogeant, il a voulu s'assurer que c'était bien moi; mes réponses le lui ont prouvé, puisqu'il a montré tant de joie; et dire qu'il allait le voir, c'était me dire clairement qu'il était venu de sa part... Il a ajouté que don César est prisonnier; eh bien! allons trouver don César.

Entrent LISARDA et CELIA.

LISARDA, *à Flerida.*

Où allez-vous?

FLERIDA.

Ah! madame, félicitez-moi.

LISARDA.

Sur quel sujet?

FLERIDA.

Comme je n'ignore pas le généreux intérêt que vous me portez et le plaisir que vous aurez de mon heureuse fortune, il faut que vous sachiez, madame, que celui que je cherche est ici prisonnier, et qu'il a appris que j'habite chez vous. O la bonne idée que j'ai eue de me réfugier dans votre maison, et que je fus bien inspirée alors!... Il ne pourra pas m'accuser de n'avoir pas ménagé ma réputation en son absence!... Je suis folle... je vais voir don César.

Elle sort.

LISARDA.

Voilà un autre chagrin, Celia.

CELIA.

Quel chagrin, madame?

LISARDA.

Hélas! ce n'est que dans la jalousie seulement que celui qui est simple spectateur voit moins de coups que celui qui joue... Quoi donc! n'entrevois-tu pas de nouveaux soucis pour moi et de nouvelles inquiétudes? Ne remarques-tu pas toujours qu'après chaque incident qui survient ma situation est pire qu'elle n'était auparavant?

CELIA.

De quelle façon, madame?

LISARDA.

Écoute. — Le Virgile portugais[1] a dit dans une douce chanson : « J'ai vu le bien converti en mal, et le mal en un autre mal pire encore. » — D'un autre côté, un homme d'esprit a comparé le chagrin

---

[1] Luiz de Camoëns.

à une hydre, et il n'a pas eu tort; car pour un chagrin qui meurt, il en naît deux; je le sais, moi, par expérience. A peine j'échappe à une crise que j'entre dans une autre. Un jour, je me crus prisonnière; il m'arriva si bien que je me tirai de ce péril; mais à peine en fus-je sortie, qu'une dame enlevée a rabattu mon allégresse en réveillant ma jalousie. Et c'est ainsi qu'avec plus de douleur, « j'ai vu le bien converti en mal, et le mal en un autre mal pire encore. » — Ce cavalier, il est sorti de sa prison et il est venu me voir. Je l'ai interrogé sur mes soupçons. S'il m'a satisfaite ou non par ses réponses, je l'ignore, mais moi je m'en suis satisfaite. Tandis que nous étions à causer tous deux, la poignée de son épée a poussé son arme, et une détonation s'en est suivie, tant le hasard m'est favorable! Ma crainte s'est bientôt dissipée; je me suis flattée qu'il avait gagné la porte sans être aperçu de mon père. Et lorsque je rendais grâces à l'Amour de ce succès, « j'ai vu le bien converti en mal, et le mal en un autre mal pire encore. » — Cette dame est venue ici à la poursuite d'un homme qui lui avait promis le mariage et qui avait été obligé de fuir à la suite d'une querelle. Cet homme, il est venu lui-même, attiré ici par mon étoile qui lui a soumis ma liberté. Il est à la tour, elle est dans ma maison, et elle veut l'aller trouver. Et maintenant, Celia, maintenant que tu connais mes justes inquiétudes, dis-moi si je n'ai pas raison de me plaindre de ma funeste destinée, de m'appliquer les paroles de la douce chanson du poète, et de dire comme lui au ciel et à la terre: « J'ai vu le bien converti en mal, et le mal en un autre mal pire encore! »

CELIA.

Vous n'auriez pas tort, madame, assurément, s'il n'y avait qu'un seul *matador*[1] au monde; mais aujourd'hui on ne voit partout que des *matadors*; il y a même un certain jeu de cartes où il y a trois *matadors!*... — C'est la jalousie qui vous abuse.

LISARDA.

Laisse donc, Celia; oublies-tu que l'on dit de la jalousie qu'elle est un habile astrologue?

CELIA.

Non, mais les astrologues les plus habiles ne devinent pas toujours bien.

Entre CAMACHO.

CAMACHO, *à part.*

C'est bien le cas de dire le refrain: « Entrons ici, qu'il pleut!... » Vive Dieu! il faut que le charme où je suis ait une fin.

---

[1] *Matador* signifie ordinairement, en espagnol, un homme qui en a tué un autre. En français et quelquefois aussi en espagnol, comme dans ce passage, on emploie ce mot dans un sens ironique, pour dire un homme qui menace de tout tuer. — Au jeu de l'*hombre*, qui est d'invention espagnole (*hombre* signifie homme), on appelle *Matador* les trois cartes supérieures.

LISARDA.
Quel est cet homme qui entre là? Il me semble le reconnaître.
CELIA.
C'est le domestique du seigneur Fabio.
LISARDA.
C'est lui sans doute qui l'aura prévenue que son maître était prisonnier en cette ville. J'ai à cœur de m'en assurer. Il n'a jamais vu mon visage; en tenant ma mante...
CELIA.
Voulez-vous que je lui parle?
LISARDA.
Non, peu importe. — (*A Camacho.*) Comment entrez-vous ici sans plus de façon?
CAMACHO.
Je suis entré en marchant, mes belles dames; si cela vous a déplu, je sortirai en marchant de la même façon. Je suis parti du pied droit, je repartirai du pied gauche. Et ainsi je m'en irai à peu près comme je suis venu.
LISARDA.
Dites-moi, soldat, qui êtes-vous?
CAMACHO.
Si je le savais moi-même, ce serait certes peu de chose que de vous l'apprendre; mais je ne puis vous le dire parce que je ne le sais pas. Un maître que le ciel m'a donné me tient sous un tel charme, qu'à présent, l'unique chose que je sache de moi, c'est que je vais à travers les forêts d'amour, en guise d'écuyer errant, suivant un soleil qui a toujours la face voilée. Pour parler la langue vulgaire, je cherche ici la plus grande trompeuse et la plus grande inventeuse de l'Europe. Si l'une de vous deux est par hasard une dame que l'on tient prisonnière en ce palais, au nom de Dieu, qu'elle le dise; car je suis venu ici en pèlerinage seulement pour la voir. Mon maître m'a rompu la tête de l'éloge de sa beauté, et je voudrais la voir pour qu'il me laisse tranquille à l'avenir.
CELIA, *bas, à Lisarda*.
Eh bien! madame, l'astrologue a-t-il menti?
LISARDA, *bas, à Celia*.
Non, il cherche la prisonnière, et elle ne se croit pas prisonnière ici.
CELIA, *de même*.
C'est une idée bien subtile.
LISARDA, *de même*.
Il est facile de voir.
CAMACHO.
Eh bien, mesdames?
LISARDA.
Quoi! votre maître vous la vante à ce point?

CAMACHO.

Oui, madame.

LISARDA.

Mais que loue-t-il en elle? sa beauté ou son esprit?

CAMACHO.

L'un et l'autre, madame, car elle est docteur en l'un et l'autre genre[1].

LISARDA.

Et il la vante beaucoup?

CAMACHO.

On ne peut plus.

LISARDA.

Souvent?

CAMACHO.

Toujours.

LISARDA.

Il est donc amoureux d'elle?

CAMACHO.

Non, madame; je ne le pense pas du moins; il a un autre amour qui l'occupe davantage : et cette dame d'aujourd'hui, ce n'est pas pour peindre, c'est pour effacer.

LISARDA.

Quoi donc effacer?

CAMACHO.

Je n'en sais rien, moi... Mais il m'a paru que ce mot d'effacer vous avait piquée... Si vous êtes cette dame, dites-le-moi.

LISARDA, *à part.*

Je me meurs. (*Haut.*) Non, vilain insolent, infâme traître, je ne suis point cette dame; je suis la fille du gouverneur, et l'on ne traite pas ici des affaires d'amour. Tant que cette femme sera dans ma maison, n'essayez pas de lui parler, car cette maison est l'asile sacré de l'honneur. Et si vous revenez ici une autre fois, vive Dieu! je vous ferai jeter par la fenêtre par quatre domestiques.

CAMACHO.

J'en serais bien fâché! — Quatre, madame? trois suffisent... Que dis-je, trois? deux suffiraient... Que dis-je, deux? ce serait assez d'un... Non, pas même un; la moitié d'un, le quart, un bras, une main, un doigt, un ongle, c'est assez. Et c'est pourquoi je pars avant qu'ils m'attrapent. Adieu.

Il sort.

---

[1] *Todo, que es dama in utro que*
Como grado de doctor.

Il y a dans ces deux vers une plaisanterie qui est à peu près intraduisible, quoique très-facile à saisir; elle consiste dans le mélange de mots purement latins, avec d'autres qui sont les mêmes en latin et en espagnol, ou qui ont une grande analogie dans les deux langues.

LISARDA.

Mon infortune est telle, que, jusque dans les moindres choses, le bien se convertit en mal.

CELIA.

Cela ne signifie rien, pour vous en affecter.

LISARDA.

Non, Celia, il faut que je sache enfin à quoi m'en tenir. J'en avais le projet ce matin déjà. Je lui ai écrit une lettre par laquelle je lui dis que si, par un moyen quelconque, il peut s'échapper aujourd'hui de prison, j'irai le rejoindre où il voudra. J'ai feint dans cette lettre que moi-même je corromprais mes gardes.

CELIA.

A la bonne heure!

LISARDA.

Et en quelque endroit qu'il me donne rendez-vous, j'emmènerai avec moi cette dame : et si mon malheur veut que ce cavalier soit le sien, je renoncerai à ma passion; et si ce n'est pas lui, mon amour vaincra tous les obstacles.

CELIA.

Eh! madame, vous savez bien que s'il vous voit toutes deux en présence, ce n'est pas elle à qui ce nouveau Pâris donnera la pomme, et que vous le quitterez apaisée.

LISARDA.

Tu me flattes, Celia.

CELIA.

Non, madame.

Entre FLERIDA avec sa mante.

LISARDA.

Où allez-vous donc ainsi, Laura?

FLERIDA.

Avec votre permission, madame, je vais à une prison où est mon âme.

LISARDA, *à part*.

Non, je ne puis souffrir qu'elle aille le trouver, quand j'ignore encore si c'est lui. (*Haut.*) Eh quoi! suffit-il dans une maison comme la nôtre de prendre sa mante et de dire : Je vais où il me plaît?

FLERIDA.

Je suis tellement préoccupée de mes peines, madame, qu'elles ne me laissent pas le loisir de réfléchir avec attention. Puis, je suis bien venue de Naples ici; il n'y aura rien d'extraordinaire à ce que j'aille d'ici à la tour.

LISARDA.

Ce sont les personnes chez qui vous êtes qui répondent maintenant de votre honneur; et que dirait mon père, s'il rentrait et qu'il ne vous vît pas?

FLERIDA.

Je serai de retour avant son arrivée; il n'est pas tard, madame.

LISARDA.

Il faut que vous m'accompagniez cette après-dînée en visite.

FLERIDA.

Vous voulez que je prenne patience.

LISARDA.

Vous m'êtes nécessaire.

FLERIDA.

Je serai de retour à l'instant. Je ne demande qu'à le voir.

LISARDA.

Je n'y consentirai pas.

FLERIDA.

Je reviendrai aussitôt.

LISARDA.

Cela est impossible... vous avez beau vous obstiner, vous n'irez pas.

FLERIDA.

Eh bien! vous avez beau vous obstiner, vous aussi, quoi qu'il arrive, j'irai.

Entre LE GOUVERNEUR.

LE GOUVERNEUR.

Comment! vous vous querellez toutes deux? Qu'est-ce donc?

LISARDA, *à Flerida*.

Vous ferez par force ce que vous n'avez pas voulu faire de gré.

FLERIDA, *à Lisarda*.

Nous verrons.

LE GOUVERNEUR.

Eh bien?

LISARDA.

C'est madame qui voulait sortir de la maison sans vous parler d'abord.

FLERIDA.

Oui, seigneur, parce que je m'en veux aller.

LE GOUVERNEUR.

Quoi! suffit-il de dire: Je veux m'en aller?

FLERIDA.

Je confesse que je devais vous demander la permission; mais puisque vous savez qui je suis et de quelle manière je suis ici, vous comprenez que je désire aller voir mon époux.

LE GOUVERNEUR.

Je comprends que vous désiriez le voir : mais ce n'est pas pour que vous le voyiez que vous êtes notre prisonnière.

FLERIDA.

Moi, votre prisonnière?

LISARDA, *à part.*

Je tremble que tout ne s'éclaircisse.

LE GOUVERNEUR.

Vous avez bien peu de mémoire. — Vous avez donc oublié la scène du jardin?

FLERIDA.

Non, seigneur, je ne me la rappelle que trop.

LE GOUVERNEUR.

N'êtes-vous point revenue de là prisonnière?

FLERIDA.

Prisonnière? non, seigneur, je me suis présentée chez vous de plein gré.

LE GOUVERNEUR.

Quoi! je ne vous ai point trouvée là moi-même?

FLERIDA.

Quoi! je ne suis pas de moi-même venue ici?

LE GOUVERNEUR, *à part.*

Elle me mettrait en colère, si je ne considérais qu'elle est la fille de don Alfonse.

FLERIDA, *à Lisarda.*

Ah ça, madame, expliquez-moi ce mystère.

LISARDA.

Oui, vous êtes prisonnière, à telles enseignes que vous m'avez dit qu'on vous avait trouvée cachée dans une maison.

FLERIDA.

Moi, je vous ai dit cela? moi!

LISARDA.

De qui l'aurais-je appris autrement?

FLERIDA.

Je n'y comprends rien, en vérité.

LE GOUVERNEUR, *à part.*

Elle le nie encore! (*Haut.*) Je vous laisse avec elle, ma fille... Pour Dieu! remettez-la... Quant à moi, j'y perdrais la tête.

Il sort.

FLERIDA, *à Lisarda.*

Voyons, dites, m'a-t-on amenée prisonnière?

LISARDA.

Non, ma bonne amie, c'était un badinage.

FLERIDA.

Pourquoi me l'avez-vous soutenu alors?

LISARDA.

Pardonnez-le-moi, Laura, j'y ai été forcée. Je devais songer à moi.

Vous viendrez avec moi cette après-dînée, et je vous conterai ce qui en est.

FLERIDA.

Jusque là je vous suis comme votre ombre.

Lisarda, Flerida et Celia sortent.

SCÈNE II.

Une chambre dans la tour.

Entrent DON JUAN et DON CÉSAR.

DON JUAN.

Je viens vers vous, don César, honteux d'avoir méconnu votre amitié. Mon excuse est que l'on peint l'amour aveugle avec un bandeau sur les yeux, et qu'il se laisse mener par la jalousie. Oui, je compare les soupçons jaloux à ces jeunes enfans qui conduisent les aveugles, s'en font obéir, et leur font accroire toute sorte de mensonges... Mais laissons cela... La réponse que je devais vous rendre aujourd'hui, c'est que je n'ai plus de crainte, plus de doute, et que je vous prie d'agréer mes humbles excuses; — et si vous n'êtes pas satisfait, je vous offre ma poitrine; vengez-vous, punissez-moi!

DON CÉSAR.

J'aurais le droit de me plaindre de vous, don Juan, mais je n'en userai pas. Je ne serais pas un ami, un ami véritable comme je prétends l'être, si je ne vous passais pas un premier tort. J'avoue, d'ailleurs, que la circonstance était délicate, et qu'il a été généreux à vous de m'épargner en cette occasion... Toutefois, je n'aurais pas souffert d'un autre homme qu'il ne reçût pas mes explications... Mais comment vous êtes-vous désabusé?

DON JUAN.

Souffrez, de grâce, don César, pour vous, pour moi, que j'éloigne la conversation d'un sujet qui nous rappellerait à nous deux que je vous ai offensé. Parlons d'autre chose. — Savez-vous que votre prisonnière est belle?

DON CÉSAR.

Mais... pas très-belle.

DON JUAN.

Si fait, si fait! Mais il est vrai qu'à côté de Lisarda son éclat pâlit un peu. Il n'est rien d'aussi accompli que Lisarda. Toutes les autres femmes les plus parfaites sont à elle ce que les étoiles sont au soleil.

DON CÉSAR.

Alors même qu'elle aurait autant de beauté que vous le prétendez, je doute qu'elle soit aussi spirituelle que la personne en question. Je pourrais, don Juan, vous lire une lettre... mon joli masque honteux m'a écrit... Il n'y aura pas d'indiscrétion, puisque nous avons mis en commun nos biens et nos maux.

DON JUAN.
Vous me feriez beaucoup de plaisir.
DON CÉSAR.
Je l'ai peut-être trop vantée... mais n'importe.

Entre CAMACHO.

CAMACHO.
Grâces à Dieu, je me suis tiré d'un mauvais pas! Ce n'est pas sans peine ni sans peur.
DON JUAN.
Qu'est-ce donc?
DON CÉSAR.
Quelle peur, dis-tu?
CAMACHO.
Il me semble que j'ai à mes trousses une fenêtre et quatre domestiques. J'ai voulu aller voir tout-à-l'heure votre prisonnière, pour m'assurer par moi-même si elle est aussi bien que vous ne cessez de me le répéter, et j'ai trouvé à sa place la fille du gouverneur, un vrai diable, qui, furieuse d'apprendre le motif de ma visite, m'a dit : « Ce n'est pas ici une maison où l'on vienne rendre des messages, et si vous y remettez le pied une seconde fois, j'ordonnerai à quatre domestiques de vous jeter par la fenêtre. » Je n'en ai pas entendu davantage...
DON JUAN.
Je la reconnais bien là; elle est aussi sage que belle. — Mais lisons la lettre. Voyons donc un peu cet esprit si merveilleux.
DON CÉSAR.
Ce n'est qu'un petit billet, mais charmant. Écoutez. (*Il lit.*) « Si vous pouvez gagner vos gardes comme j'ai gagné mes surveillantes, j'irai vous voir ce soir, mais à trois conditions : la première, que vous aurez la précaution de tenir prête une chaise à porteurs à la porte de l'Église-Major; la seconde, que vous aurez à votre disposition une maison où je vous puisse parler; et la troisième, que vous laisserez chez vous le pistolet. »
DON JUAN.
Elle écrit fort bien vraiment; mais il me semble qu'elle a conçu là un projet téméraire et difficile à exécuter.
CAMACHO.
Écoutez un conte à ce propos. — Un jour un paysan s'en allait portant une corde, un pieu, une poule, un oignon, une marmite et une chèvre. Chemin faisant, il rencontre une grande coquine. Celle-ci l'appelle et lui dit : « Gil, viens çà, causons un peu aujourd'hui dans ce pré. — Je ne puis, dit-il, avec cet attirail; je perdrais tout cependant. — A quoi, elle : Que tu es bête! tu ne sais donc pas t'arranger! que portes-tu là, voyons? — Regarde : un oignon, une marmite, une chèvre, une poule, une corde et un pieu.

— Voilà bien de quoi être en peine! Fiche le pieu en terre, puis attaches-y la chèvre par un pied avec la corde; puis, pour contenir la corde davantage, mets dessus la marmite, et dans la marmite mets la poule, et par-dessus la poule et la marmite, mets l'oignon. Ainsi tu n'auras rien à craindre, et tu seras bien sûr de retrouver après, l'oignon, la poule et la marmite, le pieu, la corde et la chèvre...» Lorsqu'une femme veut, il n'y a pas d'obstacle qui tienne; elle est capable de l'impossible.

DON JUAN.

Pas trop mal.

CAMACHO.

Je crois bien!

DON CÉSAR.

Tais-toi.

DON JUAN.

Et enfin que comptez-vous faire?

DON CÉSAR.

C'eût été avec beaucoup de plaisir que je serais allé lui parler si c'eût été de nuit ou si l'alcayde m'eût permis de sortir. Je trouverais bientôt un endroit commode pour la voir.

CAMACHO.

Mais, ma foi! vous êtes aussi embarrassé que mon paysan, et plus que lui encore.

DON JUAN.

Je me charge d'obtenir la permission de l'alcayde et je vous offre mon appartement; vous n'y courez aucun risque, parce que la porte en donne sur une autre rue. Vous sortirez d'ici en carrosse et disposerez tout comme le désire cette dame.

CAMACHO.

A merveille! Vous prenez si bien vos mesures qu'on dirait que vous avez étudié la leçon de ma fillette.

DON JUAN.

Va, Camacho, arrête une chaise; voici la clef de mon appartement, et arrange tout pour le mieux. Allons, va, ne tarde pas.

CAMACHO.

En vérité, je me fais à moi-même l'effet d'un cuisinier; car les cuisiniers accommodent les ragoûts sans les manger, et même quelquefois sans y goûter.

Il sort.

DON CÉSAR.

Vous me donnez là de précieuses marques d'amitié.

DON JUAN.

C'est en réjouissance de mon bonheur d'aujourd'hui.

DON CÉSAR.

Je vous devrai ce bonheur; mais rien n'égalera ma reconnaissance.

DON JUAN.

Vous ne pouvez être qu'à demi content de moi. Vous vouliez voir votre dame la nuit, et... Mais voici le gouverneur qui entre.

Entre LE GOUVERNEUR.

LE GOUVERNEUR.

Quoi ! vous ici, don Juan ?

DON JUAN.

Oui, seigneur, je suis prisonnier moi aussi.

LE GOUVERNEUR.

Vous !... comment cela ?

DON JUAN.

Puisque mon ami est prisonnier, je puis dire avec raison que je le suis également.

LE GOUVERNEUR.

Bien !... — Mais à ce compte nous sommes tous prisonniers, car tous nous désirons servir don César.

DON CÉSAR.

Je me tais, seigneur, et par là je crois vous mieux montrer ma gratitude. La parole est impuissante à exprimer les émotions de l'âme. Ainsi je me contente de vous dire : Que Dieu augmente et prolonge votre vie !

LE GOUVERNEUR.

Voudriez-vous, don Juan, me laisser avec don César ? nous avons beaucoup à parler ensemble.

DON JUAN.

Je m'empresse de vous obéir.

DON CÉSAR, *à part.*

Hélas ! quelle occasion je perds !... si encore je pouvais la retrouver ce soir ! (*Bas, à don Juan qu'il retient.*) Vous voyez ce qui se passe, don Juan. Il pourra se faire que la dame soit déjà à m'attendre avec mon valet chez vous. Allez-y, entrez, car je sais qu'elle aura le visage recouvert de sa mante, — et dites-lui qu'il m'est impossible de l'aller voir. Ajoutez que je meurs de désespoir et de douleur.

DON JUAN.

Comptez-y.

DON CÉSAR.

A propos, don Juan, puisque vous savez qui elle est, n'ayez pas l'air avec elle de le savoir.

DON JUAN.

Soyez tranquille.

Il sort.

LE GOUVERNEUR.

Asseyez-vous là, don César.

DON CÉSAR.

Je vous obéis, seigneur, comme c'est mon devoir.

Ils s'asseyent.

LE GOUVERNEUR.

Vous saurez, don César, que j'ai été en ma jeunesse le grand ami de don Alfonse Colona; je viens donc vous parler, non pas en juge, mais conduit près de vous par l'intérêt que je porte à sa personne et à son honneur. Lui-même a exigé mon entremise en cette occurrence. Donc, mon ami, en homme sage, faisant de nécessité vertu, a sollicité là-bas votre pardon; il l'a obtenu et vous l'envoie sous ce pli. Il se flatte qu'après cela vous consentirez à rétablir son honneur. Il dit enfin que, pourvu que vous reveniez auprès de lui marié avec sa fille, vous pouvez y retourner sans nul souci, qu'il vous recevra à bras ouverts comme le père le plus tendre.

DON CÉSAR.

Vous agissez, seigneur, comme celui que vous êtes, et vous m'imposez des obligations éternelles. La jalousie fut cause d'une fureur insensée; je suis complètement désabusé aujourd'hui; et ainsi j'appartiens désormais tout entier à la belle Flerida, et je suis prêt à lui donner ma main.

LE GOUVERNEUR.

Alors ce ne sera pas plus tard que cette nuit.

DON CÉSAR.

Est-ce que vous avez procuration pour cela?

LE GOUVERNEUR.

A quoi bon, si vous êtes ici présens l'un et l'autre?

DON CÉSAR.

Quoi! Flerida ici!... Comment donc, de grâce?

LE GOUVERNEUR.

Vous n'y songez donc pas! Oubliez-vous qu'elle est en ma maison?

DON CÉSAR.

Je l'ignorais, seigneur.

LE GOUVERNEUR.

Allons donc! ne l'ai-je pas trouvée avec vous le jour que je vous arrêtai?

DON CÉSAR.

Quel bizarre malentendu! Vous vous trompez, seigneur, en croyant que cette dame est Flerida. Vive le ciel! ce n'est pas elle.

LE GOUVERNEUR.

Comment un sien valet qui l'a vue m'aurait-il menti? Comment le dirait-elle pareillement?

DON CÉSAR.

Vous aurez sans doute chez vous une autre prisonnière.

LE GOUVERNEUR.

Non pas! je n'ai que cette dame qui était avec vous au jardin.

JOURNÉE III, SCÈNE III.

DON CÉSAR.
Eh bien! vous êtes dans l'erreur, elle n'est pas Flerida.

LE GOUVERNEUR.
Ma patience est à bout!... — Mais, — bien qu'elle nie qu'elle soit prisonnière, — si elle-même confesse, avec d'amers regrets, les divers incidens de ses amours et qu'elle en donne le détail, elle ne peut pas m'abuser?

DON CÉSAR.
Les mêmes signalemens, les mêmes indices pourraient convenir à une autre femme.

LE GOUVERNEUR.
Cela est impossible. D'ailleurs, un valet qui l'a suivie l'a vue, je dis vue de ses yeux.

DON CÉSAR.
Alors le valet en a menti.

LE GOUVERNEUR.
Vous me feriez perdre l'esprit.

DON CÉSAR.
Conduisez-moi vers elle, et si elle déclare devant moi être Flerida, à l'instant même je l'épouse.

LE GOUVERNEUR.
C'est bien, venez.

DON CÉSAR, *à part.*
O ciel! tirez-moi de cette intrigue inexplicable!

LE GOUVERNEUR, *à part.*
Secourez-moi, grand Dieu, au milieu de tant d'ennuis!

DON CÉSAR.
Enfin, dites-vous, c'est elle qui était cachée dans le jardin?

LE GOUVERNEUR.
Eh oui! cent fois oui.

DON CÉSAR.
Eh bien! ce n'est pas Flerida.

LE GOUVERNEUR.
Eh bien!... De mal en pis!

Ils sortent.

SCÈNE III.

Une chambre dans le palais du gouverneur.

Entrent LISARDA et FLERIDA, le visage recouvert de leurs mantes; CAMACHO les accompagne.

CAMACHO.
C'est ici la maison, mesdames. J'ai traversé la ville en tous sens afin que vous ne fussiez pas suivies. Je gagerais que vous ne savez pas où vous êtes.

LISARDA.

Il est bien impossible que nous le sachions, étant venues recouvertes de nos mantes dans une chaise à porteurs dont les rideaux étaient tirés, et de laquelle nous ne sommes descendues qu'à l'entrée de cette pièce.

CAMACHO.

Mes ordres sont d'aller fermer la porte du dehors dès que vous serez arrivées. Demeurez ici. Cette chambre hospitalière est celle d'un jeune homme qui a du goût, et vous pouvez vous amuser à la regarder. Adieu, mesdames.

Il sort.

FLERIDA, *à part.*

Je n'ai pas dit un mot afin de n'être pas reconnue par Camacho. Maintenant je ne doute plus que don César soit ici, puisque ses valets y sont. — Mais pourquoi Lisarda va-t-elle ainsi recouverte de sa mante? Pourquoi, lui, se conduit-il à mon égard avec tant de mystère?... Qu'est-ce que cela signifie?... Dieu veuille que cela finisse bien!

LISARDA.

Respirons un peu ici, Laura. Personne ne nous voit. (*Elle relève sa mante, reconnait la chambre et se trouble.*) Que le ciel me protége!

FLERIDA.

D'où vient votre surprise, madame?

LISARDA.

Je n'en sais rien, Laura. — Je me meurs!

FLERIDA.

Qu'avez-vous?

LISARDA.

Ce que j'ai!... j'ai que je suis dans ma maison, quand j'espérais me cacher pour une entrevue que je dois avoir, vous présente, avec un homme. Cette chambre que vous voyez est celle de don Juan. Vous qui êtes depuis peu à la maison, vous n'y êtes jamais entrée et ne pouvez la connaître; mais, moi, je la reconnais bien... L'appartement a une porte qui donne sur une autre rue... Comme je suis venue sans regarder où j'allais et que la chaise nous a montées jusqu'ici, j'ai été prise au piége... Hélas! hélas! je suis perdue! Et je ne puis me plaindre de personne! je suis perdue, et par ma faute!... Laissez-moi bien m'assurer que ce n'est pas une vaine illusion, que c'est la vérité... Mais non, je ne me trompe pas... le mal qui nous arrive n'est jamais que trop réel!... ces siéges, ces tableaux, ce secrétaire, ce miroir, ces tentures, ce sont bien les nôtres! c'est bien dans ma maison que je suis!... O ciel! ô Dieu!— Mais pour cela je ne me rendrai pas lâchement à la fortune... S'il y a remède à tout, il y en a un sans doute à cela... Une porte de cette hambre donne dans mon appartement. S'il y avait là quelqu'un qui pût nous ouvrir, nous sortirions d'ici ; c'est l'essentiel. Après, il nous sera facile de nous excuser d'avoir manqué au rendez-vous. Et quand même... il n'importe. — Voyez un peu à travers la serrure, Laura, je vous prie.

FLERIDA.

Je vois Celia, madame, qui travaille assise près d'une fenêtre donnant sur le jardin.

LISARDA.

Écartez-vous un peu, que je l'appelle. (*Appelant.*) Tst! tst! Celia!... Tst! tst! Celia!... (*A Flerida.*) Elle ne nous voit pas, et ne sachant de quel côté on l'appelle, elle tourne autour de la chambre comme une folle... (*Appelant.*) Par ici, Celia, par ici!

CELIA, *du dehors.*

Qui m'appelle? qui est-ce?

LISARDA.

C'est moi, Celia. Je te dirai après ce qui en est. Ouvre-moi cette porte au plus tôt, si tu peux.

CELIA, *du dehors.*

Mon maître doit en avoir la clef sur son secrétaire. Attendez un moment. Je cours la chercher.

LISARDA.

Fais vite. — Oh! puisse-t-elle revenir à temps!

FLERIDA.

Il sera trop tard.

LISARDA.

Pourquoi?

FLERIDA.

J'entends ouvrir l'autre porte, et l'on entre. C'est un homme!

LISARDA.

C'est dón Juan!... que le ciel me soit en aide!... — Laura, ôtez-moi cette mante, et vous, couvrez-vous bien le visage... Quelque chose que je dise, ne me démentez pas, ne me trahissez pas. Sauvez-moi la vie et l'honneur!

Entre DON JUAN.

DON JUAN, *à part.*

Elle n'est pas dans la première pièce; elle aura voulu visiter tout l'appartement. (*Apercevant Lisarda.*) Quoi! madame, c'est vous?

LISARDA.

Oui, seigneur don Juan, c'est moi! Comme cette dame vous attendait, je n'ai point voulu qu'elle fût seule, et je suis venue, en entrant par cette porte qui donne chez moi, lui tenir compagnie jusqu'à votre arrivée. Vous êtes, sur ma foi! un galant comme il y en a peu. Vous épousez une dame, et vous en courtisez une autre!

DON JUAN.

Mais, madame...

LISARDA.

Taisez-vous, ne cherchez pas à vous excuser.

DON JUAN.

Mais, madame, je ne...

LISARDA.

Vous n'êtes qu'un cavalier discourtois, qu'un amant ingrat et infidèle.

DON JUAN.

Est-ce que vous connaissez cette dame?

LISARDA.

Je n'ai pas besoin de la connaître; elle ne m'a pas offensée.

DON JUAN.

Eh bien! écoutez et sachez...

LISARDA.

Ne cherchez pas à vous excuser, don Juan. Je ne suis pas si éprise! Ce n'est pas la jalousie qui m'anime, c'est le sentiment d'un juste orgueil blessé. Vous recevez, dans ma maison et presque sous mes yeux, une femme voilée!... Elle entre ici dans une chaise à porteurs dont les rideaux sont tirés, suivie d'un écuyer à pied!... Elle est accompagnée jusqu'à cette chambre par un valet que mes gens ne connaissent pas et qui, sans doute, vous sert de messager dans vos bonnes fortunes!... Je sais tout.

DON JUAN.

Mais, madame...

LISARDA.

Assez.

DON JUAN.

Apprenez, je vous prie...

LISARDA.

Finissons.

DON JUAN.

C'est un de mes amis, madame, qui...

LISARDA.

Cela est trop vieux, trop usé... Vous voulez me laisser entendre, n'est-ce pas, que c'est un de vos amis qui vous a emprunté votre chambre pour parler à une femme, service que les cavaliers se rendent mutuellement? Voilà une belle excuse!

DON JUAN.

Pour Dieu, madame, écoutez!

LISARDA.

Quand une femme écoute des explications, c'est qu'elle veut être satisfaite. Moi, je ne veux pas l'être. Donnez-moi donc cette clef.

DON JUAN.

Cette dame ne sortira pas que vous ne sachiez d'abord...

LISARDA.

Je n'ai rien à savoir. Éloignez-vous de ce côté. (*A Flerida.*) Allons, madame, partez, et félicitez-vous de ce que je suis celle que je suis. (*Bas.*) Pardonnez-moi, ma chère amie, j'y suis forcée.

FLERIDA, *bas, à Lisarda.*

Je vous admire.

DON JUAN, *à part.*

O cruelle loi de l'amitié!... (*A Lisarda.*) Eh bien! madame, cette dame ne sortira pas que vous n'ayez entendu de sa bouche ma justification.

LISARDA.

Vous ne m'y contraindrez pas, j'espère.

DON JUAN, *à Flerida.*

Alors, vous, madame, dites si vous me connaissez, dites qui est votre amant, ou, vive Dieu! je dirai moi-même qui vous êtes.

LISARDA.

Il faut que votre cause soit bien mauvaise, pour vous emporter de la sorte!

Entre CELIA.

CELIA, *bas, à Lisarda.*

Madame!

LISARDA, *bas, à Celia.*

Que veux-tu?

CELIA, *de même.*

J'ai ouvert.

LISARDA, *de même.*

Un peu tard, mais c'est bien.

CELIA, *de même.*

Qu'y a-t-il donc?

LISARDA, *de même.*

Rien... Devine-le. (*Haut, à don Juan.*) Vous voyez, la porte était ouverte.

DON JUAN.

Je ne le nie pas non plus. — Hélas! voilà du monde qui vient. C'est votre père! Tout ce que je vous demande, madame, c'est de ne pas me perdre auprès de lui.

LISARDA, *à part.*

Il faut d'abord songer à soi.

Entrent LE GOUVERNEUR, DON CÉSAR et CAMACHO.

LE GOUVERNEUR.

Qu'est ceci donc? J'ai entendu vos voix en rentrant, et cela m'a engagé à venir voir ce qui se passait. — Vous ici, ma fille?

LISARDA.

Je suis venue ici.

LE GOUVERNEUR.

Dans quel but?

LISARDA.

Pour rendre visite à une dame.

LE GOUVERNEUR.

A cette dame, sans doute? Qui est-elle?

LISARDA.

Le seigneur don Juan vous le dira mieux que personne.

LE GOUVERNEUR.

Certes, seigneur don Juan, il faut que vous ayez perdu l'esprit pour vous conduire ainsi dans ma maison!.. C'est vous, vous qui osez y introduire une dame!

DON JUAN.

Eh bien! puisque vous m'accusez, vous aussi, je dirai tout, car la loi de l'amitié n'ordonne pas qu'un homme sacrifie pour son ami son honneur. Et comme mes révélations ne sauraient compromettre cette dame, — car personne ici n'ignore qu'elle est l'épouse de don César, — apprenez que vous voyez en elle la dame que vous gardez chez vous prisonnière et qui est sortie cette après-dînée pour parler à don César. Si j'ai commis une faute en favorisant le rendez-vous d'un ami, je vous en demande humblement pardon.

FLERIDA, *à part*.

Moi, j'ai voulu parler à don César!

DON CÉSAR, *à part*.

Quelle peut être cette femme voilée?

LE GOUVERNEUR.

Vous pouvez soulever votre mante, madame; vous êtes connue ici, et il n'y a pas grand mal d'être sortie pour parler à votre époux. Puis, je tiens à lui prouver promptement ce qu'il refuse de croire, que vous êtes Flerida.

FLERIDA.

Oui, seigneur, je la suis. Une autre que moi ne peut pas être cette femme infortunée.

Elle se découvre.

DON CÉSAR.

Ciel! que vois-je?

LE GOUVERNEUR.

Eh bien! don César, est-ce Flerida? est-ce bien elle? Êtes-vous bien convaincu à cette heure?

DON CÉSAR.

Oui, seigneur, mais...

LE GOUVERNEUR.

Ce n'était pas bien à vous, don César, de me soutenir là-bas qu'il était impossible que ce fût elle, lorsque vous étiez au moment de venir la rejoindre ici.

DON CÉSAR.

Mais, seigneur...

LISARDA, *à part, après avoir fait signe à don César de se taire*.

S'il faut renoncer à l'amour, conservons du moins l'honneur.

(*Haut.*) Si vous voulez que je vous dise à tous le mot de cette énigme, — sachez donc que c'est moi qui ai mené ici la belle Flerida pour qu'elle ne se confiât pas à une autre, et pour apprendre au seigneur don Juan à ne pas prêter la maison de sa femme à ses amis.

FLERIDA, *bas, à Lisarda.*

A quoi bon chercher le *comment*, puisque je recouvre l'honneur?

DON CÉSAR, *bas, à Lisarda.*

Et moi, puisque vous le voulez ainsi, je ne vous contredis pas.

LISARDA, *bas, à don César et à Flerida.*

Le plaisir de faire votre bonheur m'ôte ma peine.

LE GOUVERNEUR.

Puisque l'amour vous y convie, don Juan et Lisarda, rapatriez-vous et donnez-vous la main.

LISARDA.

Voici la mienne.

DON JUAN.

Ma foi est à vous pour la vie.

CAMACHO, *au public.*

C'est le cas ou jamais, à présent qu'ils sont mariés, d'appliquer e dicton populaire : «DE MAL EN PIS.» Et ainsi, *Ite, comedia est*[1].

DON CÉSAR, *au public.*

Et, comme une noble assemblée, ayez la bienveillance de pardonner les fautes de l'auteur qui se met à vos pieds.

---

[1] *Ite, comedia est*, c'est-à-dire, allez-vous-en, la comédie est finie. Il est impossible de ne pas reconnaître ici la parodie des paroles que le prêtre prononce à la fin de la messe pour congédier les assistans : *Ite, missa est*. On pourrait s'étonner que Calderon, qui était dans les ordres sacrés, se soit permis de plaisanter sur un pareil sujet. Mais outre qu'une plaisanterie de cette espèce n'est guère dangereuse dans un pays où le sentiment religieux domine, il faut remarquer que celle-ci est en soi assez innocente, et que l'auteur l'a placée dans la bouche du *gracioso*, qui est toujours à demi fou.

FIN DE MAL EN PIS.

LA VIE EST UN SONGE.

(LA VIDA ES SUENO.)

NOTICE.

La Vie est un songe, l'une des pièces les plus célèbres de Calderon, fut imprimée en 1640 par les soins de don Diègue Calderon, frère aîné de notre poète. Cet ouvrage appartient donc à la première moitié de sa carrière.

Les anciens ont proclamé, depuis bien des siècles, que la vie n'est qu'un rêve. Pindare a même dit, je crois, que c'était le rêve d'une ombre. Mais le développement de cette pensée revenait de droit à un poète chrétien et catholique.

Si je ne me trompe sur l'intention de Calderon, il a voulu montrer dans cette pièce l'irrésistible puissance de la destinée, ou, pour mieux parler, de la Providence. Nous ne sommes point maîtres de nos actions; une volonté supérieure nous mène malgré nous, et tout le mal que nous faisons pour nous y soustraire est un mal inutile. Mais il n'en est pas de même du bien que nous pouvons faire : il nous servira à nous-mêmes; il nous sera compté dans une autre vie, qui n'est pas un rêve.

La pensée a peine à considérer, sans une sorte de vertige, la profondeur de ce drame, qui lui-même, comme un rêve étrange, frappe fortement l'esprit, et laisse dans l'âme une longue impression.

Cette pièce, fort sérieuse, a aussi une partie comique. Rien de plus charmant, à notre avis, que la première scène de la troisième journée, où Clairon est pris pour un prince; et ce qu'il y a d'admirable, c'est de voir comme cette scène bouffonne rentre dans le sens général de la pièce.

La Vie est un songe fut, dans le siècle dernier, imitée par Boissy; et de notre temps cette pièce a été traduite en allemand par Schlegel.

LA VIE EST UN SONGE.

PERSONNAGES.

BASILIO, roi de Pologne.
SIGISMOND, prince.
ASTOLFE, duc de Moscovie.
CLOTALDO, vieillard.

CLAIRON, valet bouffon.
ESTRELLA [1], infante.
ROSAURA, dame.
SOLDATS, GARDES, MUSICIENS, CORTÉGE

JOURNÉE PREMIÈRE.

SCÈNE I.

Un site sauvage. Des montagnes. Une caverne.

On voit paraître, sur le haut d'une montagne, ROSAURA, vêtue en homme, portant des habits de voyage; elle commence à parler en descendant la montagne.

ROSAURA.

Impétueux hippogriffe [2], aussi rapide que le vent, arrête-toi ! Pourquoi, éclair sans flamme, oiseau sans plumes, poisson sans écailles, et quadrupède sans instinct naturel, — pourquoi donc t'emporter et t'élancer, le mors aux dents, au milieu du confus labyrinthe de ces rochers dépouillés ?... Arrête, te dis-je, arrête-toi sur cette montagne, où les animaux sauvages auront aussi leur phaéton. Pour moi je ne veux pas aller plus avant, et terminant mon voyage où m'a conduite le destin, désespérée, je descends les hauteurs escarpées de ce mont sourcilleux qui brave le soleil... O Pologne ! ce n'est pas là une attrayante hospitalité que celle que tu m'offres, puisqu'au moment où je mets le pied sur ton sol, tu permets que je le rougisse de mon sang. Hélas ! mon sort ne me promettait pas davantage, et qui jamais eut pitié d'un malheureux ?

Entre CLAIRON ; *il descend par le même côté.*

CLAIRON.

Vous pourriez bien dire deux, s'il vous plaît, et ne pas m'oublier quand vous vous plaignez ; car si nous sommes deux qui avons quitté notre pays pour chercher les aventures, deux qui sommes arrivés jusqu'ici à travers toutes sortes de folies et de disgrâces, et deux encore qui avons dégringolé du haut de la montagne, — il n'est pas juste que j'aie partagé les périls et qu'ensuite je ne sois plus compté pour rien.

[1] *Estrella signifie étoile.*
[2] *Hipogrifo violento*
Que corriste parejas con el viento, etc., etc.

ROSAURA.

Je ne te comprends point dans mes plaintes, Clairon, afin de ne pas t'enlever le droit que tu as à tes propres consolations en pleurant ton infortune; car, comme disait un philosophe, on éprouve tant de plaisir à se plaindre, que pour pouvoir se plaindre on devrait presque chercher le malheur [1].

CLAIRON.

Le philosophe qui disait cela était un vieil ivrogne. Si je le tenais, je lui donnerais quelques douzaines de soufflets et autant de coups de pied, et ensuite il pourrait se plaindre tout son soûl... Mais, madame, dites-moi, qu'allons-nous faire tous deux, seuls, à pied, à cette heure, en ce lieu désert, et au moment où le soleil disparaît de l'horizon?

ROSAURA.

Quelle singulière et triste aventure!... Toutefois, si mes sens ne s'abusent, si mes yeux ne sont pas trompés par mon imagination, il me semble qu'à la clarté incertaine du jour qui finit, j'aperçois là-bas un édifice.

CLAIRON.

Vous avez raison, ou bien mon désir et mon espoir en ont menti.

ROSAURA.

Je vois, au milieu des âpres rochers, une habitation si étroite, si basse, et d'une architecture si grossière, que l'on dirait un roc détaché qui a roulé du haut de la montagne.

CLAIRON.

Approchons-nous, madame, et au lieu de regarder ce petit palais, prions les personnes qui l'habitent de vouloir bien nous y recevoir.

ROSAURA.

La porte en est ouverte... Mais quoi! le regard, en plongeant dans ce sombre lieu, n'y découvre que la nuit.

On entend un bruit de chaînes.

CLAIRON.

O ciel! qu'entends-je?

ROSAURA.

Je ne sais quel sentiment m'a rendue immobile, tremblante et glacée.

CLAIRON.

N'est-ce pas le bruit d'une chaîne? Que je meure s'il n'y a pas là un galérien! Ma peur ne m'a jamais trompé.

SIGISMOND, *dans la caverne*.

Hélas! malheureux!... hélas! infortuné!

ROSAURA.

Quelle triste voix!... J'éprouve une nouvelle peine et de nouveaux tourmens.

---

[1] Le philosophe qui a dit cela est, je crois, de la façon de Calderon.

CLAIRON.
Et moi de nouvelles craintes.
ROSAURA.
Clairon?
CLAIRON.
Madame?
ROSAURA.
Fuyons les périls de cette tour enchantée.
CLAIRON.
Je voudrais bien, madame; mais je n'ai pas même assez de courage pour fuir.
ROSAURA.
Mais n'aperçois-je pas une faible lumière, une pâle clarté, une sorte d'étoile vacillante dont l'éclat incertain et irrégulier augmente encore, s'il est possible, l'obscurité de cette ténébreuse habitation? — Oui, à ses reflets, je distingue, quoique de loin, un cadavre vivant qui est enseveli dans cette sombre prison... Et pour augmenter mon effroi, cet homme, qu'éclaire une triste lueur, porte pour vêtement une peau de bête, et il est chargé de fers. — Fuyons, ou du moins, puisqu'il ne nous est pas possible de fuir, écoutons d'ici ses plaintes.

Entre SIGISMOND; *il est enchaîné et couvert de peaux de bêtes.*

SIGISMOND.
Hélas! malheureux!... hélas! infortuné!... O ciel! je voudrais savoir au moins, dans mon malheur, quel crime j'ai commis contre toi en naissant! Est-il juste à toi de me traiter aussi cruellement, puisque mon seul crime est d'être né? et si cela devait m'être imputé à crime, ne devais-tu pas m'empêcher de naître? car, pour justifier ta rigueur, tu n'as rien autre à me reprocher... Est-ce que le reste des êtres animés n'ont pas eu naissance ainsi que moi? et si tous ainsi que moi ont eu naissance, pourquoi donc jouissent-ils de priviléges qui m'ont été refusés?... L'oiseau naît, et à peine est-il une fleur qui a des plumes et un bouquet qui a des ailes, que, revêtu de sa parure charmante, il s'élance de son nid bientôt oublié, et fend d'un vol léger les plaines de l'air. Et moi qui ai plus d'âme, j'ai moins de liberté!... La bête sauvage naît, et dès que sa peau est marquée de ces taches égales qui y semblent tracées par le plus habile pinceau, elle traverse les forêts en bondissant, et pressée par la nécessité, déchire sans pitié tout ce qu'elle rencontre sur son passage. Et moi, avec de meilleurs instincts, j'ai moins de liberté!... Le poisson naît, et à peine est-il sorti du limon et des algues marines où il fut déposé, — à peine, couvert d'écailles, peut-il se mirer sur les eaux, que, poussé par son caprice et la température de l'humide élément, il parcourt en tous sens l'immensité des mers. Et moi, avec plus d'intelligence, j'ai moins de liberté!... Le ruisseau

naît, couleuvre argentée qui se détache parmi les fleurs, et à peine est-il sorti de son berceau parfumé, qu'il se déroule en longs plis avec un doux murmure, et traverse en chantant la plaine qui s'ouvre devant lui. Et moi, avec une vie plus complète, j'ai moins de liberté!... Aussi, quand j'y songe, mon sein se soulève d'indignation, et comme un volcan, il est prêt à lancer feu et flamme. Quelle justice, quelle raison, quelle loi permet donc de refuser à un homme le doux privilége, le droit précieux que Dieu accorde au ruisseau cristallin, au poisson, à la bête sauvage, à l'oiseau[1]?

ROSAURA.

Ses paroles m'ont inspiré tout à la fois de la crainte et de la pitié.

SIGISMOND.

Qui donc a écouté mes plaintes?... Est-ce vous, Clotaldo?

CLAIRON.

Dites que oui.

ROSAURA.

Non, ce n'est pas lui; c'est un infortuné qui dans ces tristes lieux avait entendu vos gémissemens.

SIGISMOND.

Eh bien! tu vas mourir; car je ne veux pas qu'il existe personne qui soit instruit de ma faiblesse; et seulement parce que tu m'as entendu, je vais te presser entre mes bras robustes et te mettre en pièces.

CLAIRON.

Pour moi je suis sourd, et par conséquent je n'ai pas pu vous entendre.

ROSAURA.

Si tu as en toi quelque chose d'humain, me voilà à tes pieds, épargne-moi.

SIGISMOND.

Je ne sais par quelle secrète puissance, mais ta voix m'attendrit et ta présence me trouble. Qui es-tu? — Car bien que je ne connaisse rien du monde, puisque cette tour, ou, pour mieux dire, cette caverne, a été jusqu'ici mon berceau et mon tombeau; bien que depuis ma naissance je n'aie jamais vu que cet affreux désert, où je n'ai qu'une misérable existence aussi monotone et aussi triste que la mort; bien que je n'aie jamais parlé à aucun être vivant, si ce n'est à un homme qui partage ma disgrâce et qui m'a donné quelques renseignemens sur le ciel et sur la terre, sur le cours des astres, sur l'art de gouverner les états; bien qu'à vrai dire, — ce qui cause ton effroi, — je sois un homme parmi les bêtes sauvages et une bête sauvage parmi les hommes, et que tu puisses à bon droit m'appeler un monstre; — toi seul, sache-le, tu as suspendu ma colère,

[1] Rosaura, dans les Trois effets de l'amour, est dans la même situation que Sigismond, et, comme lui, elle compare sa destinée à celle de tous les objets qui l'entourent, mais dans des vers qui ont moins de grâce et d'harmonie.

adouci ma tristesse, et charmé mon oreille et ma vue. Chaque fois que je te regarde, je t'admire davantage, et à mesure que je te regarde je désire davantage te regarder. Je ne comprends pas que mes yeux se fixent ainsi sur toi, car en te voyant je meurs d'envie de te voir [1]. Mais n'importe, laisse-moi te voir, et que je meure! car si à te voir je ressens un tel effet, que ressentirais-je donc à ne te voir pas? Ne serait-ce pas une douleur cruelle, une fureur, une rage pires que la mort? car, après avoir vécu si malheureux, ne serait-ce pas horrible de mourir au moment du bonheur?

ROSAURA.

Je te regarde avec effroi et t'écoute avec admiration, sans savoir ni ce que je puis te dire ni ce que je dois te demander... Je te dirai seulement que le ciel m'a conduit aujourd'hui en ces lieux afin sans doute que je fusse un peu consolé, si toutefois c'est pour un malheureux une consolation que de voir un homme plus malheureux encore... On raconte d'un certain sage, qui était si pauvre qu'il n'avait pour toute nourriture que les herbes qu'il pouvait cueillir, qu'un jour, comme il disait à part soi, « est-il un homme plus pauvre et plus misérable? » et comme, là-dessus, il avait regardé en arrière, il eut réponse à sa question; car il aperçut un autre sage qui ramassait soigneusement les feuilles qu'il jetait [2]. Moi, de même, j'allais par le monde me plaignant de la fortune, et tandis que je disais à part moi, « est-il un mortel plus maltraité du sort? » toi, plein de pitié, tu m'as répondu; car ma conscience me dit que tu ramasserais mes peines pour en faire ton allégresse. Si donc, par hasard, mes chagrins peuvent être pour toi un soulagement, une consolation, veuille en écouter le récit, et prends-en ce que j'en aurai de trop. Pour commencer...

CLOTALDO, *du dehors.*

Gardes de cette tour qui, soit paresse, soit lâcheté, avez laissé pénétrer deux personnes dans la prison...

ROSAURA.

J'éprouve une nouvelle inquiétude.

SIGISMOND.

C'est Clotaldo, mon gardien. Ai-je à redouter de nouvelles disgrâces?

CLOTALDO, *du dehors.*

... Avancez, accourez sans retard, et, sans qu'elles puissent se défendre, arrêtez-les ou tuez-les.

TOUS, *du dehors.*

Trahison! trahison!

---

[1] *Ojos hidrópicos creo*
Que mis ojos deben ser, etc , etc.

Mot à mot : Mes yeux, je crois, doivent être hydropiques; car, etc., etc.

[2] Je soupçonne que ce philosophe est le même que le précédent.

CLAIRON.

Gardes de cette tour, qui nous avez laissé entrer ici, puisque le choix nous est donné, contentez-vous de nous arrêter; ce sera le plus commode.

Entrent CLOTALDO et des Soldats.
Clotaldo tient un pistolet. Tous les soldats ont le visage couvert.

CLOTALDO.

Couvrez-vous tous le visage ; car il importe, tant que nous serons ici, que personne ne nous voie.

CLAIRON.

Il paraît qu'on va masqué dans ce pays?

CLOTALDO.

O vous qui, par ignorance sans doute, avez franchi les limites de ce lieu retiré, contrairement au décret du roi qui défend à qui que ce soit de venir voir celui qui vit prisonnier parmi ces rochers, — rendez-vous, rendez vos armes, ou bien ce pistolet que je tiens va partir, en vomissant deux balles dont chacune donnera la mort à l'un de vous.

SIGISMOND.

Avant que ces personnes reçoivent de toi la moindre injure, tyran farouche et cruel, je me serai moi-même donné la mort au moyen de ces fers... Oui, j'en jure par le ciel, tout enchaîné que je suis, je me déchirerai avec les mains, avec les dents, et je me briserai contre ces durs rochers, plutôt que de leur voir subir un outrage dont mon cœur serait désolé.

CLOTALDO.

Ne sais-tu pas, Sigismond, que ta destinée est telle qu'avant même ta naissance tu fus, par la loi du ciel, condamné à mourir? Ne sais-tu pas qu'au milieu de ces rochers tu ne peux te livrer qu'à une fureur impuissante? Pourquoi donc fais-tu entendre ces provocations? (*Aux soldats.*) Qu'on le remène dans sa prison et que la porte en soit fermée sur lui.

Les soldats font rentrer Sigismond dans la caverne.

SIGISMOND, *du dehors.*

Vive Dieu! vous avez raison de m'ôter la liberté; car, semblable au géant de la fable, j'aurais entassé rochers sur rochers pour vous attaquer tous ensemble.

CLOTALDO.

C'est peut-être parce qu'on avait prévu la violence de ton caractère que tu souffres tous ces maux.

ROSAURA.

Puisque la fierté à ce point vous offense et vous irrite, il serait insensé à moi de ne pas vous demander humblement la vie qui est à vos pieds. Laissez-vous toucher de pitié en ma faveur, si vous ne voulez pas qu'on dise que vous traitez avec une égale rigueur et celui qui est fier et celui qui est humble.

CLAIRON.

Et si ni la Fierté ni l'Humilité,—ces personnages si importans et si écoutés dans les autos[1], — ne peuvent toucher votre cœur, moi qui ne suis ni fier ni humble, mais un milieu entre les deux, je vous prie de vouloir bien nous protéger.

CLOTALDO.

Holà!

DES SOLDATS.

Seigneur?

CLOTALDO.

Otez-leur à tous deux leurs armes, et bandez-leur les yeux, afin qu'ils ne voient pas où on les emmène.

ROSAURA.

Voici mon épée. C'est à vous seul que je la remets, car vous êtes ici le chef; et je ne voudrais pas la rendre à un homme moins considérable.

CLAIRON.

Pour la mienne, je puis vraiment la rendre au premier venu. (*Aux soldats.*) Tenez, prenez.

ROSAURA.

Et si je dois mourir, je veux, en reconnaissance de cette grâce, vous laisser ce gage d'un grand prix, à cause du héros qui l'a portée. Gardez-la bien, je vous le recommande; car si je ne sais pas précisément quel secret est attaché à cette épée, je sais qu'elle enferme de grands mystères, et je savais que je pouvais compter sur elle pour venir en Pologne me venger d'un affreux outrage.

CLOTALDO, *à part.*

Saints du ciel! qu'est ceci? Mes ennuis, mes peines, mes chagrins pouvaient donc augmenter! (*A Rosaura.*) Qui te l'a donnée, cette épée?

ROSAURA.

Une femme.

CLOTALDO.

Son nom?

ROSAURA.

Je dois le taire.

CLOTALDO.

Dis-moi donc au moins sur quoi tu te fondes pour penser qu'il y ait un secret en cette épée?

ROSAURA.

La personne qui me l'a donnée m'a dit : « Pars pour la Pologne, et tâche, par ruse et adresse, que les nobles et les principaux du

---

[1] En effet, l'Humilité et l'Orgueil (*la Humlidad* et *la Soberbia*) jouent souvent un rôle dans les *autos* de Calderon.

pays te voient cette épée; car, par ce moyen, tu trouveras auprès de l'un d'eux secours et protection. » Mais, dans l'idée que ce seigneur était peut-être mort, on n'a point voulu me le nommer.

CLOTALDO, *à part.*

Que le ciel me protége! qu'ai-je entendu? Il m'est impossible de dire si une pareille aventure est la vérité ou une fiction. C'est bien là l'épée que je laissai à la belle Violante en promettant que celui qui me la rapporterait me trouverait avec le dévouement d'un fils et la tendresse d'un père... Que dois-je donc faire dans une situation si difficile, alors que celui qui m'apporte cette épée qui doit être si puissante sur moi, arrive frappé d'une sentence de mort?... Quelle position cruelle! quelle affreuse destinée! O inconstance de la fortune!... C'est mon fils! c'est bien lui! ce gage me le garantit et mon cœur me l'assure; mon cœur qui tressaille de joie dans ma poitrine, comme pour s'élancer vers lui; mon cœur qui (semblable au prisonnier, lequel, entendant du bruit au dehors et ne pouvant s'échapper, se précipite à la fenêtre, afin de voir ce qui se passe), dans l'impuissance où il est de sortir de mon sein, monte vers mes yeux, qui sont en quelque sorte la fenêtre de mon âme, et s'en échappe en des larmes pleines de douceur... Que faire, grand Dieu? que faire?... Le conduire au roi? hélas! c'est le conduire à la mort. Le soustraire aux yeux du roi? je ne le puis comme loyal vassal... D'un côté l'amour paternel m'implore, d'un autre côté la loyauté me commande... Mais pourquoi hésiter? la fidélité que je dois au roi ne doit-elle point passer avant ma tendresse pour mon fils? Que ma loyauté ne subisse donc aucune atteinte, et qu'il advienne de mon fils ce que le sort voudra... D'ailleurs n'a-t-il point dit tout à l'heure qu'il venait se venger d'un outrage? Or l'homme outragé n'est-il pas un infâme? or un infâme peut-il être mon fils, peut-il être formé de mon sang?... Mais, d'autre part, s'il lui est arrivé quelqu'un de ces malheurs auxquels nous sommes tous exposés, — car l'honneur est chose si délicate qu'un souffle le ternit et qu'une parole l'enlève, — que pouvait faire de plus l'homme le plus généreux, que de venir, à travers tant de périls, chercher réparation et vengeance? Oui, c'est mon fils, c'est mon sang; je le reconnais à son courage, à sa valeur... C'est pourquoi, dans l'incertitude où je suis, le seul parti que j'aie à prendre, c'est d'aller au roi et de lui dire : « Voilà mon fils, tuez-le. » Qui sait? peut-être le roi se laissera-t-il toucher en ma faveur, et alors, mon fils vivant, je l'aiderai à se venger; et si le roi, constant dans ses rigueurs, le condamne à mourir, il mourra du moins sans savoir que je suis son père. (*A Rosaura et à Clairon.*) Suivez-moi, étrangers, et soyez persuadés qu'il est des hommes aussi malheureux que vous; car, en songeant à notre situation respective, je ne sais lequel vaut mieux de vivre ou de mourir.

Ils sortent.

SCÈNE II.

Le vestibule du palais.

Entrent, d'un côté, ASTOLFE et des Soldats, et, de l'autre, l'Infante ESTRELLA et ses Dames.
Bruit de tambours et de trompettes.

ASTOLFE.

A votre apparition, noble madame, les trompettes et les tambours font entendre leurs sons belliqueux, les oiseaux commencent leurs chants joyeux, et les fleurs balancent amoureusement leurs têtes charmantes. Les trompettes et les tambours vous saluent comme Pallas, les oiseaux comme l'Aurore, et comme Flore les fleurs. Et en effet vous êtes Pallas dans la guerre, Aurore pour l'éclat dont vous brillez, et Flore pour le charme dont vous embellissez le printemps; et, outre tout cela, vous êtes la reine qui régnez sur mon âme.

ESTRELLA.

Si les paroles doivent toujours être en harmonie avec les actes, vous avez eu tort de m'adresser tous ces beaux complimens, que dément cet appareil guerrier auquel j'aurais voulu me soustraire. Toutes ces flatteries sont, à mon sens, en complet désaccord avec votre conduite. Et remarquez, je vous prie, qu'il n'appartient qu'aux bêtes sauvages, aussi perfides que cruelles, de caresser au moment où elles tuent.

ASTOLFE

Vous êtes bien mal instruite de mes sentimens, noble Estrella, puisque vous doutez de la sincérité de mon hommage. Veuillez m'écouter, je vous en conjure. Eustorgue, troisième du nom, roi de Pologne, étant mort, eut pour héritiers Basilio et deux filles de qui vous et moi nous sommes nés... Je ne veux point vous fatiguer à vous conter rien qui soit hors de propos... De ces deux filles, Clorilde, qui aujourd'hui repose en paix dans un séjour meilleur, était l'aînée et fut votre mère; Recisonde, la cadette, — que Dieu conserve mille années, — se maria en Moscovie, et c'est d'elle que je suis né. Maintenant, pour venir à un autre point, Basilio, qui touche déjà à la vieillesse, après avoir toute sa vie dédaigné les plaisirs et négligé les dames pour l'étude, est devenu veuf sans enfans, et vous et moi nous prétendons lui succéder. Vous, vous dites en votre faveur que vous êtes fille de la sœur aînée; moi, je réponds que je suis, il est vrai, le fils de la sœur cadette, mais que, comme homme, je dois être préféré. Nous avons soumis le différend à notre oncle; il nous a répondu qu'il voulait nous réconcilier, et dans ce but il nous a invités tous deux à nous trouver aujourd'hui en ce lieu même. Voilà avec quelle intention je suis venu ici; j'aime mieux vivre en paix avec vous que de vous faire la guerre, et il est mal à vous de me la déclarer... Oh! veuille l'amour, ce dieu plein de sagesse, que le vulgaire, dont les prédictions s'accomplissent si souvent, ne se soit pas trompé dans les acclamations avec lesquelles il nous a reçus tous deux ! Puissiez-vous en effet être reine, mais l'être de mon consentement et de ma volonté ! Puisse notre oncle, pour que votre gloire soit complète, vous donner sa couronne, votre mérite vous attirer un triomphe si flatteur, et mon amour mettre à vos pieds un empire !

ESTRELLA.

Mon cœur ne vous cède pas en générosité ; car je ne serais contente d'avoir l'empire du monde que pour vous en faire hommage. Et cependant, je crains bien que mon amour ne vous trouve ingrat. Car, dites-moi, ce portrait que je vois suspendu sur votre poitrine, ne dément-il point vos discours ?

ASTOLFE.

Je puis vous donner aisément satisfaction à cet égard... (*Bruit de tambours.*) Mais ce n'est pas le moment ; ce bruit m'annonce que le roi sort avec son conseil [1].

Entrent LE ROI BASILIO et sa Suite.

ESTRELLA.

Sage Thalès...

ASTOLFE.

Docte Euclide....

ESTRELLA.

... Qui connaissez le cours des astres...

ASTOLFE.

... Qui avez apprécié l'influence diverse des étoiles...

ESTRELLA.

... Permettez que je vous presse dans mes bras.

ASTOLFE.

... Souffrez que je me prosterne à vos pieds.

LE ROI.

Embrassez-moi, mes enfans ; et puisqu'en venant ici vous m'avez montré tant de déférence, et que vous me témoignez de tels sentimens, croyez bien qu'aucun de vous n'aura lieu de se plaindre, croyez bien que vous serez satisfaits l'un et l'autre ; seulement, ayant à vous confier mes désirs et mon projet, je vous demande un moment de silence. Pour ce qui est de votre approbation, vous me la donnerez après, si vous êtes contens. Écoutez-moi donc avec attention. — Vous savez déjà, mes enfans, et vous aussi, noble cour de Pologne, parens, amis, et vassaux, que ma science m'a mérité dans le monde le surnom de docte, et que nos peintres, nos statuaires, rivaux de Timante et de Lysippe, ont reproduit mille fois mon image pour immortaliser celui qu'ils appellent le grand Basilio. Vous sa-

[1] *......Que sale ya*
El rey con su parlamento.

vez aussi que la science dont je m'occupe le plus, et pour laquelle je professe le plus d'estime, ce sont les mathématiques, science au moyen de laquelle j'enlève au temps et à la renommée le privilége de m'apprendre les choses encore inaccomplies ou inconnues ; car lorsque je vois présentes sur mes Tables [1] les nouveautés des siècles futurs, n'est-ce pas comme si j'accompagnais le temps lui-même dans sa marche éternelle ? (*Montrant le ciel.*) Cette voûte azurée, sur laquelle se promènent mes yeux, que le soleil illumine de ses rayons et que la lune éclaire la nuit d'une douce lumière, ces orbes de diamant, ces globes de cristal, ces astres, ces étoiles, voilà la plus chère étude de ma vie, voilà le livre précieux sur lequel le ciel a tracé clairement en lettres d'or notre destinée à tous, soit heureuse, soit malheureuse. Ces livres, je les lis aujourd'hui avec tant de facilité, qu'avec mon seul esprit et sans nul secours étranger, je les suis à toute heure dans leurs rapides mouvemens... Mais plût au ciel qu'il ne m'eût pas été donné de les comprendre, et qu'ils eussent prononcé contre moi le trépas le plus affreux ! car ne vaut-il pas mieux pour un infortuné mourir prématurément dans une sanglante tragédie, que de trouver sa perte dans sa propre science, et de devenir ainsi l'homicide de lui-même?... Vos regards me demandent le sens de ces paroles ; je vais vous l'expliquer, en requérant de nouveau votre silence et votre attention. — De Clotilde, mon épouse, j'ai eu un fils infortuné, dont l'enfantement fut accompagné d'étranges prodiges. Sa mère, lorsqu'elle le portait dans son sein, — triste sépulture des hommes qui précède la vie de même que l'autre suit la mort, comme si Dieu nous eût voulu placer entre deux tombeaux, — sa mère, en dormant, avait rêvé mille fois qu'il sortait de ses flancs un monstre à figure humaine, impétueux et farouche, qui en naissant lui donnait la mort. Le jour de l'accouchement arriva, et le présage s'accomplit ; car ces songes, que le ciel nous envoie, pourvu qu'on sache les interpréter, ne nous trompent jamais. Au moment où l'enfant naquit et où fut tiré son horoscope, le soleil, taché de sang, venait de provoquer la lune au combat ; les deux astres luttèrent avec un acharnement sans égal ; et à la fin l'on vit l'éclipse la plus complète, la plus horrible que le soleil ait subie depuis celle qui signala la mort du Christ. On eût dit que cet astre était arrivé à son dernier paroxysme, et qu'il allait disparaître à jamais dans ce sombre incendie. Les cieux s'obscurcirent, les édifices tremblèrent sur leur base, les nuées laissèrent tomber une pluie de pierres, et les fleuves coulèrent rougis de sang... C'est au milieu de tous ces prodiges que naquit Sigismond ; et en naissant il montra ce qu'il serait, puisqu'il donna la mort à sa mère, lui témoignant ainsi sa reconnaissance. Pour moi, j'interrogeai mes livres, je consultai les astres, et là je vis que Sigis-

---

[1] Nous n'avons pas besoin de dire qu'il s'agit ici de tables astronomiques.

mond serait l'homme le plus intraitable, le prince le plus cruel et le monarque le plus impie; que sa cour serait une école de perfidies et de vices; que les peuples se lèveraient contre lui; et qu'emporté par sa fureur, il ajouterait à tous ses crimes, — je ne le dis ici qu'avec honte, — de me renverser du trône, et de me faire prosterner à ses pieds... Quel homme n'est point disposé à se croire menacé dans l'avenir, surtout quand ses propres études le lui annoncent? Donc, croyant à ces présages funestes et aux malheurs que m'annonçaient les destins, je résolus de renfermer la bête sauvage qui venait de naître, pour voir si le sage peut éviter l'influence des étoiles. En conséquence, je fis publier que l'infant était mort en naissant; l'on construisit une tour au milieu des rochers de ces montagnes, qui sont d'une telle élévation, que la lumière du jour ne peut que difficilement y pénétrer; et des édits publics défendirent, sous les peines les plus graves, que personne entrât dans une certaine partie de la montagne. C'est là que vit enfermé le triste et malheureux Sigismond, qui, dans ce lieu, ne connaît que le seul Clotaldo, et n'a jamais vu, jamais entendu un autre homme. C'est Clotaldo, l'unique témoin de ses misères, qui lui a enseigné les sciences et l'a instruit dans la foi catholique... Maintenant voici trois choses. D'abord, ma chère Pologne, c'est que j'ai pour toi tant d'amour, que je veux te délivrer de l'oppression d'un tyran; car il ne serait pas un bon roi celui qui mettrait son pays en un si grand péril. En second lieu, je considère que si je prive mon sang des droits que lui ont accordés les lois divines et humaines, c'est agir contre la charité chrétienne, car rien ne m'autorise à être moi-même un despote afin d'empêcher un autre de l'être, et de commettre un crime afin que mon fils n'en commette point. Enfin, et en dernier lieu, je vois que j'ai eu grand tort de donner un tel crédit à de malheureux pronostics; car, bien qu'il ait de mauvaises inclinations, peut-être les aurait-il surmontées; d'autant qu'après tout, la planète la plus puissante peut bien faire incliner d'un côté ou d'un autre notre libre arbitre, mais ne peut pas le diriger d'une manière fatale et irrésistible. C'est pourquoi, au milieu de tous ces doutes et de toutes ces incertitudes, je me suis arrêté à un parti qui va bien vous surprendre: demain, sans plus tarder, je veux que Sigismond, tout en ignorant qu'il est mon fils et votre roi, s'asseye sur mon trône royal, pour vous gouverner en mon lieu et place, et que tous vous acceptiez son gouvernement et lui juriez obéissance. Par là j'obtiens trois avantages qui correspondent aux trois difficultés que j'ai dites. D'abord, c'est que si l'habitant des montagnes se montre prudent, sage et bon, et qu'il démente son funeste et redoutable horoscope, vous posséderez à la tête de l'état votre roi légitime. En second lieu, s'il est orgueilleux, intraitable et cruel, et qu'il s'abandonne sans frein à tous les vices, alors j'aurai largement accompli mes obligations; je pourrai le déposer en usant du pouvoir qui m'appartient ; et quand je le ferai remener à sa prison, ce ne sera plus cruauté, mais châtiment. Enfin, en troisième lieu, mes vassaux, si le prince est tel que je viens de dire, mon affection vous donnera des rois plus dignes de porter la couronne et le sceptre : ce seront mes neveux, qui, réunissant et confondant leurs droits par un heureux mariage, obtiendront l'empire qu'ils ont mérité. Voilà ma prière comme père, mon avis comme savant, mes conseils comme ancien, mes ordres comme roi ; et s'il est vrai, ainsi que l'a dit l'Espagnol Sénèque, qu'un roi n'est que l'esclave de ses sujets, voilà mon humble supplique comme esclave [1].

ASTOLFE.

S'il m'appartient, seigneur, de vous répondre comme étant celui qui est le plus intéressé en cette affaire, je vous invite au nom de tous à faire revenir Sigismond, car nous devons lui céder puisqu'il est votre fils.

TOUS.

Oui, seigneur, rendez-nous notre prince ; nous le demandons pour roi.

LE ROI.

Je vous suis reconnaissant, mes vassaux, de l'attachement que vous me témoignez. Accompagnez à leur appartement ces deux soutiens de mon empire. Demain vous verrez Sigismond.

TOUS.

Vive le grand roi Basilio !

Tous se retirent à la suite d'Astolfe et d'Estrella.

Le Roi demeure seul, et entrent CLOTALDO, ROSAURA *et* CLAIRON.

CLOTALDO.

Puis-je vous parler, seigneur ?

LE ROI.

Soyez le bienvenu, Clotaldo.

CLOTALDO.

Il ne peut pas en être autrement, seigneur, lorsque je viens à vos pieds. Et cependant le destin a été pour moi bien cruel, puisqu'il m'a fait enfreindre vos lois et vos ordres, à mon insu, contre ma volonté.

LE ROI.

Qu'est-ce donc ?

CLOTALDO.

Hélas ! j'en suis réduit là, qu'un événement qui aurait dû être pour moi le plus grand sujet de joie n'est qu'une disgrâce et un malheur.

LE ROI.

Expliquez-vous.

---

[1] Sénèque a-t-il bien dit cela ? Il est permis d'en douter. S'il l'a dit en effet, il nous serait impossible d'indiquer dans lequel de ses livres.

CLOTALDO.

Ce beau jeune homme que vous voyez devant vous a pénétré par mégarde dans la tour où le prince est renfermé, et ce jeune homme...

LE ROI.

Soyez sans inquiétude, Clotaldo. Si cela fût arrivé un autre jour, je n'aurais pas été content, je l'avoue; mais à présent que j'ai révélé ce secret, il m'importe peu que ce jeune homme le connaisse. Venez me voir dans un moment; j'ai à vous conter beaucoup de choses, et je veux vous confier une mission du plus haut intérêt, en vous avertissant d'avance que vous allez jouer un des principaux rôles dans un événement jusqu'ici sans exemple. Quant à ces prisonniers, j'excuse votre négligence et je leur pardonne.

Il sort.

CLOTALDO.

Vivez, vivez mille siècles, grand roi! (*A part.*) Le ciel a eu pitié de mon sort..... Maintenant que la nécessité ne m'y force pas, je ne dirai point qu'il est mon fils. (*Haut.*) Étrangers, vous êtes libres.

ROSAURA.

Je vous baise les pieds mille fois.

CLAIRON.

Et moi aussi, avec beaucoup de politesse[1].

ROSAURA.

Vous m'avez donné la vie, seigneur; et puisque je n'existe que par vous, je veux être à jamais votre esclave.

CLOTALDO.

Je ne vous ai point donné la vie; car un homme bien né, quand il a reçu un outrage, ne vit plus; et puisque vous êtes venu, dites-vous, avec le projet de vous venger d'un outrage, je n'ai pas pu vous donner la vie que vous n'avez pas apportée en vous-même; car une vie infâme n'est pas une vie. (*A part.*) Certes, ces paroles doivent exciter son courage.

ROSAURA.

Oui, bien que vous m'ayez donné la vie, j'avoue que je ne vivrai point jusqu'à ce que je me sois vengé; mais bientôt ma vengeance sera complète, bientôt j'aurai rétabli mon honneur, et alors vous me permettrez de dire que je vous dois la vie.

CLOTALDO.

Prenez cette épée, que vous portiez avec vous; elle suffira, je le

---

[1] ....*Tus pies beso*
Mil veces. — Y yo los piso;
Que una letra mas ó menos
No reparan dos amigos.

Jeu de mots intraduisible, qui porte sur la ressemblance des verbes *beso* et *piso*. Littéralement : Je vous baise les pieds mille fois. — Et moi je marche dessus; car, pour une lettre de plus ou de moins, on n'y regarde pas de si près entre amis.

sais, à votre vengeance; — car une épée qui a été à moi (je parle ainsi à cause qu'elle a été un moment entre mes mains) saura vous venger.

ROSAURA.

Je ceins de nouveau cette épée en votre nom ; et sur cette épée, je jure que je me vengerai, quand bien même mon ennemi serait encore plus puissant qu'il n'est.

CLOTALDO.

L'est-il beaucoup?

ROSAURA.

Il l'est à un tel point que je ne puis vous le dire ; non pas que je ne fusse prêt à confier plus encore à votre prudence, mais afin que votre protection et vos bontés ne se tournent point contre moi.

CLOTALDO.

Au contraire, me faire cette confidence, ce serait me mettre entièrement dans vos intérêts ; et de la sorte, je ne pourrais servir, à mon insu, votre ennemi. (*A part.*) Oh! que ne puis-je savoir son nom!

ROSAURA.

Tant de bonté a droit à toute ma confiance. Eh bien! sachez-le donc, mon ennemi n'est rien moins qu'Astolfe, duc de Moscovie.

CLOTALDO, *à part.*

O ciel! quelle douleur! Je ne pouvais rien imaginer de plus triste. (*Haut.*) Vous n'y avez pas assez réfléchi, ce me semble. Puisque vous êtes né Moscovite, le seigneur légitime de ce pays n'a point pu vous outrager. Renoncez donc à des projets conçus dans la colère, et retournez dans votre famille.

ROSAURA.

Vous avez beau dire ; quoiqu'il soit mon prince, il a pu m'outrager.

CLOTALDO.

Il ne l'a point pu, vous dis-je, alors même qu'il vous eût porté la main au visage.

ROSAURA.

Il m'a plus outragé encore.

CLOTALDO.

Parlez donc ; car tout ce que vous me direz est au-dessous de ce que j'imagine.

ROSAURA.

Eh bien! soit... Mais je ne sais quel respect vous m'inspirez, de quelle vénération et de quelle crainte vous remplissez mon cœur ; et j'ose à peine vous confier que ces vêtemens ne sont point ceux que je devrais porter. Si donc je ne suis point ce que je parais être, et puisque Astolfe est venu épouser Estrella, jugez par là s'il a pu m'outrager. Je vous en ai dit assez.

Rosaura et Clairon sortent.

CLOTALDO.

Écoute! arrête..... Quel est ce confus labyrinthe où je me trouve perdu et où ma raison marche sans guide? Mon honneur est outragé, mon ennemi est puissant, et je suis son vassal..... que le ciel me montre le chemin! Mais, hélas! je ne l'espère point; car pour l'homme plongé dans cet abîme ténébreux, tout le ciel n'est qu'un présage, et le monde entier qu'un prodige.

JOURNÉE DEUXIÈME.

SCÈNE I.

Une chambre dans le palais.

Entrent LE ROI et CLOTALDO.

CLOTALDO.

Vos ordres, sire, sont exécutés.

LE ROI.

Conte-moi, Clotaldo, comment tout cela s'est passé.

CLOTALDO.

Le voici, seigneur : nous avons employé le breuvage composé que vous nous aviez dit de préparer en mélangeant les vertus de certaines herbes ; il a, en effet, un tel pouvoir, une telle force, qu'il peut enlever complètement à un homme sa raison, lui ôter ses sens et ses facultés, et le mettre, pour ainsi dire, dans l'état d'un vivant cadavre. Il n'y a plus à douter que cela soit possible, après que l'expérience l'a démontré tant de fois ; il est certain que la médecine est pleine de secrets naturels ; il n'y a ni animal, ni plante, ni pierre, qui n'ait en soi une qualité déterminée ; et si la méchanceté des hommes a pu trouver mille poisons qui donnent la mort, pourquoi donc, en corrigeant la violence de ces poisons, ne leur donnerait-on pas le pouvoir d'endormir? Mais le doute n'est plus permis aujourd'hui, car il a contre lui-même la raison et l'évidence. Donc, pour en venir au fait, muni d'un breuvage composé d'opium et de jusquiame, je suis descendu dans la prison où est renfermé Sigismond. Afin de ne pas exciter sa défiance, j'ai commencé par causer avec lui des connaissances diverses que lui a enseignées la nature, laquelle l'a formé à sa divine école, au milieu des oiseaux et des bêtes sauvages ; et voulant élever son esprit à la hauteur de vos desseins, j'ai pris pour thème le vol orgueilleux de l'aigle, qui, dédaignant les régions moyennes de l'air, monte rapide jusqu'à la région du feu, où il paraît un éclair empenné, une comète au brillant plumage. J'ai vanté la fierté de son vol en disant : « C'est, enfin, le roi des oiseaux, et c'est sans doute celui auquel vous donnez la préférence. » Il n'en fallut pas davantage. A peine eus-je abordé ces idées de domination et de majesté, qu'il prit la parole d'un air plein d'orgueil, car, en effet, son sang le porte et l'excite à de grandes choses, et il s'écria : « Il est donc vrai que, même dans la république turbulente des oiseaux, il y a aussi et des chefs qui gouvernent et un peuple qui obéit! Pour moi, puisque nous en sommes sur ce sujet, je vous avouerai qu'en y pensant, mes malheurs me sont une consolation. Si j'obéis, c'est par force; jamais volontairement je ne me serais soumis à un homme. » Le voyant animé outre mesure et dans une agitation qui ressemblait à de la fureur, je lui offris l'apozème, et à peine la liqueur eut-elle passé du vase dans sa poitrine, que ses forces s'affaissèrent et que le sommeil s'empara de lui; une sueur froide coula sur tous ses membres; et c'est au point que si je n'avais pas su que ce n'était là qu'une apparence de mort, j'aurais mis en doute qu'il fût vivant. Sur ces entrefaites, arrivèrent les personnes à la prudence et au courage desquelles vous avez confié cette entreprise; on le plaça dans une voiture, et on l'a conduit ainsi jusqu'au palais, où toutes choses étaient préparées d'une manière digne de son rang. Maintenant on vient de le coucher dans votre lit, et pour se conformer à vos ordres, on veille avec soin sur son sommeil, en attendant qu'il sorte de cette léthargie. Et si en vous servant aussi fidèlement, j'ai mérité de vous une récompense, permettez-moi, sire, de vous demander, si je ne suis pas trop indiscret, quelle a été votre intention en faisant ainsi conduire auprès de vous Sigismond.

LE ROI.

Clotaldo, je trouve votre curiosité fort légitime, et par conséquent je veux la satisfaire. — Sigismond, vous ne l'ignorez pas, est menacé, par l'influence de son étoile, de toute sorte de disgrâces et de malheurs tragiques. Je prétends éprouver si le ciel ne pourrait pas s'être trompé, si le jeune homme qui nous a donné tant de preuves d'un caractère intraitable, ne pourrait pas, avec le temps, s'humaniser, se calmer, et si l'on ne pourrait pas le dompter à force de prudence et de sagesse; car enfin l'homme n'a pas été créé pour obéir aux étoiles. Voilà l'épreuve que je prétends faire, et pour cela, j'ai voulu qu'il fût amené en un lieu où il saura plus tard qu'il est mon fils, et sera en position de montrer ses qualités. S'il a assez de magnanimité pour triompher de ses mauvais penchans, il régnera; mais s'il cède à ses dispositions mauvaises, s'il est cruel et despote, il retournera en prison... Vous me demanderez peut-être, maintenant, quelle était la nécessité, pour faire cette expérience, de l'amener ici endormi? A cette question voici encore ma réponse : Si on lui eût appris dès aujourd'hui qu'il était mon fils, et que demain on le reconduisît à sa prison, il est certain, avec son caractère, qu'il serait au désespoir; car, sachant sa naissance, comment se consolerait-il? C'est pourquoi j'ai voulu qu'au besoin il eût la ressource de se dire que tout ce qu'il avait vu n'était qu'un songe. Nous y trouverons deux avantages : d'abord, de pouvoir étudier son caractère, et, en second lieu, de lui procurer la consolation dont je vous ai parlé. Et après tout, si, quand il aura commandé ici, il se revoit en prison, et qu'il s'imagine qu'il a rêvé tout ce qui s'est passé, il aura raison, Clotaldo ; car dans ce monde, pour tous tant que nous sommes, vivre c'est rêver.

CLOTALDO.

Il me semble, seigneur, qu'il y aurait à cela bien des choses à redire ; mais ce n'est pas le moment. Je reconnais à certains signes que le prince s'est réveillé et qu'il vient de ce côté.

LE ROI.

Je me retire. Vous, son gouverneur, tâchez de dissiper le trouble où il doit être, et apprenez-lui la vérité.

CLOTALDO.

Vous me permettez donc de la lui dire?

LE ROI.

Oui, car peut-être en sachant ce qui le menace, il fera plus d'efforts pour se vaincre.

Il sort.

Entre CLAIRON.

CLAIRON, à part.

Moyennant un droit d'entrée de quatre coups de hallebarde que j'ai, non pas donnés, mais reçus d'un vilain hallebardier qui a la barbe aussi rouge que sa livrée, je pourrai voir à mon aise tout ce qui va se passer. Il n'y a pas de meilleure fenêtre que celle qu'on porte avec soi sans être obligé de demander de billet. Pour avoir à toutes les fêtes une excellente place sans payer, il suffit d'un peu d'effronterie.

CLOTALDO, à part.

C'est Clairon, le valet de cette pauvre infortunée, qui, bravant tous les périls, est venue en Pologne venger mon outrage. (Haut.) Eh bien! Clairon, qu'y a-t-il de nouveau?

CLAIRON.

Il y a, seigneur, que votre générosité, disposée à prendre fait et cause pour Rosaura, lui a conseillé, à ce qu'il paraît, de revêtir les habits de son sexe.

CLOTALDO.

Et je lui ai donné ce conseil dans la crainte que l'on ne vînt à concevoir une mauvaise opinion de sa conduite.

CLAIRON.

Il y a qu'elle a changé de nom, qu'elle se fait passer pour votre nièce, et qu'à compter d'aujourd'hui elle a obtenu l'honneur d'être placée comme dame auprès de la princesse Estrella.

CLOTALDO.

Je suis bien aise qu'elle se soit conduite avec autant de sagesse.

CLAIRON.
Il y a encore qu'elle attend le moment où vous pourrez rétablir son honneur.
CLOTALDO.
Elle a raison ; car c'est le temps qui nous donnera tôt ou tard l'occasion favorable.
CLAIRON.
Il y a qu'en cette qualité, — de votre nièce, — elle est traitée, régalée, fêtée comme une reine. Il y a finalement que moi, qui suis venu avec elle, je me meurs de faim et personne ne se souvient de moi ; personne ne pense que je suis Clairon, et que si un tel clairon se met à sonner, il pourra tout apprendre au roi, à Astolphe et à Estrella. Car Clairon et valet sont deux choses qui gardent difficilement un secret, et si je romps une fois le silence, il pourra se faire que l'on chante pour moi ce refrain si connu : « Clairon qui sonne au matin ne fait pas plus de train [1]. »
CLOTALDO.
Tes plaintes sont fondées, et j'y ferai droit. Mais, en attendant, sois fidèle.
CLAIRON.
Voici le seigneur Sigismond.

Entrent SIGISMOND, *des* VALETS *qui lui présentent des vêtemens, et des* MUSICIENS *qui chantent.*

SIGISMOND.
Que le ciel me soit en aide ! Que vois-je ? Je doute si je veille, et j'éprouve une sorte de crainte... Moi dans un palais somptueux ! moi au milieu du brocart et de la soie ! moi, je suis entouré de valets si riches, si brillans ! moi, j'ai dormi et me suis éveillé dans un lit si parfait ! moi, j'ai, pour me servir, tant de gens qui m'offrent des vêtemens !... Est-ce un rêve ? non, je suis éveillé... Ne suis-je donc pas Sigismond ?... O ciel ! instruis-moi de la vérité, et apprends-moi ce qui se passe ; dis-moi ce qui est arrivé pendant mon sommeil, et par quelle aventure je me trouve en ces lieux... Mais pourquoi m'en inquiéter ? Je veux me laisser servir, et advienne que pourra !
PREMIER VALET.
Il paraît tout surpris et tout triste.
DEUXIÈME VALET.
Qui ne le serait à sa place ?
CLAIRON.
Moi.
DEUXIÈME VALET, *bas, au premier.*
Parle-lui donc, à présent.

---
[1] *Clarin que rompe el albor*
No suena mejor.

PREMIER VALET, *à Sigismond.*

Voulez-vous que l'on recommence à chanter?

SIGISMOND.

Non, c'est assez.

DEUXIÈME VALET.

Comme vous paraissez tout pensif, nous avons voulu vous distraire.

SIGISMOND.

Mes chagrins n'ont pas besoin de distraction, et la seule musique que j'aime, c'est la musique militaire.

CLOTALDO.

Que votre altesse, monseigneur, me permette de baiser sa main! Je tiens à honneur de lui témoigner ainsi le premier mon obéissance.

SIGISMOND, *à part.*

N'est-ce pas Clotaldo?... Comment donc celui qui me traitait si mal dans ma prison, me parle-t-il avec tant de respect? Que m'est-il donc arrivé de nouveau?

CLOTALDO.

Au milieu du trouble où vous met votre nouvelle position, votre raison doit flotter incertaine : eh bien! je veux, s'il est possible, dissiper tous vos doutes. — Vous saurez donc, seigneur, que vous êtes prince héritier de la couronne de Pologne. Si l'on vous a tenu renfermé si long-temps, ça été pour obéir à un destin fatal qui menace cet empire de toute sorte de périls pour l'époque où vous prendrez en main le sceptre royal. Mais on a espéré que, par votre force morale, vous surmonteriez les étoiles, car un homme généreux doit les vaincre; et pendant que vous étiez plongé dans un profond sommeil, on vous a tiré de la tour où vous étiez et l'on vous a porté au palais. Votre père et mon roi viendra vous voir, Sigismond, et c'est de lui que vous apprendrez le reste.

SIGISMOND.

Eh quoi! misérable, infâme, traître, qu'ai-je encore à apprendre? et maintenant que je sais qui je suis, n'en est-ce pas assez pour montrer dès ce moment et ma fierté et mon pouvoir? Comment avez-vous pu trahir votre pays jusqu'à m'emprisonner, jusqu'à m'enlever, contre tout droit et toute raison, le rang qui m'était dû?

CLOTALDO.

Infortuné que je suis!

SIGISMOND.

Vous avez manqué à la justice, vous avez abusé le roi, vous m'avez traité avec une rigueur cruelle; et ainsi, la justice, le roi et moi, nous vous condamnons, pour vos crimes, à mourir de mes mains.

CLOTALDO.

Seigneur...

JOURNÉE II, SCÈNE I.

SIGISMOND.

Que personne ne cherche à m'arrêter; ce serait une peine inutile. Et, vive Dieu! si quelqu'un d'entre vous se met devant moi, je le jette par la fenêtre.

DEUXIÈME VALET.

Fuyez, Clotaldo!

CLOTALDO.

Hélas! malheureux, pourquoi montrez-vous tant d'orgueil, sans savoir que vous êtes au milieu d'un rêve?

Il sort.

DEUXIÈME VALET.

Remarquez, seigneur...

SIGISMOND.

Otez-vous...

DEUXIÈME VALET.

Il n'a fait qu'obéir au roi.

SIGISMOND.

Il ne devait pas obéir au roi en une chose qui n'était pas juste; et d'ailleurs j'étais son prince.

DEUXIÈME VALET.

Il n'a point dû examiner s'il faisait bien ou mal.

SIGISMOND.

Il paraît que vous cherchez quelque chose, puisque vous osez me répondre.

CLAIRON.

Le prince parle fort bien, et vous vous conduisez fort mal.

DEUXIÈME VALET.

Qui vous a donné la permission de venir ici?

CLAIRON.

C'est moi qui l'ai prise.

SIGISMOND.

Dis-moi, qui es-tu, toi?

CLAIRON.

Je suis un homme qui aime à se mêler des affaires des autres, et je ne crains personne en ce genre : j'ai fait mes preuves.

SIGISMOND.

Dans ce monde tout nouveau où je me trouve, toi seul m'as plu.

CLAIRON.

Je serais trop heureux, seigneur, de plaire à tout ce qui s'appelle Sigismond.

Entre ASTOLFE.

ASTOLFE.

Heureux mille fois, ô prince! le jour où vous vous montrez à la Pologne, et où vous remplissez ce pays d'une splendeur inaccoutumée, en sortant, comme le soleil, du sein des monts. Que votre noble front puisse porter long-temps la couronne royale!

SIGISMOND.

Dieu vous garde!

ASTOLFE.

Je me fâcherais d'un accueil aussi froid, si vous me connaissiez; mais vous ne savez pas qui je suis, et c'est là votre excuse. Je suis Astolfe, duc de Moscovie, et votre cousin : nous pouvons traiter d'égal à égal.

SIGISMOND.

Eh quoi! en vous disant : Dieu vous garde! je ne vous fais pas un bon accueil? Eh bien! puisque cela ne suffit pas à votre rang, à votre naissance, et que vous n'êtes pas content, la première fois que je vous reverrai, je dirai : « Que Dieu ne vous garde pas! »

DEUXIÈME VALET, *à Astolfe.*

Que votre altesse ne s'en offense pas; il traite avec tout le monde comme un homme qui a été élevé dans les montagnes. (*A Sigismond.*) Seigneur, ménagez davantage le prince Astolfe.

SIGISMOND.

Il m'a ennuyé avec ses belles phrases, et il ne m'a pas moins ennuyé avec son chapeau qu'il a gardé sur sa tête.

DEUXIÈME VALET.

C'est un grand prince.

SIGISMOND.

Je suis encore plus grand.

DEUXIÈME VALET.

Il est bon que vous ayez l'un pour l'autre plus d'égards que n'en ont entre eux les autres seigneurs de la cour.

SIGISMOND.

De quoi vous mêlez-vous, s'il vous plaît?

Entre ESTRELLA.

ESTRELLA.

Que votre altesse, monseigneur, soit la bienvenue dans ce palais qui est fier de la posséder; et qu'elle y vive avec bonheur et avec gloire, non pas des années, mais des siècles.

SIGISMOND, *à Clairon.*

Dis-moi maintenant, toi, quelle est cette charmante femme? Quelle est cette noble beauté? Quelle est cette divinité céleste qui se montre à mes yeux avec un tel éclat?

CLAIRON.

Seigneur, c'est votre cousine Estrella.

SIGISMOND.

Dis plutôt le soleil[1]. (*A Estrella.*) Je vous remercie, madame, de votre compliment; mais je ne l'accepte et je ne suis le bienvenu que parce que je vous ai vue; car c'est l'unique plaisir, la seule

[1] Il ne faut pas oublier que *estrella* signifie *étoile*.

joie que je trouve en ce lieu. — Permettez-moi, je vous prie, de baiser votre main plus blanche que la neige.

ESTRELLA.

Cela n'est pas convenable.

ASTOLFE, *à part.*

S'il lui prend la main, je suis perdu.

DEUXIÈME VALET.

Je connais les secrets sentimens d'Astolfe, et je veux le servir. (*A Sigismond.*) Songez, seigneur, qu'en présence du prince Astolfe, il n'est point juste que votre altesse...

SIGISMOND.

Ne vous ai-je point dit de ne pas vous mêler de mes affaires?

DEUXIÈME VALET.

Je vous dis ce qui est juste.

SIGISMOND.

Ne m'ennuyez pas. Je ne trouve de juste que ce qui est selon mon bon plaisir.

DEUXIÈME VALET.

Il n'y a qu'un moment, seigneur, vous disiez qu'il ne faut obéir à son prince qu'en ce qui est juste.

SIGISMOND.

Vous devez aussi m'avoir entendu dire que je jetterais par la fenêtre le premier qui m'ennuierait.

DEUXIÈME VALET.

On ne traite pas ainsi un homme de ma sorte

SIGISMOND.

Vive Dieu! je vais vous prouver le contraire.

Il l'enlève dans ses bras et court vers le balcon.

ASTOLFE.

Qu'est-ce donc?

ESTRELLA.

Empêchez-le tous.

Elle sort.

SIGISMOND, *revenant.*

Le voilà dans la mer, Vive Dieu! je lui ai montré que cela n'était pas si difficile.

ASTOLFE.

Mesurez un peu mieux votre conduite. S'il y a loin d'une bête sauvage à un homme, il n'y a pas moins de distance des montagnes à un palais.

Il s'éloigne.

SIGISMOND.

Prenez garde! si vous avez tant de présomption, votre tête risque de se gonfler et de ne plus tenir dans votre chapeau.

Astolfe sort.

Entre LE ROI.

LE ROI.

Que s'est-il donc passé?

SIGISMOND.

Ce n'est rien; j'ai jeté seulement par la fenêtre un homme qui m'ennuyait.

CLAIRON, *bas à Sigismond.*

Sachez que vous parlez au roi.

LE ROI.

Comment! dès le premier jour de votre arrivée, vous tuez un homme!

SIGISMOND.

Il me soutenait que je ne le ferais pas; j'ai voulu lui prouver que cela m'était possible.

LE ROI.

Je suis désolé, prince, de ces commencemens. Je pensais vous trouver averti et luttant contre l'influence des étoiles, et votre premier acte n'est rien moins qu'un homicide! Comment pourrai-je vous presser sur mon sein avec tendresse et bonheur, en ce moment où vous venez de donner la mort à un homme? Qui peut voir sans un trouble secret un poignard rougi de sang et récemment souillé d'un meurtre? Qui peut voir, sans être douloureusement ému, la place où un de ses semblables a péri d'une façon tragique? quelque force que l'on ait, il est impossible de surmonter ces instincts naturels. Aussi, quoique je fusse venu pour vous embrasser, je m'en abstiens; je craindrais de me voir dans vos bras.

SIGISMOND.

Je me passerai de vos embrassemens comme j'ai fait jusqu'à ce jour. Que m'importent, après tout, les caresses d'un père qui m'a traité avec tant de rigueur, qui m'a éloigné d'auprès de sa personne, qui m'a fait élever parmi les bêtes sauvages et m'a renfermé comme un monstre! Que m'importent les caresses d'un homme qui, après m'avoir donné le jour, a cherché ma mort par tous les moyens les plus cruels!

LE ROI.

Plût à Dieu, hélas! que je ne t'eusse point donné le jour, comme tu me le reproches! je ne serais pas témoin de tes déportemens, je n'entendrais pas tes injures.

SIGISMOND.

Si vous ne m'aviez pas donné le jour, je ne me plaindrais pas de vous, et je ne me plains que parce qu'après me l'avoir donné vous avez voulu me l'ôter. Donner est quelquefois noble et généreux; mais vouloir ôter ce qu'on a donné est la marque d'un cœur vulgaire, d'une âme sans grandeur.

LE ROI.

C'est ainsi que tu me témoignes ta reconnaissance pour t'avoir tiré de prison et t'avoir fait prince?

SIGISMOND.

Et comment pourrais-je vous être reconnaissant? Que me donnez-vous donc? Me donnez-vous autre chose que ce qui m'appartient, et ce que la mort vous forcera bientôt de quitter? Vous êtes mon père et mon roi; donc votre pouvoir, votre fortune, vos titres, tout cela me revient de droit naturel; et loin que je sois votre obligé, c'est moi, au contraire, qui pourrais vous demander compte de ce que vous m'avez privé si long-temps de mon rang et de ma liberté. Ainsi, remerciez-moi de ce que je ne vous fais pas payer ce que vous me devez.

LE ROI.

Insolent et barbare, tais-toi... Le ciel a tenu sa menace, et je vois en toi tout ce qu'il avait annoncé; mais, bien que tu saches à présent qui tu es, et que tu te voies en un lieu où tu ne reconnais pas de supérieur, je t'en avertis, prends-y garde, sois humble, doux, humain; car autrement, bien que tu te croies éveillé, tu t'apercevrais peut-être que tu n'as fait qu'un rêve.

Il sort.

SIGISMOND.

Que dit-il? Qui! moi, je rêve, bien que je me croie éveillé!... Non je ne rêve point, car j'ai conscience de ce que j'ai été et de ce que je suis... Aussi a-t-il beau se repentir, il ne peut plus revenir sur le passé. Je sais qui je suis, et il a beau soupirer, se désoler, crier, il ne peut empêcher que je ne sois l'héritier de sa couronne. Quand je me suis laissé emprisonner, j'ignorais qui j'étais; mais à présent, je sais qui je suis, et je sais que je suis un composé d'homme et de bête sauvage.

Entre ROSAURA, *sous des habits de femme.*

ROSAURA, *à part.*

Je viens ici rejoindre la princesse, avec la crainte de rencontrer Astolfe. Clotaldo désire qu'il ne me voie pas et ne sache pas qui je suis; il dit que cela est pour moi de la plus haute importance, et je me confie à sa prudente affection, d'autant que je lui dois déjà l'honneur et la vie.

CLAIRON.

De tout ce que vous avez vu ici, monseigneur, qu'est-ce qui vous plaît le plus?

SIGISMOND.

Rien ne m'a étonné, je m'attendais d'avance à tout cela; une seule chose aurait pu me causer de l'admiration, c'est la beauté de la femme que j'ai vue... Je lisais un jour, je ne sais plus dans quel livre, que l'être qui doit le plus de reconnaissance à Dieu, c'est l'homme, parce qu'il est un petit monde; mais je pense à présent, moi, que c'est la femme, parce qu'elle est un ciel en abrégé, et qu'il y a aussi loin de l'homme à elle que de la terre au ciel; — et cela est d'autant plus vrai de celle-ci...

ROSAURA, *à part.*

Le prince est ici; retirons-nous.

SIGISMOND.

Arrêtez, femme! écoutez! Ne réunissez pas ainsi dans le même moment, par votre apparition et votre disparition subites, l'orient et l'occident; songez que si vous fuyez, le jour fuit avec vous, et que le monde est replongé dans les ténèbres... Mais que vois-je?

ROSAURA.

Moi aussi, j'ai peine à en croire mes yeux.

SIGISMOND.

J'ai déjà vu cette beauté.

ROSAURA.

J'ai vu cette grandeur, cette pompe dans un état bien misérable et prisonnière.

SIGISMOND, *à part.*

Maintenant je vis, je respire. — (*A Rosaura.*) Femme, — car il n'est pas de mot plus doux pour la bouche de l'homme, — femme, qui êtes-vous? Je ne puis voir vos traits, et il me semble que je vous ai déjà vue et que je vous dois mon adoration et ma foi. Qui êtes-vous, femme divine?

ROSAURA, *à part.*

Il m'importe qu'il ne sache pas qui je suis. (*Haut.*) Je suis une dame infortunée de la princesse Estrella.

SIGISMOND.

Ne dites point cela, dites plutôt que vous êtes ce soleil dont la flamme fait vivre cette princesse, car elle s'éclaire de la splendeur de vos rayons[1]. J'ai vu dans le royaume des fleurs que la rose les gouvernait, et elle était leur reine comme étant la plus charmante. J'ai vu, au milieu des minéraux les plus riches, le diamant que tout le monde préférerait, et il était leur roi comme étant celui qui avait le plus d'éclat. J'ai vu dans la voûte azurée où les étoiles tiennent leur cour, que l'étoile de Vénus marchait la première parce qu'elle est de toutes la plus belle. J'ai vu, dans les plus hautes sphères, le soleil qui avait rassemblé les planètes et qui les présidait parce qu'il est la lumière du jour. Pourquoi donc lorsque, parmi les fleurs, les minéraux, les étoiles et les planètes, la plus belle est préférée, pourquoi servez-vous une beauté qui vous est inférieure, vous qui êtes le soleil, l'étoile de Vénus, le diamant et la rose?

---

[1] Encore une allusion au sens du mot *estrella*.

JOURNÉE II, SCÈNE I.

Entre CLOTALDO ; il s'arrête derrière la tapisserie.

CLOTALDO, *à part.*

C'est à moi qu'il appartient de soumettre l'indomptable Sigismond, puisque je l'ai élevé. Mais que vois-je, ô ciel ?

ROSAURA, *à Sigismond.*

Je suis confuse de vos louanges ; mon silence vous répondra mieux que je ne le ferais. Lorsque la raison se trouve intimidée, celui qui parle le mieux, seigneur, c'est celui qui se tait.

SIGISMOND.

De grâce, ne vous éloignez pas. Songez que pour moi votre absence, comme je vous l'ai dit, c'est l'obscurité, ce sont les ténèbres.

ROSAURA.

Je demande à votre altesse cette permission.

SIGISMOND.

Puisque vous vous en allez de vous-même, vous n'avez rien à demander.

ROSAURA.

Eh bien ! accordez-moi ce que je vous demande.

SIGISMOND.

Prenez garde de lasser ma courtoisie et de me rendre grossier et brutal ; car tout ce qui me résiste irrite ma patience.

ROSAURA.

Votre penchant à la colère et à la fureur pourrait être plus fort que votre patience ; mais il n'oserait ni ne pourrait, j'espère, surmonter les égards que vous me devez.

SIGISMOND.

Ne serait-ce que pour vous montrer que je le puis, je suis capable de perdre le respect que je vous dois ; car je suis porté à faire tout ce qu'on me dit être au-delà de mon pouvoir. Aujourd'hui j'ai précipité de cette fenêtre un homme qui me disait que je ne le pourrais pas. Prenez donc garde que, pour voir si je le puis, je ne jette aussi votre honneur par la fenêtre

CLOTALDO.

Il s'obstine. Que faire ? Comment empêcher que sa fureur insensée n'attente aussi à l'honneur de ma fille ?

ROSAURA.

Ce n'est pas en vain que l'on craignait que votre tyrannie ne préparât à ce royaume infortuné d'affreux scandales ! ce n'est pas en vain que l'on redoutait de vous des crimes, des trahisons, des assassinats !... Eh ! que pourrait-on attendre d'un homme qui n'a d'humain que le nom, qui est plein d'un orgueil farouche, impitoyable, et qui a été élevé parmi les bêtes sauvages ?

SIGISMOND.

Je voulais vous empêcher de prononcer ces injures, et c'est pour cela que je vous parlais avec courtoisie, pensant que je commandait ainsi vos égards; mais si je suis un barbare quand je vous traite comme je faisais tout à l'heure, je veux que vos reproches soient plus vrais et mieux fondés, vive Dieu! — Holà! qu'on nous laisse seuls, qu'on ferme cette porte, et que personne n'entre.

Clairon sort.

ROSAURA, *à part.*

Hélas! je me meurs. (*A Sigismond.*) Considérez, seigneur...

SIGISMOND.

Je suis un tyran, et vous espérez me fléchir?

CLOTALDO, *à part.*

Quelle affreuse position! je ne puis plus y tenir; et il faut que je me montre à lui et que je m'oppose à sa fureur, dût-il me donner la mort. (*Il s'approche.*) Arrêtez, seigneur.

SIGISMOND.

Eh quoi! tu m'oses provoquer de nouveau, vieillard insensé? Tu ne crains pas ma colère? Comment as-tu pénétré jusqu'ici?

CLOTALDO.

J'ai entendu les accens d'une voix qui vous implorait, et je suis accouru pour vous prier d'être plus généreux, plus humain, si vous voulez régner, et de ne pas vous montrer aussi cruel en vous fiant sur ce que vous commandez ici à tous; car, peut-être, ce n'est qu'un songe.

SIGISMOND.

En me parlant ainsi de mes illusions, tu excites ma rage. Je vais voir, en te tuant, si je suis bien éveillé ou si je rêve.

Au moment où il tire son poignard, Clotaldo retient son bras et s'agenouille.

CLOTALDO.

Ah! sans doute, par ce moyen, je sauverai ma vie.

SIGISMOND.

Ote ta main de dessus la poignée de ma dague.

CLOTALDO.

Jusqu'à ce qu'il vienne du monde qui puisse contenir votre fureur, je ne dois pas vous lâcher.

ROSAURA.

O ciel!

SIGISMOND.

Lâche-moi, te dis-je, vieillard insensé, ou je t'étouffe dans mes bras.

Ils luttent.

ROSAURA, *appelant.*

Au secours! accourez! on tue Clotaldo!

Elle sort.

Entre ASTOLFE, au moment où Clotaldo tombe à terre, et il se met entre lui et Sigismond.

ASTOLFE.

Qu'est-ce donc, prince? Ne craignez-vous pas de souiller vos armes en les baignant au sang d'un vieillard?... Que votre brillante épée rentre dans son fourreau.

SIGISMOND.

Quand elle sera teinte de son sang infâme...

ASTOLFE.

Il doit trouver à mes pieds un refuge; ma venue doit lui servir à quelque chose.

SIGISMOND.

Elle vous servira à mourir. Vous m'aurez donné l'occasion de me venger du déplaisir que vous m'avez causé ce matin.

ASTOLFE.

Si je tire l'épée, ce n'est pas pour vous insulter, mais pour défendre ma vie.

Astolfe et Sigismond se battent.

Entrent LE ROI, ESTRELLA et leur suite.

CLOTALDO.

Ne l'offensez pas, seigneur.

LE ROI.

Pourquoi ces épées?...

ESTRELLA.

Astolfe! ô ciel! quelle douleur!

LE ROI.

Que s'est-il donc passé?

ASTOLFE.

Rien, seigneur, grâce à votre arrivée.

SIGISMOND.

Il s'est passé beaucoup d'événemens, seigneur; et entre autres choses, j'ai voulu tuer ce vieillard.

LE ROI.

Quoi! vous n'avez pas plus d'égards pour les cheveux blancs?

CLOTALDO.

Seigneur, ne lui faites point de reproches; il n'y a eu aucun mal.

SIGISMOND, *au roi*.

Il est plaisant à vous de me demander des égards pour des cheveux blancs! Vous même quelque jour, malgré vos cheveux blancs, je vous verrai à mes pieds; car je ne suis pas encore vengé de l'indigne traitement que vous m'avez fait subir.

Il sort.

LE ROI.

Avant de voir ce moment, tu retourneras endormi dans un lieu où tu croiras à ton réveil que tout ce qui t'est arrivé, étant un bien de ce monde, n'était qu'un rêve.

Le Roi et Clotaldo sortent. Restent Estrella et Astolfe.

ASTOLFE.

Hélas! quand le destin annonce des malheurs, le plus souvent ils s'accomplissent ; il est aussi infaillible pour le mal qu'incertain pour le bien, et s'il annonçait toujours des événemens funestes, il ne se tromperait jamais. Sigismond et moi nous en sommes la preuve, Estrella, quoique d'une manière différente. Pour Sigismond, la destinée a prédit de tristes et sanglans malheurs, et elle a dit vrai, tout arrive ; mais pour moi, à qui elle avait promis le bonheur, la joie, le plus beau triomphe, et qui ai vu avec tant d'espérance, madame, l'éclat d'une beauté auprès de laquelle pâlit le soleil, — pour moi la destinée s'est trompée ; ou, du moins, sa prédiction, par le résultat, se trouve mêlée de vérité et de mensonge ; car elle m'a laissé entrevoir des faveurs, et maintenant je ne vois plus que dédains.

ESTRELLA.

Je ne doute pas que toutes ces galanteries et ces belles paroles ne partent d'un cœur sincère ; mais elles s'adressent, sans doute, à une autre femme dont vous aviez le portrait suspendu à votre cou lorsque vous m'êtes venu voir ; c'est pourquoi elle doit seule entendre ces gracieux complimens, et seule vous en récompenser. Ce n'est pas une bonne recommandation en amour que les soins que l'on a rendus à une autre dame.

Entre ROSAURA ; elle s'arrête derrière la tapisserie.

ROSAURA, *à part.*

Grâces à Dieu, mes malheurs sont au comble ! Après ce que je vois, je n'ai plus rien à craindre.

ASTOLFE.

Je ne porterai plus sur mon sein ce portrait, puisque votre image règne seule dans mon cœur. — Je vais le chercher. — (*A part.*) Que Rosaura me pardonne cet outrage ; mais l'absence rend infidèles les hommes et les femmes.

Il sort.

ROSAURA, *à part.*

Je craignais d'être vue et n'ai rien pu entendre.

ESTRELLA, *appelant.*

Astrea !

Rosaura se montre.

ROSAURA.

Madame !

ESTRELLA.

Je me réjouis que ce soit vous qui vous soyez présentée ; j'ai à vous confier un secret.

ROSAURA.

C'est trop d'honneur, madame, pour celle qui vous obéit.

ESTRELLA.

Depuis le peu de temps que je vous connais, Astrea, je me suis attachée à vous on ne peut plus; aussi je veux vous confier une chose que je me suis bien souvent cachée à moi-même.

ROSAURA.

Je suis votre esclave.

ESTRELLA.

Pour vous dire cela en peu de mots, vous saurez que mon cousin Astolfe doit m'épouser, — si toutefois la fortune permet que ce bonheur me dédommage de tous mes chagrins. J'ai été affligée de lui voir porter au cou le portrait d'une dame; je le lui ai avoué avec douceur, il a été sensible à ma remarque, il m'aime, et sort à l'instant pour m'aller chercher ce portrait. Or, pour des raisons que vous devinez sans peine, il m'en coûterait de recevoir ce portrait de ses mains; demeurez ici à l'attendre, et quand il arrivera, priez-le de ma part qu'il vous le remette. Je ne vous en dis pas davantage; vous avez de l'esprit, vous êtes charmante, et vous devez savoir ce que c'est que l'amour.

Elle sort.

ROSAURA.

Plût à Dieu qu'il n'en fût pas ainsi!... Que le ciel me soit en aide! Existe-t-il une personne assez sage, assez prudente, pour prendre un parti raisonnable dans une situation aussi difficile?... Est-il une personne au monde à qui le ciel inclément envoie autant d'ennuis et de chagrins?.... Que faire au milieu de ce trouble, où je ne vois point la conduite que je dois tenir, et où je n'aperçois ni soulagement ni consolation?... Quand une fois on a éprouvé un malheur, tous les malheurs arrivent à la suite, et il semblerait qu'ils s'engendrent les uns des autres. Un sage disait que les malheurs étaient lâches, parce qu'un ne va jamais seul. Moi je dirais plutôt qu'ils sont braves, car ils vont toujours en avant, ne reculent jamais; et quand on marche avec eux, on n'a pas à craindre qu'ils vous laissent en chemin et vous abandonnent. Je le sais, moi qui, dans tous les événemens de ma vie, les ai sans cesse trouvés à mes côtés, moi qui n'en ai jamais été délaissée, moi qu'ils accompagneront fidèlement, j'en suis assurée, jusqu'à la mort... Hélas! que faire en cette circonstance? Si je dis qui je suis, Clotaldo, qui a bien voulu m'accorder sa protection, peut s'en offenser; d'autant qu'il m'a dit qu'il attendait de mon silence la réparation de mon honneur... Si je ne dis pas à Astolfe qui je suis et qu'il me voie, il saura bientôt à quoi s'en tenir; car si ma voix, si mes regards essaient de le tromper, mon âme n'en sera pas capable, et, révoltée, elle accusera de mensonge mon regard et ma voix... Que faire? quel est mon but? Hélas! j'aurais beau me préparer, quand viendra l'occasion j'agirai selon l'instinct de ma douleur; car c'est la douleur qui gouverne un cœur malheureux. Laissons donc, laissons agir ma douleur suivant l'inspiration du moment. — Mais, ô ciel! puisque voici déjà l'occasion et le moment, protége-moi, soutiens-moi!

Entre ASTOLFE ; *il tient à la main un portrait.*

ASTOLFE.

Voici, madame, le portrait... Mais, grand Dieu!

ROSAURA.

D'où vient l'étonnement de votre altesse?

ASTOLFE.

De ce que je vous vois et de ce que je vous entends, Rosaura.

ROSAURA.

Moi, Rosaura!... votre altesse est dans l'erreur; elle me prend sûrement pour une autre. Mon nom est Astrea, et je ne mérite point de vous causer un pareil trouble.

ASTOLFE.

Ne cherchez pas davantage à me tromper; mes sentimens ne m'abusent point; et si je vous parle comme à Astrea, je vous aime comme Rosaura.

ROSAURA.

Je ne comprends point votre altesse, et, par conséquent, il m'est impossible de lui répondre. Je vous dirai seulement que la princesse Estrella m'a commandé de vous attendre en ce lieu, de vous demander de sa part ce portrait, et de le lui porter au plus tôt. C'est la princesse qui l'ordonne, et je dois lui obéir [1].

ASTOLFE.

Non, Rosaura, malgré tous vos efforts, vous ne pourrez pas m'abuser. Vous-même vous ne savez pas dissimuler, et vous devriez au moins mettre vos regards d'accord avec vos paroles ; car comme vos yeux démentent ce que vous dites, il est impossible de vous croire.

ROSAURA.

Je n'ai qu'un seul mot à vous dire, prince : c'est que j'attends le portrait.

ASTOLFE.

Puisque vous voulez continuer cette fiction, je vous répondrai en conséquence. Vous direz à l'infante, Astrea, que j'ai trop d'estime et de respect pour elle pour lui envoyer un simple portrait, et que je trouve plus gracieux et plus convenable de lui envoyer l'original. Vous n'avez donc qu'à vous présenter devant elle, et elle verra ce qu'elle veut voir.

ROSAURA.

Quand on désire vivement une chose, on ne consent jamais volontiers à en accepter à la place une autre qui, même, aurait plus de valeur. J'attendais de vous un portrait, et l'original a beau valoir davantage, je n'en veux pas. Que votre altesse me donne donc ce portrait, car je ne puis m'en aller sans cela.

---

[1] Autre allusion au sens de *estrella*. Mot à mot : Même dans les choses de moindre importance, comme elles sont toujours à mon dommage, c'est mon étoile qui les veut.

ASTOLFE.

Je ne vous le donnerai pas.

ROSAURA.

Alors je le prendrai.

ASTOLFE.

Vous ne réussirez pas.

ROSAURA.

Vive Dieu ! il ne tombera pas aux mains d'une autre femme.

ASTOLFE.

Vous êtes bien impérieuse.

ROSAURA.

Et vous, bien perfide.

ASTOLFE.

Assez, ma Rosaura.

ROSAURA.

Je ne suis point à vous ! vous mentez !

Ils luttent en se disputant le portrait.

Entre ESTRELLA.

ESTRELLA.

Astrea ? Astolfe ? qu'est ceci ?

ASTOLFE, *à part*.

Ciel ! la princesse !

ROSAURA, *à part*.

O amour ! inspire-moi pour que je puisse avoir ce portrait. (*Haut.*) Si vous désirez savoir ce qui s'est passé, madame, je puis vous le dire.

ASTOLFE, *bas, à Rosaura*.

Que prétendez-vous ?

ROSAURA.

Vous m'aviez ordonné d'attendre ici le prince Astolfe et de lui demander de votre part un portrait. Demeurée seule, et préoccupée de l'ordre que vous m'aviez donné, je me suis rappelé que j'avais par hasard sur moi un portrait. J'ai voulu le voir, pour me distraire un moment par cet enfantillage ; il m'est échappé de la main, il est tombé par terre. Le prince qui est entré en ce moment l'a relevé ; et comme sans doute il vous apportait l'autre d'assez mauvaise grâce et à contre-cœur, il aurait voulu vous donner celui-ci à la place ; mais comme c'est le mien, après avoir vainement employé la prière, je cherchais dans mon dépit à le lui arracher. Vous n'avez qu'à demander au prince ce portrait, vous verrez que c'est le mien.

ESTRELLA.

Astolfe, laissez-moi voir ce portrait.

ASTOLFE.

Madame...

ESTRELLA.

En vérité, il est ressemblant.

ROSAURA.

N'est-ce pas le mien?

ESTRELLA.

Qui en doute?

ROSAURA.

Maintenant demandez-lui l'autre.

ESTRELLA.

Prenez le vôtre, et allez-vous-en.

ROSAURA, *à part.*

Maintenant j'ai mon portrait, advienne que pourra!

Elle sort.

ESTRELLA.

A cette heure donnez-moi l'autre portrait que je vous ai demandé. Car, bien que je ne compte plus vous revoir ni vous parler jamais, je ne veux pas qu'il reste en votre pouvoir, par cela seul que j'ai eu la sottise de vous le demander.

ASTOLFE, *à part.*

Comment sortir de cette situation embarrassante? (*Haut.*) Je voudrais, belle Estrella, obéir à vos ordres; mais cependant il m'est impossible de vous donner ce portrait, par la raison que je...

ESTRELLA.

Vous êtes un amant bien mal appris et bien grossier. Eh bien! je n'en veux plus, de ce portrait; car je ne veux plus me souvenir que j'ai pu vous le demander.

Elle sort.

ASTOLFE.

Écoutez! arrêtez!... Que Dieu me soit en aide, Rosaura!... Comment donc suis-je venu en Pologne pour me perdre et te perdre en même temps!

Il sort.

SCÈNE II.

Même décoration qu'à la première scène de la première journée.

On voit de nouveau SIGISMOND enchaîné et couvert de peaux de bête; il dort couché à terre. Entrent CLOTALDO, CLAIRON et DEUX VALETS.

CLOTALDO.

C'est bien, laissez-le où il est. Son orgueil est revenu finir au lieu même où il s'est développé.

UN VALET.

Je vais attacher la chaîne comme elle était.

CLAIRON.

O Sigismond! ne vous réveillez pas, pour voir votre sort si différent et votre fortune évanouie; pour voir que votre feinte gloire n'était qu'une ombre de la vie et qu'une lueur de la mort.

CLOTALDO.

Un homme qui parle si bien et si facilement doit être placé en un lieu où il pourra parler à son aise. (*Aux valets.*) Tenez, saisissez-vous de celui-là, et enfermez-le dans la tour.

CLAIRON.

Moi, monseigneur? Pourquoi?

CLOTALDO.

Parce qu'il faut enfermer soigneusement un Clairon qui sait des secrets de cette importance et qui pourrait faire du bruit.

CLAIRON.

Est-ce que j'ai par hasard, moi, voulu donner la mort à mon père?... Est-ce que j'ai jeté d'un balcon, moi, un pauvre Icare sans défense? Est-ce que, moi, je rêve et dors?... Pourquoi donc m'enfermer?

CLOTALDO.

C'est que vous êtes Clairon.

CLAIRON.

En ce cas, je ne veux plus être désormais que le plus ignoble des instrumens à vent; je ne suis plus qu'un cornet à bouquin, et je promets de me taire.

Les valets emportent Clairon, et Clotaldo reste seul.

Entre LE ROI, enveloppé dans son manteau.

LE ROI.

Clotaldo?

CLOTALDO.

Quoi! sire, c'est ainsi que vient votre majesté?

LE ROI.

Une folle curiosité de voir comment se comporte Sigismond m'a, hélas! conduit jusqu'ici.

CLOTALDO.

Vous le voyez de nouveau réduit à son premier et misérable état.

LE ROI.

Ah! prince malheureux et né dans un fatal moment! (*A Clotaldo.*) Approchez pour l'éveiller, maintenant que l'opium qu'il a pris a perdu sa force.

CLOTALDO.

Sire, il est tout agité et il parle.

LE ROI.

Il rêve sans doute... A quoi peut-il rêver? Écoutons.

SIGISMOND, *rêvant.*

Le meilleur prince est celui qui punit les méchans. Que Clotaldo meure de ma main, et que mon père me baise les pieds!

CLOTALDO.

Il me menace de me tuer.

LE ROI.

Il voudrait m'infliger un traitement ignominieux.

CLOTALDO.

Il pense à m'ôter la vie.

LE ROI.

Il se propose de me fouler aux pieds.

SIGISMOND, *rêvant*.

Que ma valeur sans égale se déploie enfin sur le vaste théâtre du monde, et que l'on voie le prince Sigismond se venger et triompher de son père. (*Il s'éveille.*) Mais, hélas! où suis-je?

LE ROI, *à part*.

Il ne faut pas qu'il me voie. (*A Clotaldo.*) Vous savez ce que vous avez à faire; je m'éloigne et vous écoute.

Il s'éloigne.

SIGISMOND.

Est-ce moi? est-ce bien moi? Me voilà donc prisonnier et enchaîné? Cette tour sera donc mon tombeau?... Sans doute. — Dieu me soit en aide! Que de choses j'ai rêvées!

CLOTALDO, *à part*.

Il me faut lui parler et lui ôter tout soupçon... (*Haut.*) C'est donc l'heure de vous réveiller?

SIGISMOND.

Oui, c'est l'heure et le moment.

CLOTALDO.

Vous dormirez donc toute la journée!... Depuis que nous avons suivi lentement des yeux l'aigle qui fendait le ciel d'un vol rapide, vous n'avez donc pas changé de place? et vous ne vous êtes pas éveillé?

SIGISMOND.

Non, Clotaldo; et même en ce moment il me semble que je sommeille. Et je n'en suis pas étonné; car si je rêvais lorsque je voyais des corps réels et palpables, ce que je vois maintenant doit être faux et incertain; et si je voyais en dormant, il est tout simple qu'éveillé je rêve.

CLOTALDO.

Dites-moi donc ce que vous avez rêvé.

SIGISMOND.

En supposant que tout cela n'ait été qu'un rêve, voici, Clotaldo, ce que j'ai vu dans mon rêve. Je me suis éveillé, et, par une illusion cruelle, je me suis vu dans un lit brodé de fleurs si brillantes et si fraîches qu'on les eût dites tissues par le printemps. Là, une foule de nobles prosternés devant moi m'appelaient leur prince, et me présentaient les vêtemens les plus somptueux et les plus riches. Et vous, vous avez changé en allégresse le calme de mon âme en m'apprenant mon bonheur: je n'étais pas un prisonnier comme à présent, j'étais prince de Pologne

CLOTALDO.

Et m'avez-vous bien récompensé pour la nouvelle?

SIGISMOND.

C'était une singulière récompense! Vous me paraissiez un traître, et par deux fois, furieux contre vous, j'ai voulu vous donner la mort.

CLOTALDO.

Quoi! vous me traitiez avec tant de rigueur?

SIGISMOND.

De tous j'étais le maître, et je me vengeais de tous. Seulement j'aimais une femme, et, pour ceci, ce n'était pas un songe; car si tout le reste a disparu, ce sentiment est encore dans mon cœur.

Le roi sort.

CLOTALDO, *à part*.

Le roi a été ému de l'entendre. (*Haut.*) Comme nous avions en dernier lieu parlé de cet aigle, une fois endormi, vous avez rêvé domination et empire; mais, même dans un rêve, Sigismond, vous auriez dû respecter celui qui vous a élevé avec tant de peine; car, même en rêve, il est beau et utile de faire le bien.

Il sort.

SIGISMOND.

Il dit vrai. — Réprimons donc ce naturel farouche, ces emportemens, cette ambition, pour le cas où je viendrais encore à rêver. Il le faut et je le ferai; puisque je suis dans un monde si étrange que vivre c'est rêver, et que je sais par expérience que l'homme qui vit rêve ce qu'il est, jusqu'au réveil. — Le roi rêve qu'il est roi, et il vit dans cette illusion, commandant, disposant et gouvernant; et ces louanges menteuses qu'il reçoit, la mort les trace sur le sable et d'un souffle les emporte. Qui donc peut désirer de régner, en voyant qu'il lui faudra se réveiller dans la mort?... Il rêve, le riche, en sa richesse qui lui donne tant de soucis; — il rêve, le pauvre, sa pauvreté, ses misères, ses souffrances; — il rêve, celui qui s'agrandit et prospère; — il rêve, celui qui s'inquiète et sollicite; — il rêve, celui qui offense et outrage; — et dans le monde, enfin, bien que personne ne s'en rende compte, tous rêvent ce qu'ils sont. Moi-même, je rêve que je suis ici chargé de fers, comme je rêvais naguère que je me voyais libre et puissant. Qu'est-ce que la vie? Une illusion. Qu'est-ce que la vie? Une ombre, une fiction. Et c'est pourquoi le plus grand bien est peu de chose, puisque la vie n'est qu'un rêve et que les rêves ne sont que des rêves [1].

[1] Shakspeare, à la fin du quatrième acte de *la Tempête*, fait exprimer à Prospero les mêmes idées, et je ne sais vraiment pas lequel des deux poètes est le plus éloquent.

JOURNÉE TROISIÈME.

SCÈNE I.

Une prison.

Entre CLAIRON.

CLAIRON.

On m'a renfermé, pour ce que je sais, dans une tour enchantée. Que me fera-t-on pour ce que j'ignore, si pour ce que je sais l'on me tue?... Se peut-il qu'un homme plein de vie, et qui mangerait si volontiers, en soit réduit à mourir de faim!... C'est au point que j'ai pitié de moi... Chacun dira : « je le crois bien, » et en effet cela est facile à croire ; car pour moi ce silence est en désaccord avec mon nom — de Clairon, et je ne puis me taire... Ma seule compagnie en ce lieu, — je frémis de le dire, — ce sont les araignées et les rats : ne voilà-t-il pas de jolis moineaux!... Par suite de mes rêves de cette nuit, j'ai ma pauvre tête pleine de visions fantastiques, de trompettes, de ruses, de processions, de croix, de flagellans ; et de ceux-ci les uns montent, les autres descendent, et plusieurs se trouvent mal en voyant leurs compagnons couverts de sang... Pour moi, à vrai dire, si je me trouve mal, c'est de ne pas manger ; et de plus, il est assez dur de se voir en une prison où l'on n'a, le jour, pour tout régal que le philosophe Nicomède, et, la nuit, que le concile de Nicée... Si le silence est saint, j'aurai du moins pour moi, dans le nouveau calendrier, saint Secret, puisque je jeûne à son intention ; et, cependant, il faut avouer que j'ai bien mérité mon châtiment, puisque j'ai gardé le silence étant valet, ce qui est un horrible sacrilége.

Bruit de tambours et de clairons, et cris au dehors.

UN SOLDAT, *du dehors.*

Voici la tour où il est enfermé. Enfoncez la porte et entrez.

CLAIRON.

Vive Dieu! c'est moi que l'on cherche, car on dit que je suis enfermé ici. Qu'est-ce donc qu'on me veut?

UN SOLDAT, *du dehors.*

Entrez! entrez!

Entrent un grand nombre de soldats.

UN AUTRE SOLDAT.

Il est ici.

CLAIRON.

Il n'y est pas.

JOURNÉE III, SCÈNE I.

TOUS.

Seigneur?

CLAIRON.

Ils sont ivres, je crois.

PREMIER SOLDAT.

Vous êtes notre prince. Nous ne voulons pas de prince étranger; nous ne voulons obéir qu'à notre seigneur légitime. Permettez-nous de baiser vos pieds.

TOUS.

Vive notre grand prince!

CLAIRON.

Vive Dieu! c'est pour de bon... Ne serait-ce pas la coutume en ce pays de prendre chaque jour un homme, de l'élire prince, et puis de l'emprisonner?... Il faut bien que cela soit, car je ne vois pas autre chose. Eh bien! je vais jouer mon rôle.

TOUS.

Donnez-nous vos pieds.

CLAIRON.

Cela m'est impossible; car j'en ai besoin pour mon usage personnel, et il ne serait pas convenable de voir un prince sans pieds.

DEUXIÈME SOLDAT.

Tous nous l'avons dit à votre père lui-même : nous ne reconnaissons que vous seul pour notre prince, et nous ne voulons pas de celui de Moscovie.

CLAIRON.

Vous avez donc manqué de respect à mon père? Je vous reconnais là.

PREMIER SOLDAT.

Ç'a été loyauté de notre part.

CLAIRON.

Oui, vous êtes de braves gens, et je vous pardonne.

DEUXIÈME SOLDAT.

Venez rétablir votre pouvoir. Vive Sigismond!

TOUS.

Vive! vive Sigismond!

CLAIRON, *à part*.

Ils m'appellent Sigismond? Ce n'est pas mauvais. On appelle ainsi tous les princes de contrebande [1].

Entre SIGISMOND.

SIGISMOND.

Qui donc a prononcé le nom de Sigismond?

CLAIRON, *à part*.

Seulement il est triste d'être un prince affamé!

---

[1] Comme les dramatistes espagnols ont donné souvent à leurs princes ce nom de Sigismond, Clairon (le *gracioso*) veut dire, je crois, qu'on appelle Sigismond tous les princes de comédie.

PREMIER SOLDAT.

Qui est Sigismond ?

SIGISMOND.

C'est moi.

DEUXIÈME SOLDAT, *à Clairon.*

Comment donc, misérable imposteur, te faisais-tu passer pour Sigismond ?

CLAIRON.

Je le nie ! Ce n'est pas moi qui me suis dit Sigismond, c'est vous qui m'avez ensigismondé [1] ; et par conséquent la faute en est à vous, non à moi.

PREMIER SOLDAT.

Noble prince Sigismond, la bannière que vous voyez est la vôtre, et nous venons vous acclamer comme notre seigneur légitime [2]. Votre père le grand roi Basilio, craignant que le ciel n'accomplisse une prédiction qui le menace de se voir vaincu et humilié par vous, prétend vous ôter le droit de lui succéder et le transmettre au prince Astolfe, duc de Moscovie. Il a dans ce but assemblé ses états. Mais le peuple, qui sait fort bien qu'il a un roi légitime, ne veut pas qu'un étranger le gouverne ; et c'est pourquoi, dédaignant noblement un horoscope funeste, il est venu vous chercher dans cette prison, vous délivrer, et vous offrir son aide pour que vous repreniez à un tyran votre couronne et votre sceptre. Venez donc : une armée nombreuse de bannis et de plébéiens assemblée dans ce désert vous attend et vous appelle. N'entendez-vous pas leurs cris et leurs acclamations ?

SOLDATS, *du dehors.*

Vive, vive Sigismond !

SIGISMOND.

Qu'est-ce donc, grand Dieu !... Vous voulez qu'une fois encore je rêve des grandeurs qui s'évanouiront le lendemain ! Vous voulez qu'une fois encore mes yeux aperçoivent je ne sais quelle vaine apparence de majesté et de pompe qui va disparaître au moindre souffle ! Vous voulez qu'une fois encore je m'expose à un pareil désenchantement, et que je coure ces dangers inséparables du pouvoir ! non, cela ne peut pas être, cela ne sera pas... Regardez-moi désormais comme un homme soumis à sa fortune ; et puisque je sais maintenant que la vie n'est qu'un rêve, disparaissez, vains fantômes, qui, pour m'abuser, avez pris une voix et un corps, et qui n'avez en réalité ni corps ni voix ! Je ne veux point d'une majesté fantastique, je ne veux point d'une pompe menteuse, je ne veux point de ces illusions qui tombent au premier souffle, — semblables à la fleur

---

[1] Nous avons été obligé de forger ce mot pour reproduire l'espagnol :
*Vosotros fuisteis los que
Me Sigismundasteis.*

[2] *Te aclamamos señor nuestro.*

délicate de l'amandier, que le plus léger souffle emporte au loin, et qui laisse alors tristement dépouillées ces branches dont ses couleurs charmantes faisaient le gracieux ornement. — Je vous connais à présent, je vous connais, et je sais que vous abusez de même tout homme qui vient à s'endormir. Vos mensonges ne peuvent plus m'égarer, et je me tiens sur mes gardes, — sachant bien que la vie n'est qu'un songe.

DEUXIÈME SOLDAT.

Si vous croyez que nous voulons vous tromper, tournez les yeux vers ces hautes montagnes, et voyez-les couvertes d'un peuple qui vous attend, prêt à vous obéir.

SIGISMOND.

Déjà, l'autre fois, j'ai vu cela aussi distinctement que je le vois à cette heure, et cependant ce n'était qu'un songe.

DEUXIÈME SOLDAT.

Toujours, noble seigneur, les grands événemens sont annoncés à l'avance, et c'est pour cela sans doute que vous avez rêvé ce que vous voyez en ce moment.

SIGISMOND.

Vous avez raison; c'était sans doute l'annonce de ce qui devait être; et d'ailleurs, puisque la vie est si courte, ô mon âme, livrons-nous à un nouveau rêve. Mais que ce soit avec prudence, avec sagesse, et de manière à n'en sortir qu'au moment favorable. Le désenchantement sera moindre, dès que nous y serons préparés : car on se rit des inconvéniens qu'on a prévus. C'est pourquoi, bien persuadés que même le pouvoir le plus réel n'est qu'un pouvoir emprunté, et doit revenir tôt ou tard à celui à qui il appartient, jetons-nous hardiment dans cette entreprise. — Mes vassaux, je vous suis reconnaissant de votre fidélité, et vous aurez en moi un homme dont la prudence et le courage vous délivreront du joug étranger. Que l'on sonne l'alarme et marchons! je veux vous montrer au plus tôt ma valeur. Dès ce moment, je me soulève contre mon père, et je prétends que mon horoscope s'accomplisse en le mettant à mes pieds. (*A part.*) Mais quoi! si je m'éveille auparavant, pourquoi parler d'une chose qui ne sera point réalisée?

TOUS.

Vive, vive Sigismond!

Entre CLOTALDO.

CLOTALDO.

D'où vient tout ce bruit?

SIGISMOND.

Clotaldo!

CLOTALDO.

Seigneur! (*A part.*) Je redoute sa colère.

CLAIRON, *à part.*

Je parie qu'il va le jeter du haut en bas de la montagne.

Il sort.

CLOTALDO.

Je me prosterne devant vous, monseigneur, résigné à mourir.

SIGISMOND.

Levez-vous! — levez-vous, ô mon père! Veuillez être mon guide, mon confident, mon conseil, vous qui, depuis ma naissance, m'avez élevé si fidèlement! Embrassez-moi.

CLOTALDO.

Que dites-vous?

SIGISMOND.

Que je rêve et que je veux faire le bien, car on ne perd jamais le prix du bien que l'on a fait, même en rêve.

CLOTALDO.

Puisque vous vous êtes promis de bien faire, seigneur, je ne vous offenserai certainement pas en vous montrant que c'est là aussi mon intention... Vous voulez déclarer la guerre à votre père? Je ne puis vous conseiller ni vous seconder contre mon roi. Me voilà à vos pieds, tuez-moi!

SIGISMOND.

Insolent! traître! ingrat! (*A part.*) Mais non, ô ciel! calmons-nous; car je ne sais pas encore si je suis éveillé ou si je rêve. (*Haut.*) Clotaldo, je vous sais gré de votre noble conduite. Allez servir le roi. Nous nous retrouverons sur le champ de bataille. (*Aux soldats.*) Vous, sonnez l'alarme.

CLOTALDO.

Je vous baise les pieds mille fois.

Il sort.

SIGISMOND.

Allons, Fortune, marchons vers le trône; et si je dors, ne me réveille pas, et si je veille, ne me replonge pas dans le sommeil! — Mais que tout cela soit une vérité ou un rêve, l'essentiel est de se bien conduire : si c'est la vérité, à cause de cela même; et si c'est un rêve, afin de se faire des amis pour le moment du réveil.

Tous sortent au bruit du tambour.

SCÈNE II.

La cour du palais.

Entrent LE ROI BASILIO et ASTOLFE.

LE ROI.

Peut-on, Astolfe, arrêter un cheval emporté? Peut-on retenir un fleuve qui coule avec rapidité vers la mer? Peut-on maintenir un rocher qui va rouler du haut d'une montagne?... Eh bien! tout cela serait plus facile que d'apaiser le vulgaire une fois sorti de la modération et du devoir. Rien ne le prouve mieux que ce peuple partagé en deux partis contraires, et qui fait retentir les échos des montagnes des noms répétés d'Astolfe et de Sigismond. Ces lieux affreux, rendus plus affreux encore par la présence de ce peuple en fureur, seront le théâtre de quelque sanglante tragédie dont nous menace la fortune.

ASTOLFE.

Seigneur, que toute fête soit remise à un autre jour; renvoyons à un moment plus favorable le bonheur que vous m'aviez promis. Si la Pologne, que j'espère plus tard gouverner, se refuse à mon autorité, c'est sans doute afin que je commence par mériter cet honneur. Donnez-moi un cheval, et je descends parmi les insurgés, aussi prompt que l'éclair qui précède le tonnerre.

Il sort.

LE ROI.

Il n'y a aucun moyen d'empêcher ce que veulent les destins, et ce qu'ils ont annoncé doit s'accomplir. Il est impossible d'éviter ce qui doit être, et vouloir s'opposer à son malheur ne sert qu'à le hâter. Quelle affreuse loi! quel sort funeste! quelle déplorable disgrâce que de tomber dans le péril en voulant le fuir! Et moi, hélas! avec mes précautions, je me suis perdu et j'ai causé la ruine de mon pays!

Entre ESTRELLA.

ESTRELLA.

Si par votre présence, noble seigneur, vous n'essayez d'arrêter le tumulte que causent dans la ville les deux partis qui la divisent, vous verrez bientôt tout votre royaume à feu et à sang. Déjà les maux qu'ils ont causés sont immenses, et l'on ne voit et n'entend partout que lamentables malheurs et tragédies horribles. Encore quelque temps, et tous les plus beaux monumens de ce royaume désolé ne pourront plus servir à un peuple détruit, que de tombeaux.

Entre CLOTALDO.

CLOTALDO.

Grâce à Dieu! j'arrive vivant à vos pieds.

LE ROI.

C'est vous, Clotaldo! Qu'est devenu Sigismond?

CLOTALDO.

Un peuple déchaîné et furieux a pénétré dans la tour et en a fait sortir le prince, qui, se voyant libre, a annoncé fièrement que la prédiction des astres allait s'accomplir.

LE ROI.

Qu'on me donne un cheval! Je veux en personne réduire un fils ingrat; je veux, en personne, défendre mon trône, et mon épée va réparer l'erreur de ma science.

Il sort.

ESTRELLA.

Eh bien! moi aussi, je marche au combat à vos côtés; je prétends illustrer mon nom dans les batailles et rivaliser avec la déesse Pallas.

Elle sort, et l'on sonne l'alarme.

Clotaldo va pour sortir, mais entre ROSAURA, *qui le retient.*

ROSAURA.

Bien que votre valeur murmure de ce retardement, écoutez-moi. — Vous savez que je suis venue pauvre et abandonnée en Pologne, et que j'ai trouvé auprès de vous protection et pitié. Vous m'avez commandé de vivre dans le palais sous ces vêtemens, qui ne sont pas les miens, de ne pas laisser voir ma jalousie, et de me cacher du prince Astolfe. Il m'a vue, à la fin, et cependant, épris de la princesse, il doit, cette nuit, lui parler dans le jardin. Je m'en suis procuré la clef, vous pourrez y pénétrer; et si votre courage vous le permet, il vous sera facile de venger mon honneur par la mort du perfide.

CLOTALDO.

Il n'est que trop vrai, Rosaura; dès que je vous ai vue, je ne sais quel instinct m'a porté à faire pour vous tout ce qui était en mon pouvoir. Mon premier soin a été de vous engager à changer d'habits, afin qu'il fût moins facile au prince Astolfe de vous reconnaître. En même temps, je pensais aux moyens de rétablir votre honneur; et cet honneur m'est si cher, que je ne craignais pas de penser à la mort du prince. Mais voyez le jeu du sort! Tandis que je méditais sa mort, Sigismond a voulu me tuer moi-même; sur quoi le prince est accouru, et sans s'occuper de son propre péril, il a pris ma défense avec une rare générosité. Dites-moi donc, comment pourrais-je à présent donner la mort à qui je dois la vie? Comment me conduire, partagé entre vous deux? Lequel des deux dois-je seconder? A l'un j'ai donné la vie; je l'ai reçue de l'autre. Si je suis engagé par ce que j'ai donné, je ne le suis pas moins par ce que j'ai reçu. Et c'est pourquoi, en de telles circonstances, mon affection ne sait à quel parti s'arrêter, et je me sens neutralisé par deux forces contraires.

ROSAURA.

Pour un homme tel que vous, je n'ai pas besoin de vous le dire, autant il est noble de donner, autant il est indigne de recevoir. Ce principe posé, c'est à moi que vous devez de la reconnaissance, et non au prince Astolfe; car à moi vous avez donné, et de lui vous avez reçu; et tandis que moi, je vous ai fourni l'occasion de vous conduire noblement, lui, il est cause que vous avez commis un acte indigne de vous. Donc, puisque vous m'avez donné à moi ce que vous avez reçu de lui, vous avez à vous plaindre de lui et vous êtes mon obligé; et c'est pourquoi, dans cette situation, vous me devez votre reconnaissance et vous devez défendre mon honneur.

JOURNÉE III, SCÈNE II.

CLOTALDO.

Il est noble de donner, mais la reconnaissance est le devoir de celui qui reçoit. Or, si, en donnant, je me suis montré généreux, je dois me montrer reconnaissant de ce que j'ai reçu. Laissez-moi donc mériter tout à la fois la réputation d'homme généreux et celle d'homme reconnaissant.

ROSAURA.

De vous j'ai reçu la vie, et en me la donnant, vous m'avez dit vous-même qu'une vie déshonorée n'était point la vie. Donc, vous ne m'avez rien donné, puisque ce que vous m'avez donné n'était point la vie ; et si, comme vous en êtes convenu tout à l'heure, la générosité passe avant la reconnaissance, commencez par vous montrer généreux ; vous serez ensuite reconnaissant.

CLOTALDO.

Eh bien ! je serai généreux avant tout. Je vous donne toute ma fortune, Rosaura ; retirez-vous dans un couvent. Par ce moyen, qui me semble heureusement trouvé, nous évitons un crime, et vous avez un asile sûr et paisible. Lorsque le royaume est déjà si divisé, et si malheureux par ses divisions, un homme noble ne doit pas les augmenter ; et en vous proposant ce parti, en même temps que je demeure fidèle à mon roi, je me montre généreux envers vous et reconnaissant envers le prince. Décidez-vous donc, je vous prie, à l'accepter ; car je ne ferais pas plus pour vous, vive Dieu ! alors même que je serais votre père.

ROSAURA.

Quand bien même vous seriez mon père, j'aurais peine à souffrir cette injure ; et puisque vous n'êtes pas mon père, je ne la souffrirai pas.

CLOTALDO.

Que comptez-vous donc faire ?

ROSAURA.

Tuer le duc.

CLOTALDO,

Eh quoi ! une femme qui ne connaît point son père aurait tant de courage ?

ROSAURA.

Certainement.

CLOTALDO.

Qui peut vous l'inspirer ?

ROSAURA.

Le soin de ma réputation.

CLOTALDO.

Songez donc que bientôt...

ROSAURA.

Mon honneur brave tout.

CLOTALDO.
Le prince Astolphe sera votre roi et le mari d'Estrella.

ROSAURA.
Vive Dieu! cela ne sera pas.

CLOTALDO.
Vous ne pourrez pas l'empêcher.

ROSAURA.
Peut-être!

CLOTALDO.
Renoncez à ces projets.

ROSAURA.
Jamais!

CLOTALDO.
Vous succomberez.

ROSAURA.
Cela est possible.

CLOTALDO.
Et vous risquez de vous y perdre.

ROSAURA.
Je le crois comme vous.

CLOTALDO.
Que cherchez-vous donc?

ROSAURA.
Ma mort.

CLOTALDO.
C'est dépit.

ROSAURA.
C'est honneur.

CLOTALDO.
C'est folie.

ROSAURA.
C'est valeur.

CLOTALDO.
C'est colère.

ROSAURA.
C'est fureur.

CLOTALDO.
Comment! votre passion ne peut rien entendre?

ROSAURA.
Non.

CLOTALDO.
Qui vous secondera?

ROSAURA.
Moi.

CLOTALDO.
Rien ne peut vous détourner?

ROSAURA.
Rien.

CLOTALDO.
Voyons donc s'il n'y aurait pas d'autre moyen...

ROSAURA.
C'est le seul moyen de me perdre.

Elle sort.

CLOTALDO.
Eh bien ! si tu veux absolument ta perte, — attends-moi, ma fille ; nous nous perdrons ensemble.

Il sort.

SCÈNE III.
Un lieu retiré dans la campagne.

On bat le tambour, des Soldats défilent dans le lointain. Entrent SIGISMOND, couvert de peaux de bête, et CLAIRON.

SIGISMOND.
Si Rome triomphante, comme à son premier âge, me voyait en ce jour, comme elle saisirait avec joie l'occasion de mettre à la tête de ses armées une bête sauvage dont le courage irrésistible aurait bientôt conquis le monde !... Mais ne laissons pas s'élever si haut nos pensées orgueilleuses, et ne désirons pas tant la gloire humaine, si nous devons regretter de l'avoir obtenue quand elle se sera évanouie. Moins cette gloire sera grande, moins nous la regretterons, quand nous l'aurons perdue.

On entend le bruit du clairon.

CLAIRON.
Sur un cheval rapide et fougueux, qui, à lui seul, représente les quatre élémens, — car son corps, c'est la terre ; son âme, c'est le feu ; son écume, c'est l'eau, et son souffle, c'est l'air ; — donc, sur ce monstre composé, qui a la forme d'un cheval, et qui vole plutôt qu'il ne court, arrive vers nous une femme guerrière.

SIGISMOND.
Elle a un éclat qui m'éblouit.

CLAIRON.
Vive Dieu ! c'est Rosaura.

Il sort.

SIGISMOND.
C'est le ciel qui me l'envoie.

Entre ROSAURA, portant une épée et une dague.

ROSAURA.
Généreux Sigismond, de qui la majesté héroïque sort enfin des ténèbres où elle était ensevelie, et qui, semblable à cet astre dont les rayons brillans éclairent au loin les monts et les mers, vous levez enfin sur la Pologne, dont vous êtes le bienfaisant soleil ; je viens vous prier d'accorder votre protection à une femme malheu-

reuse, qui, par cela même, a, pour l'obtenir, deux titres, dont un seul suffit pour lui mériter l'assistance de tout homme de cœur. Voilà trois fois que je me présente à vos yeux, et cependant vous ne pouvez pas savoir qui je suis, car chaque fois, je me suis présentée à vous sous un costume différent. La première, vous avez pu penser que j'étais un homme, dans la prison où vous étiez enfermé, et où j'oubliai mes chagrins en voyant votre malheur; la seconde, vous m'avez parlé comme à une femme, à cette époque où votre grandeur ne fut qu'une ombre et passa comme un rêve; enfin, vous me voyez aujourd'hui, pour la troisième fois, dans un équipage qui participe de celui des deux sexes, car je porte les habits d'une femme et les armes d'un homme... Et pour que votre pitié m'accorde une protection plus complète et plus efficace, veuillez entendre, je vous prie, le récit de mes tragiques infortunes. — Je suis née, à la cour de Moscovie, d'une mère noble, qui devait être fort belle, car elle fut bien malheureuse. Elle attira l'attention d'un perfide que je ne nomme point, parce qu'il m'est inconnu. Ma mère, persuadée par ses propos galans, et croyant à la parole qu'il lui donnait de l'épouser, eut la faiblesse de céder, faiblesse qu'elle pleure encore aujourd'hui, car il ne tarda pas à l'abandonner, en lui laissant son épée que je porte à mon côté, et qui ne tardera pas à sortir du fourreau... O mariage!... ô mystère profond, impénétrable!... Je naquis, et je fus la vivante image de ma mère, non pas sans doute pour la beauté, mais pour l'infortune et le malheur. Il est inutile, après cela, que je vous raconte avec détail ma disgrâce. Tout ce que je puis vous dire, c'est que celui qui m'a enlevé l'honneur et qui en triomphe aujourd'hui avec orgueil, c'est le prince Astolfe... Hélas! en prononçant ce nom, je sens mon cœur se soulever de colère et d'indignation... Oui, c'est lui qui, oubliant et ma confiance et les joies qu'il avait trouvées près de moi (car lorsqu'on n'aime plus, on perd jusqu'à la mémoire de l'amour), c'est lui qui m'a délaissée, pour venir en Pologne, où il prétend à l'empire et à la main d'Estrella... Trompée, offensée, jouée ainsi par un homme, je demeurai triste, désolée, morte et livrée, pour ainsi dire, à toute la confusion de l'enfer. Je ne parlais à personne de ce qui m'était arrivé; mais mon silence parla plus haut que je n'aurais voulu; et ce fut au point qu'un jour ma mère, me prenant à l'écart, crut devoir me parler seule à seule. Je ne vous dirai point que je lui confiai mon aventure : non, mon secret sortit de mon cœur impétueusement et à la hâte, comme si je l'eusse délivré de la prison où je le renfermais. Je vous avouerai même que je n'eus pas trop de honte avec elle; je savais qu'elle avait passé par une semblable disgrâce, et cela m'encourageait à lui conter la mienne. Bref, ma mère m'écouta avec une indulgente bonté, et me consola par la confidence de ses propres chagrins; mais elle ne voulut pas qu'à son exemple, j'attendisse du temps la réparation à laquelle j'avais droit, pensant que, comme elle, je l'aurais attendue vainement; elle me conseilla de chercher par moi-même à rétablir mon honneur, en venant à la poursuite de celui qui m'avait abandonnée. Donc, après m'avoir fait revêtir des habits d'homme, lesquels lui semblaient mieux convenir à mon entreprise, elle dépendit de la muraille une vieille épée... (*elle tire son épée*) c'est cette épée dont je vous parlais tout à l'heure et qu'il est temps de sortir du fourreau... elle me la donna en me disant : «Rends-toi en Pologne, et fais en sorte que les seigneurs les plus nobles te voient cette épée; quelqu'un d'eux, en la voyant, t'accordera sa bienveillance et sa protection.» Je vins donc en Pologne; et je n'ai pas besoin de vous dire qu'à peine y fus-je arrivée, mon cheval, qui avait pris le mors aux dents, m'emporta jusque près de l'endroit où vous étiez enfermé et où vous fûtes si étonné de me voir. Mais ce que vous ne savez pas, c'est que Clotaldo, qui d'abord s'était passionné pour ma cause, qui avait demandé ma grâce au roi, et qui m'avait placée comme dame auprès d'Estrella pour qu'il me fût plus facile d'empêcher son mariage, — Clotaldo, persuadé maintenant qu'il importe au bien du royaume qu'Astolfe épouse la princesse, me conseille de renoncer à mes prétentions, ce qui est contre mon honneur. Pour moi, noble et vaillant Sigismond, joyeuse de ce qu'enfin sorti de cette horrible prison où s'écoulait tristement votre existence, vous avez pris les armes contre un père tyrannique et cruel, je viens vous offrir mon concours; je viens, nouvelle Pallas, offrir à un nouveau Mars mon bras et mon épée. Marchons donc, noble et vaillant héros, marchons sans retard; car il nous importe à tous deux d'empêcher ce mariage : à moi, pour que le prince n'épouse pas une autre femme; à vous, parce que la réunion de leurs royaumes et de leurs forces vous rendrait plus difficile la victoire... Femme, je viens vous prier de m'aider à recouvrer mon honneur; homme, je viens vous exciter à recouvrer votre couronne... femme, je viens attendrir un cœur qui ne peut pas être insensible à ma prière; homme, je viens vous servir de mon courage et de mes armes. Et c'est pourquoi, pensez-y bien, si vous veniez à m'inspirer de l'amour comme à une femme, pour défendre mon honneur, comme un homme, je vous donnerais la mort; car si, pour la faiblesse et la plainte, je suis une femme, je suis un homme pour venger mon honneur.

SIGISMOND, *à part*.

O ciel! si tout cela n'est qu'un rêve, donne-moi le pouvoir d'en conserver le souvenir, car j'aurais peine à me rappeler tout ce que j'ai entendu dans ce rêve!... Que Dieu me soit en aide! Comment sortir de toutes ces difficultés qui m'assiégent, ou comment en distraire ma pensée?... Quelle peine! quel doute! Si cette grandeur où je me suis vu un moment n'a été qu'un rêve, comment se fait-il que cette femme m'en donne des renseignemens si précis? Ç'a donc été la vérité et non pas un rêve... Et si cela est la vérité, — autre embarras non moins grand, — comment donc ma vie l'appelle-t-elle un rêve? Est-ce donc à dire que la gloire de ce monde ressemble tant à un rêve, que la plus véritable n'est qu'un mensonge, et que la plus fausse a quelque chose de vrai? Y a-t-il de l'une à l'autre si peu de différence que l'on puisse se demander si ce que l'on voit est vérité ou mensonge? sont-elles si semblables que l'on puisse hésiter entre les deux? Eh bien! s'il en est ainsi, et si la grandeur, si le pouvoir et la majesté doivent s'évanouir comme des ombres, sachons mettre à profit le moment qui nous est donné, et jouissons de ce rêve... Rosaura est en mon pouvoir, mon âme adore sa beauté; profitons de l'occasion; que mon amour n'écoute que les désirs qui le transportent. Ceci est un rêve; eh bien! rêvons du bonheur, le malheur viendra assez tôt... Mais quoi! mes paroles mêmes m'entraînent dans des idées bien différentes!... Si tout cela n'est qu'un rêve, si tout cela n'est que vaine gloire, quel homme, pour la vaine gloire de ce monde, perdra ainsi follement une gloire divine? Est-ce que le bonheur passé n'est pas un rêve? est-ce qu'en se rappelant les plaisirs qu'on a goûtés, on ne finit pas toujours par se dire à soi-même : j'ai rêvé tout cela?... Eh bien! puisque voilà mes illusions tombées, et puisque je suis désormais convaincu que le désir n'est chez l'homme qu'une flamme brillante qui convertit en cendres tout ce qu'elle a touché, — poussière légère qui se dissipe au moindre vent, — ne pensons donc qu'à ce qui est éternel, et à cette gloire durable où le bonheur et la grandeur n'ont ni fin, ni repos, ni sommeil... Rosaura a souffert dans son honneur, il est de mon devoir de le lui rendre et non pas de le lui ôter; et, vive Dieu! je veux le recouvrer plutôt encore que ma couronne... Fuyons une occasion pour moi si dangereuse. (*Aux soldats.*) Sonnez l'alarme. (*A part.*) Il faut que je livre bataille avant que le soleil éteigne ses rayons de flammes dans les eaux de l'Océan.

ROSAURA.

Eh quoi! seigneur, vous vous éloignez, et ma douleur n'a pas encore obtenu de vous une seule parole! Pourquoi ne laissez-vous pas tomber sur moi un seul regard? pourquoi détournez-vous le visage?

SIGISMOND.

Rosaura, le devoir m'ordonne de vous traiter ainsi, afin que je puisse plus tard vous montrer toute ma compassion. Ma voix ne vous répond pas pour que mon honneur vous réponde; je ne vous parle pas pour que mes actions vous parlent en ma place, et je ne vous regarde pas, parce qu'on est obligé de ne point s'occuper de votre beauté lorsqu'on veut s'occuper de votre honneur.

Il sort.

ROSAURA.

Que signifie cette énigme, ô ciel? N'avais-je pas assez de mes chagrins? et devait-il y ajouter avec ces paroles équivoques?

JOURNÉE III, SCÈNE III.

Entre CLAIRON.

CLAIRON.

Ah! madame, je vous retrouve enfin!

ROSAURA.

Eh bien! d'où viens-tu, Clairon?

CLAIRON.

J'ai été enfermé dans une tour, où ma mort a été sur le tapis; on l'a jouée aux cartes, et j'ai été assez heureux pour avoir quinola[1]. Je puis, grâce à cela, vous apprendre une nouvelle.

ROSAURA.

Laquelle?

CLAIRON.

Je sais le secret de votre naissance; et, en effet, le seigneur Clotaldo... (*On entend un bruit de tambours.*) Mais quel est ce bruit?

ROSAURA.

Qu'est-ce que cela peut être?

CLAIRON.

Une armée sort de la ville pour combattre celle du fier Sigismond.

ROSAURA.

Pourquoi ne suis-je pas à ses côtés? Ne serait-ce pas une indigne lâcheté? Marchons, et ne donnons pas au monde un scandale de plus!...

Elle sort.

VOIX, *du dehors.*

Vive notre roi!

D'AUTRES VOIX.

Vive notre liberté!

CLAIRON.

Oui, vive le roi et la liberté en même temps! et qu'ils vivent contens tous deux! Pour moi, quelque chose qui arrive, j'ai résolu de ne pas m'en affliger; et me mettant à l'écart au milieu de tout ce tapage, je veux aujourd'hui, comme Néron, me moquer de tout et ne prendre nul souci... Si fait, je me soucie encore d'une chose, c'est de moi; et, caché ici, je veux voir toute la fête; l'endroit est favorable, la mort ne viendra pas me chercher derrière ces rochers; je fais la figue à la mort[2].

---

[1] Le jeu de *quinolas* consiste à rassembler quatre cartes, une de chaque couleur; et celui qui a le plus de points gagne la partie.

[2] *Faire la figue*, c'est montrer le pouce entre les deux doigts voisins en fermant le poing, en signe de mépris. Notre vieux Régnier a dit:

« Faisait la figue au nez du pédant d'Alexandre. »

On entend le bruit des tambours, le cliquetis des armes, et entrent LE ROI, CLOTALDO *et* ASTOLFE, *fuyant.*

LE ROI.

Fut-il jamais un roi plus malheureux? fut-il jamais un père aussi persécuté?

CLOTALDO.

Votre armée, de toutes parts vaincue, fuit au loin en désordre.

ASTOLFE.

Et les traîtres sont maîtres du champ de bataille.

LE ROI.

Dans les luttes de ce genre, ce sont les vainqueurs qui ont le droit pour eux, et les traîtres, ce sont les vaincus. Fuyons donc, Clotaldo, fuyons le traitement cruel que nous réserve un fils inhumain.

On entend une décharge d'armes à feu, Clairon tombe blessé.

CLAIRON.

Que le ciel me soit en aide!

ASTOLFE.

Quel est ce malheureux soldat qui vient de tomber tout sanglant à nos pieds?

CLAIRON.

Je suis un pauvre malheureux qui, pour avoir voulu me préserver de la mort, suis allé la chercher; je la fuyais et elle m'a atteint, car il n'y a pas d'endroit où elle ne pénètre; d'où il se peut conclure que plus on veut éviter ses coups, plus on s'expose à les recevoir. Aussi, retournez, retournez au combat; on est plus en sûreté au milieu du feu et des armes que derrière la plus haute montagne, puisque le destin est si puissant et si irrésistible qu'il se fait partout un chemin. C'est pourquoi, vainement vous espérez par la fuite vous soustraire à la mort. Songez-y bien, vous mourrez si Dieu a décidé que vous devez mourir.

Il tombe hors de la scène.

LE ROI.

Songez-y bien, vous mourrez si Dieu a décidé que vous devez mourir!... Hélas! ô ciel! comme il établit bien l'ignorance et la faiblesse de l'homme, ce cadavre qui parle ainsi par la bouche d'une blessure dont le sang qui s'en échappe, comme un langage plein d'éloquence, nous enseigne si bien que toutes les dispositions de l'homme sont impuissantes contre une force et une volonté supérieure. En effet, moi qui voulais épargner d'affreux désastres à mon pays, ne l'ai-je pas moi-même remis aux mains de ceux dont je le voulais délivrer?

CLOTALDO.

Bien que la destinée connaisse tous les chemins, seigneur, et qu'elle trouve derrière les plus épais rochers celui qu'elle cherche, il n'est pas chrétien de dire qu'on ne peut pas se préserver de sa rigueur. On le peut, croyez-moi, et l'homme sage triomphe souvent de la destinée. Si donc vous n'avez pas ici toute la sécurité nécessaire, faites tout ce qu'il faut pour vous sauver.

ASTOLFE.

Sire, Clotaldo vous parle tout à la fois avec la prudence de l'âge mûr et avec la résolution de la jeunesse. Dans le bois épais qui couvre cette partie de la montagne, est un cheval plus rapide que le vent; montez-le et fuyez; moi, pendant ce temps, je protégerai votre fuite.

LE ROI.

Si Dieu a décidé que je devais mourir aujourd'hui, et si la mort me cherche, je veux l'attendre ici et la voir face à face.

On sonne l'alarme, et entre SIGISMOND, à la tête de ses troupes.

UN SOLDAT.

C'est dans les détours de la montagne et parmi les hautes bruyères que le roi s'est caché.

SIGISMOND.

Suivez-le, et fouillez le bois avec soin, en regardant tous les arbres.

CLOTALDO.

Fuyez, seigneur !

LE ROI.

Pourquoi ?

ASTOLFE.

Quelle est votre intention ?

LE ROI.

Laissez-moi, Astolfe.

CLOTALDO.

Que voulez-vous ?

LE ROI.

Je veux recourir au seul moyen de salut qui me reste. (*Il s'avance vers Sigismond et s'agenouille.*) Me voilà, prince, à vos pieds, que je couvre de mes cheveux blancs. Prenez ma couronne, prenez mon rang et mes titres, traitez-moi en captif; qu'enfin, par ma disgrâce, la prédiction du destin et la volonté du ciel s'accomplisse.

SIGISMOND.

Nobles hommes de Pologne, qui voyez avec étonnement ces évenemens merveilleux, faites silence, écoutez votre prince : — Ce que Dieu a déterminé dans ses conseils, ce qu'il a écrit de son doigt sur les tables azurées du ciel, ce qu'il a annoncé dans ce livre magnifique au moyen des astres et des étoiles qui en sont les lettres d'or, — ne ment et ne trompe jamais; celui qui ment, celui qui trompe, c'est celui qui les étudie dans de mauvais desseins et qui prétend les expliquer. Mon père, ici présent, par crainte de mon mauvais naturel, a fait de moi, en quelque sorte, une bête sauvage; quand bien même, grâce à la noblesse d'un sang généreux, je serais né modeste et docile, une pareille éducation aurait suffi à me donner des mœurs féroces; n'était-ce pas là un singulier moyen de me rendre doux et humain?... Si l'on disait à un homme : « Une bête féroce doit te donner la mort, » ne serait-il pas insensé d'en réveiller une qu'il trouverait endormie? Si l'on disait à un homme : « Cette épée que tu portes à ton côté doit être la cause de ta mort, » ne serait-il pas plaisant qu'il espérât se sauver en la tirant du fourreau et en la tournant contre son sein? Si l'on disait à un homme : « Tu dois périr et demeurer enseveli sous les flots, » comprendriez-vous que cet homme se lançât à la mer, alors qu'en furie elle élève jusqu'au ciel, les unes sur les autres, les montagnes de ses eaux courroucées?... La même chose lui est arrivée qu'à l'homme qui, menacé d'une bête féroce, la réveille; et à l'homme qui, craignant une épée, la tire contre lui-même; et à l'homme qui, devant périr dans les flots, se lance à la mer au milieu de la tempête... Et quand bien même,—écoutez-moi, je vous prie!—quand bien même mon naturel eût été une bête féroce endormie, ma fureur une épée sans tranchant, et ma cruauté un temps calme et tranquille, ce n'est point par l'injustice que l'on triomphe de la fortune; au contraire, par l'injustice, on ne fait que l'irriter; et pour la vaincre, il faut s'armer de sagesse et de modération. Rappelez-vous aussi qu'il n'est pas possible de se mettre à l'abri du malheur qui doit venir; il faut attendre qu'il arrive, et alors, agir suivant les conseils de la prudence... Donc, qu'il vous serve de leçon ce spectacle étrange, prodigieux, horrible, qui frappe vos yeux en ce moment; car qu'y a-t-il de plus étrange, de plus prodigieux, de plus horrible, que de voir abattu à mes pieds mon père et mon roi?... Le ciel avait prononcé la sentence, il a voulu s'y soustraire, il ne l'a point pu; le pourrai-je, moi qui suis plus jeune, moi qui lui suis, à un si haut degré, inférieur en science et en mérite? (*Au roi.*) Levez-vous, seigneur, donnez-moi votre main; vous devez être convaincu maintenant que vous n'avez pas interprété comme il fallait la volonté du ciel... Pour moi, je m'humilie devant vous, et, sans essayer de me défendre, j'attends votre vengeance.

LE ROI.

Mon fils, une conduite si généreuse vous donne à mes yeux une nouvelle existence, et vous êtes désormais l'enfant de mon cœur. A vous, mon fils, le titre que je portais, à vous mon sceptre et ma couronne; vos beaux faits vous établissent roi.

TOUS.

Vive, vive Sigismond!

SIGISMOND.

Puisqu'il m'est permis aujourd'hui de songer à des victoires, il en est une que je dois chercher avant tout : c'est celle que je remporterai sur moi-même. — Astolfe, donnez sans retard la main à Rosaura; vous savez que cette réparation est due à son honneur, et je l'attends de vous.

ASTOLFE.

Seigneur, j'ai contracté, je l'avoue, des obligations à son égard; considérez, cependant, qu'elle-même ignore qui elle est, et qu'il serait indigne de moi d'épouser une femme qui...

CLOTALDO.

Arrêtez, n'achevez pas... Rosaura est aussi noble que vous, Astolfe, et mon épée le soutiendra dans le champ. Elle est ma fille : c'est tout dire.

ASTOLFE.

Que dites-vous?

CLOTALDO.

J'attendais, pour découvrir ce secret, que je l'eusse vue honorablement établie. Je ne puis entrer en ce moment dans de plus longs détails; mais enfin, elle est ma fille.

ASTOLFE.

Puisqu'il en est ainsi, je ne me refuse plus à tenir ma parole.

SIGISMOND.

Maintenant, pour qu'Estrella ne regrette pas tant la perte d'un si noble prince, je veux lui donner de ma main un mari qui ne le cède en rien à Astolfe, soit par la fortune soit par le mérite. (*A Estrella.*) Donnez-moi la main.

ESTRELLA.

Je ne m'attendais pas à tant de bonheur.

SIGISMOND.

Quant à Clotaldo, qui a servi mon père si fidèlement, j'espère l'avoir toujours pour ami, et je lui accorde d'avance toutes les grâces qu'il peut souhaiter.

UN DES PERSONNAGES.

Si vous récompensez ainsi un homme qui ne vous a point servi, — à moi qui ai causé le soulèvement du royaume et qui vous ai tiré de prison, — que me donnerez-vous?

SIGISMOND.

La prison; et afin que tu n'en sortes qu'à ta mort, je t'y ferai soigneusement garder. Une fois la trahison accomplie, on n'a plus besoin du traître.

LE ROI.

Nous sommes tous dans l'admiration.

ASTOLFE.

Quel changement s'est opéré en lui!

ROSAURA.

Quelle sagesse et quelle prudence!

SIGISMOND.

Pourquoi donc montrez-vous cet étonnement?... Puisque c'est un songe qui m'a réformé, je crains de me réveiller et de me voir une seconde fois dans ma triste prison. Autrement, je ne me plaindrais pas du rêve que j'ai fait ; car j'ai appris par là que tout bonheur en ce monde passe comme un songe, et je veux profiter du mien pendant qu'il en est temps... *(Au public.)* En vous demandant pour nos fautes l'indulgence et le pardon que l'on doit attendre des nobles cœurs.

FIN DE LA VIE EST UN SONGE.

TABLE.

Notice sur Calderon.   j

Maison à deux portes, maison difficile à garder.   1

Le Médecin de son honneur.   73

La Dévotion à la croix.   135

L'Alcade de Zalaméa.   184

De mal en pis.   248

La vie est un songe.   318

www.ingramcontent.com/pod-product-compliance
Lightning Source LLC
Chambersburg PA
CBHW052035230426
43671CB00011B/1662